冯天瑜，1942 年生，湖北红安人。武汉大学人文社会科学资深教授，教育部社会科学委员会历史学学部委员。从事中国文化史及湖北地方史志研究。

《冯天瑜文存》卷次

中华元典精神

中国文化生成史（上册）

中国文化生成史（下册）

江河万古流——中华文明巡礼

人文论衡

明清文化史散论

中国文化近代转型管窥

月华集

辛亥首义史（上册）

辛亥首义史（下册）

张之洞评传

《劝学篇》《劝学篇书后》注评

“封建”考论

解构专制——明末清初“新民本”思想研究

新语探源——中西日文化互动与近代汉字术语生成

“千岁丸”上海行——日本人1862年的中国观察

中国思想家论智力　上古神话纵横谈

晚清经世实学

中国学术流变（上册）

中国学术流变（下册）

冯氏所著，除文存二十卷外，另有《中华文化史》（与何晓明、周积明合撰）、《日本对外侵略的文化渊源》（与任放合撰）、《东亚同文书院中国调查之研究》（与聂运伟、刘柏林等合撰）、《国际视野下的大武汉图像》（与陈勇编著）等，又主编《中华文化辞典》，编“冯氏三藏”（《冯氏藏墨》《冯氏藏札》《冯氏藏币》）。

冯天瑜文存

中国文化近代转型管窥

长江出版传媒
湖北人民出版社

图书在版编目(CIP)数据

中国文化近代转型管窥/冯天瑜著.
武汉:湖北人民出版社,2020.10
ISBN 978－7－216－10047－2
Ⅰ.中…　Ⅱ.冯…　Ⅲ.文化史—中国—近代—文集　Ⅳ.K250.3－53
中国版本图书馆 CIP 数据核字(2020)第 185548 号

项目负责:姚德海　王建怀　左泽荣
常务编辑:左泽荣　尚晓梅
责任编辑:左泽荣
封面设计:汪　汉　刘舒扬
责任校对:范承勇
责任印制:王铁兵

出版发行: 湖北人民出版社　　**地址:**武汉市雄楚大道 268 号
印刷:湖北新华印务有限公司　　**邮编:**430070
开本:700 毫米×1000 毫米 1/16　　**印张:**27.5
字数:446 千字　　**插页:**6
版次:2020 年 10 月第 1 版　　**印次:**2020 年 10 月第 1 次印刷
书号:ISBN 978－7－216－10047－2　　**定价:**158.00 元

本社网址:http://www.hbpp.com.cn
本社旗舰店:http://hbrmcbs.tmall.com
读者服务部电话:027－87679656
投诉举报电话:027－87679757
(图书如出现印装质量问题,由本社负责调换)

ISBN 978-7-216-10047-2

自20世纪80年代初开始，笔者从文化史视角考察中国社会近代转型的内因与外力，在《中华文化史》（上海人民出版社1990年出版）等专著中有所阐发，又主编专议此题的论文集《东方的黎明——中国文化走向近代的历程》（巴蜀书社1988年出版），以后续有相关文章发表，集成《中国文化近代转型管窥》（商务印书馆2010年出版）。今次修订补充商务印书馆本，辑为本书。诸篇成文，时间跨度三十余年，所议事项（包括陈列之数据）多有迁衍，今编保持旧文原貌，以见历史轨迹。

目录

转型界说

本书所谓“转型”，指中国近代发生的经济生活、社会结构、文化形态、价值观念的大尺度变革。然社会的异动性与常驻性、文化的变易与不易，在转型过程中共存。

近代中国：多层级变革交叉互叠

一

不同时代的人们立足于各自所处的“当下”，将无限悠长、深远的时间之流划分为过去、现在与未来，从而形成各自的“古今观”。清人段玉裁（1735—1815）说：

> 古今者，不定之名也。三代为古，则汉为今；汉魏晋为古，则唐宋以下为今。[①]

由“古”向“今”的转换，是每一个时代的人们都要面对的问题。成书于战国晚期的《商君书》将历史区别为“上世”（约指西周时期）、“中世”（约指春秋时期）、“下世”（约指战国时期），并作出“上世亲亲而爱私，中世上贤而说仁，下世贵贵而尊官”[②]的判断，从而揭示出价值重心和文化取向的古今演绎。汉代司马迁（约公元前145—？）曾为自己的学术研究确立一个宏阔的目标：

> 究天人之际，通古今之变，成一家之言。[③]

---

① 段玉裁：《广雅疏证序》。

② 《商君书·开塞》。

③ 《汉书·司马迁传》。

其中，“通古今之变”便是考察历史进程的规律，也可以说是研讨当年历史及文化的古今转换。

今日我们所面临的传统社会及文化的近代转型问题，是一个古老而又常青的题目，它既与运作已久的“古今之变”一脉相承，同时又包蕴着丰富的新内涵。简言之，所谓“文化转型”，是指社会生活的各个领域、各个层面的整体性变革。如果说，历史的多数时期都发生着文化的局部量变，那么，“文化转型期”则指文化发生全局质变的阶段。今天我们所讨论的“近代转型”，是指从自然经济占主导的农业社会向商品经济占主导的工业社会演化的过程，其显著标志是，有生命动力系统（人力、畜力）为无生命动力系统（矿物燃料、水力、核能）所接替，机器生产取代手工劳作，人类获得财富的手段由采集、利用天然原料为主，变为加工改造天然原料为主，“征服自然”所需要的“高效率”和“标准化”成为经济生活的准则。

与物质文化层面的变迁相表里，在制度文化层面，彼此隔绝的“鸡犬之声相闻，老死不相往来”的静态乡村式社会，转化为开放的被种种资讯手段紧密联系起来的动态城市式社会，同质的单一性社会变为异质的多样性社会，礼俗社会变为法理社会，人际关系由身份演变为契约，宗法—专制政体为民主—法制政体所取代。

作为物质文化、制度文化转型的精神先导和思想反映的观念文化，也在这一过程中发生深刻的变异，诸如神本转向人本、偏执转向理性、迷信转向科学、教育从少数特权阶层的专利变为大众所享有。

传统的农业文明向近代的工业文明转型过程所必须完成的社会重建和文化重建任务，则分别由中产阶级的形成与壮大、知识分子的形成与壮大而逐步得以实现。

二

人类文化史大略经历了如下发展阶段：原始文化（人类诞生至公元前4000年）—农业文化（公元前4000年至18世纪）—工业文化（18世纪至20世纪70年代）—信息文化（20世纪70年代迄今）。

从全球范围观之，传统社会的近代转型（即从农业文化向工业文化过渡）

是以15—16世纪南欧的资本主义生产方式萌芽和世界性远航开其端绪的，此间勃生于意大利的文艺复兴是其文化标志；这一转型的大规模展开则是18世纪英国工业革命和继起的法国政治大革命，其文化标志是启蒙运动。成长于西欧的工业文化伴随殖民扩张又延至北美，进而波及全球。世界历史以统一市场的形成为契机，从分散走向整体，五洲四海的人类渐次汇入波澜壮阔的近代化大潮之中。

对于西欧而言，发端于15世纪的近代转型是从中世纪母胎内自然孕育而成的，可以称之为“内发自生型”。对于所有其他地区而言，近代化过程则是在世界历史已经走向整体化之际逐步实现的，也即在西欧近代文明强有力的影响下发生的，因而其近代化呈“外发次生型”。欧洲以外地区（严格意义上应是西欧以外地区）的“外发次生型”近代化过程，又大略可以划分为两种类型。一种是欧洲殖民者入侵之际，土著十分落后，如北美洲和澳洲，欧洲文明进入前夕，当地尚处在新石器时代，欧洲近世物质文化、制度文化、精神文化连同人口，较为便利地全盘迁徙而来，因此，北美洲（美国与加拿大）和澳洲（澳大利亚与新西兰）的近代化基本上是西欧模式的整体移植，也可以说是“全盘欧化”。访问过美国和澳大利亚的人都会对此留下深刻印象。另一种类型是，当地早已形成悠久深厚的文化传统，如埃及、波斯、印度、中国、越南、朝鲜、日本及中南美洲的玛雅、阿兹台克、印加，都有着数以千年计的文明史，欧洲人入侵之际，这些地域虽然尚滞留在“前近代阶段”，却不同程度地拥有与外来的欧洲文明相抗衡的物质资源及精神资源。因而，这些地域的近代化，并非欧洲文明的简单位移，而呈现欧洲文明的强劲影响与本土文明对此既排拒又吸纳所构成的错综图景。这类地域的近代化进程，不仅要完成文化的时代性转换，还要面对文化的民族性传承。这两者间虽不乏统一性，却往往在相当长的时段相互矛盾、彼此抵牾。对于此类“外发次生型”近代化进程的复杂性不可失察。曾经颇有影响的“民族文化本位论”和“全盘西化论”，或固守内因一隅，或偏执外因一端，都不能全面、深刻地诠释这一复杂的历史过程。

三

中国社会及文化的近代转型，人们一般以19世纪中叶爆发的鸦片战争，也即西方资本主义打破中华帝国闭锁的国门为其端绪，这是大体不错的。但如果从外因与内因相统合的高度加以观照，从中国历史的纵深度加以考察，便会发现，自明代中叶（16 世纪）开始，中国社会及文化已隐然呈现走出中世纪的某些征兆，如在长江中下游及东南沿海（还包括晋东南等少数北方地区），工场手工业和商品经济渐成规模，出现某种从“农本”向“重商”转化的苗头。与之相伴生，在观念领域，初露“破块启蒙”的动向，诸如明清之际的黄宗羲（1610—1695）在《明夷待访录》中对专制君王的抨击，对君臣之间从主奴依附向平等同事关系转化的期望，对学校议政、“工商皆本”的倡导，都昭示着一种新的人文精神的迫近。方鹏（约 1521 年前后在世）、归有光（1507—1571）、毛奇龄（1623—1713）、俞正燮（1775—1849）等人对戕害女性的“节烈观”的批判①，也有类似意味。即使是清学的主潮——乾嘉考据学，虽然弥漫着古典气息，但其间洋溢着的理性—实证精神，将“神圣”的经书还原为历史典籍的努力，其对经学传统的解构作用，也为观念文化的转换准备着条件。

中国从明中叶到清中叶固然出现了某些时隐时现的新文化因子，但由于整个社会尚未达到转型阶段，缺乏强劲的经济—政治助力，少数先觉者的呐喊，其规模和力度都远不足以掀起大波；社会上出现的某些“走出中世纪”的动向，也处于“百姓日用而不知”的自在状态。就整体而言，当时的社会及文化仍然徘徊在中古故道，中国尚处于 15、16 世纪以来已经开始的世界性近代化过程之外，其典型表现便是 1793 年（约与法国资产阶级政治大革命同时）乾隆皇帝（1711—1799）接见英国使臣马戛尔尼（1737—1806）勋爵时所显示的“集体孤独症”②，尤其是乾隆致英王乔治三世（1738—1820）的复信所宣称的“天朝德威远被”，“无所不有”，③生动地表明，中国人当时还自认是“世界上唯一的文明”④。这种情形迁延至 19 世纪中叶，西方殖民者以炮舰、鸦片和商品打破清王朝封闭的国门，以自然经济和专制政体为基石的中国社会逐步被纳入世界统一市场，源远流长、自成体系的中华文化开始与风靡全球的西

① 参见方鹏《矫亭存稿·风俗》、归有光《贞女论》、毛奇龄《禁室女守志殉死文》、俞正燮《贞女说》，戴震（1723—1777）对“以理杀人”的深沉谴责。戴震《孟子字义疏证》卷上称：“人死于法，犹有怜之者；死于理，其谁怜之！”故程朱所谓之“理”，“其祸甚于申韩如是也！”

②③④ ［法］佩雷菲特：《停滞的帝国——两个世界的撞击》，三联书店 1993 年版，第 326—330 页。

方近代文化相交会，这样，中华传统文化在尚未达到自我扬弃以实现时代转换的时刻，便因遭遇外来近代文化撞击而进入剧烈的转型期。陈寅恪（1890—1969）称其为“盖今日之赤县神州，值数千年未有之巨劫奇变”[①]。此语表达了 19 世纪中叶以降的中华文化近代转型的空前激变性和复杂性。

四

中华文化近代转型的激变性和复杂性，首先表现在这种转型是在西方文化强行侵入、打断中华文化自身进程的情形下发生的。正如向人体移植器官必将引起排异反应一样，西方近代文化的楔入，给中国传统文化造成的激荡之深切是空前的。中国的近代转型，不仅要完成文化的时代性跃进，还要处理文化的民族性保持与变异这一组矛盾。中国学界、政坛自 19 世纪末叶开始，直至 20 世纪八九十年代仍然聚讼纷纭的“体用之辨”，正是中华文化近代转型过程中时代性转换与民族性维系之间复杂关系的形而上反映。

中华文化近代转型的激变性和复杂性，还表现在任务的交叉与多重上。其原因是中国人经历的这一转型过程，较之西方存在一个“时间差”，以致西方人数百年间解决的问题，一齐挤压到一个世纪间，要求中国人一并解决。因此，近代文化的生成期，中国比西方短促，而生之急骤，必成之单薄，需要后人加倍努力。中国近代转型所面临的问题是一种“中西古今”的层累式积淀，呈现“多重”性状，使中国人不易从容应对。早在 1919 年，鲁迅（1881—1936）便描述过现代中国的“多重”性状，今日读来仍有切肤之感：

> 中国社会上的状态，简直是将几十世纪缩在一时：自油松片以至电灯，自独轮车以至飞机，自镖枪以至机关炮，自不许“妄谈法理”以至护法，自“食肉寝皮”的吃人思想以至人道主义，自迎尸拜蛇以至美育代宗教，都摩肩挨背的存在。[②]

有着宏阔世界眼光的孙中山（1866—1925），也对近世中国的“多重”任

---

① 陈寅恪：《寒柳堂集》附《寅恪先生诗存》，上海古籍出版社 1980 年版，第 7 页。

② 鲁迅：《热风 · 五十四》，《鲁迅全集》第 1 卷，人民文学出版社 1981 年版，第 344 页。

务深有体悟。他作为中国现代化的倡导者，主张学习西方，同时又深悉西方资本主义的弊端，故力求中国在资本主义“祸害”“未萌之际”便加以防范。他于1905年撰写的《〈民报〉发刊词》提出“举政治革命、社会革命毕其功于一役”的设想，就是试图对现代中国面临的“多重”问题作一总体式解决。这一构思当然包含着主观空想成分，缺乏可操作性，却又蕴蓄远大，富于创识和预见，对面临类似问题的今之国人，仍颇具启迪意味，并提供了宝贵的思维教训。

五

中国社会及文化的近代转型，是亿万中国民众在长达3个世纪间经历着的伟大社会实践。纵观这一起伏跌宕的过程，仅就观念文化的转变而言，有几个阶段尤其值得注意。一为明清之际（17世纪），早期启蒙思潮兴起，继之隐遁，却又如地火潜行；二为清道光、咸丰年间（19世纪30—60年代），内忧外患的刺激，使得经世实学和今文经学勃发，构成传统文化走向近世新学的桥梁；三为清同治及光绪前中期（19世纪60—90年代），随着“洋务新政”的拓展，西学输入渐成规模，新教育雏形初现，早期改良思潮由孕育而兴盛；四为清末至“五四”，发端于甲午战败激起的国人觉醒，又历经戊戌变法、清末新政、辛亥革命、“五四”新文化运动，近世新学形成、发展，并渐成主潮，新知识分子取代士大夫，走上历史舞台；五为20世纪70年代末至今，改革开放大潮使现代化进程赢得加速度，并与世界接轨，观念文化逐步寻觅到时代性进步和民族性发扬相统一的路径，中国现代化呈现蓬勃气象，同时又面临诸多挑战。

六

1978年以来的三十余年，在世界信息化、和平与发展成为主潮的时代氛围中，中国抓住发展机遇，在前所未有的规模和深度上展开变革，从而把清中叶以来起伏跌宕的社会及文化转型推向高潮。其运行速度之迅疾、包含内容之丰富，都是空前的，在中国数千年文化史上难觅先例，综览世界各国的现代化进程也罕见其匹。

近三十余年来的社会及文化转型，一个显著特点是，把世界上几个世纪以来现代化进程的课题都集结在此间展开。简言之，包含三个层级的变革的交叉互叠：

（一）从农业文明向工业文明转化

从农业文明向工业文明转化，又称“第一次现代化”，自洋务运动建立机器工业以来，一直在进行此一转变。20世纪70年代中叶，中国的“第一次现代化”完成程度在50%～60%，故1978年以来的三十余年，还要继续完成从农业文明向工业文明转化的未竟之业。2005年中国第一次现代化指数为86%，世界排名第56位，属于“初等发达国家”，或称半现代化国家。估计在2050年中国方可全面实现第一次现代化（即工业化），成为“中等发达国家”。[①]总之，改革开放三十余年及今后几十年，中国首先要实现“第一次现代化”，即由农业文明向工业文明转化。科学与民主的倡导、“启蒙”的呼唤，便是此一转换间的文化诉求。

（二）从国家统制的计划经济体制向市场经济体制转化

从国家统制的计划经济体制向市场经济体制转化，这是对苏联模式的突破，时下正在探寻计划体制与市场体制的辩证统一之路。苏联模式的计划经济体制作为一种动员式的现代化进路，曾取得实绩，但存在严重的经济、社会及文化的僵滞之弊，终于在冷战较量中败下阵来。中国自1978年以来的改革，在很大程度上便是对苏联模式（中国20世纪50—70年代中期模仿此种模式）的扬弃，发挥市场的动力机制，使中国的经济社会及文化赢得巨大活力，从而加速第一次现代化进程，并为第二次现代化的展开奠定基础。

（三）工业文明向后工业文明（信息文明）转化

工业文明向后工业文明（信息文明）转化，又称“第二次现代化”。在全球化趋势下，发达国家正在经历的这一转化，也提上发展中国家的日程。中国不必重走原初工业化的老路，而可直接采纳信息化时代的成果，取得“后发

---

① 参见中国现代化战略研究课题组、中国科学院中国现代化研究中心编：《中国现代化报告2008》，北京大学出版社2008年版，第269页。

优势”。而制度层面、观念层面因袭的弊端，也潜伏着“后发劣势”。与此同时，生态危机、信仰危机等后工业时代的问题也呈现在当今中国面前，亟待我们解决。在第一次现代化尚未完成之际，又身历第二次现代化大潮，是改革开放三十余年及今后几十年中国现代化进程的一大特色。2005 年中国的第二次现代化指数为 40%，世界排名第 51 位，较之发达国家，如瑞典的 105%、美国的 109%、日本的 102% 还有很大差距。① 两次现代化叠加，决定了中国现代化进程的复杂性。改革开放 30 年在完成第一次现代化任务的同时，也愈益深刻地接触到第二次现代化诸课题，而此一使命的展开可谓方兴未艾。可持续发展及生态问题的提出，“环境友好型、资源节约型”社会的追求，“以人为本”“和谐社会”的倡言，都是向后工业文明转换的产物。

总之，三十余年来传统文化现代转型，不是一般意义上的古今转换，其面对的，不仅仅是古典意义的近代化（工业化），还是上述三个层面的转型的集合，这就意味着我们对传统文化的创造性转化，较之单一的工业化时代更为复杂与深刻。例如，考察中华元典精神的现代转换，不仅要看到它们是构造近代思想的重要资源（如发掘民主精神、科学精神），还要开掘它们所具有的深远的后现代意义。肯定中国现代化的“后发外生性”，不可忽略的另一个基本点是：非欧地区的近代化并不是西方文明的简单搬迁，非欧地区的固有文化形态没有排除在近代化进程之外，而是深深楔入这一过程之中，并与外来的西方文化发生复杂的化合反应。这便要求我们，研究中国近代思想文化的生成与发展，不能限于讨论西方近代思想如何输入中国，更要考究在古今中西大交会的历史条件下，中西思想如何从相互冲突走向彼此涵化，中国传统文化如何经历烈火洗礼，实现凤凰涅槃。因此，讨论传统文化的近代转型，必须超越西方中心论和中华中心论，从世界近代化进程的大视角，观照中学与西学在近代文明的背景下发生的深刻互动。

正确估量中国文化的现代化进程，还必须克服直线进步史观带来的蔽障。统观人类文化的进程便会发现，文化的演化是一个否定之否定的螺旋式上升过程。在一个螺旋圈层内部，作为终结的第三阶段（“合”）综合着前两个阶段（“正题”与“反题”），履行着在新的更富有内容的统一中扬弃其片面性的

① 参见中国现代化战略研究课题组、中国科学院中国现代化研究中心编：《中国现代化报告 2008》，第 276 页。

功能。宗教改革对希伯来元典的重演，唐宋古文运动在文体上对先秦两汉的复归、思想上对原始儒学的复归，明清之际进步思想对先秦的复归和对三代之制的崇仰，均为例证，而中国近代思想家对元典精神则进行了又一次复归，更为显例。今日的思想界在现代文明基础上，在全球化的时代条件下，正对元典精神酝酿着新的创造性复归。这是我们考察传统思想现代转化时应予关注的一个方面。

（本文系《中国文化创新蓝皮书》序言，社会科学文献出版社 2009 年版）

近代转进三期说

自清末民初以来，思想者对于中国文化近代转型感触渐深，从龚自珍、魏源、王韬、郭嵩焘到康有为、容闳、章太炎，有种种概括，而梁启超在民国初年提出的文化进化“三期说”较为平允、系统，我们正可据以为基础，加以修订，形成关于中国文化近代转进的较周到的评述。

中国文化近代转化，是一个从“自在”到“自觉”的过程。而国人自觉到固有文化的“不足”，亟须更张，是社会转型或曰社会进化的枢机所在。关于这一枢机，对文化转型有切身感受的梁启超作过富于历史向度的阐发。1922年4月，梁启超为《申报》五十年纪念作文曰：

> 古语说得好：“学然后知不知。”近五十年来，中国人渐渐知道自己的不足了。这点子觉悟，一面算是学问进步的原因，一面也算是学问进步的结果。①

梁氏把近代中国人自觉“不足”、谋求更革的努力分为前后递进的三个阶段：

> 第一期，先从器物上感觉不足。这种感觉，从鸦片战争后渐渐发动……第二期，是从制度上感觉不足……堂堂中国为什么衰败到这田地，都为的是政制不良。第三期，便是从文化根本上感觉不足。②

①② 本文申报馆1923年2月发行。后定题《五十年中国进化概论》，收入《饮冰室合集·文集》第十四册，第三十九卷。

基于此种分析，梁氏将中国文化近代转型归为三期：军工洋务—变法维新及政治革命—新文化运动。其基本内涵为：

由“第一期，先从器物上感觉不足”，朝廷发起“师夷长技以制夷”的洋务运动，向西方学习工业化技术。

由“第二期，是从制度上感觉不足”，朝野发起向西方学习宪政制度的“变法维新”；进而发生以民主共和为目标的政治革命（辛亥革命）。

由“第三期，便是从文化根本上感觉不足”，遂有新文化运动的兴起。梁氏采纳陈独秀关于思想、伦理的觉悟是最后之彻底觉悟的论说，提倡民主与科学，解放人的思想，达成深刻的、根本的文化转型。

作为第二期政治变革重要发动者之一的梁启超，对中国近代制度转型的判断为：“他们的政治运动，是完全失败”，对于这一变革从广义文化上观测，梁氏作了真切反顾：

> 第二期所经过时间，比较的很长——从甲午战役起到民国六七年间止，约二十年的中间，政治界虽变迁很大，思想界只能算同一个色彩。这二十年间，都是觉得我们政治、法律等等，远不如人，恨不得把人家的组织形式，一件件搬进来，以为但能够这样，万事都有办法了。①

梁氏对于这种照搬西方政制的改革尝试，颇有沉重的自我批评意味。

对于第二期的后段——辛亥革命的成效不佳，梁启超也痛心疾首：

> 革命成功将近十年，所希望的件件都落空，渐渐有点废然思返，觉得社会文化是整套的，要拿旧心理运用新制度，决计不可能，渐渐要求全人格的觉悟。……所以最近两三年间，算是划出一个新时期……②

梁氏正是出于对第一期、第二期的成败得失的反思，寄希望于第三期变革，即新文化运动，期盼“全人格的觉悟”。

梁氏文化转型“三期说”，揭示了文化结构由外到内、由浅入深的三层次

---

①② 本文申报馆 1923 年 2 月发行。后定题《五十年中国进化概论》，收入《饮冰室合集·文集》第十四册，第三十九卷。

（器用—制度—心理）变革的逐级推进，有相当的概括力，大体反映了中国文化近代转型的实际过程。但梁氏“三期说”又失之简略、平浅，有必要补充、引申。

第一，文化结构三层次（器用—制度—心理）的变革，并非截然分割，而是协同共进的，当然三者有主有次。如在以器用变革为要点的洋务运动时期，制度、心理层面的变革已隐然萌动；谋求制度变革的第二期，器用变革在纵深发展，而心理变革也开始启动。

第二，梁氏寄深望的第三期变革，意在实现“全人格的觉悟”，但新文化运动固然有此雄图，并且取得相当收获，但因为自身存在偏颇，又未获得器用层面、制度层面的有机配合，甚或发生彼此抵牾，至使第三期变革，即人的现代化成就有限。

总论之，梁启超的近代转进三期说，虽显得稚嫩，然而它毕竟是中国近代最简洁明快的现代化路向说，直至今日给我们启示良多。

从元典的忧患意识到近代救亡思潮 *

笔者将春秋战国时期定型的《诗》《书》《礼》《易》《春秋》等蕴含着民族原创精神的典籍称为“文化元典”。元典是距今两三千年前的“轴心时代”的创作物，它包藏着民族文化与民族精神的基元。但是，在某一特定历史时段，这种“全息性文化基元”究竟是哪些部分活跃起来，哪些部分仍继续“沉睡”，则取决于某个特定时段的文化氛围和社会需求。元典既然是先民的创造，是古代社会的观念产物，它所蕴藏着的“基元”能够在后世的某一时段苏醒过来，运作起来，并且发挥新的社会作用，必须仰赖后人的创造性转换。

在近代中国，首先是与近代社会相切近的那一部分元典精神苏醒并活跃起来。这便是：忧患意识；变易—自强观念；“汤武革命，顺天应人”思想；华夷之辨，内华夏外夷狄的民族主义；“民为邦本”的政治理念。中华元典精神的上述成分切合了近代中国全时段或某一时段的需要，而中国人在近代社会实践中又对上述古老观念加以转型与重铸，并与西学的某些对应部分接轨，使其如同火中凤凰，在涅槃中赢得全新的生命。本文侧重讨论元典精神中的“忧患意识”的近代转换。

从人类文明史的一般进程而言，近代史是一部“走出中世纪”的历史，即由以自然经济为基础的农业—宗法社会转向商品经济发达的工业—法治社会的历史。然后，中国走过这段历程，其情形与西欧大不相同。西欧的近代化是在社会自身的演变中完成的，而中国却是通过西方资本主义殖民势力的侵入，打断本国历史的自然进程，而被强行纳入世界近代化过程的。正如人体在输入外来体液或移植外来器官之后，必然要发生剧烈的“排异反应”而导致巨大痛苦

* 原载《历史研究》1994 年第 2 期。

一样，由“西学东渐”引发的中国近代化过程也必然给中国人带来诸多矛盾、困扰和煎熬。

中国近代化是一个伟大而曲折的前进性历程，一百多年间，中华民族面对内外交困的局势，既要挽救民族危亡，又要奋起追赶世界先进文明，这是一个十分艰难的使命。由于时势的剧变和西学的影响，此间中国人观念更新之迅速，非昔时所可比拟，但无论近代中国社会思潮怎样演变迅疾和跌宕起伏，“救亡思潮”却一直是中国近代文化交响乐中的主旋律。这既由近代中国社会现实所决定，也因中国文化传统所导致。近代中国风起云涌的救亡思潮是中国源远流长的爱国主义、经世主义的直接延续，更是中华元典精神中“忧患意识”的发扬。

一、元典的忧患观

忧患意识是充溢于中华元典的一种基本精神。元典作者多身处横逆、胸怀哀苦，所谓“愤怒出诗人”。他们怀着对生民家国的忧患，述往思来，方获得一种非凡的具有穿透力的理性思维。诚如司马迁所说：

> 夫《诗》《书》隐约者，欲遂其志之思也。昔西伯拘羑里，演《周易》；孔子厄陈蔡，作《春秋》……《诗》三百篇，大抵贤圣发愤之所为作也。此人皆意有所郁结，不得通其道，故述往事，思来者。①

司马迁有感于自己及先哲的身世，其旨意在“艰难玉成”，从一个侧面揭示了忧患意识的发生机制。明末思想家刘宗周（1578—1645）也谈到忧患意识在元典系统内的功能：“《大学》言正心，以忿懥、恐惧、好乐、忧患证之，是指其所发言也。”②

“忧患”作为一个完整的词出现于战国，但忧患意识却形成更早，如《尚书·周书》的许多篇章都流露出周初人物（周文王、周武王、周公、召公等）的“无疆之恤”（无限的忧患），即对天道自然的深沉思索，对政权兴衰刻骨

① 《史记·太史公自序》。

② 《子刘子学言》卷二，《黄宗羲全集》第1册，浙江古籍出版社1985年版。

铭心的忧思。如《康诰》《大诰》《召诰》《无逸》等篇便透露出一种自慎、自勉的心态。刚刚代殷而立的周统治者，并没有以胜利者自居，洋洋得意、颐指气使，而是以殷亡为鉴，诚惶诚恐，兢兢业业。周公担心侄儿成王骄纵，告诫其“先知稼穑之艰难”[①]，以商代中宗、高宗、祖甲和周文王等贤明君主为表率，“不敢荒宁”，以履冰临渊的谨慎态度治理天下，这样方可享国久远。

“忧”“患”二字分别使用，在元典中不胜枚举。而忧、患二字连用为一词，始见于战国中期的《孟子》一书。《孟子·告子下》载孟轲（公元前372—前289）的言论说：“入则无法家拂士，出则无敌国外患者，国恒亡。然后知生于忧患而死于安乐也。”

人称“大道之原”的《易经》是殷周之际与自然和社会顽强抗争、奋斗着的人们“困穷而通”的创作，全篇贯穿忧患意识。同样深怀忧患的战国晚期的《易传》作者深知此中底蕴，阐发《易经》的精义：

> 《易》之兴也，其于中古乎？作《易》者，其有忧患乎？[②]

《易传》作者还结合《易经》产生的历史条件分析道：

> 《易》之兴也，其当殷之末世，周之盛德邪？当文王与纣之事邪？是故其辞危。危者使平，易者使倾。其道甚大，百物不废。惧以终始，其要无咎，此之谓《易》之道。

> 其出入以度，外内使之惧，又明于忧患与故。[③]

《易传》还专门阐述居安思危的道理：“危者，安其位者也；亡者，保其存者也；乱者，有其治者也。是故，君子安而不忘危，存而不忘亡，治而不忘乱；是故，是以身安而国家可保也。”[④]《易传》作者引用《否卦》爻辞，以论证时刻警惕败亡、常怀忧患的道理：“《易》曰：‘其亡！其亡！系于苞桑。’”[⑤]

---

① 《尚书·无逸》。

②③④⑤ 《周易·系辞下》。

《易传》的忧患意识导源于《易经》。《易传》概括《易经》的特点是“其辞危”，即充满危机感，遂教人“明于忧患”，“外内使之惧”。其流露的周初人的忧患感绝不限于姬昌的囚系之虑，也不限于姬昌叛殷与事殷的犹豫徘徊。其实，周初人的忧患是从殷周之际广阔的社会背景中孕育出来的，是殷末的统治危机、殷王朝的土崩瓦解给周初统治者以震撼的产物。

忧患意识在殷末富有远见的人士（如箕子、商容、梅伯、比干）中已有所萌动，他们对殷纣的荒暴充满忧虑，都曾冒死劝谏，后来或被囚禁，或被杀害，可谓第一代富于忧患感的仁人志士。当然，忧患意识作为一种有深远影响的社会思潮，正式勃兴于周初，大约因此时正是“神本”向“人本”转变的关口。殷灭周兴的大事变，使新的统治集团——周人（特别是其杰出代表周公、召公等）意识到天命无常、政权可变，于是周公、召公不为眼前的安定和成功所陶醉，而担忧那些潜隐着的矛盾与危机，担忧继承者的荒怠，告诫他们居安思危，兢兢业业地尽责尽职，防微杜渐，以避免危难的到来。元典中的忧患意识主要反映了周代君王的“忧位”之思，以及哲人的“忧君”之虑。

忧患意识是以戒惧而沉毅的心情对待社会和人生的一种理智的、富于远见的精神状态。如果说，周初的忧患意识主要体现为“忧位”“忧君”，即对政权稳固与否的忧思，那么春秋以降，忧患意识的内涵更为深入和扩展。这首先表现在孔丘“忧道”观念的提出：“君子谋道不谋食……君子忧道不忧贫。”[①] 他将道的追求置于物质利益的追求之上，故忧患的目标直指“道”，即学说、真理。孔丘还讲过不少同类的话：“朝闻道，夕死可矣。”[②]“德之不修，学之不讲，闻义不能徙，不善不能改，是吾忧也。”[③]“司马牛问君子。子曰：‘君子不忧不惧。’曰：‘不忧不惧，斯谓之君子已乎？’子曰：‘内省不疚，夫何忧何惧？’”[④] 孔丘的“忧道”将周初以“忧位”为内容的忧患意识扩展到对真理能否弘扬的担忧，这是忧患意识朝着哲理方向的升华。

战国中期的孟轲，从民本思想出发，又将忧患意识拓向“忧民”和“忧天下”。在与齐宣王讨论忧乐问题时，他指出：“乐民之乐者，民亦乐其乐。忧

① 《论语·卫灵公》。
② 《论语·里仁》。
③ 《论语·述而》。
④ 《论语·颜渊》。

民之优者，民亦忧其忧。乐以天下，忧以天下，然而不王者，未之有也。”[①] 孟轲的“忧民”“忧天下”与周公、召公的“忧位”实质一致，是从忧虑君主的万世基业出发，未脱“君本位”立场，但其忧思内容毕竟较为深广，有一种由“君本位”向“民本位”交叉过渡的意味。

从周初的“忧位”“忧君”，到孔孟的“忧道”“忧民”“忧天下”，忧患意识的内涵愈益丰富。承其绪，后世仁人志士在不同的时代条件下，有不同的忧患，或忧君国之衰败，或忧民族之危亡，或忧黎民之困苦，或忧道学之中绝，其间往往也交织着个人的哀伤，所谓“俯仰身世，悲从中来”。然而，作为一种时代使命感和社会责任感的派生物，忧患意识又是古今同慨的。墨翟（公元前468—前376）的忧叹“万民多有勤苦冻馁，转死沟壑中者既已众矣”[②]；庄周（约公元前369—前286）的“身在江海之上，心居乎魏阙之下”[③]，并有感于“今世之仁人，蒿目而忧世之患”[④]；屈原（约公元前304—前278）的“长太息以掩涕兮，哀民生之多艰”[⑤]，以“布衣忧国”自命的杜甫（712—770）吟咏的“杜陵有布衣，老大意转拙”，“穷年忧黎元，叹息肠内热”[⑥]；白居易（772—846）的“今愁古恨入丝竹，一曲凉州无限情”[⑦]；“去国怀乡”“感极而悲”的范仲淹的“先天下之忧而忧，后天下之乐而乐”[⑧]；抱道忤时，退处林野，却“往往讽议朝政，裁量人物”[⑨] 的东林党人的“家事、国事、天下事，事事关心”；顾炎武的“天下兴亡，匹夫有责”[⑩]，凡此种种，莫不是“乐以天下，忧以天下”的博大而崇高的忧患。这种忧患意识正是中华民族居安思危、自强不息、挫而复起、穷且弥坚的精神动力所在，正所谓“艰难玉成”，“殷忧启圣”。

忧患意识不是一般的悲天悯人的感情宣泄，而是一种社会责任感、历史责

① 《孟子·梁惠王下》。
② 《墨子·兼爱下》。
③ 《庄子·让王》。
④ 《庄子·骈拇》。
⑤ 《离骚》。
⑥ 杜甫：《自京赴奉先县咏怀五百字》。
⑦ 白居易：《题灵岩寺》。
⑧ 范仲淹：《岳阳楼记》。
⑨ 《明史》卷二三一《顾宪成传》。
⑩ 《日知录》卷一三《正始》。原文为：“保天下者，匹夫之贱，与有责焉耳。”

任感，是一种对潜在危机的洞见和预防，即《诗》所言“未雨绸缪”[1]，《易》所言“见险而能止，知矣哉”[2]，“思患而豫防之”[3]。

深怀忧患意识的哲人往往能在一片升平气象中觉察隐患，所谓“君子居安如危，小人居危如安”[4]。如生于清代“乾隆盛世”的诗人黄景仁（1749—1783）吟咏道：“千家笑语漏迟迟，忧患潜从物外知。悄立市桥人不识，一星如月看多时。”[5]这里塑造了一位“悄立市桥”的忧患者的形象，他从“千家笑语”的背后，透见到潜伏于“物外”的危机，这正是对“乾隆盛世”即将转向中衰的敏锐洞察。

二、忧患意识的近代展现

时至近代，中国人面对外敌入侵、内政腐朽、民族危亡迫在眉睫的严峻局势，忧患意识便如燕之重归。

魏源（1382—1444）是近代忧患意识的阐发者，他针对当时流行于政坛、文坛的昏昏然的“寐患”，向人们发出呼唤：“人不忧患，则智慧不成。”[6]他受到现实社会危机的刺激，重读《周易》《诗经》等元典，产生了新的感受，“而知二《雅》诗人之所发愤”，“而知大《易》作者之所忧患。愤与忧，天道所以倾否而之泰也，人心所以违寐而之觉也，人才所以革虚而之实也”。[7]这是在对元典忧患意识的阐发中，楔入了现实的感同身受，而这种感同身受所面对的正是近代中国的内忧外患。

与魏源同时的徐继畬（1795—1873）也是深怀忧患意识而撰述外域史地著作的。王韬在《〈瀛环志略〉跋》中指出：“中丞（指徐继畬）内感于时变，外切于边防，隐愤抑郁，而有是书，故言之不觉其深切著明也。呜呼！古人著

---

① 《诗·豳风·鸱鸮》：“迨天之未阴雨，彻彼桑土，绸缪牖户。”

② 《易·蹇卦·彖卦》。

③ 《易·既济卦·象卦》。

④ 郑玄：《〈礼记·礼运〉注》。

⑤ 黄景仁：《癸巳除夕偶成》。

⑥ 《默觚下·治篇二》。

⑦ 《海国图志·序》。

述，大抵为忧患而作。”[1]王韬对《瀛环志略》忧患感的揭示，也适合于王氏本人。王氏曾力陈中国面临的严重危机：“呜呼！迩来日人狙伺于东，俄人鹰瞵于北，几于玉帛干戈待于两境。苟我国不早自强，则强邻悍敌，方且日伺我之左右，而天下事愈难措手矣。”[2]

由忧患意识发展而来的“救亡图存”思想，是近代中国有志之士的共通情志。时至19世纪八九十年代，历经第二次鸦片战争、中法战争，割地赔款、丧权辱国的事件接踵而至，爱国者无不扼腕痛惜。成书于1893年的《盛世危言》一书正是这一悲剧时段的记录。该书节录《国民报·公义第二篇》痛论时势，洋溢着忧患感：“今日事变叠来，未有终极，且将有印度、波兰之惨，固非止某处而已……则今日固天下臣民所宜同心并力，不能膜为他事待之他人者也。《诗》曰：‘迨天之未阴雨，彻彼桑土，绸缪牖户。’《易》曰：‘其亡其亡，系于苞桑’，我国民其何以自处矣！”[3]

以中日甲午战争中方惨败为标界，中华民族的危亡又迫近一大步，人们的忧患意识遂更为浓厚。老大的清帝国陆军溃于朝鲜、辽东，海军败于黄海，素来被中国人所藐视的东瀛岛国日本加入瓜分中国的行列，这极大地刺激了中国人，敏感的士子揭起“救亡图存”的旗帜，传统的忧患意识遂转型为具有近代爱国主义和近代民族主义意味的救亡思潮。康有为是这一思潮热情的倡导者。这位早在19世纪80年代便吟咏出“布衣老大伤怀抱，忧国无端有叹声”，“闭户尚忧天下事，旧游常作梦中欢”[4]的敏锐哲人，1895年秋奋笔撰写《强学会序》，向国人描绘了一幅民族危亡图：“俄北瞰，英西睒，法南瞵，日东眈，处四强邻之中而为中国，岌岌哉！况磨牙涎舌，思分余其者，尚十余国。”[5]在这篇序文中，康有为还借鉴东方诸国衰亡教训，以激醒国人：“昔印度，亚洲之名国也，而守旧不变……昔土耳其，四部之大国也……举地球守旧之国，盖已无一瓦全者矣。”[6]全篇充溢着民族忧患感，唯恐中国重蹈印度灭国、土耳其裂国的覆辙。康有为的这种忧患感当然是由现实的刺激所导致，同

① 《弢园文录外编·〈瀛环志略〉跋》，中华书局1959年版。
② 《弢园文录外编·〈火器略说〉后跋》。
③ 《盛世危言·自强论》节录《国民报·公义第二篇》。
④ 《梁星海编修免官寄赠》，《康有为诗文选》，广东人民出版社1983年版。
⑤⑥ 《强学会序》，《康有为诗文选》。

时也引古代忧患者为同调。戊戌变法失败后，流亡海外的康氏 1901 年游马来西亚槟榔屿时作诗云："乱离日已久，忧思日已多，我欲托诗史，郁结弥山河。每读杜陵诗，感慨更摩挲；上念君国危，下忧黎元疴，中间痛身世，慷慨伤蹉跎。"① 其中涉及的杜甫诗句为：《自京赴奉先县咏怀五百字》中的"穷年忧黎元，叹息肠内热"；《秦州杂诗》中的"俯仰悲身世，溪风为飒然"；《醉时歌》中的"德尊一代常坎坷"。康氏与杜甫大起共鸣，其忧患感无法自已，极而言之曰："忧患弥天塞太空。"②

康有为的学生和战友谭嗣同也是近代中国救亡思潮的重要倡导者。甲午惨败后，他痛心疾首地说："使天下大局破裂至此！割心沉痛，如何可言！"③ 挽救民族危亡的急切心情使他决心抛弃无用的考据之学和辞章之学，他发表"与旧学辞"的宣言："天发杀机，龙蛇起陆，犹不自惩，而为此无用之呻吟，抑何靡与？三十前之精力，敝于所谓考据辞章，垂垂尽矣！勉于世，无一当焉，愤而发箧，毕弃之。"④ 谭嗣同是一位救亡思潮的身体力行者，无以遏制的忧患感使他从佛学中汲取"我不入地狱谁入地狱"的"大雄精神"，遂有后来面对屠刀，高呼"快哉"，毅然献身，演出了戊戌变法最壮丽惨烈的一幕。

三、忧患意识与革命情怀

继谭氏而起的革命派志士们，对国家民族忧患之深广更超过前贤。

孙中山 1894 年在檀香山筹建第一个反清革命团体兴中会时，便郁积着对民族危亡的深沉忧患，他草拟的《檀香山兴中会章程》说：

> 中国积弱，非一日矣！上则因循苟且，粉饰虚张，下则蒙昧无知，鲜能远虑。近之辱国丧师，剪藩压境，堂堂华夏不齿于邻邦，文物冠裳被轻于异族。有志之士，能无抚膺！⑤

---

① 康有为：《避地槟榔屿不出，日诵杜诗消遣》，《康有为诗文选》。

② 康有为：《槟榔屿督署秋风独坐杂作》，《康有为诗文选》。

③ 《谭嗣同全集》（增订本）上册，中华书局 1981 年版，第 196 页。

④ 谭嗣同：《莽苍苍斋诗补遗·引语》，《谭嗣同全集》。

⑤ 《孙中山全集》第 1 卷，中华书局 1981 年版，第 19 页。

次年，孙中山草拟的《香港兴中会章程》进一步痛述内忧外患，一再发出“呜呼惨哉”“呜呼危哉”的感叹[①]。孙中山的忧患，已非旧式的“君国之忧”，而具有新的时代风貌。他在《中国的现在和未来》一文中说：“大家经常忘记了中国人和中国政府并不是同义语词。”[②]在《致港督卜力书》中，于揭露“政府冥顽”“疆臣重吏，观望依违”的同时强调：“天下安危，匹夫有责，先知先觉，义岂容辞！”[③]这是一种以民为本位的救亡图存意识，其忧患的深广，与旧式的“君国之忧”不可同日而语。

与孙中山同时代的革命志士，都有着类似的对于国家民族刻骨铭心的忧患。邹容（1885—1905）1901年东渡日本前夕，目睹国家危亡，民众苦难，作抒怀诗云：

落落何人报大仇？沉沉往事泪长流。
凄凉读尽支那史，几个男儿非马牛。

这种历史与现实相交织的忧患情怀，驱使邹容后来创作出“笔极犀利，文极沉痛”的《革命军》。这部书在一切稍有忧国忧民之心的人那里都富于感召力，“读之当无不拔剑起舞、发冲眉竖”[④]。

同邹容齐名的陈天华（1875—1905），其忧患的侧重点在帝国主义掀起的瓜分中国的狂澜。他在《猛回头》中论到这种极端危急的形势：

俄罗斯自北方包我三面，英吉利假通商毒意中藏，法兰西占广州窥伺黔桂，德意志领胶州虎视东方，新日本取台湾再图福建，美利坚也想要割土分疆。

陈天华的忧患更在于“可怜中国人好像死人一般，分毫不知”[⑤]。他向民众宣示：“须知这瓜分之祸，不但是亡国罢了，一定还要灭种。”“须知国家是人人有份的，万不可丝毫不管，随他怎样的。”[⑥]陈氏以警世者的身份歌吟曰：

①②③《孙中山全集》第1卷，中华书局1981年版，第21、88、192页。

④《苏报》1903年6月8日。

⑤⑥ 陈天华：《警世钟》，《陈天华集》，湖南人民出版社1982年版。

长梦千年何日醒，睡乡谁遣警钟鸣？[①]

为着唤醒昏睡的国人，陈天华不仅连续撰写《警世钟》《猛回头》《狮子吼》等激昂慷慨的文字，而且于1905年蹈海自尽，留下《绝命书》，劝勉生者“去绝非行，共讲爱国”，从而将其忧患情致发挥到极致。

忧患意识的唤醒并获得新的含义，是那一时代人们从中古迷梦里惊觉过来的契机。吴樾（1878—1905）在描述自己的心路历程时说：“予年十三，逐慕科名，岁岁疲于童试。年二十一始不复以八股为事，日惟诵古文辞。”后来，“友人某君授予以《革命军》一书，三读不置，适其时奉天被占，各报传警，至是而知家国危亡之在迩，举昔卑污之思想，一变而新之”[②]。这段话是颇有典型意义的。一个饱读诗书的士子，当然蕴藏着经世之志和忧患情怀，但往往被科名所囿，于时势无所闻问，暂处蒙昧之中，一旦经新学启迪和时局刺激，其对于国家民族的责任感、义务感顿时勃发起来。以吴樾为例，则断然走向暗杀主义，其思维逻辑是：“夫今日之汉族之民气，其涣散不伸，至于此极……今欲伸民气，则莫若行此暗杀主义。”[③]企图通过暗杀“满酋”激励国人，儆戒清政府。后来他果然携炸弹谋炸出洋五大臣，献出自己年轻的生命，实践其“以个人性命之牺牲，而为铁血强权之首倡”[④]的誓言。

吴樾所持“暗杀主义”，自然是一种极端的个人英雄主义，广大革命党人虽景仰吴樾的献身精神，却认为“若暗杀又为个人举动，不足以动摇全局”[⑤]。他们怀抱着更切实、更坚韧的忧患，志在大举，行在沉潜，“欲为大汉复仇，虽汤镬弗惧，遑恤苦地”[⑥]。许多年轻知识分子鄙视功名利禄，放弃舒适生活，长年在新军下层、会党群中活动，粗衣恶食，历尽艰辛。当革命需要献金时，他们可以典卖家产，直至脱下最后一件衣衫；为革命需要献身时，他们悲歌慷慨，义无反顾。辛亥革命的金字，是由这些“身无半文，心忧天下”的革命志士的胆略、献身精神和脚踏实地的活动铸造出来的。驱动着这一代英华做

① 陈天华：《警世钟》，《陈天华集》，湖南人民出版社1982年版。
② 吴樾：《暗杀时代·序》，《辛亥革命前十年间时论选集》第2卷下册，三联书店1963年版。
③ 吴樾：《暗杀时代·暗杀主义》，《辛亥革命前十年间时论选集》第2卷下册。
④ 吴樾：《暗杀时代·与妻书》，《辛亥革命前十年间时论选集》第2卷下册。
⑤ 杨玉如：《辛亥革命先著记》，科学出版社1958年版，第11页。
⑥ 邹鲁：《中国国民党史稿·刘复基传》，上海民智书局1929年初版，中华书局1960年重印。

出此类义举的，正是对于“危哉中国”[①]的忧患，在他们壮怀激烈的革命行径中，闪耀着“志士不忘在沟壑”[②]，“勇士不忘丧其元”[③]，“苟利国家，不求富贵”[④]一类元典精神的光辉。

四、忧患意识与“五四”精神

“五四”新文化运动是以提倡民主和科学、批判宗法—专制文化现身于世的，它公开宣称：“要拥护那德先生，便不得不反对孔教、礼法、贞节、旧伦理、旧政治；要拥护那赛先生，便不得不反对旧艺术、旧宗教，要拥护德先生又要拥护赛先生，便不得不反对国粹和旧文学。”[⑤]新文化运动的健将们已不像维新派那样言必称古典，但究其实质，新文化运动激昂的爱国主义思潮，同样与元典的忧患意识一脉相通，不过新文化运动健将们的忧患意识的内涵比古人深远而广泛，不再是“忧君”“忧位”和一般意义上的“忧民”“忧天下”，而是担忧中华民族在现代世界文明的大潮中落伍，担忧落伍者挨打以至遭淘汰。鲁迅 1918 年在《新青年》上著文说：

> 现在许多人有大恐惧，我也有大恐惧。
>
> 许多人所怕的，是“中国人”这名目要消灭；我所怕的，是中国人要从“世界人”中挤出。我以为“中国人”这名目，决不会消灭；只要人种还在，总是中国人。但是想在现今的世界上，协同生长，挣一地位，即须有相当的进步的智识，道德，品格，思想，才能够站得住脚：这事极须劳力费心。而“国粹”多的国民，尤为劳力费心，因为他的“粹”太多。粹太多，便太特别。太特别，便难与种种人协同生长，挣得地位。
>
> 有人说：“我们要特别生长，不然，何以为中国人？”
>
> 于是乎要从世界人中挤出。
>
> 于是乎中国人失了世界，却暂时仍要在这世界上住！这便是我的大

---

① 《湖北学生界·叙论》，《辛亥革命前十年间时论选集》第 1 卷上册，三联书店 1963 年版。

②③ 《孟子·滕文公下》。

④ 《礼记·儒行》。

⑤ 陈独秀：《新青年罪案之答辩书》，《新青年》第 6 卷第 1 号。

恐惧。

鲁迅的忧患，或曰“五四”的忧患，是一种觉醒了的现代中国人的忧患——担忧中国被排除在世界现代文明大道之外，以致被开除地球籍。正是出于这种忧患感，新文化运动倡导科学和民主，召唤国人奔向现代的、文明的新社会，去赢得中国人的世界位置。

传统思想的近代转型（《光明日报》访谈录）*

自20世纪80年代中叶以来，中国传统文化的研究就出现一浪接一浪的热潮，社会各界对传统文化的态度也开始从破“四旧”的否定模式转向科学辨析模式，并且从正相关的角度解读传统文化与民族复兴的关系，这无疑是值得肯定的。但是，如何辩证地审视中国社会转型进程中的政治、经济、文化、社会生活等各方面的转型，使中国传统的思想文化资源在我们实现中华民族伟大复兴的伟业中发挥重要作用，仍是一个既有学术价值又有现实意义的研究课题。为此，《光明日报》记者危兆盖专门采访武汉大学中国传统文化研究中心冯天瑜教授、南开大学历史学院李喜所教授、湖南师范大学历史文化学院郑大华教授，请他们就“中国传统思想的近代转型”的有关问题各抒己见。现将整理后的采访稿予以刊发，希望借此引起学术界对这一问题更深入的探讨。

一、如何看“传统思想的近代转型”

主持人（危兆盖，以下简称“主持人”）：近些年来，时常听到学者在盛谈“传统思想的近代转型”这一话题时，在概念的界定上比较含糊，存在着不同的意见，不知几位对此如何看？

冯天瑜（以下简称“冯”）：要界定“中国传统思想的近代转型”，首先需要厘清此种转型依托的历史背景。发生在近几个世纪的近代转型（其基础内容为农业文明向工业文明变换），是继人猿揖别，农业萌生之后人类发展

* 原载《光明日报》2007年11月30日。

史上的第三次飞跃。与此前人类诸文明在世界各处分散生发、彼此隔绝大异其趣，近代化过程使人类历史从分散走向整体，《共产党宣言》所说的“世界文学”（即全球文化）开始诞生。因此，中国近代思想文化，既非中国传统思想文化的原生态延伸，也非西方近代思想文化的简单位移，而是古今演绎，中西对接的产物，属于近代涌现的“世界文学”（即全球文化）的有机组成部分。为了认清此点，可简略回顾世界历史：近代工业文明并非在各地同时兴起，而是在较早集合了转型所需经济、政治、文化条件的某些地段（西欧的荷兰、英吉利、法兰西）率先启动，这是一种“早发内生型近代化”。近代工业文明追求利润最大化，迫切需要建立世界统一市场，故对外殖民扩张是其与生俱来的性格，非西方地区成为其征服对象。在西方近代文明的逼迫与示范下，亚非拉地区也渐次进入近代化进程（否则便有可能被“开除球籍”），这可称为“后发外生型近代化”。对于所有非西方地区而言，只要试图展开近代化进程，就必然或被动或主动地仿效、移植西方近代文明。这一历史过程决定了研究中国传统思想的近代转型，必须考察西方近代文化（诸如民主理念、科学思想、法制观念）在中国的传播，故“西学东渐”乃是讨论中国传统思想近代转型的题中应有之义。然而，肯定中国近代化的“后发外生性”又不可忽略另一个基本点：非欧地区的近代化并不是西方文明的简单搬迁，非欧地区的固有文化形态没有排除在近代化进程之外，而是深深楔入这一过程之中，并与外来的西方文化发生复杂的化合反应。这便要求我们，研究中国近代思想文化的生成与发展，不能限于讨论西方近代思想如何输入中国，更要考究在古今中西大交会的历史条件下，中西思想如何从相互冲突走向彼此涵化；中国传统思想如何经历烈火洗礼，实现凤凰涅槃。因此，讨论传统思想的近代转型，必须超越西方中心论和中国中心论，从世界近代化进程的大视角，观照中学与西学在近代文明的背景下发生的深刻互动。

李喜所（以下简称“李”）：从某种意义上讲，中西文化的交流与对接，直接关乎中国传统思想的近代转型。在1840年鸦片战争之前，中国文化基本按照自身的个性和规律在曲折缓慢地向前发展。只是由于西方文化的呼啸东来，给中国文化带来前所未有的压力与挑战，中国在实现民族独立和国家振兴的历史进程中才提出了向西方学习和中国文化如何走向现代的问题，也就是习惯上所讲的传统与现代的问题，即“古今”的问题。由此，如何科学地处理“中西古今”的文化关系问题就成了传统思想的近代转型的核心。而“古今”问题显然是由“中西”问题而引发的，可见如何解决中西文化关系，如何真正实现中西文化的合理对接，对传统思想的近代转型具有全局意义。所以，传统思想近代转型的一个最显著特点，便是在近代中西文化的碰撞、融合和再生的过程中曲折进行的。

从近代中西文化的碰撞、融合和再生的历史进程来看，异质文化的交流或对接是相当困难的，必须找到行之有效的对接点才可能顺利前行。一般来讲，中国母体文化和外来客体文化的对接，大致可分为三个相互递进的层次：第一层次只停留在狭义上的文化对文化的交融，基本不触及社会经济的变革，当然也不会产生与此种社会经济变革相衔接的新型知识群体。中国古代源远流长的佛教汇入中国文化的历史和明清之际200余年中西文化交流的历史，大体属于这种情况。这样的交流由于没有经济社会的变动作支撑，只能局限于精神文化范围，而不会引发影响社会全局的带有本质性的社会转向。特别是像东西文化这样差异甚大的文化交流，如果没有相应的经济社会变革做基础，实质意义上的融合就几乎不可能。鸦片战争后的中西文化交流，由于有了像洋务运动那样的经济社会变革做基础，以及随之而来的一系列的经济的、政治的变动来推进，就迅速突破了明清之际200余年中西文化交流的一般格局，使西方文化大踏步地嫁接于中国社会的各个领域。随着一系列的政治运动和社会变迁，仅仅一个多世纪就出现了一定意义上的中西文化对接。这可看作中外文化交流的第二层次，即以经济社会变动为基础的文化交流。而经济社会的变动必然要催生反映其走向的新的社会阶层，尤其是新的知识分子阶层。随着新式学堂的建立和科举制度的废除，特别是现代大学体制的完善以及大批留学生的派遣，新型知识群体就成为一股不可忽视的力量，直接推进着中西文化的融合和中国传统文化的新生。恰是这种历史演进中合乎逻辑的发展，将中西文化的交流和对接提升到由知识群体充当核心媒介的更加深入的第三个层次。这第三个层次，大致可以看作中西文化融合的一个带有核心意义的对接链。而随着中西文化的交流和对接的逐步提升，尤其是从第二层次提升到第三层次，中国传统思想的近代转型也就进入到一个新的历史时期。

二、传统思想发生近代转型的时代特征

主持人：讨论中国传统思想的近代转型，我们还必须弄清楚，为什么中国传统的思想文化在明清以来特别是清中叶以后会出现剧烈的嬗变？也就是说，在这一时期是什么因素促成了中国传统的思想文化开始发生转型？

冯：促成中国传统思想近代转型的基本动因，深藏于经济及社会的近代变迁之中。农业文明向工业文明转化，宗法专制社会逐步解体，是思想学术新变的背景与推动力。对此作出深度的历史唯物主义诠释（而不是以“经济唯物论”贴公式化标签），是近代文化史研究的一项必修功课。当然，传统思想近代转型的直接动因，必须从反映经济及社会变革的思想学术的流变中寻求脉络。就思想学术的近代流变而论，须从空间与时间两个向度作综合考察。在空间向度上，它是中国本土思想的世界化过程，表现为中西思想文化的深刻互动；在时间向度上，它是古代及中古思想的近代转化，发生着时代性跃进。这两者又是彼此交叉的，“西学”往往与“新学”相连，“中学”往往与“旧学”相连，但是也不尽然。严复指出，“西学”便有新旧之分，我们在采纳时应有取舍。“中学”也绝非旧学的同义词，其间不乏指引前进方向的内容，并提供与西学嫁接的母本，构成中国近代思想进程的真实起点。总之，研讨中国传统思想的近代转型，需要运用“古今中外”法，既探讨传统思想的历史演绎，又考析中国固有思想与外来思想（主要是西方思想）彼此涵化的过程。有一种广为采纳的推理：由于中国文化的近代转型由西方文化所“激活”，那么今日为推进现代化就应当专注于向西方寻求动力与支援。这种推理正是西方汉学界曾经概括的“冲击—反应”模式。作为欧洲中心论的产物，这一模式有片面性，因为它只注意到中国近代化进程的外部因素，而忽略了内部因素。

郑大华（以下简称“郑”）：是哪些因素的集合激发传统思想的近代转型？学术界存在着两种不同甚至针锋相对的观点。一种观点认为中国传统思想在进入明清以后尤其是乾嘉以后已停滞不前，如果没有西方的挑战，中国传统思想就不会产生新的具有近代意义的变化。早在 20 世纪 50 年代，美国的邓嗣禹和费正清就提出了“冲击—反应”模式，认为中国近代社会是一个大变动、大转型的社会，这种变动和转型不是起因于一种“内发的力量”，而是源于“外发

的压力”，即西方的冲击。他们的这种观点不仅一直主导着早期美国的中国近代史和中国近代思想史研究，而且对中国本土的中国近代史和中国近代思想史研究的影响也很大。但自20世纪七八十年代起，这种“外部取向”的“冲击—反应”研究范式遭到了越来越多的美国学者的反思与批判，转变为柯文所定义的“中国中心观”的兴起。许多研究者开始摆脱过去宏大叙事与整体研究的路径，立足于中国内部自身发展，从中国内部寻找中国传统社会和传统思想发生近代转型的原因与动力。在美国“中国中心观”兴起的同时，国内的一部分学者也开始把他们的研究重点转向中国传统社会和传统思想的内部结构，认为中国传统社会和传统思想本身就具有追求近代性的因子，如果没有西方的挑战，中国也将沿着自身的发展轨迹，实现传统社会和传统思想的近代转型。我把前一种观点称为“外因论”；后一种观点称为“内因论”。但对这两种观点，我都不太赞成，我认为是一种合力的作用，即：引起中国传统社会和传统思想近代转型的因素是复杂的，既有内因，也有外因，既非外因决定的，也不是内因决定的，而是内因和外因共同决定的，来自传统社会和传统思想的内部因素与来自西方国家文明冲击的外部因素所形成的合力，共同推动了中国传统社会和传统思想的近代转型。就目前的研究状况来看，学术界对来自西方国家文明冲击的外部因素研究得较多，而对来自中国传统社会和传统思想的内部因素研究得较为薄弱，这后一方面的研究应该成为今后“中国传统思想的近代转型”的研究重点。

三、传统思想近代转型的主要表现

主持人：一般读者接触传统思想的近代转型这一话题，恐怕最想了解的还是这种转型的历史脉络。因此，在弄清其时代特点后，最关心的是传统思想近代转型的主要表现。在这方面，想听听各位的看法。

李：传统思想的近代转型带有根本意义的标志应是固有知识来源、知识系统和核心价值观在社会发展中逐步走向现代。近代涌现出的新型知识群体之所以能够充当中西文化对接的重要媒体，是因为他们在中西文化的熏陶下知识结构和价值体系发生了新的变化，他们学贯中西，掌握或基本掌握了现代的知识和本领，并在自己的工作和实践中重新找到了自我。也就是说，新知识为他们带来了新命运，新的文化价值观使他们自觉不自觉地去推进传统思想溢出传统，迈向现代。从这种意义上讲，知识的变迁对传统思想的近代转型至关重要。因为知识的特性不仅在某种程度上决定着知识分子的文化性格和文化选择，也会左右个人或群体的命运，还将深层次地影响传统思想的走向以及民族和国家的前途。鸦片战争以来的百余年间，为实现国家独立和民族振兴这一历史主题，中国人逐渐认识到知识的全面更新是时代的要求。几千年来固有知识资源和知识系统已经难以完成具有本质意义的现代知识的转换，所以在引进西学的同时，也在艰难地改进获取知识的方式和方法，以便开凿新的知识源流和建造新的知识系统。而其中牵动全局的举措就是教育改革。在废除科举制度的进程中创建了具有现代意义的新式学堂，逐步确立了小学、中学、大学的三级学制，年轻一代的知识积累和知识结构发生了本质的变化。为了原原本本地去汲取西方现代文化，亲身感受那里的社会文化，尤其是为了培养高级人才，政府还启动了花费巨大的留学教育，而且人数越来越多、规模越来越大、步伐越来越快。留学生因之慢慢变成新型知识群体中一个具有影响力的特殊阶层，成了传统思想近代转型的有力推动者。之所以如此，和留学生亦中亦西、亦“土”亦“洋”，或曰中西兼通的思想和文化构成有密切的关系。因为对于近现代中国来说，这样的新型知识最有展示的空间。原因很简单，鸦片战争之后的中国，绝不可能原封不动地沿着固有的传统走下去，必须融入世界，追赶世界潮流；但也不可能原原本本地照搬欧美，根深蒂固的中国传统时时刻刻会起作用，中国特色是永远也抹不掉的。新的中国的思想和文化只能是有“洋”有“土”的现代中的传统、传统中的现代。那些具有中国思想文化底蕴又有广博的西学素养的新人才必然是社会的宠儿，是推进传统思想近代转型的佼佼者。

中国传统思想的近代转型只能通过一代又一代具有现代文化素养的人的不断选择和创新来完成。所以选择者本身是否具有现代思想和价值观就特别重要。对于封存在传统宝库中的思想和文化，选择者如果优，自然使优秀思想和文化再现；选择者如果劣，顺理成章地使传统的劣质思想和文化得以存续。当代人的素质高低决定着传统的优秀的民族文化再现的水平。因而只有提高全民族的现代文化素质，才有可能完全实现传统思想的近代转型。近代百余年间，中国传统思想和文化之所以仍显示出这样或那样的活力，得力于国人民族文化素质的不断提高，尤其是得益于前面所讲的具有近代意义的新型知识群体的崛起和发展。

郑：我赞同喜所教授的观点，知识结构的变化对传统思想的近代转型是十分重要的，或者换句话说，传统思想便是在中国人知识结构的变化过程中开始其近代转型的。众所周知，中国传统的知识结构以经史子集为基干，明清科举考试更是只考儒家的四书五经。因此，对于传统社会的读书人来说，除了“帖括辞章”，就没有其他“学问”了。但到了鸦片战争以后，随着教会学校、洋务学堂和“戊戌”以后各种新式学校的设立，人们的知识结构开始发生明显的变化。因为新式学校不同于旧式书院的根本之处，就在于除开设传统的中学课程外，还开设一定的西学课程，如数学、化学、电学、声学、光学、力学、热学、物理学、生物学、动物学、植物学、天文学、地理学、医学、生理学、解剖学、农艺学、历史学、经济学、教育学、政治学、法学、哲学、外语等，并且随着时间的推移，人们对西学重要性认识的不断加深，西学课程在整个课程结构中的地位越来越重要，逐步形成了完全不同于传统的西学主导型课程结构。课程结构的变化，也就意味着接受新式教育的青年学子的知识结构发生了变化。除西学课程外，影响人们知识结构发生变化的，还有报刊和各种新式书籍。据统计，从鸦片战争结束到19世纪90年代，先后共有中外文报刊大约250种，其中西人创办的有200多种，大约占同时期我国报刊总数的80%以上。此后，中外文报刊日益增多，到1911年时，达到1753种。当时的许多报刊都经常刊登一些自然科学和社会科学方面的知识。戈公振的《中国报学史》在谈到教会和传教士所办的报纸时便指出：“外人之传教也，均以输入学术为接近社会之法。故最初发行之报纸，其材料之大部分，舍宗教外，即为声光化电之学。”至于新式书籍，也大多讲的是西方自然科学和社会科学的知识。以江南制造总局翻译馆翻译的西书为例，该馆译员陈洙1909年编《江南制造局译书提要》，共收录已出版译书160种，如果按种类从多到少排列，其顺序依次为兵学（21种）、工艺（18种）、兵制（12种）、医学（11种）、矿学（10种）、农学（9种）、化学（8种）、算学（7种）、交涉（7种）、史志（6种）、船政（6种）、电学（4种）、工程（4种）、商学（3种）、格致（3种）、政治（3种）、地学（3种）、学务（2种）、天学（2种）、声学（1种）、光学（1种），另有“附刻”10种。知识结构的变化，必然会引起人们思想观念的变化。因为人们从新的课程中，从报刊和各种新式书籍中，不仅得到了声光化电等西方自然科学知识，而且还得到了一些西方社会科学知识，知道了世界各国的历史和现状，并开始拿中国与西方进行比较。早在19世纪七八十年代，诸如《论中西历之所以不同》《中西饮食异宜说》《论中西民情不同》《论中西医学之所以不同》《论中西风俗之异》《中西刑律异同说》《中西政情之别》一类文章已屡见不鲜。通过比较，人们有可能得出中不如西的结论。而认识到中国比西方落后，对传统思想的近代转型具有重要意义。所以在近代中国，发生思想转型的是那些最先接受过新式教育的知识分子，尤其是留学过欧美、日本的留学生。

就“中国传统思想的近代转型”的表现而言，主要表现为诸如纲常名教、专制独裁、男尊女卑、夷夏之辨、重农抑商、“天不变，道亦不变”等观念受到冲击或否定，并逐渐为自由、平等、博爱、重商、进步等一些新的价值观念所取代，民主与科学开始成为近代思想文化中最基本的部分。也正是在这一意义上，我们充分肯定“五四”新文化运动的历史功绩。因为中国传统思想虽然自1840年后就开始近代转型进程，但只是到了“五四”新文化运动时期，人们才将民主与科学作为近代思想文化中的核心价值观念加以追求和崇尚，而在此之前人们主要是把民主与科学作为一种实现国家富强和救亡图存的工具或手段来追求的。当然，“五四”新文化运动远未完成中国文化的近代转型，中国人还需要付出几代人的艰苦努力。

四、如何把“传统思想的近代转型”这一课题的研究引向深入

主持人：迄今为止，中国社会的现代化还没有完成，中国社会的转型也还没有完成，所以，“中国传统思想的近代转型”问题的研究，不仅具有重要的学理意义，还具有不可忽视的现实意义。在您看来，应加强哪些方面的研究，从而把这一课题的研究不断引向深入？

冯：陈寅恪曾揭示文化史上一个“虽似相反而实足以相成”的通则——各个民族和国度对外来文化“无不尽量吸收，然仍不忘其本来民族的地位”。在近代，中国人向西方寻求真理，进而构筑本民族新的思想文化体系时，并未忘却自己的民族文化之“根”。康有为（1858—1927）声明，他的学说体系是参

合中西印哲理的产物；孙中山指出，“余之谋中国革命，其所持主义，有因袭吾国固有之思想者，有规抚欧洲之学说事迹者，有吾所独见而创获者”。不仅康、孙等如此，整个中国近代新学的铸成都是“因袭吾国固有之思想”与“规抚欧洲之学说事迹”再加以综合创造的产物。恩格斯（1820—1895）说，任何新的学说“必须首先从已有的思想材料出发，虽然它的根源深藏在经济的事实中”。具体而言，中国传统思想近代转型所依凭的“已有的思想材料”，一个比较切近的前缘，便是明清之际的早期启蒙思想，如“匡时济世”的实学精神、抗议君主专制的社会批判思想和民主精神、执着的民族精神以及借鉴外域文化的开放精神等。中国近代思想家多求之于“晚明遗献”，多以黄宗羲（1610—1695）、顾炎武（1613—1683）、王夫之（1619—1692）、唐甄（1630—1704）的后继者自居，这是有道理的。所以，我们研讨中国传统思想近代转型之内部因素时，应加强对明清之际早期启蒙思想的研究。

中国传统思想近代转型所依凭的“已有的思想材料”，当然不限于此，不少近代思想家都远溯先秦，从中华元典精神获取资源。近代思想借助古代思想的精义以突破中古的桎梏，这一“否定之否定”的过程，在中西文化史上都有典型表现。欧洲文艺复兴便通过对古希腊人文主义的创造性复归，达到对中世纪神学蒙昧主义的超越。马克斯·韦伯（1864—1920）将近代化精神动力推源于“新教伦理”（勤劳、俭朴、敬业精神），又有人溯源于古希腊的城邦民主制、重智主义和殖民传统。对中国近代思想而言，吸纳中华元典精神也是一个重要的生成资源。综览中国近代思想主潮，其基本构成都包蕴着对中华元典精神的创造性发挥：从《尚书》《诗经》《周易》的忧患意识到近代救亡思潮；从《周易》的“穷则变，变则通，通则久”以及“自强不息”的思想到近代的“更法—自强”观念；从“汤武革命，顺乎天，应乎人”到近代的社会革命论；从“华夷之辨”到近代民族主义，从原始民主和民本思想到近代民主主义；从“民生在勤”到近代民生思想。以上诸种变化当然都受到西方近代理念的刺激与影响，但也都导源于中华元典精义，它们是古今中西交融会合的产物。

中华元典精神在近代的演变和发展，是我们研讨中国传统思想近代转型之内部因素的又一课题。另外，中国人的近代实践，尤其是康、梁、严、孙等先进的中国人在近代条件下对中西思想的综汇及创造性转换，是传统思想近代转型的重要资源。对其思想的时代性、学术水平，有必要作深入考察。还应对先进中国人的影响作分类考察，注意区分沿海、海外与内地思想者的分类研究。除精英之外，对大众、民间在近代转型过程中的思想形态也要作专门研究，包括区域研究、类群研究等。

郑：除以上讲的这些方面外，加强对1840年鸦片战争前后复兴的“嘉道经世思潮”的研究也具有十分重要的意义。“嘉道年间复兴的经世思潮使中国传统思想具备了向近代转型的可能性，而发生于此时的鸦片战争，又给经世思潮注入了新的内容，从而使这种可能性成为现实。正是在嘉道年间，中国传统思想开始迈出了向近代转型的第一步，并对晚清思想产生过重大而深远的影响。”概而言之，主要表现在以下几个方面：第一，批判社会现实，倡导“更法”和改革。第二，“睁眼看世界”，“师夷之长技以制夷”。第三，强调学以致用，倡导一种重视现实问题的新学风。王国维（1877—1927）曾将有清一代的学术分为国初、乾嘉和道咸以降三个阶段，其各自的特征为：“国初之学大，乾嘉之学精，道咸以降之学新。”所谓“国初之学大”，是说清初顾炎武、黄宗羲、王夫之等几位大儒，作为明朝遗老，他们痛感空谈亡国，不喜空谈性理，而强调笃行实践，其志在求天下利病。所以他们为学气势磅礴，“明体达用”。所谓“乾嘉之学精”，是说乾嘉时代汉学兴盛，汉学家埋首于故纸堆中，而不关心国家大事，其治学以经学为主，以汉儒注经为宗，内容主要是文字音韵、名物训诂、校勘辑佚，从事经史古义的考证，强调精专。所谓“道咸以降之学新”，是说道咸以后由于西学的传入，以及中学对西学的吸纳，中国固有的学术发生了质的衍变，成了一种“不中不西，亦中亦西”的“新学”。从“乾嘉之学精”到“道咸以降之学新”，这便是晚清的学术转型。就此而言，嘉道经世思潮所开启的这种面向现实、讲求功利、研究和解决当下一些重大的社会问题的新学风，可以说为中国思想从传统向近代的转型起到桥梁作用。

背景链接：随着中国近代思想文化史研究的进一步深化，传统思想的近代转型引起了越来越多的学者的关注。早在20世纪80年代后期，湖北大学中国思想文化研究所在冯天瑜教授主持下，就先后完成“中华文化的近代转换”等课题的研究，并出版《中国文化走向近代的历程》论文集。近年来，中国社科院近代史所思想史研究室把传统思想的近代转型作为重点研究的课题之一，除承担该院重大项目“近代中国文化转型研究”外，还与浙江师范大学历史文化学院等单位合作，先后召开“传统思想的近代转换”等系列学术研讨会。2007年又编辑出版《传统思想的近代转换》一书。与此同时，《四川大学学报》在2007年第3期开辟“中国近代思想史研究专栏”，集中刊发冯天瑜《元典精神的近代转化》、史革新《清初学术思潮转换刍议》和邹振环《19世纪西方地理学译著与中国地理学思想从传统到近代的转换》等关于传统思想的近代转型的学术论文，引起较大反响。

张之洞从清流党到洋务派的转变 *

晚清政坛要角张之洞（1837—1909）中年以后是实绩与李鸿章并肩而立的洋务巨擘，此为世人熟知，然而，张氏进入仕途的前期，曾经是与洋务派对立的清流党人。张氏前后期的这一变化，报告了时势演绎的消息，是中国文化近代转型的一个缩影。

一、从清流健将到洋务殿军

张之洞漫长的为政生涯（从 19 世纪 60 年代初至 1909 年），既有贯彻始终的主线，又有前后更迭的变迁。他的生活轨迹相当典型地反映了传统士人在“古今中西大交会”时代的矛盾、困惑和变异、更化。

张之洞早年接受的是严格、正统的儒学教育；入仕以后，相继在浙江、湖北、四川出任十载学官，又做过四年闲曹谏官，直至补授山西巡抚之前，一直生活在传统文化氛围之中。他做四川学政时修撰以指导士子求学修身的《书目答问》、收录图书 2200 余种，除少量明清之际西方传教士所著书，如《职方外记》《坤舆图说》《经天该》外，其余全为“端品行，务实学”的中华传统典籍，其视野未逾中土古学。从学官任上返回京师后，入围“清流党”，更高倡六经大旨，以维持名教为己任。

得名东汉的“清流”，是对负有时望、不与权贵同流合污的士大夫的称呼。清代同治、光绪年间，活跃着一班以儒雅博望自重、以纠弹时政为任的京官，时人称之“清流党”。这些人在晚清政坛成就一番气候，并非偶然。同、光之

* 冯天瑜、何晓明合撰，《历史研究》1991 年第 3 期载，收入文存时有修订。

际，清廷为显示“中兴”，锐意求治，诏询吏治民生用人行政，需要狷介耿直者的宏议为其点缀。而此时又正值洋务运动大盛之期，廷枢奕䜣、疆臣李鸿章等权柄在握，声威日上，慈禧太后既要借重奕、李等以“洋务”充实朝廷的经济、军事实力，又担心“内轻外重”、尾大不掉，便玩弄“以清议维持大局”的手法，利用“清流党”牵制炙手可热的洋务大吏。张之洞于此时跻身倾向保守的清流派，有其经历、学识、性格等多方面的原因。

自幼饱读儒学经典、科举仕途一帆风顺，使张之洞对修身、齐家、治国、平天下的正宗儒术笃信不疑，眷念情深；在个人性格方面，他继承先辈的清廉耿直之风，曾以诗言志：“白日有覆盆，刳肝诉九阍，虎豹当关卧，不能遏我言。”[①] 在友朋交往方面，他早在外放四川学政之前，便与清流中人潘祖荫、王懿荣、陈宝琛等过从甚密，由四川返京后，又与北清流骨干张佩纶结识，相互引为同调，遂入此清流圈，渐为中坚。在平反东乡冤狱、改订《中俄条约》等问题上，表现出为民请命、不避权要、犯颜直谏的“清流”本色。此时张之洞的文化观，正如追随他多年的幕僚辜鸿铭所论：“当时济济清流，犹似汉之贾长沙、董江都一流人物，尚知六经大旨，以维持名教为己任。是以文襄在京曹时，精神学术无非注意于此。”[②]

1881 年底，张之洞外放山西巡抚，成为执掌一省政治、经济、军事实际事务的封疆大吏。这不仅是他仕途登进的重要台阶，也为他文化思想的转折提供了契机。抵任之初，他曾向张佩纶透露，自己治晋“皆中法非西法也”[③]。但是错综复杂的日常问题，尤其是山西积重难返的衰败现实，又使他意识到，清谈“圣经贤传”，固守祖宗章法，显然不能打开局面，而 19 世纪六七十年代以来，一些省份的督抚通过兴办洋务，使财政和军事实力大增，自然引起他的羡慕、仿效之念。正当他寻找兴革之策时，接触到英国传教士李提摩太（1845—1919）给前任晋抚曾国荃的条陈，便立即召集属员讨论条陈中提出的“以工代赈”、开矿、筑路、兴学等建议，又聘请李提摩太出任顾问。李氏乘机宣传“西化”方案，并于太原组织演讲社，定期宣讲声、光、电、化等近代科学知识，表演磁石吸铁、氧气吹燃等实验。李氏还特别向张之洞单独讲解

① 《张文襄公全集》（以下简称《全集》），诗集一。

② 《张文襄幕府纪闻·清流党》。

③ 《全集》书札一，与张幼樵。

“别西墨炼钢法”。这些科技常识对于自幼饱读经史的张之洞来讲，开启了一扇新知门户。由此发端，他对“西艺”“西技”的价值有了初步的了解，并急思效仿。他在山西兴办一系列洋务事业，如设立洋务局，招聘洋务人才，建立桑棉局、铁绢局，筹办练军，等等。这些举措虽未获明显成效，但已经表明张之洞开始了由清流党向洋务派的转化。

与此相应，张之洞的文化思想也发生变化，由专注儒学经义，转而兼取“洋务”新知。他印发《延访洋务人才启》，称“方今万国盟聘，事变日多，洋务最为当务之急”，又说“查中外交涉事宜，以商务为体，以兵战为用，以条约为章程，以周知各国特产、商情、疆域、政令、学术、兵械、公法律例为根柢，以通晓各国语言文字为入门”[①]。在给张佩纶的信中又说：“鄙人僻在一隅，大事都不闻知，防海新论交议未及，大约止沿海及本省耳。如蒙朝命洋务，亦许与闻，下采刍荛，则当抒其管蠡，不致后时发议，徒为不切题之文章也。”[②]

如果说李提摩太的西学启蒙对于张之洞来讲还只是具有别开洞天的新鲜感觉的话，那么随后的中法战事则给予他西方科技确实超乎中国的直观痛切感受。

1884 年张之洞调任两广总督，直接参与中法战争的军事指挥、后勤保障。战争实践使他对于军事科技层面上中西文化的优劣高下有了真切认识：“夫欲善其事，必先利其器……器械不利，与空手同；不能及远，与短兵同，史之良规也。自法人启衅以来，历考各处战事，非将帅之不力，兵勇之不多，亦非中国之力不能制胜外洋，其不免受制于敌者，实因水师之无人，枪炮之不具。”[③]基于此种认识，他在两广任内，从军事人才培养和军械装备改善入手，于洋务事业“小试其端”[④]，建造军舰，筹治水师，开设水陆师学堂，招募洋弁，翻译西书。

与曾国藩、李鸿章等洋务大吏一样，张之洞也是从承认西方物质文化（首先是军械装备）的客观先进性起步，以强烈的实用态度，吸收西方科技，以

---

① 《张文襄公奏稿》卷三。

② 《全集》书札一，与张幼樵。

③ 《全集》奏议十一。

④ 《全集》奏议二十五。

维护日趋衰微的宗法专制制度。关于张之洞此时的思想转折，辜鸿铭评论道："当甲申一役，清流党诸贤但知德足以胜力，以为中国有此德必可以制胜。于朝廷遂欲以忠信笃敬敌大舰巨炮，而不知忠信笃敬乃无形之物也，大舰巨炮乃有形之物也，以无形之物攻有形之物，而欲以是奏效于疆场也，有是理乎？此知有理而不知用理以制势也。甲申以后，文襄有鉴于此，遂欲舍理而言势。然舍理而言势，则人于小人之道，文襄又患之，于是踌躇满志而得一两全之法，曰：为国则舍理而言势，为人则舍势而言理。"[①] 这段话不仅点明张之洞文化思想转折的枢纽所在，而且还透露出转折之后其文化思想的两重性："为人则舍势而言理"，即弘扬中国传统文化忠信笃敬之德行以正人心；"为国则舍理而言势"，即吸收大舰巨炮等西方物质文化以维国势。前者蕴含"中学为体"之旨，后者实蓄"西学为用"之意。

1889 年，张之洞移节湖广，其洋务事业进入鼎盛期。亚洲第一家大型钢铁联合企业——汉阳炼铁厂，清末最大最先进的军工企业——湖北枪炮厂，成龙配套的湖北布纱麻丝四局相继建成投产。与旧式书院改制的同时，各类新式学堂也开办起来。张之洞对于西方文化的优长，也有了进一步的认识。他批评时人"皆知外洋各国之强由于兵，而不知外洋之强由于学"[②]。他剖析中华学术多讲一般的道德伦理，缺乏"专门之学"，而专学发达恰恰是西洋富强的重要原因。"晚近来，惟士有学，若农、若工、若商无专门之学，遂无专门之材，转不如西洋各国之事事设学，处处设学。"[③] 他还划分"专门之学"为交涉、农政、工艺、商务四大门类，中国均应仿效西洋，大力发展。在对于"西学"优长的肯定与仿效方面，张之洞已经超过曾国藩、李鸿章等洋务前驱，后来居上。他的洋务"殿军"地位，因此而奠定。

1894—1895 年，中日战争以中国惨败告终，举国震动。此后不久，张之洞上《吁请修备储才折》。这是一份甲午以后张之洞继续从事各项洋务事业的总纲性文件。[④] 他提出"中国安身立命之端"的九条应急办之事：练陆军、治

---

① 《张文襄幕府纪闻·权》。

② 《全集》奏议三十七。

③ 《全集》奏议四十。

④ 史学界有一种说法："甲午战争的失败宣告了洋务运动的破产。"这是不切合史实的。包括张之洞在内的洋务事业，甲午之后仍有发展，某些方面超过战前水平。

海军、造铁路、设枪炮厂、开学堂、讲商务、讲求工政、多派游历人员、预备巡幸之所。虽然这时他还设有明确揭櫫“中学为体，西学为用”的旗帜，但这一思想已呼之欲出。

1898 年前后，张之洞开始将“中体西用”形诸笔墨。他在《两湖、经心两书院改照学堂办法片》中提出：“两书院分习之大旨，皆以中学为体，西学为用，既免迂陋无用之机，亦杜离经叛道之弊。”[①] 标志着文化思想转变的完成。

二、文化转变的学术根基与动因

文化转变既有遗传、继承，又有变异、创新。无论民族群体还是思想家个体，都是如此。就思想家个体而言，其学术方面的根基与动因，应予以特别注意。

张之洞向来以“儒臣”著称。有人问辜鸿铭：“张文襄比曾文正何如?”答曰：“张文襄儒臣也，曾文正大臣也，非儒臣也。”“虽然文襄之效西法，非慕欧化也；文襄之图富强，志不在富强也。盖欲借富强以保中国，保中国即所以保名教。吾谓文襄为儒臣者以此。”[②] 张之洞本人也以“儒臣”自居。他驳斥那种“儒者不合时宜”之说：

“所谓儒者，宗法圣贤，博通古今，以之为吏，谁曰不宜?”[③] 他自称“弟儒家者流”[④]，“余性鲁钝，不足以窥圣人之大道，学术惟与儒近。儒之为道也，平实而绌于势，恳至而后于机，用中而独至，条理明而不省，事志远而不为身谋，博爱而不伤，守正而无权……余当官为政，一以儒术施之”[⑤]。张之洞晚年曾语亲故曰：“吾生性疏旷雅，不称为外吏，自愿常为京朝官，读书著述终其身。”[⑥] 这并非谦词，而是直抒胸臆。虽然他后来走上封疆大吏、朝廷首辅的人生之旅，但终身于文章学术仍时时萦怀，未曾一日懈怠，对学界论

① 《张文襄公奏稿》卷二十九。
② 《张文襄幕府纪闻·清流党》。
③ 《全集》古文一，《殿试对策》。
④ 《全集》书札六，致袁慰亭。
⑤ 《全集》古文二，傅鲁堂诗集序。
⑥ 《全集》，《抱冰堂弟子记》。

争，时有独立之见。

对于清代展开的汉、宋学之争，张之洞取综采融通的态度。如果说，曾国藩立足于宋学，兼采汉宋，那么张之洞则是立足于汉学，兼采宋汉。张之洞从小受“乾嘉老辈绪言”[①]，自然视汉学为学术之本。他说：“汉学者何，汉人注经讲经之说是也。经是汉人所传，注是汉人创作，义有师承，语有根据，去古最近，多见古书，能识古字通古语，故必须以汉学为本而推阐之，乃能有合。”[②]另一方面，他对于宋明义理之学也不排斥，尤其对集理学之大成的朱熹之学，更表崇敬：“四书朱注最精最显，澄怀观之，何语不惊。世断无通经博览之人而不能解朱注者。”“四书一编，为群经之纲维，万理之渊海。”[③]他批评“近代学人，大率两途。好读书者宗汉学，讲治心者宗宋学，逐末忘源，遂相诟病，大为恶习。夫圣人之道，读书治心，宜无偏废，理取相资。诋其求胜，未为通儒。……要之学以躬行实践为主。汉、宋两门，皆期于有品有用”[④]。他兼综汉宋，是从学术根本上检讨，显示了对儒学的全面理解，归根结底是要将汉宋二学统一到儒学原教的精义上来，“窃惟诸经之义其有迂曲难通纷歧莫定者，当从《论语》《孟子》折衷之。《论》《孟》文约意显，又群经之权衡矣”[⑤]。

如果说对汉宋二学，张之洞是以儒学的不同分支而兼收并蓄的话，那么对于老、庄、墨、韩等非儒诸子，张之洞则排斥其学旨，即使对荀子，也持严厉的批评态度[⑥]，表现出鲜明的党派性。但是，着眼于学术资料的采集，张之洞又不忽略先秦诸子之学的价值。他认为：“子有益于经者三。一证佐事实，一证补诸经伪文佚文，一兼通古训古音。然此为周秦诸子言也，汉魏亦颇有之，至其义理，虽不免偏驳，亦多有合于经义，可相发明者，宜辨其真伪，别其瑜瑕，斯可矣。”[⑦]这显示了张之洞在坚守六经主旨的立场上，对“诸子”“杂学”乃至“异端”的通融及利用态度。

在张之洞从清流健将到洋务殿军的转变中，贯穿着这一特点：在较为灵活可变的外观之下，坚守正宗儒学的本位立场。这也是他一生文化思想的根基。

---

① 许同莘：《张文襄公年谱》卷一。

②④⑦ 《全集》,《辅轩语》一。

③ 《全集》,《辅轩语》二。

⑤⑥ 《劝学篇·宗经》。

入党“清流”时，他以尊奉六经大旨、维持名教方已任；跻身“洋务”后，仍坚持“五伦之要，百行之原，相传数千年更无异义，圣人所以为圣人，中国所以为中国，实在于此”[①]。在政治权术方面，张之洞翻云覆雨，竭尽纵横捭阖之能事，但在学术宗旨方面，却始终奉孔儒之学为圭臬。

对于清中叶以降的今古文之争，他持坚定的古文经学立场，“平生学术最恶公羊之学，每与学人言，必力诋之”[②]。他曾依据古文经学《春秋左氏传》，撰文驳斥《春秋公羊传》“大义悖谬”十四事，“文义乖舛”十三事[③]。戊戌间，张之洞与维新派在“忧愤同心”，“变通成法，以图久大，不泥古而薄今，力变从前积弊”方面，颇有共识，以至列名强学会，赞助《时务报》，但对于康有为依今文经学《春秋》公羊说而制定的托古改制变法理论却大不以为然。他还招聘古文经学家章太炎来武昌，企图以章之大手笔抨击康有为的今文经学。张之洞在《学术》一诗中称：“理乱寻源学术乖，父雠子劫有由来，刘郎不叹多葵麦，只恨荆榛满路栽。”诗后自注：“二十年来，都下经学讲公羊，文章讲龚定菴，经济讲王安石，皆余出都以后风气也，遂有今日，伤哉。”[④]张之洞与康有为很快便分道扬镳，除民权论这一政治分水岭外，还与今古文的流别颇有干系，故梁启超指出，张、康间的分歧，“盖学术之争，延为政争矣”[⑤]。

张之洞生当“经世”“务实”学风复盛的清季，固然反对今文经学，但对于龚自珍等今文学家“喜以经学作政论”[⑥]的“经世”倾向，则无微词，而且张之洞也是“通经致用”的积极倡导者。他曾反复申言：“一切学术……。要其终也，归于有用。”[⑦]通经当用韩愈“提要钩元之法”，务以“切用”为“要指”[⑧]。“读书期于明理，明理归于致用。”他鄙薄那些“不知时务”，不切“经济”的士人为“陋儒”，为纠此类“不切之病”，张之洞倡导“读书宜读有用之书”。“有用者何？可用以考古，可用以经世，可用以治身心三等。”[⑨]

---

① 《劝学篇·明纲》。

② 《全集》，《抱冰堂弟子记》。

③ 见《全集》读经札记二。

④ 《全集》诗集四。

⑤⑥ 《清代学术概论》。

⑦ 《全集》古文二，《创建尊经书院记》。

⑧ 《劝学篇·守约》。

⑨ 《全集》《辅轩语》一。

张之洞论学，涉及经史、诗文、词章、训诂、版本、目录诸多领域，亦有务求平实、切济时用的特色。

张之洞“通经致用”的“务实”学风，是他文化思想转变的学术动因。正因为他主张一切学术“归于有用”，所以他对于诸种学问，都从“致用”加以考虑，而不存迂腐的先入之见。即便在“清流”时期，他对于“洋务”“西学”，也不像其他清流党人那样持极端排斥态度，而认为“塞外番僧，泰西智巧，驾驭有方，皆可供我策遣”①。当时他对洋务派的批评，多集中在妥协外交，而非兴厂办学、开矿练兵等实际措施。正是从“经世致用”的学术路线出发，顺理成章地获得了“师夷长技”的认识基础。张之洞日后展开洋务实践，并在实用价值上充分肯定西技、西艺、西政的意义，进而吸纳之、应用之，也就毫不足怪了。“经世”的宗旨，务实的学风，必然导致文化观的有限度开放和求新。张之洞曾以诗句言及此理：“井蛙不可以语海，夏虫不可以语冰。……见远儒乃尊，知时国乃兴，理非一孔尽，木非一法绳。”②“往代儒宗判南北，方今学派别东西，九流宗圣皆容纳，巨海稽天赖指迷。”③从这里，我们不难窥见张之洞文化思想从“通经致用”到“中体西用”的内在逻辑联系。

三、“开新”与“卫道”的二重变奏

洋务派是晚清统治集团中力图振刷的一派，与极端保守的顽固派相比，其文化观具有明显的“开新”特色；而与曾国藩、左宗棠、李鸿章等洋务前驱相比，张之洞在文化观的“开新”方面，认识更深入，内容更广泛，表述更透彻。

张之洞极言“沧海横流，外侮洊至，不讲新学则势不行”④。“西政西学，果其有益于中国，无损于圣教者，虽于古无征，为之固亦不嫌，况揆之经典，灼然可据者哉！”⑤

① 《全集》奏议二，《边防实效全在得人折》。

② 《全集》诗集三，《连珠诗》之十三。

③ 《全集》诗集四，《赠日本长冈护美三首》之二。

④ 《劝学篇·内篇·守约第八》。

⑤ 《劝学篇·外篇·会通第十三》。

他还以近世以来中西文化此衰彼兴的强烈对比来激发国人“开新”的紧迫感、危机感：“欧洲各国开辟也晚，郁积勃发，斗力竞巧，各自摩厉，求免灭亡，积惧成奋，积奋成强。独我中国士夫庶民懵然罔觉，五十年来，屡鉴不悛，守其傲惰，安其偷苟，情见势绌，而外侮亟矣。”①张之洞的“开新”，不惟包括吸纳西方先进的科学技术和大工业生产方式，而且包括采纳若干“西政”。用他的话讲，叫作“政艺兼学”。在《劝学篇》的《外篇》，张之洞以改革传统教育为中心，全面阐述其主张，涉及倡导游学、广开学堂、提倡专门之学、翻译西书东书、设报馆、变科举，讲习农工商学、改革兵学、研习矿学、修筑铁路等诸多侧面。

进入20世纪，清廷宣布实行“新政”，张之洞又进一步强调文化“开新”的实质在于“变中国旧法，从西法也，非泛泛改章整顿之谓也”。“故欲救中国残局，惟有变西法一策。”显示了张之洞“开新”的态度。1901年7月1日，张之洞上《遵旨筹议变法谨拟整顿中法十二条摺》，申言“整顿中法者所以为治之具也，采用西法者所以为富强之谋也”。次日再上《谨拟采用西法十一条摺》，包括广派游历，练外国操，广军实，修农政，劝工艺，定矿律路律商律交涉刑律，用银圆，行印花税，推行邮政，官收洋药，多译东西各国书。其基本内容类似《劝学篇·外篇》论及范围，所不同者，在《劝学篇》所论以改革教育为中心，更接近于狭义的文化“开新”；而此摺所论，多从行政立法着眼，更接近于广义的文化“开新”。

从清流党到洋务派，张之洞的文化思想经历由“通经致用”到“中体西用”的变化。但变中又有不变，这便是他对于传统政治伦理秩序的“卫道”立场。张之洞的文化“开新”的根本目的，在于捍卫纲常名教，因而他采纳“西学”“西艺”“西政”的选择标准，首先在于不背离中国传统的“亲亲、尊尊”精神，不损害“中学”的文化核心地位。“今欲强中国，存中学，则不得不讲西学。”②讲西学是手段，其目的仍在强化宗法—专制政体，保存孔孟儒学。他认为，文化“开新”若“不先以中学固其根柢，端其识趣，则强者为乱首，弱者为人奴，其祸更烈于不通西学者矣”③。

---

① 《劝学篇·内篇·知类第四》。

②③ 《劝学篇·内篇·循序第七》。

张之洞的“卫道”，不同于颟顸迂腐之辈的抱残守缺、泥古不化，而是从保国、保教、保种的现实需求出发，既有一定的理论色彩，又富于感召力。《劝学篇·内篇》以“同心”启首，正表明张之洞的良苦用心。他认为，保国家、保圣教、保华种，“夫三事一贯而已矣”。他进而论道：“保国、保教、保种，合为一心，是谓同心。保种必先保教，保教必先保国。种何以存？有智则存。智者，教之谓也。教何以行？有力则行。力者，兵之谓也。故国不威则教不循，国不盛则种不尊。”①

这里所论的是国家（国）、民族（种）、文化（教）三者之间的“安危与共之义”。张之洞所谓“保国”，指捍卫清政府及其君主专制体制；所谓“保教”，指捍卫孔儒之学的至尊地位。

张氏超出一般意义上的学术流派之争，着意于阐扬汉儒发明于前、宋儒扩张于后的“王道三纲”的社会政治意义，以之作为抵制自由平等学说的盾牌：“‘君为臣纲，父为子纲，夫为妻纲’，此《白虎通》引《礼纬》之说也。……故知君臣之纲，则民权之说不可行也；知父子之纲，则父子同罪免丧废祀之说不可行也；知夫妇之纲，则男女平权之说不可行也。”②其卫道者立场昭然于世。他毫不含糊地以“三纲五常”为“圣人所以为圣人，中国所以为中国”的命脉所系，对于启蒙思想家“创废三纲之议者”，深恶痛绝，斥其“欲举世放恣黩乱而后快，怵心骇耳，无过于斯，中无此政，西无此教，所谓非驴非马，吾恐地球万国将众恶而共弃之也”③。

“君为臣纲”，列“三纲”之首。张之洞于此尤加鼎力维护。《劝学篇》专辟《正权》一篇，驳“民权之说，无一益而有百害”，反衬君主专制为万古不移之规，其根本论据有二：一是说中国无行民权之可能：“中国士民至今于固陋者尚多，环球之大势不知，国家之经制不晓，外国兴学主政练兵制器之要不闻”，“华商素鲜巨资，华民又无远志，议及大举筹饷，必皆推委默息，议与不议等耳”。二是说中国无行民权之必要：“昔法国承暴君虐政之后，举国怨愤，上下相攻，始改为民主之国。我朝深仁厚泽，朝无苛政，何若倡此乱阶以祸其身而并祸天下哉！”他还阉割民权学说的反专制实质，称“外洋民权之

① 《劝学篇·内篇·同心第一》。

②③ 《劝学篇·内篇·明纲第三》。

说所由来，其意不过曰国有议院，民间可以发公论、达众情而已，但欲民申其情，非欲民揽其权”。以偷梁换柱之法，将维新运动中勃然而兴的民主政治思潮，纳入传统政治所能容纳的体恤民情、君为民主的规范。他又将民权理论的基石“天赋人权”说与鼓吹无政府主义混淆起来，“泰西诸国无论君主、民主、君民共主，国必有政，政必有法”，“君民皆不得违其法”。“谓之人人无自主之权则可，安得曰人人自主哉？”

君主专制还是民主共和，是涉及国体、政体的根本分歧，是中古政治与近代政治的分水岭。在这个问题上，张之洞持卫道立场，在《劝学篇》问世不久，即遭到维新派理论家的抨击。何启、胡礼垣 1899 年指出：“终足以阻新政之行者，莫若《劝学篇》，尤莫若《劝学篇 · 正权》一首。”他们以近十倍于《劝学篇 · 正权》本身的篇幅，写出“《正权》篇辩”，并改变《劝学篇》次序，将“《正权》篇辩”置于《〈劝学篇〉书后》的压轴地位，对张著逐句逐段批驳，并针锋相对地揭橥民主政治学说旗帜：“人人有权，其国必兴；人人无权，其国必废。此理如日月经天，江河行地，古今不易，遐迩无殊。”“夫中国之所以不能雄强，华民之所以无业可安，朝廷之所以不能维系，愚民之所以喜，乱民所以作，纪纲所以不行，大乱所以四起，市镇所以劫掠，教堂所以焚毁，如篇内所举此数者，皆惟中国之民失其权之故。”[①]

何启、胡礼垣的批驳击中《劝学篇》的要害。《〈劝学篇〉书后》刊行后三年，张之洞于此仍耿耿于怀，斥责该书“宗旨专助康梁，其尤力驳者《教忠》《明纲》《正权》《宗经》数篇，谓鄙人《教忠》篇称述本朝十五仁政条条皆非，痛诋国家，改为十五不仁，一也。谓君臣父子三纲之说为非古，二也。谓只当有民权，可谓丧心病狂无忌惮”[②]。

张之洞的“卫道”，于政治设施方面，突出表现为阻止设立议院。直到 1901 年，清廷推行“新政”，声言“预备立宪”，张之洞仍然认为：中国民智未开，下议院此时断不可设。若上议院，则可仿行。但张之洞所谓“上议院”，其议员产生，乃考宋之磨勘、明之廷推法。宋代寄禄官迁转，须勘验其劳绩，由吏部复查后决定迁转官阶，称“磨勘”。明代任用官员，由大臣推荐，皇帝

① 何启、胡礼垣：《〈劝学篇〉书后 ·〈正权〉篇辩》。

② 《全集》电牍五十七，致保定袁制台江宁刘制台。

批准的，叫“廷推”。如此用遴选官吏之法推举议员，“立宪”可谓“橘逾淮而北为枳”，早已变味，何民主之有？

张之洞的“卫道”，于学术方面，一是强调存古读经，申言“中文中学向来义理精深，文词雅奥，新设学堂学生所造太浅……不免有经籍道熄，纲沦法斁之忧”[①]。故于湖北设立存古学堂，以存国粹；二是排斥泰西哲学，将其斥之为“数万里之外之空谈”[②]。

置身新旧世纪之交，古今中西文化大交会的历史舞台，演出“开新”与“卫道”的文化二重奏，是一件劳心费力的艰难事业。据《张文襄公治鄂记》披露：“公之初至鄂也，购机制械，提倡西艺，日不暇给。士夫之守旧者，以此病公，拟为变法之王安石，及庚子后，朝野昌言变法，异说飙起，言新者又诋公未窥西学途径。故公在鄂二十年，无日不在群疑众谤之中。”[③]

张之洞“开新”与“卫道”的二重变奏之所以遭到两面夹攻，原因在于其宗旨“中体西用”割裂道器、本末、体用的内在联系，以物理的方法来处置活泼生动的文化机体，“拼积木”式地搭配中学与西学、新学与旧学、传统文化与近代文化。不过，热衷“中体西用”说的思想家的主观愿望，是企图将中学与西学、新学与旧学、传统文化与近代文化的相互联系及其转换，处理得更融洽、自然一些。就张之洞而言，他于中学与西学、新学与旧学的关系，就有过若干辩证的思考，主张弥和新旧之见，融通中西之学。1900 年 12 月 15 日，他在致刘坤一等人的电报中声称：“鄙意此时不必言新政，但言须化新旧之见而已。……总之不化新旧之见，顽固如故，虚骄如故……和局断不能保。贪昏如故，废弛如故，蒙敝如故，康党断不能绝。官派如故，兵派如故，秀才派如故，书吏派如故，穷益加穷，弱益加弱，饷竭营截则兵愈少，债重征苛则民愈穷。游勇叛民，会匪康党合而为一，中国断不能支矣。枢纽只在此化新旧之见五字。”[④]他主张新旧学术应予会通。《劝学篇》专辟《会通》一篇，陈说此义，以图化解畛域之见。

出于确认中学的至尊地位，同时又要“择西学之可以补吾缺者用之，西

---

① 《全集》奏议六十八，《创立存古学堂折》。

② 《全集》奏议五十七，《筹定学堂规模次第兴办折》。

③ 《张文襄公治鄂记·离鄂后之去思》。

④ 《全集》电牍四十九，致江宁刘制台等。

政之可以起吾疾者取之”，他力图论证“至经之奥义，而可以通西法之要指”。他爬梳典籍，采摘要义，与西学、西政相比附：《中庸》讲尽物之性，是西学格致之义；讲山以宝藏兴，是开矿之义；《周礼》讲饬化人材，是化学之义；讲利者使阜，是商学之义；《论语》讲工利其器，是取新式机器之义；讲敏则有功，是工宜机器，行宜铁路之义；讲教民七年可以即戎，是武备学堂之义；讲众好必察，众恶必察，是国君可设议院之义；《管子》讲处工就官府，是劝工场之义；《大学》讲生之者众，食之者寡，是西人富国策之义；《左传》讲仲尼见郯子而学，是赴外国游学之义；《吕刑》讲维貌有稽，是讼狱凭中证之义；《尚书》讲谋及卿士及庶人，是上下议院互相维持之义。① 为免牵强之讥，张之洞又特意声明：“然谓圣经皆已发其理，创其制，则是；谓圣经皆已习西人之技，具西人之器，同西人之法，则非。”②

如何解释“圣经”与“西法”大义相通而具论有异，他则推出“西学中源”说，援引“天子失官，学在四夷”之论，称“中土之学术政教，东渐西被，盖在三代之时，不待畴人分散，老子西行而已然矣”。汉代以后，“中西僧徒，水陆商贾，来往愈数，声教愈通，先化佛国，次被欧洲，次弟显然，不可诬也”③。“西法”与“圣经”大义相通，盖源于中土学术政教之余光流韵泽及泰西。至于为何“西法”之具论又有超越“圣经”之优长，他解释道：“然而学术治理，或推而愈精，或变而失正，均所不免。且智慧既开以后，心理同而后起胜，自亦必有冥合古法之处，且必有轶过前人之处。”④ 他的结论是：既然西政西学“揆之经典，灼然可据”，那么择之补吾缺，取之起吾疾，便属天经地义，无可指摘，“开新”与“卫道”也就浑然一体，天衣无缝了。

张之洞对于中学与西学、新学与旧学关系的思考，既有陈腐、谬误之说，亦有新鲜、精当之论。化解新旧之见，会通中西之学，不仅在当时，而且在现在和将来都是促进文化进步的必要先决条件。“学术治理，或推而愈精，或受而失正”，确乎道出文化史的基本规律。当然，囿于传统观念的束缚和朝臣的立场，张之洞将“纲常名教”当成“中学”的精华来宣扬，认定“圣人所以为圣人，中国所以为中国，实在于此”，并以之作为“卫道”的核心和“开新”

① 《劝学篇·外篇·会通第十二》。

②③④ 《劝学篇·外篇·会通第十三》。

的尺度，则是应予辨析、扬弃的。

四、“过渡时代”的过渡文化理论

近代中国处于“古今中西大交会”的剧烈变化时代，梁启超称其为“过渡时代”，“而全国民族亦遂不得不经营惨淡跋涉苦辛相率而就于过渡之道”[①]。

大致归纳，19世纪中叶以后，除倭仁、徐桐等顽固派拒绝“过渡”外，于思想文化方面，“相率而就于过渡之道”者，有主张“中学为体，西学为用”的曾国藩、李鸿章、张之洞等洋务派，有主张君主立宪的康有为、梁启超等维新派，有主张“取欧美之民主以为模范，同时仍取数千年旧有文化而融贯之”[②]的孙中山、章太炎等革命派。三派活跃于近代思想文化舞台的时间略有交错，但大致呈先后递嬗的逻辑顺序。19世纪八九十年代，在政治领域，维新派十分活跃，革命派已崭露头角，但在思想文化领域，仍由洋务派的“中体西用”说占据主潮。这是因为该说在相当程度上表达了传统文化氛围笼罩之下的民族群体，尤其是主持政坛学界的士大夫阶层对于中西文化冲突这一客观事实的一般认知程度，以及可能采取的一般文化选择。在当时的历史条件下，它比其他文化主张更能为社会所普遍接受。

在中国近代文化史上，张之洞并非“中体西用”说的首倡者，但他却是“中体西用”说集大成的理论总结者。

第一，他对“中学为体”的内涵、意义的诠释更为精细。

对于中学，张之洞特别强调先秦孔儒之学的文化正宗地位。他极赞“孔子集千圣，等百王”[③]，“盖圣人之道大而能博，因材因时，言非一端，而要归于中正。故九流之精，皆圣学之所有也，九流之病，皆圣学之所黜也。”[④]他特别注重弘扬儒学的兴教化、正人心的现实政治功能。他的“中学为体”，既指以儒学维系传统政治秩序，更指以儒教强化传统人际关系。他认为“君为臣纲、父为子纲，夫为妻纲”的“三纲”和仁、义、礼、智、信”的“五常”

---

① 《过渡时代论》，《清议报》第82期。

② 《孙中山全集》第1卷，第560页。

③ 《劝学篇·内篇·循序第七》。

④ 《劝学篇·内篇·宗经第五》。

是“中学”的核心。他最担心的，并不在列强虎视鹰瞵于外，而在于“恢诡倾危乱名改作之流遂杂出其说以荡人心”于内，“中无所主，邪说暴行，横流天下”，“吾恐中国之祸，不在四海之外，而在九州之内矣。”①《同心》被列于《劝学篇》之首要位置，表明张之洞对“中学”用以“保国保教保种”的“正人心”核心作用的充分强调。

第二，他归纳、总结了“西学”的丰富内涵，同时严格规定它“为用”的工具性界限。

张之洞总结前人认识，从广泛的意义上概括“西学”的内容：“西政、西艺、西史为新学”②。他具体阐释“西政”“西艺”的含义：“学校、地理、度支、赋税、武备、律例、劝工、通商，西政也。算、绘、矿、医、声、光、电、化，西艺也。”③除设立议院被排斥（晚年又部分接受）外，张之洞将此前人们所提出的中国应该仿效、采纳的西方资本主义近代文明的内容，统统纳入“西学为用”的范围，既有科学技术，又有法规制度，还有行政措施。可以说，在“西学为用”的广度方面，张之洞达到了那一时代洋务大吏认识能力和接受能力的极限。

第三，他以清晰的形式凸显“中体西用”说的两面锋刃及其主旨。

从 19 世纪 60 年代到 90 年代，“中学为体，西学为用”思潮由隐而彰，成为时代“流行语”。洋务派以“中体西用”为理论纲领，本意是以“西用”来捍卫“中体”，这其中既包括采用先进火炮对内镇压民众、对外抵御列强以巩固皇权统治，又包括用西艺、西技来增强清廷的力量，保全“天朝上国”的固有地位。张之洞为实现上述目标，十分自觉地展开两面作战：既批评“旧者不知通”，又批评“新者不知本”。他尖锐指出：“不知通则无应敌制变之术，不知本则有菲薄名教之心。”④他所揭示的出路则是：“中学为内学，西学为外学，中学治身心，西学应世事。”⑤而其要旨则在“激发忠爱，讲求富强，尊朝廷，卫社稷”⑥。可见张之洞在使用“中体西用”这柄双刃剑时，其根本目的是防范“国家颠隮，圣教灭绝”。张之洞“中体西用”说所起的最重要作用

①④ 《劝学篇·序》。

②③ 《劝学篇·外篇·设学第三》。

⑤ 《劝学篇·外篇·会通第十三》。

⑥ 《劝学篇·内篇·同心第一》。

是，赋予这个理论以平正通达的外观，为这一时代“流行语”核定一个本质的意义基准和价值基准，其文化观的相对开放，恰恰从属于政治观的守旧。

第四，他将“中体西用”的理论主张“物化”为工农商学等行政实绩。

思想的价值，最终要通过实践来显现。张之洞主张“中学为体”，不仅于《劝学篇》中具论其详，而且于宦海生涯中始终以之为立身之本；他力言“西学为用”，更在自己的职权范围内全力实施。他在两广、湖广总督任内所办“洋务”，可以说囊括了他所论“西政”“西艺”的所有领域，实践了“政艺兼学”的主张。张之洞不仅是“中体西用”说的集大成式的“力言”者，更是这一思想的集大成式的“力行”者。在这两方面的结合方面，近代中国尚无出其右者。

作为“过渡时代”的过渡文化理论，“中体西用”说的出现本身证明近代工业生产方式诞生以后，世界范围内东西方民族文化的交融，已成为不可阻挡的历史趋势；证明近代新文化的价值，已经在不同程度上被中华民族的开明人士所认可，尽管这种认可附丽于种种现实的、甚至十分保守的政治功利目的之下，或多或少地歪曲了它的本来面目，但毕竟为古老的中华文化走向世界、走向近代创造一种在当时历史条件下可能的认识模式。

如果说种族关系上的“夷夏之大防”在19世纪40年代已开始动摇，那么文化关系上的“中西之大防”在“中体西用”说定型的90年代也趋向瓦解。我们今天有充足的理由来论证“中体西用”论的浅薄、机械、似是而非，但却无法否认它在沟通中西文化方面冲破坚冰、疏通航道的“过渡”历史作用。从一定意义上讲，正是在“中体西用”旗号下，近代文化才得以排除顽固守旧势力的重重阻挠，插足传统文化的世袭领地，并不以人的意志为转移地给予“中学”“中体”以强烈影响，并最终促使“中学”“中体”蜕变而新生。汉阳炼铁厂鼓风炉的轰鸣、两湖总师范学堂的琅琅书声、黄土坡新军营房的操演呐喊，在“尽瘁清室”的张之洞听来是纯正悦耳的旋律，其实这些音响里正不断递送出张之洞所力图捍卫的旧制度之“体”行将崩溃的信息。

《劝学篇》问世13年后，武昌城爆发的首义枪声宣告清王朝和中国两千年专制帝制的终结。人们不禁思索这样一个问题：“辛亥革命曷为成功于武昌乎？”答案颇与张之洞相关：

抑知武汉所以成为重镇，实公（指张之洞——引注）二十年缔造之力也。其时工厂林立，江汉殷赈，一隅之地，足以耸动中外之视听。有官钱局、铸币厂，控制全省之金融，则起事不虞军用之缺乏。有枪炮厂可供战事之源源供给；成立新军，多富于知识思想，能了解革命之旨趣。而领导革命者，又多素所培植之学生也。精神上、物质上，皆比较彼时他省为优。以是之故，能成大功。虽为公所不及料，而事机凑泊，种豆得瓜。[①]

说这番话的张继煦，是张之洞派遣的留日学生，对恩师多所回护。然“种豆得瓜”之论，也符合史实。相比之下，清朝遗老对张之洞则有严厉斥责：“追原祸始，张文襄优容新进，骄纵军人，养痈十余年，糜帑数千万，兴学练兵，设厂制造，徒资逆用，以演成今日非常之惨剧，殊堪浩叹。”[②] 而此说恰恰指出了张之洞洋务业绩对于辛亥革命发生所起的奠基作用。

又有遗老出来为张之洞开脱：“藩篱既决，人心益嚣，之洞鉴于末流之弊，怵然不宁，而风会所趋，挽回无术，栋梁既摧，国体斯革。论者追论祸首，资为口实。此之洞所不及料也。呜呼，岂非天哉！岂非天哉！”[③]

“种瓜得豆”的解嘲，“徒资逆用”的责难，“岂非天哉”的徒唤奈何，从不同侧面反映出“过渡时代”的代表张之洞思想行径的“二律背反”：从鼓吹“中体西用”论的根本目的——维护清王朝和纲常名教而论，张之洞是失败者，但这又恰恰表明张之洞大刀阔斧地引进“西用”，对于近代中国社会政治、经济、文化的进步，对于“中体”的蜕变新生，在客观上确实起着推动作用。

---

① 张继煦：《张文襄公治鄂记》，第 7 页。

② 《欧阳萼致袁世凯书》，见卞孝萱《闵尔昌旧存有关武昌起义函电》。

③ 《大清畿辅先哲传 · 张文襄公传》。

张之洞治鄂：华中腹地由中古向近代转轨

张之洞主持之“湖北新政”是洋务运动及清末新政的重要组成部分，也是湖北武汉波澜壮阔的近代化进程中颇有声色的段落。近二十年的新政，使湖北这个深处内陆、徘徊于中古文明之内的省份，实现近代转轨。

一、兴实业

19 世纪七八十年代，清廷就是否修铁路，继而就是否修腹地铁路展开激辩，80 年代末期达成修筑卢沟桥至汉口铁路的决定，遂将力主铺设腹地卢汉线的“能吏”张之洞调任湖广总督，以监修卢汉铁路南段。“今日之铁，明日之轨”，铁路需要大量钢轨和机械设备，又推动中张之洞在湖北展开以钢铁工业为中心的近代工业建设。

鉴于西方列强的历史经验，参酌曾国藩、左宗棠、李鸿章等洋务大吏兴办机器工厂的先例，张之洞把大机器工业视作“富民强国之本”，任职湖广的十余年间，排除万难，创建现代机器工厂，要者有三：汉阳铁厂、湖北枪炮厂、布纱丝麻四局。兴实业成为张之洞主持之“湖北新政”的基石。

（一）汉阳铁厂—汉冶萍公司

1889 年张之洞奉调出任湖广总督，经海军衙门允准，将其两广总督任上自英国订购的钢铁厂设备、自德国订购的枪炮厂设备转运湖北，在汉阳龟山（大别山）北麓、汉水西岸，1890 年建汉阳铁厂，1892 年建湖北枪炮厂。

汉阳铁厂不仅是中国而且是全亚洲第一家兼营煤矿、铁矿开采，炼铁、冶钢、轧钢的现代化钢铁联合企业，比日本首家钢铁联合企业八幡制铁所早七年。所产钢铁在清末民初占全国钢铁总产量多半，外人称之为“二十世纪中国之雄厂”，“大有振衣千仞，一览众山之势”。然官办企业经营不善，铁厂连年亏损，难以为继，1896年交盛宣怀主持，成官督商办企业。1908年汉阳铁厂与大冶铁矿、萍乡煤矿组成“汉冶萍公司”，官督退出，纯然商办，日本等外国资本立大举进入。

（二）湖北枪炮厂—湖北兵工厂—汉阳兵工厂

军事工业是洋务运动的重点建设项目，故有“军工洋务”之称。张之洞继铁厂之后，倾力兴办枪炮厂，从“广求利器”进为“自铸枪炮”，设备购自“第一陆军强国”的德意志，制造德国1888年制式的步枪，陆路快炮、过山快炮，以及各种枪炮弹药。湖北枪炮厂1902年改名湖北兵工厂，又称汉阳兵工厂，所产步枪俗称“汉阳造”，是清末及民国中国陆军使用的主要国产兵器。

汉阳铁厂与汉阳兵工厂的机器于抗日战争初期内迁四川，成为支撑抗战的重要军工设备。

回顾中国工业化历程，人称“讲到重工业，不能忘记张之洞”。意谓不能忘记张氏建设重工业的首创性业绩，同时也不能忘记他留下的经验教训。

（三）布纱丝麻四局

以“求强”为首务的清末洋务运动起步于军工，后来兼顾“求富”，又注重轻纺工业。张之洞主持的实业建设，轻纺工业与钢铁工业、军事工业大体同步。1890年湖北织布官局于武昌文昌门外兴建，1892年落成，装英国布机一千张、纱锭三万枚，所产原色布、斜纹布大受欢迎。此后又建纺纱官局、缫丝局、制麻局。武昌沿江的布纱丝麻四局，是华中地区最大纺织工业中心。轻纺工作赢利显著，然其利润多被挪用于填补铁厂及兵工厂巨大的财政亏空，加之官办企业经营不善，布纱丝麻四局发展受限。

二、练新军

张之洞主持湖北新政的又一实绩，是编练新军，他自称“练兵一事，鄙人身心性命之学”。中国在甲午战败后，朝野一片改革军制呼声，张之洞 1895 年上条陈九条，头条便是“宜亟练陆军”。他在暂署两江总督期间便仿照德国军制，延请德国教官，编练洋械洋操的“江南自强军”。1896 年张氏返回湖广总督本任，进而大规模编练“湖北新军”，定制为一镇一混成协，共约一万五千人，是清末与北洋六镇并列的最精锐新式陆军。湖北新军之“新”，略有四端：

甲、废刀矛弓箭，使用后膛枪炮，完成从冷兵器向热兵器的转化。

乙、采用西洋近代军队编制、管理、操练之法。

丙、淘汰旧有兵痞，招收本分农民及青年读书人入伍，军队素质大为提升。

丁、意识到“战人较战具尤急”，兴办各级军事学堂，如武普通中学堂、湖北陆军特别小学堂、陆军第三中学堂等，湖北新军各级官佐皆受过近代军事专业教育。

清末曾举行两次全国性“秋操”，湖北新军在军事演习中均获冠军，清廷令长江流域各省派将弁学习湖北新军练兵法。

张之洞以文官治军，没有袁世凯那样的军阀意识，故对新军的政治控制不及北洋六镇严酷，而军中多具有变革思想的知识青年，使得湖北新军成为革命党人活动的温床，1911 年 10 月 10 日的辛亥武昌首义一举成功，得益于此。1912 年孙中山访问首义之区武汉三镇，发感慨曰：张南皮为“不言革命之大革命家”，即指张之洞编练新军主观意图在捍卫清廷，客观上却为革命爆发奠定了基础。

张之洞乃清末著名文臣，辞世后却追谥“文襄”，时人多有不解，因“文襄”素来追谥武功卓异的一品大员，如左宗棠军功显赫，获“左文襄公”谥号，人所共认，而文官张之洞何以谥文襄，清廷未作解释。以笔者之见，缘由大约有两个方面：一者，任两广总督，时值中法战争，张氏运筹帷幄，用将得当，全局指挥，赢得镇南关—谅山大捷，此乃鸦片战争以来中国军队抵抗列强取得的唯一一次胜仗。人称张氏此功可与左湘阴（左宗棠湖南湘阴人）收复新疆媲美。二者，张之洞编练新式陆军有成，从山西练军、广东广胜军、江南自强军到湖北新军，后二者尤为精锐，成各省编练新军之楷模。仅此两端，追谥张之洞“文襄”，恰如其分。

三、办文教

张之洞在从事洋务建设过程中，痛感通晓时务人才的缺乏，他说："中国不贫于财而贫于人才"，"人才之贫由于见闻不广，学业不实"，遂有改革旧式文教的举措。

（一）书院改制

书院是唐宋以来遍及各地的文教设施，张之洞为尽快培养新式人才，遂对传统书院加以改造，教学内容及方法均仿效新式学堂。书院改制的成功范例是两湖书院，该书院由湘、鄂两省茶商捐资，招收两省士子入读，开设天文、地理、测量、化学、兵法等新科目，实行班级授课制，延聘历史地理学家杨守敬、地理学家邹代钧、数学家华衡芳等通晓中西学术的学者任教。两湖书院培养了黄兴等一批杰出人才。

（二）新学堂创建

1. 专科学堂。张之洞深觉农工商实业人才及外语（时称"方言"）人才奇缺，为敷急需，他首先致力于各类专科学堂的设立，如自强学堂、方言学堂、算学学堂、农务学堂、工艺学堂、矿业学堂、工业学堂、军医学堂、方言商务学堂等。今之武汉大学、华中农业大学、武汉科技大学等高校由其演化而来。

2. 普通学堂。20 世纪初叶，张之洞兴学重心转向普通教育，创办初等小学堂、高等小学堂、文普通中学堂、文高等学堂，还开办幼稚园。

3. 师范学堂。张之洞"认师范学堂为教师造端之地，关系至重"，开办一批师范，如湖北师范学堂、两湖总师范学堂、湖北师范传习所、支郡师范学堂。

（三）留学生派遣

中国派学生出洋游学，始于 19 世纪 70 年代的幼童留学美国，而大规模派遣则为 1896 年开端的留日热潮，张之洞是有力推动者，他有"出洋一年，胜于读西书五年"及游学"西洋不如东洋"之论，遂广派游学生赴日本学习实业、军事、师范、法政，收“百闻不如一见”之效。湖北派出留学生数量在1907年前后数年居全国各省前列。湖北派出的留学生涌现出一批政治家、军事家、科学家和人文学者，如黄兴、吴禄贞、蓝天蔚、宋教仁、汤化龙、张继煦、李四光、黄侃等。

（四）近代文化设施建立

张之洞督鄂期间致力于新闻、报刊、出版等文化事业的近代化建设，尤其值得纪念的是，在南北书库基础上，1904年开办湖北省图书馆，此为中国最早的面向社会公众的公共图书馆。所创《湖北官报》实开湖北新闻纸之先河。

1898年张之洞湖广任上撰《劝学篇》，“会通中西，权衡新旧”，内篇“卫道”，外篇“开新”，既批评顽固派的“不知通”，又谴责维新派的“不知本”，成为“中体西用”论的“最乐道者”。张之洞被视为清末最通晓学务之人，1903年应诏入京参加编制“癸卯学制”，此为中国第一部实际颁行的新学制，其大端沿用至现代。

四、武汉市政建设

张之洞在鄂功业主要践行地在武汉三镇。武汉由中古重镇进步为近代大都会，发端于19世纪60年代的汉口开埠，而正式展开于张之洞主持的湖北新政时期。张之洞督鄂间修筑汉口长堤，使地势低洼的汉口免遭洪水淹没，为都市发展提供空间保障，此堤人称“张公堤”。

为繁荣城市经济，张之洞在官办实业之外，亦提携民营工商业，开办汉口商务公所，设汉口商务局，创两湖劝业场，商业长足发展，1906年汉口进出口贸易占全国比重接近上海，外人称其“位于清国要港之二，将进而摩上海之垒，使观察者艳称为东洋之芝加哥”。

参酌东西洋，建立警察制度等市政管理系统。

在民营资本参与下，先在汉口建立自来水设施、公共电力设施、电话电报设施，仿效租界区，汉口诸干道铺水泥路面，设地下水道及公共厕所、路灯等，武昌、汉阳继之展开上述建设。一座近代化都市的雏形已然矗立。

张之洞是洋务建设的后来居上者。曾国藩、左宗棠、李鸿章等先驱还没有来得及形成较完整的区域性近代化模式，张之洞却在华中腹地湖北武汉建立了一个兼及水陆交通、轻重工业、文化教育、军警制度、城市建制的区域近代化体系，虽然尚不完善，张之洞离鄂后又遭遇人去政息的颓势，其功过得失，毁誉兼有，但作为中国较早涌现的地域近代化模式，所提供的历史经验，至为宝贵。不同于两千年来一再发生的农民爆动、贵族宫廷政变等改朝换代的事变，1911 年爆发的辛亥武昌首义，是中国历史上第一次取得成功的城市革命，其基础也正是由张之洞在湖北兴实业、办文教、练新军，养育新人才所奠定，孙中山 1912 年访汉时所言："南皮是不言革命之大革命家"，诚为至论！

1907 年张之洞升任内阁大学士、军机大臣，结束十余年湖广总督生涯。离开"第二故乡"前，他曾在蛇山头遥望江汉交汇、朝宗大海处，返顾治鄂兴革，心潮澎湃，赋诗一首云：

昔贤整顿乾坤，缔造多从江汉起。
今日交通文轨，登临不觉亚欧遥。

何等胸襟，何等目光。
壮哉张公，伟哉武汉！

2017 年初秋，撰于张之洞冥寿 180 岁之际

“冲击—反应论”与“中国文化本位论”：两种转型说的长短得失*

一

中国文化的近代化是一个与中国社会的近代化互为表里的问题。由于这个问题所具有的实践意义和理论意义，长时期以来被中外学者反复讨论；又由于这个问题自身的复杂性，以及研究者文化背景差异所导致的视角区别，故而呈现一种歧见迭出的局面。而在众多的论说中，由西方人提出，并为一些中国学者所响应的“冲击—反应论”，以及由另一些中国学者倡导的“中国文化本位论”形成彼此对立的两极。

“冲击—反应论”描述的情境是：中国社会、中国文化是一个充满惰性的、停滞不前的体系，缺乏内部动力以突破传统框架，只有当19世纪以来西方的经济、政治、军事、文化的巨大力量对这个体系发起冲击，中国社会和中国文化才被迫作出反应，一步一步向近代演进。

“中国文化本位论”则强调中国文化与西方文化走着迥然不同的路径，中国文化既无可能也无必要向西方文化靠拢，中国文化的伦常—政治—思维系统的弘扬，不仅将为中国开创美妙前景，而且将造福全人类，因为，“世界未来文化就是中国文化的复兴，有似希腊文化在近世的复兴那样”[①]。

---

* 本文前三部分为冯天瑜主编《东方的黎明——中国文化走向近代的历程》（巴蜀书社1988年版）的代序言，第四部分为冯天瑜为《中国文化史》（高等教育出版社2005年版，冯天瑜、杨华、任放编著）所撰后记。

① 梁漱溟：《东西文化及其哲学》，商务印书馆1975年版，第199页。

显然，这是按照两种不同的价值体系绘制出来的文化模式。前者由西方中心论出发，后者由华夏中心论出发。两者各自从一个极端导向了文化自我中心主义，从而陷入某种程度的独断论。为了寻求中国文化近代化的真实路径，有必要对人们所熟悉的这两种论断作一番历史考察，看看它们究竟是在什么地方失足的，进而探索它们所提供的思维教训。

二

“冲击—反应论”是费正清等西方汉学家在20世纪50年代正式提出的，然而其渊源却相当久远，同时，它又成为中国当代某些文化学者有影响的观点的理论先导。

意大利人马可·波罗13世纪介绍自己在中国经历的《行纪》，被当时的欧洲人视作“天方夜谭”式的荒诞故事，因为，处于封闭状态的中世纪欧洲人不相信在欧洲以外的远东会有如此发达、如此优秀的文明。直到16、17世纪以后，随着西班牙、葡萄牙（中国明清两代称其为“佛郎机”）的早期殖民主义者从海路抵达中国，欧洲人方开始对中国文化有一个比较真切的认识。其间，以利玛窦为嵩矢，一批又一批来自南欧和西欧的耶稣会士进入中国传教，成为中西文化交通的媒介。他们在向中国介绍西方文化的同时，也向欧洲介绍中国文化，17、18世纪，欧洲陆续出版一批主要由传教士撰写的描述中国历史、文化和社会状况的著作。这些著作所传递的东方异质文化的信息，对欧洲人来说是新鲜的，引起相当程度的轰动。在18世纪，一批欧洲启蒙文化大师怀着浓厚的兴趣竞相研究中国文化，但对于中国文化的评价却呈现两极状态。一极是以伏尔泰为代表的“崇仰派”，他们对中国文化的经验理性和东方式智慧充满赞叹，并借以作为向欧洲中世纪遗留下来的神学蒙昧主义发起攻势的武器；另一极则是以亚当·斯密为代表的“贬抑派”，他们透见中国传统文化发展的迟滞性，认定这是一个缺乏活力的系统。亚当·斯密在18世纪70年代指出：“中国，一向是世界上最富的国家。其土地最沃，其耕作最优，其人民最繁多，且最勤勉。然而，许久以前，它就停滞于静止状态了。今日旅行家关于中国耕作、勤劳及人口状况的报告，与五百年前客居于该国之马哥孛罗的报告，殆无何等区别。若进一步推测，恐怕在马哥孛罗客居时代以前好久，中国财富，就已经达到了该国法律制度所允许之极限。”[①] 应当说，在18世纪，欧洲人的中国文化观以伏尔泰那一派占着上风。

进入19世纪，随着东西方社会发展水平差距的进一步扩大，亚当·斯密所代表的中国文化观在西方渐居优势。19世纪30年代出版的黑格尔的《历史哲学》一书把这种中国文化观提升到哲学的高度。黑格尔称中国为“那个永无变动的单一”[②]，又说：“中国很早就已经进展到了它今日的情状；但是因为它客观的存在和主观运动之间仍然缺少一种对峙，所以无从发生任何变化，一种终古如此的固定的东西代替了一种真正的历史的东西。中国和印度可以说还在世界历史的局外，而只是预期着、等待着若干因素的结合，然后才够得到活泼生动的进步。”[③] 在这里，黑格尔已大体构筑了“冲式—反应”模式的框架，判定中国社会和中国文化自身无力进步，只有“等待”外来力量的拯救。不过，作为辩证法大师的黑格尔毕竟提出“若干因素的结合”方可有“活泼生动的进步”的预言，从而没有全然陷入外因论。

19世纪中叶以降，随着西方资本主义殖民扩张的加剧，建立在欧洲中心论基础上的世界史观在欧美各国普遍流行。20世纪上半叶出现的海思等人著的《近世世界史》明确提出：“自古昔希腊罗马时起，迄于今日，任人类史剧之主角者，为欧洲之白人。”他们宣称，自己的史著所“依次论述”的，是“在十九及二十世纪中，远东不进步之黄种人，如何于睡中惊醒，开始接受欧洲之文化，以及愚昧之非洲黑人，如何置于欧人治下”[④]。费正清在20世纪50年代著的《美国与中国》，以及费正清与邓嗣禹合著的《中国对西方之反应》沿袭并发展这类观点，正式提出“西方冲击—中国反应”这一中国社会和中国文化走向近代化的模式。

“冲击—反应论”包含着某些合理成分，它肯定西方近代工业文明对前资本主义的东方文明的解体和变异所发生的历史性作用，并且洞察到中国传统社会及传统文化进展迂缓的若干机制。然而，这个模式又存在明显的缺陷——忽视中国社会和中国文化“生生不已”的内在运动，忽视中国社会和中国文化自身的变异性，以及这种变异所包藏着的奔往近代的趋势。正因为如此，“冲

① 亚当·斯密：《国富论》上卷，郭大力、王亚南译，上海中华书局1949年版，第85页。

②③ 黑格尔：《历史哲学》，王造时译，三联书店1956年版，第158、161页。

④ 海思等：《近世世界史》，上海黎明书局1933年版，第591—592页。

击—反应"模式（以及与之相类似的"传统—近代"模式、"帝国主义"模式）把中国社会的近代化仅仅看作西方势力入侵的结果，把中国近代新文化仅仅看作西学向东方的位移。此见显然不能准确、全面、深刻地把握中国社会和中国文化近代化的历史进程，因而也就难以帮助我们科学地汲取历史的教训。

在人类文明史上，纯粹由外部输入近代化的现象曾经发生过，但这种戏剧只能在北美洲、澳洲这类文明的"未开垦处女地"演出。16 世纪以后，欧洲殖民者渐次踏上这些"新大陆"时，当地土著尚处在氏族社会阶段，欧洲人可以无所顾忌，也基本未受阻挠地将自己的生产方式、政治制度、文化体系连同人口，一并从欧洲移植过来，建立起新的英吉利、新的法兰西、新的爱尔兰。然而，西方殖民者闯入印度、中国、日本等有着悠久而辉煌的文化传统的东方国家，其情形则复杂得多。

历史上的民族征服有三种可能：征服民族把自己的生产方式强加于被征服的民族；征服民族让旧生产方式维持下去，自己满足于征收贡赋；发生一种相互作用，产生一种新的、综合的生产方式。[①] 这是从经济角度讲的，从文化角度看也大体如此。西方殖民者对东方文明古国的征服，不可能只是单向的以西方文化强加于被征服的东方文明古国，而是"发生一种相互作用，产生一种新的、综合的"文化形态。我们以为，这才是中国文化走向近代化的真实情况。

中国社会和中国文化并非平面循环、无进步动力的系统，而是一个渐进的螺旋式上升的系统。诚然，中国传统社会发展是缓慢的，但两千余年的传统社会毕竟有一个"前期—中期—晚期"的渐进过程。而在中国传统社会晚期，即明代嘉靖—万历以降，出现资本主义生产方式的萌芽。我国经济史学界多年研究成果证明，这种发生在某些地区（如长江中下游、晋西南、珠江流域）、某些行业（如纺织、制瓷、矿冶）的资本主义萌芽，其发展程度（如工场手工业的生产水平和生产关系所体现的近代性）并不亚于文艺复兴时期地中海沿岸一些城市（如佛罗伦萨）所达到的水平。只是由于各种复杂的原因，中国的资本主义萌芽屡遭压抑摧折，未能获得健康发展，但却不绝如缕，并成为近代中国工业的前身。而与经济领域的资本主义萌芽相伴生，在明清之际出现早期启蒙文化，它们虽在强大的专制政治的高压下处于劣势，却也不时焕发出夺目的光

① 见《〈政治经济学批判〉导言》，《马克思恩格斯选集》第 2 卷，人民出版社 1972 年版，第 100 页。

耀，并以顽强的生命力曲折地延伸、发展，终于在 19 世纪中叶以后，在新的历史环境中，经与西学的结合，开创中国近代新学的新局面。

美国汉学家柯文（1934— ）的《在中国发现历史：“中国中心观”在美国的兴起》（林同奇中译本，1989 年中华书局出版）对“冲击—反应”模式有所驳正，在该书第四章“走向以中国为中心的中国史”提出其主张：第一，从中国而不是从西方找出近代中国发展变化的根本原因，尽量用中国内部的而不是西方的准绳来决定中国历史上哪种现象具有历史重要性。第二，强调历史描述的精细化，把中国按横向分解，开展区域性、地方史研究。第三，把中国社会再按纵向分解为若干不同阶层，推动下层社会历史的研究。第四，吸取历史学以外诸学科的理论与方法。这是西方学者起而修正“冲击—反应”模式。

总之，近代新学在中国的发生发展，并非无源之水，无本之木；它不是海外奇谈、天外来客，而是深深地植根于中国文化土壤之中的。按照历史的本来面目反映中国文化近代化的进程，便应拒绝外因决定论，深入探究西方工业文明同中国传统的农业文明之间既相冲突又相融会的复杂过程，具体考察这两大文明系统间在各种层面上的冲突所在以及彼此融会的结合点与结合机制。事实上，中国近现代新的文化思潮和新的文化人（无论是政治家、哲学家还是文学家、艺术家），多是走的会通中西的道路，即使是那些曾经一度举起“全盘西化”旗帜的人（如胡适），其思想学术实际上也是中西合璧的。总之，中国近代新学既非单纯的西学之东渐，也非中国传统文化全方位的延续，而是西学与中国传统文化相杂交、相涵化的产物。

三

与“冲击—反应论”形成对立一极的“中国文化本位论”则陷入另一种片面性。它一味强调各民族文化发展的特殊性，否认人类文化进步的共同规律，把东西方文化视作两个互不相干的系统；它不承认作为自然经济和宗法制度产物的中国传统文化与西方近代工业文明之间存在差距。而事实上，以生产力和生产关系的发展水平这一超越民族性的客观尺度来衡量，这种差距是铁一般的事实。正因为这种差距的存在，近代中国才一再被动挨打。中国文化本位论者却否认这样一个活生生的事实，并且由此出发，拒不承认中国有向西方文化学习的必要；对于中国传统文化，则一味提倡“弘扬”而不言“改造”，更不能站在现代生活的高度，对中国传统文化进行具体的分析和科学的扬弃。因此，尽管中国文化本位论者在探究中国传统文化的特质方面下了功夫，并为整理国故做出有益的贡献，但就总体而言，他们不能为中国文化的健康发展提供合理的方案。从“五四”运动到20世纪30年代，鲁迅对“国粹派”的批评，揭示了这一文化倾向的弊端。

值得注意的是，当前一些海外华裔学者提出“儒学复兴”的观点。这种观点并非“中国文化本位论”的简单重复，但二者存在着某种内在联系。这些海外华裔学者大都对中华传统文化怀着深厚感情，并有相当深入的研究，同时，对于西方文化也有身临其境的观察和体验，因此他们的视野是开阔的，见解是有深度的。他们目睹西方工业文明的巨大成就，又洞悉其间包藏着的危机，并力图从文化上寻找救治的良方。他们根据东亚一些国家（如日本、韩国、新加坡）和地区（如台湾、香港）近二三十年来经济高速发展的事实，推断其“成功”的秘诀在于儒家功能的发挥。他们进而认为，继先秦两汉和宋明以后，现在儒学进入发展的第三期。

海外华裔学者力倡“儒学复兴”，在发掘中国传统文化的积极因素方面作出可贵的努力，尤其是他们看到当前西方工业文明面临一系列新问题，人际关系和人与自然的关系都有重新调整的必要。如资本主义社会利己主义、拜金主义的极度发展，造成一系列严重的社会问题；工业革命以来强调人类征服自然，固然焕发出巨大生产力，却又造成生态平衡的破坏，以及环境污染、能源危机等。站在后工业社会的高度，这些华裔学者敏锐地洞察到，以宏观把握、讲究总体协调为特征的农业文明（中国传统文化便是其辉煌代表）中的若干遗产，可以用以救治工业文明造成的弊端。

海外华裔学者们的上述构想显然包含着合理成分，值得我们借鉴、思考。然而，他们所倡导的“儒学复兴”论又有重大缺陷。

第一，忽视作为自然经济和宗法制度产物的儒学与近代化之间存在尖锐矛盾，中华民族如果不从小生产的和宗法观念中冲决出来，近代化是不可能实现的。在这一意义上，“五四”新文化运动的健将们批判旧礼教、旧文化的业绩是不可磨灭的（虽然这种批判中包含若干非科学的成分）。即使在今天，这一批判的任务也仍然是相当紧迫的。

第二，夸大儒学在日本等国近代化过程中所起的作用。日本接受中国的儒学有一千多年历史（其实，这种儒学在日本已发生重大变异），然而，并未从儒学中产生近代化。只是在19世纪中叶以后，西学进入日本，与包括儒学在内的日本传统文化相结合，才推动近代化进程。而大力发展商品经济、逐步实现政治民主化、极度重视科学技术和教育，才是日本由一个资源贫乏的落后国家变成工业强国的基本原因。当然，日本人发现西方工业文明的若干弊端后，及时将经过改造的东方文明的某些因素作为调节剂注入社会机体中，起到良好的作用。但是，如果将这后一侧面当作日本等国现代化成功的基本原因，则是本末倒置的。如果进一步以为，中国只要复兴儒学便可以走上通往现代化的康庄大道，则更是开错了药方。

四

当今世界趋于全球化。人类曾经长期生活在彼此隔绝的时代，而五百年前的海路大通，使人类历史开始从分散走向整体。这一进程在20世纪得以大规模展开，然而，真正将我们的星球变成一个声气相通的“村落”，还是近几十年的事，这得益于工业文明的深度发展和电子信息工具的普及。而冷战的结束，加速了这一过程。目前呈现在人类面前的是一个交通便捷、信息畅达的世界，洲与洲之间，地区与地区之间，国家与国家之间，可以朝发夕至；一个新信息、一项新发明，可以迅速共享；各个国家、各个民族的政治运作、社会稳定、战争转移、生态破坏、环境污染、人口爆炸等问题，都不是一国一族之事，喀布尔、巴格达、加沙发生的事件，立刻波及世界，全球注目，可谓牵一发而动全身，触一点而撼五洲。

全球化既是一种经济走向，也是一种文化走向。在政治、经济、军事全球化的同时，文化的全球化亦不可避免，这是不以人的意志为转移的。在今天，不再有笛福笔下可供鲁滨孙漂流的荒岛，也难觅陶渊明笔下“不知有汉，无论魏晋”的桃花源。先进的电子信息技术和全球覆盖的传媒网络，已冲破各种障壁，将最新的消息、知识与最前卫的观念播发到天涯海角，拨动着每一个族类的心灵。全球化也在愈益深刻地介入中国人的生活，当下中国的对外贸易额在国民经济总产值（GDP）中的占有率已超过60%，中国被称之为“世界工厂”，在欧、美、日本、俄罗斯乃至拉美、非洲的商场，随处可见标明“中国制造”（Made in China）的商品；而中国城市街头，常见“肯德基”“麦当劳”店铺，道路上不时驰过“丰田”“宝马”“奔驰”，这些都雄辩地表明中国与世界的相互依存性。中国人对世界的关切、外国人对中国的注目，其力度均远非昔时可比。

然而，全球化并不等同于一致化、单一化。而且，在文化的物质、制度、行为、精神四层面，其同一性与差异性的程度也并不整齐划一：物质文化层面更多地显现同一性，当下的物质生产方式和科学技术，已少有民族性可言，标准化是工业文明的基本属性。制度文化中的经济管理领域，全球同一性成分颇重，但也渗入若干民族文化特色（如在探讨日本及亚洲“四小龙”的经济成就时，人们注意到东亚文化在企业管理中的特别作用）；制度文化中的政治层面，在民主与法治的确立及人权诉求上，存在普世性、全球趋同性，而国度性、民族性也不可抹杀，现在人们愈来愈不赞成以欧美政治制度模式硬性套用各国。至于在行为文化（风俗习惯）和精神文化层面，一体化走势虽在日益加深，却又更多地保有多元性、趋异性。

从世界格局言之，全球化是一种大趋势，然而与之相对应的国别性、民族性也不可小视。现在远未进入消解民族国家的历史时期，“世界大同”还是一个久远的目标，民族国家仍然是当下世界的基本构成单位。因而，尊重民族国家的主权与独立，尊重其文化的独特性，是全球化时代的题中应有之义。文化的全球化趋势与文化的民族性、本位性之间，历来是一对矛盾。当下世界，洲界、国界似乎模糊起来（在欧盟诸国间旅行，无须另办签证、无须兑换货币，旅人的感觉，如同从中国的甲省去乙省），但异文明间的分歧乃至争斗，又普遍存在，有时还以异常激烈的形态展开（如在巴以之间、印巴之间，又如在阿富汗、伊拉克发生的战争及难以止息的战后冲突）。可见，文化的两个向度——全球化和多元化同时并存。一方面，在全球化的气氛中，目前世界范围内正在讨论和探求全球伦理问题；另一方面，文化的多样性又使得文明的冲突成为当今世界的一大议题。总之，与全球化相应的，既有文化的统一走势，又有文化的多元发展以及在某种程度上的彼此纷争。在这样的背景下，研讨世界文化的重要一支——中国文化，考察其自性与全球性，考察文化一与多的矛盾统一，便尤具意义。

现代化的途径和模式是多种多样的，现代化不等于西方化，那种认为现代化就是西方化的论调，是欧洲中心论的产物。20世纪下半叶以来，工业东亚勃兴，成为与北美、西欧鼎足而三的重要一极，尤其是当下中国的“和平崛起”，更是全球现代化过程多样性发展的典型证明。西方掌控东方的时代正在成为过去，而东西方的平等对话则逐步成为现实。在现代转型过程中的中国文化，既不能固步自封，也不必走“脱亚入欧”旧路，而应当博采外来文化众长，又张扬文化自性中的精华，融会古今中西之学，走综合创新之路。诚如熊十力所说，“中西之学，当互济而不可偏废”，“中西文化，宜互相融合”，“中西学术，合之两美，离之两伤”[①]。此皆至理哲言。

具有“生生不已”的雄健活力与悠久传统的中华民族，在新的历史条件下，垦殖新生产力提供的丰厚土壤，以吞吐百川的气魄，吸纳中外古今文明精粹，重新赢得原创性动力，创造无愧于时代，也无愧于世界的新文化。正所谓“天戴其苍，地履其黄；纵有千古，横有八荒；前途似海，来日方长。美哉我少年中国，与天不老；壮哉我中国少年，与国无疆！”[②]

---

① 熊十力：《读经示要》卷一，《十力语要初续》，乐天出版社1971年版。

② 梁启超：《少年中国说》，《饮冰室合集》，《文集之五》第12页。

中国文化人历史递变：巫史—士大夫—知识分子 *

文化是全民的共同创造，社会各阶层都对文化大厦的建树有所贡献，然而，以制作和传播文化为专职的“文化人”，或曰“知识阶层”更发挥着使文化升华和延传的特殊作用。

同中国文化史的进程表里相依的中国文化人，大约经历了三种发展形态，这便是：巫史阶段—士人阶段—知识分子阶段。

一、“巫觋”与“巫史”

世界各地最先涌现的专职文化人，几乎都是宗教职业者，如埃及的祭司、印度的比丘即属此类。在中国，三代以前的传说时代，原始宗教孕育出中国文化人的前身——巫觋。

宗教作为一种特殊的社会意识形态，是对自然和社会的曲折反映，并与人们的终极关怀密切相连。而蒙昧及野蛮时代产生的原始宗教，在人与自然间起协调作用，在本能与文化间起联络作用，在人的精神需要中起主观自足作用，故原始宗教曾经是原始时代的主流文化。

原始宗教在发展过程中逐步形成一些以谋求控制自然力为目标的仪式，这便是巫术。巫术有祈求式、比拟式、接触式、诅咒式、录符式、占卜式等。从事巫术和主持祭祀起初并无专门人选，往往由氏族首领临时担任。以后渐渐出现职业祭司和巫师，他们自称可以通神，上达民意，下传神旨，预卜吉凶，治病救人。《尚书·周书·吕刑》载有上帝“命重黎绝天地通”的故事，《国

* 本文原题《中国文化人的三个发展阶段》，载《中国文化研究》1995 年春之卷。

语·楚语下》对这一故事的含义作了解释：颛顼时，九黎乱德，人人通神，“民神同位”，颛顼命令南正重“司天以属神”，火正黎“司地以属民”，这样，天与地、神与民便截然分开，即所谓“绝地天通”，此之“地”，指地理、空间；“天”，指天文、时间。“绝地天通”即谓由王者（经由祭司）使民众断绝地理与天文、空间与时间的联系，于是民众不再直接与天神交通，王也不兼司神职，而由巫专门负责沟通天地人神。这种宗教职业者，“在男曰觋，在女曰巫”[①]，他们既以非理性的迷信为务，又是初民文化（音乐舞蹈、天文历法、医药学）的保存者，其职司大略有五：祝史、预卜、医、占梦、舞雩，从而成为知识人的前驱。

金属品的使用和文字的发展，使人类超越采集现成天然产物为主的蒙昧时代（旧石器时代）和学会经营农业与畜牧业的野蛮时代（新石器时代），迈入对天然产物进一步加工的文明时代（青铜及铁器时代）。东亚大陆文明初兴大约发生在距今4000年的夏朝，而距今3700年至3000年的商朝则正式跨入文明门槛，尤其是公元前13世纪商王盘庚迁殷，结束了以往“不常厥邑”的迁徙游农生活。殷都遗留下的城市基址、带字甲骨和大量青铜器，提供了一个完整的早期文明社会范本。代殷而立的西周（公元前11世纪至前771年）则发展了这一早期文明。

中华先民跨入文明门槛以后的一个相当长的时期，也即商代和西周，文化由国家也即王室控制，这便是所谓的“学在官府”，典籍文献以及天文历法、医药学、历史、预卜学等专门知识均藏于王室。由巫、史、祝、卜等专门文化官员世袭掌管，秘不示众，外人无法染指。

巫在甲骨文中写成“╋”，为两“I”相交。“I”就是矩，即古代科技工作者常用的测量工具，《周髀算经》说：“环矩以为圆，合矩以为方”；又说：“方属地，圆属天，天圆地方，是故知地者智，知天者圣。”使用矩的巫，就是知天知地的智者圣者，是当时的职业文化匠师。如殷商名医巫咸便是一位大巫，传说他发明占筮，其“筮法”奠定了易占的基础。

史，商代始设，原为驻守在外的武官，后来成为王左右掌管祭祀和记事的

① 《国语·楚语下》。

官员。周公说："唯殷先人有册有典"[①]，殷人的典册便出自史的手笔。商代的史有多种名称，甲骨文作"大史""小史""西史""东史""作册"。西周的史有"太史""内史""左史""右史"之别，太史掌管起草文书，记载史事，编写史书，兼管国家典籍、天文历法、祭祀等；左史记事，右史记言。史与巫往往一身二任，故后世并称"巫史"。史常在王左右，除记录外，也可发表意见，提供建议。总之，史的职守是"掌官书以赞治"[②]，是典型的文化官员。

祝，商周两代王室都有祝人，负责祭礼时致告鬼神之词，所谓"祝，祭主赞词者"[③]。甲骨卜辞中多有关于祝人活动于商王之左右的记载。《周礼·春官》有"大祝""小祝"的官职，说明周代仍有祝官。

卜为专掌占卜的官员。占卜最早见于龙山文化，二里头文化占卜已较普遍，而商代则是占卜的极盛时期。商王及贵族无日不卜，诸如祭祀、年成、征伐、天气、祸福、田狩、疾病、生育，无事不卜。占卜活动由卜官主持，甲骨文中称其为"卜"或"贞人"。贞卜不仅是预测学专家，而且是甲骨文的缮写者和推广应用者。

巫、史、祝、卜是第一批较正式的文化人，他们从事卜筮、祭祀、书史、星历、教育、医药等多种文化活动，并参与政治。我们可以从甲骨文、金文和各种先秦典籍中见到他们席不暇暖的忙碌身影。他们对中国文化的早期发展有着特殊贡献。

二、"士"的崛起

殷商西周是官学时代，文化教育与平民无缘，即所谓"礼之专及"。这种"学在官府"的文化政策，与同时实行的"土地国有"和"宗法制度"相互为用，掌握天下土地，身为天下"大宗"的天子，同时也是观念世界的主持者，深居王室、公室以执掌文化的巫史是其附庸。

时至东周，天子的权威在夷狄交侵、诸侯争霸过程中大为衰减；而社会生产力的进步，推动土地国有（王有）向土地私有转化；此外，兼并战争使人才

① 《书·多士》。
② 《周礼·天官》。
③ 《说文·示部》。

问题突现出来，各级统治者不得不在宗法制的“亲亲”之外，同时实行“贤贤”。这一切都逐步动摇着西周官学的根基。进入春秋末年，随着周天子“共主”地位的进一步丧失和一些公室的衰落，边鄙之地的文化繁荣起来，身为夷人的郯子到礼仪之邦鲁国来大讲礼乐，使鲁人自愧不如，所以后来孔子感叹道：“天子失官，学在四夷。”[①] 与此同时，传统的“国学”和“乡学”有倒闭之势，文化发达的郑国甚至有人公然提出“毁乡校”之议。

“皮之不存，毛将焉附”，王室及一些公室的衰败，国学及乡学的难以为继，使得世守专职的宫廷文化官员纷纷出走。《论语》说：

> 大师挚适齐，亚饭干适楚，三饭缭适蔡，四饭缺适秦。鼓方叔入于河，播鼗武入于汉，少师阳、击磬襄入于海。[②]

这段话描绘出春秋末期的一幅王室乐队四散图，由此可以推见当年王纲解纽、学术下移的普遍情形。

王室文化官员下移列国、混迹民间，造成的影响十分深远，最直接的便是学术授受从官府转向私门，所谓“官失而师儒传之”[③]。春秋末年，私立学门者不乏其人，如周守藏史老聃“见周之衰，乃遂去”[④]，私自著书兴学；又如鲁国乐师师襄、夷人郯子、郑国的邓析（？—前501），以及苌弘、王骀等，也都收徒讲学。而创私学、兴教育最有成绩的是孔丘，相传他“以诗书礼乐教，弟子盖三千焉，身通六艺者七十有二人”[⑤]。私学勃兴，“知识产权”也就非王官专有，学问渐次播散于鄙野民间。近人章太炎概括晚周的这一转折说：

> 老聃仲尼而上，学皆在官；老聃仲尼而下，学皆在家人。[⑥]

---

① 《左传·昭公十七年》。
② 《论语·微子》。
③ 汪中：《述学·周官征文》。
④ 《史记·老子韩非列传》。
⑤ 《史记·孔子世家》。
⑥ 《国故论衡》。

以此为契机，殷商西周一元未分的官府之学转变为东周多元纷争的百家之学。

春秋战国间，与私学涌动密切相连的，是作为知识阶层的“士”的勃兴。

士，在殷商西周本指贵族的最低等级，由卿大夫封给食地，士以下便是平民和奴隶。春秋时，作为贵族下层、庶人之上的士，多为卿大夫家臣，有的保留封地，所谓“大夫食邑，士食田”①，不脱贵族余韵；有的则打破铁饭碗，以俸禄为生，成为自由职业者。“士竞于教”②，多受过礼、乐、射、御、书、数六艺之教。偏重于射、御等武术的武士，充任下级军官；偏重于礼、乐、书、数的文士，担任文吏，如老聃曾任周守藏史（王室图书馆馆长），孔丘曾任委吏（会计）。

春秋末期以后，士逐渐成为知识阶层的通称，人们不再追究其在宗法等级中的身份，庶众皂隶因“积文学，正身行”③而上升为士的，屡见史载，如淳于髡便由赘胥而为“稷下学宫”的名士；虞卿原为草鞋挑担的苦人，后来成为赵国上卿。“布衣卿相”在春秋战国间已不罕见。作为有专业知识的人才，士为公卿大夫所借重，齐桓公（？—前643）、晋文公（？—前637）等春秋霸主都以招贤纳士著称，战国时公卿大夫更竞相争取士人，最著名的“养士”贵族是齐国的孟尝君、赵国的平原君（？—前251）、魏国的信陵君（？—前243）、楚国的春申君（？—前238），“四公子”门下豢养食客数千，多为有某种才能技艺的士人。而士的向背，确乎关系列国盛衰，故有士“入楚楚重，出齐齐轻，为赵赵完，畔魏魏丧”④之说。

春秋战国间的士，是继殷商西周的巫史之后的又一个知识阶层。春秋以降礼崩乐坏的社会变动，使士人部分地从沉重的宗法枷锁中解脱出来，他们不再像巫史那样全然依附王室，而赢得相对的人格独立。精神产品在王宫内制作的状况，逐步转变为由知识阶层中某些个人独立创作，百家之学遂应运而生。

与昔日的巫史和同时代的其他阶层相比，士在一定程度上挣脱身份羁绊，形成新的品格——

① 《国语·晋语四》。
② 《左传·襄公九年》。
③ 《荀子·王制》。
④ 《论衡·效力篇》。

1. 胸襟博大，以天下为己任

士不同于一般社会成员，他们能超越自身经济地位的狭隘限制，而有坚定执着的志向，“无恒产而有恒心者，惟士为能”。[①] 士不以个人生活安逸为念，“士而怀居，不足以为士矣”[②]。其怀抱开阔，“士不可不弘毅，任重而道远”[③]。先秦诸子的理想各不相同，对“道”的诠解也大有差异，但以弘道为务，则是各家士人的共通特点，“诸子纷纷则已言道矣……皆自以为至极，而思以其道易天下者也”[④]。孟轲放言“天将降大任于斯人也”[⑤]，正表达了战国士子以天下为己任的豪迈心态。

2. 政治参与意识强烈

春秋战国的士，虽然主张各异，却无不有着炽烈的政治参与愿望，孔丘三月无君，则惶惶不可终日，他还声言“苟有用我者，期月而已可也，三年有成”[⑥]。孟轲奔走于王侯之间，并宣布“如欲平治天下，当今之世舍我其谁”！[⑦] 急于向社会和执政者推荐自我，以图一展抱负。墨翟及其弟子则直接拿起武器，出智尽力，参加宋国的自卫斗争。即使以“其学以自隐无名为务”[⑧]的老聃，其实也深切关注社会政治乃至军事斗争；放任自然以“逃虚空”的庄周，却有“应帝王”的种种设计。至于法术之士，与政治的关系更为直接，战国列强先后兴起的变法，如魏国的李悝变法、楚国的吴起变法、韩国的申不害改革、秦国的商鞅变法，其策划者乃至主持者多由这派士人担当。

3. 道德自律严格

春秋战国的士，当然有朝秦暮楚、寡廉鲜耻之徒，但更涌现出许多终生不渝追求理想的高人义士，这与当时正在兴起的道德自律有关。例如，儒士崇仁尚义，倡君子行，有一种超越物质享受的精神追求，以“君子喻于义，小人喻于利”[⑨] 自励。墨家推崇的“兼士”，交相利，兼相爱，为道义可以“赴火蹈

---

① 《孟子·梁惠王上》。
② 《论语·宪问》。
③ 《论语·泰伯》。
④ 《文史通义·原道中》。
⑤ 《孟子·尽心下》
⑥ 《论语·子路》。
⑦ 《孟子·公孙丑下》。
⑧ 《史记·老子韩非列传》。
⑨ 《论语·里仁》。

刃，死不还踵”[①]。法士则循名责实，严正无私，一断于法。

时代呼唤人才，人才推进时代。先秦士子群体，应时而兴，才俊辈出，思想家如老聃、孔丘、墨翟、孟轲、庄周、邹衍、荀况、韩非；政治家如管仲、子产、晏婴、商鞅；军事家如吴起、孙武、孙膑；外交家如蔺相如、苏秦、张仪；史学家如左丘明；诗人如屈原、宋玉；论辩家如惠施、公孙龙；医家如扁鹊；水利家如李冰、郑国；天文家如甘德、石申，可谓群星璀璨，蔚为大观。

这是一个需要巨人而且产生了巨人的时代。在世界古代史上，就学术人才出现的密集度和水平之高而论，与中国春秋战国的士人群体可以并肩比美的，大约只有古希腊的群哲。

士阶层形成以后，参政是其价值实现的主要途径，而士人如何走上仕途，一直是中国历来试图解决的问题。先秦实行世卿世禄制，身份决定一切，阻挡了平民的晋身之阶。秦代的军功爵制、客卿制和征士、荐举，其意都在打破世袭官制。至汉代，实行比较完善的察举制，按郡国及人口比例察举孝廉，推举明经明法、茂才异等、贤良方正。魏晋推行“九品中正制”，是一逆向运行，强化了世家大族的参政特权。隋唐实行科举制度，则以国家考试方式，将“选贤与能”的古老理想付诸实现，使官僚制度摆脱贵族化倾向。

作为科举制经济前提的是北魏均田制在隋唐的推行。均田制以土地国有、计口授田为原则，摧毁了大族豪强的庄园经济，使大批自耕农和庶族地主得以产生，并参与分享文化和权力，正如唐人刘禹锡《乌衣巷》所谓：“旧时王谢堂前燕，飞入寻常百姓家”。（“王谢”指王导、谢安等晋朝世家大族）

科举制度创设于隋，以分科举士而得名。文帝于开皇七年（587）设修谨、清平干济二科；炀帝置进士科。唐承隋制，又于进士科外，复置秀才、明经、明法、明书、明算诸科，常设仅为明经、进士两科，考试及格者称“及第”，再经吏部考试合格，即可做官。进士科出身仕途更优于明经，头名进士称状元，为读书做官的极品。

科举制度以封闭式考试录取，具有公正性和法定性；因不计生员出身，唯才是举，从而较广泛地从社会各阶层选拔人才，使庶族寒士也自信“天生我材必有用”，立志“使寰区大淀，海县清一”，从而扩大了政权的统治基础。

① 《淮南子·泰族训》。

相传唐太宗“尝私幸端门，见新进士缀行而出，喜曰：天下英雄，入吾彀中矣”[①]。科举的吸引力，使士子竞相攻读、参试，“其有老死于文场者，亦无所恨”，故唐人赵嘏诗云：“太宗皇帝真长策，赚得英雄尽白头”[②]。这是画龙点睛之论。

武则天亲行殿试，此制后代沿袭，殿试中试者，皆为“天子门生”，从而以师生关系强化君臣纲常。武则天时还曾设武举，科举制趋于完备。

参加科举考试的主要是学校生徒，因而此制带动了学校教育的发展。唐时学校分京师和州县学，各级学校主要研习儒家经典，此外还学习律令、书法和算学等专门技能。因此，科举制度既是一种选官制度又是一种教育制度，它自隋唐延及明清，发挥了重要的社会功能。

三、近代知识分子的勃兴

19 世纪中叶以后，中华文化从封闭的僵壳中逐渐解脱出来，面对着广阔的世界，呼吸吞吐，接纳近代文化的新鲜养料，调节、完善自己的再生机制。这个痛苦却又充满希望的过程，首先体现为近代工业的建立、交通运输的发展、沿海城市的工商业化以及农村商品经济的扩展，在此基础上，近代文化的新质细胞由隐而彰、由弱而强地分孽、增殖，如书院改制和新学堂兴办，近代报刊发行及出版机构建立，等等。

新的时代条件，新的文化环境造就了不同于传统士大夫阶层的新一代知识分子群体。依据他们产生的来源，又可分为两大类型。一是由士大夫营垒分化而出，一由新文化直接培育而成。

第一类近代知识分子，早年基本上受传统文化的熏陶。他们在时代的感召下，逐渐接受新思想、新文化的影响，一般说来，他们的政治主张比较温和，在思想深处与旧文化藕断丝连。冯桂芬、王韬、薛福成等人均属这一类型，而张謇（1853—1926）则可以作为其典型代表。这位在中国近代史上颇具声名的“状元资本家”，幼年攻经书，青年为幕僚，壮年中状元、办实业，晚年兴宪政、入内阁，一生经历坎坷且富传奇色彩。他提出并终生实践的“实业救

①② 《唐摭言》卷一。

国”“教育救国”的主张，是出身旧营垒的近代知识分子在当时的历史条件和认识水平之下所能采取的选择。

第二类近代知识分子，系统接受资本主义新文化，他们或者就读于洋人执教的新式学堂，或者远涉重洋，负笈异邦，用新文化构件，组成自己的知识系统。一般说来，他们较少传统羁绊，对新文化的理解和把握较为真切，在近代西学东渐中的作用显然超过前一类知识分子。其弱点则是易于脱离中国社会的实际状况和民众心理态势，试图机械移植西方政治、经济、文化于中国，而犯了空想主义、教条主义和学理主义的毛病。这一类型以何启（1856—1914）、胡礼垣（1847—1916）、容闳（1828—1912）为代表。何启留学英国，先后学医、学法律，后在香港以律师为业，又创办西医书院。他认为“政者民之事”，反对君主专制。后又参与孙中山筹划的广州起义，起草对外宣言。胡礼垣科举屡试不第，入香港皇仁书院学习。曾访问苏禄国（现属菲律宾），助其国王整理国政。1894 年后，一度代理中国驻日本神户领事。何、胡两人合著《新政真诠》，批驳名教纲常，鼓吹天赋人权论和社会契约论，是 19 世纪后期十分活跃的资产阶级政论家。容闳 7 岁即入澳门的“西塾”读书，19 岁赴美留学，考入耶鲁大学。学成归国后，他对太平天国进行实地考察，向洪仁玕陈述建设近代军事、政治、经济、教育的 7 条方针，希望通过太平军来“为中国谋福利”。这一尝试失败后，他又鼎力协助洋务官僚建成近代中国第一个大型新式企业江南机器制造总局，组织四批共 120 名幼童以官费赴美留学。

近代知识分子不同于传统士大夫阶层的“新”特色，主要体现在如下方面：

（1）时代意识

知识分子最先意识到时代之变：世界已不再是传统意义的“天下”，中国也不再是国人自诩的居天下之“中”的天朝上国，中外关系在变，世道与人心在变。自觉的、强烈的时代意识，是新知识分子群体的明显特征。

（2）知识结构

知识分子阶层拥有专门文化知识，其内容和结构已非传统士大夫所可比拟。

（3）新的角色认同

中国传统士人素以治国平天下为人生价值的最高实现。由士而仕，投身宦海，是其规范的自我角色认同。进入近代，知识的门类急剧扩充，科学知识尤其是自然科学知识独立于社会政治之外的价值地位逐渐被社会所承认。科举制度终于废除，职业分工更趋细密。在新的时代文化背景之下，知识分子开始了新的、双向的角色认同。一方面，他们在内忧外患交迫、民族生死存亡的时代条件下，继承并发挥士大夫忧国忧民、以天下兴亡为己任的传统，“铁肩担道义，妙手著文章”，自觉担当反对帝国主义和专制政治的先锋；另一方面，他们之中的部分人开始与政治分离、向知识回归，到静谧的图书馆、实验室内，潜心钻研，成为专业知识人，以学术成就服务于社会的科学、文教事业，以此实现知识与个体人格的价值。

上述双向角色认同是就近代知识分子的总体而言。具体到每个个体，显然存在一种方向互逆的艰难抉择。不过，这种抉择的结果，却并非绝对的非此即彼，而是依据个体性格、禀赋、觉悟的差异，分别表现为超然治学、学术救国、舆论干预、直接参政四类情况。政治与学术两极之间的多层次选择，使近代知识分子的性格面貌更加复杂，也使得近代文化的历史进程更加曲折多致、异彩纷呈。

转型中的知识分子 *

“中国现代化”和“中国知识分子”都是切关宏旨的议题，而读者诸君手头的这本何晓明教授所著《知识分子与中国现代化之路》一书，则从二者的相互关系展开论述，颇能开启神智，引人入胜。

现代化是一个社会走出中世纪的漫长过程，是涉及广义文化诸层面的复杂历史变迁，其基础性内容与物化表征当然是生产方式的变革，就早期现代化而言，指手工劳作向机器生产转换，动物性能源（人力、畜力）主导地位被非动物性能源（煤、石油、水力、原子能）所取代。不过，单纯的经济因素并不能保证一个社会、一种文化赢得完整的现代性，只有当社会组织、行为方式和思想观念的转型与之协同配合，现代化大厦才得到坚强的支撑。而构成现代性的诸要素，又全都与人的现代化直接相关，因为现代人是现代化事业最富能动性的因素，现代化的生产力、现代化的社会组织都由现代人创造；而现代人的塑成又是在现代化实践中逐步实现的。总之，“人的现代化”是现代化这一漫长而艰巨的历史进程的核心题旨。

人的现代化包括人对新技术、新技能的掌握，但又决不局限于此，它还有“工具理性”之外的更为广阔的内容，这便是一种全新的认知水平和精神境界，其内核是价值观念和思维方式的现代转换。有人将一种文化的现代性概括为“擅理智”与“役自然”，前者指人们摆脱中古流行的神学、准神学导致的蒙昧状态，达成对宇宙、社会、人生的理性认识；后者指拥有理性的人实现对自然的有效控制和充分役使。这种概括大体反映了早期现代化的诉求——对人的理性和理性的人的召唤。

---

* 本文为东方出版社 1996 年出版何晓明著《知识分子与中国现代化之路》一书序言。

就现代化的原发地区——西欧而言，人们突破知识从属信仰、理性屈就神喻的中古怪圈，经历了 14 至 16 世纪的文艺复兴、16 世纪的宗教改革、17 世纪的科学革命，至 18 世纪的启蒙运动，方正式孕育出被理性精神武装起来的现代人，其先锋便是西方知识分子——与中世纪神学家迥然有别的知识拥有者。康德曾以“有勇气在一切事务上运用理性”概括启蒙运动特质。余英时认为，“这句话恰好可以代表近代知识分子的精神”[①]。从这一意义言之，知识分子的内涵不应简单归结为“接受过高等教育，从事脑力劳动的人群”，他们还必须是具备理性精神，并能以之思索和推动社会进步的觉醒者。

现代化既然是一个理性化过程，因而以研习、运用、传播理性（或曰知识）为职志的知识分子必然构成现代化事业的活跃力量。当然，知识分子并不能包打天下，他们的作用是有限度的。现代转型的基础是生产方式变革，知识分子提供的新知识在其间作用不可低估，但主力军毕竟是工人、农民和企业家；现代转型在制度层面和观念层面则必须实现社会重建和文化重建，西方各国的“社会重建”任务主要由逐渐壮大的中产阶级承担，知识分子则恰当地自我定位在“文化重建”方面，以狄德罗为代表的法国百科全书派所做的浩大工作堪称典范。在长达几世纪间并肩成长的西方中产阶级和知识分子协同努力，与其他社会阶层一起实现西方原发式现代转型。

走着后发式现代转型之路的中国，中产阶级和知识分子都是 19 世纪中叶以降“西力东渐”的产物。严格意义上的中国中产阶级和知识分子，19 世纪末叶方开始出现，20 世纪则艰难曲折地成长。由于内外条件的制约，中国的中产阶级底蕴不足，这不仅表现在他们经济上和政治上对帝国主义和国内宗法—专制势力的依附屈从，而且，中国历来缺乏市民政治独立、文化自主的传统，因而在精神上患有先天软骨病，既无力量，也无胆略担当起社会重建的使命，于是，这一日渐紧迫的任务连同文化重建任务，一并落到同样发育并不充分的知识分子肩上。而中国知识分子则义不容辞地一身二任，这除了客观条件所使然（如中产阶级不能担负分内责任）之外，更与中国知识分子自身的渊源与特色有关。

中国知识分子的前身是春秋战国以来延绵两千余年的士大夫。作为现代社

① 余英时：《士与中国文化》自序，上海人民出版社 1987 年版，第 4 页。

会和全新世界背景的产物，知识分子在时代意识、知识结构、角色认同等方面都与旧式士大夫颇相径庭，特别是经受“五四”新文化运动洗礼的知识分子，基本摆脱了君统和道统的双重运担，不再以“忠君事亲”“代圣贤立言”为行事作文准则，其生活路径也大体走出了“学优登仕”的故辙。然而，中国知识分子虽然脱下了士大夫的长袍，但在精神上却承袭着士大夫的某些传统特质。秦汉以降，中国的社会阶层序列一直是“士农工商”，与商人自陪末座相反，士人历来居四民之首，他们不仅自视国家栋梁，也被社会认作人中精英。“士不可不弘毅，任重而道远”①，“天将降大任于斯人”②，便是士子豪迈情怀的写照。在认知层面，士人以“求道”“闻道”“弘道”为最高旨趣，以先知觉后知、先觉觉后觉为使命；在政治层面，士人以“平治天下”为目标，而这一目标只有在依附君权的情形下才能得以实观，由此造成士人的“忠君”“事君”特性；又加上士子秉承先秦以降的“民本”传统，有着“亲民”倾向，故尔他们常在“尊君”与“重民”间徘徊，“居庙堂之高则忧其民，处江湖之远则忧其君”③是他们心态的流露。汉代的选举制，尤其是隋唐以下的科举制将士人的治世追求变为活生生的制度性现实，也将士人与君权牢牢地维系在一起。总之，无论是士人的自命，还是社会的期盼，士人都扮演着“精神导师”与“官僚后备队”的双重角色。19世纪中叶以降，中国传统社会的格局在崩解和重组，但从士大夫转变而成的知识分子还继续习惯性地承担着这双重使命，这正是中国知识分子将西方知识分子和西方中产阶级分别担当的文化重建和社会重建任务一肩挑起的历史因由。

接受现代教育的中国知识分子各有专业领域，其中一些人在其学术天地足以与国际同行并驾齐驱，不乏文化大师级人物，他们在文化重建方面的贡献，功不可没。然而，中国知识分子群体作为自觉不自觉的士大夫传人，又往往或显或隐、或深或浅地保有士大夫的品格——“以天下国家为己任”的社会责任感、“抱道忤时”的忧患意识、“经世致用”的认知取向，以及与政治和权力割不断的联系性。由于这些品格的作用力，加之客观环境的挤兑，如内忧外患的中国竟摆不下一张安静的书桌，以致相当比例的中国知识分子

① 《论语·泰伯》。

② 《孟子·告子下》。

③ 范仲淹：《岳阳楼记》。

在现代化进程中不是走进书斋、实验室潜心于文化重建，而是以知识人和社会良知体现者的双重角色，投身民族救亡、社会变革、大众启蒙事业。低吟“布衣老大伤怀抱，忧国无端有叹声”①的康有为，虽然也有构筑思想体系的努力，但毕竟有欠精当，他的闪光之处却在鼓动变法，导演“百日维新”的悲壮剧；康氏弟子谭嗣同则以“我不入地狱谁入地狱”的“大雄精神”，演出戊戌变法最惨烈的一幕，人们纪念于此，显然远过对谭氏《仁学》一书的关注。至于以“革命军中马前卒”自命的邹容、蹈海自尽以警醒国人的陈天华，所著之《革命军》《狮子吼》《猛回头》《警世钟》等，其革命鼓动作用大大超迈其文化建设作用。新文化运动的代表作家鲁迅，青年时代即立志“我以我血荐轩辕”，他的白话小说《狂人日记》《阿Q正传》等固然是中国新文学的丰碑，他的《中国小说史略》《汉文学史纲要》也显示了深厚的学术功力，但鲁迅的主要心志却在以他的作品（尤其是杂文）作为投枪和匕首，锋指旧营垒，以救助苦难的国人。

总之，在早期现代化过程中，中国知识分子虽然也担负着文化重建任务，充当科学文化知识的宣教者，但与此同时，一批最活跃的知识分子则成为近现代中国历次社会改革和社会革命的活动家、领袖人物，还有更多的知识分子则响应革命前驱的“将令”，使自己所从事的文化工作隶属社会改革和社会革命，成为其工具与武器，而纯粹学科意义上的文化重建，往往被看作不急之务，少数潜心于学科建设的文化匠师（如哲学家熊十力）长期被社会所冷待。

何晓明君撰写的《知识分子与中国现代化之路》一书，准确地把握住中国早期现代化的中心课题——觅求既能维护民族独立，又具有现代化导向的政治共同体，并将知识分子为建成这种政治共同体所作的探索性努力，分阶段揭示出来，从而将中国知识分子复杂的心路历程与坎坷多歧的中国现代化历程水乳交融地编织起来，人景辉映，构成一组色彩斑斓、引人入胜的图景。也许是中心主旨所限，本书对孜孜于文化重建的学者型知识分子着笔较少，而这类知识分子的默默耕耘，实乃现代化事业的题中应有之义。

中国现代化是未竟之业，中国知识分子也在成长之中。本节所描绘的主要是中国早期现代化过程中知识分子的众生相，但今之知识分子仍可以从这些前

① 《梁星海编修免官寄赠》。

辈身上照见自己的影像。顾影以自励，顾影以自省，或许正是本书形诸笔墨之外的意蕴所在。

晓明素以才思敏捷为友朋称道，而我更欣赏他的达观与洒脱。这种达观与洒脱同前文提及的“理性精神”颇有相通之处。以此言之，晓明已逼近真实意义的现代知识分子境界，不知熟识晓明的诸君以为然否。

1996 年春节

《转型间学人评传书系》* 总序

一

历史的演进，多数时段是在同一社会型范内部运行的，但当各种内外条件细缊积淀，达到某种临界点时，整个社会固有的动力定型便发生突破性变更，正如液态水加温到 100 摄氏度时即转化为气态水一样。纵观人类历史，曾发生过几次大的社会转型，如从蒙昧时代向野蛮时代转型（核心内容是采集—渔猎经济向农业—畜牧经济变换），从野蛮时代向文明时代转型（标志是金属工具和文字的发明与使用）。进入文明时代以后，随着人类自觉意识的提升和改造外在世界能力的增强，社会变迁赢得了加速度。如果说，前述两次转型的完成，历时数以千年计，那么，在文明时代，某些社会转型往往经数百年便大体完成。以中国历史而论，周秦之际的两三百年间，曾发生从封建领主制社会向地主制社会的变迁，整个社会的经济生活、政治体制乃至观念形态均有大更革，清初哲人王夫之将战国时期称之为“古今一大变革之会”（《读通鉴论》），是颇富历史感的概括；此后发生的魏晋南北朝的社会更革、唐宋之际的社会更革、明清之际的社会更革，均在百十年间实现。与这些社会更革相互推引，其间学人们展开了风姿卓异的精神创造活动，构成中华文化史上璀璨夺目的篇章。

若就社会变迁的深刻程度而言，可与前述蒙昧时代走向野蛮时代，野蛮时代走向文明时代这两次大的社会转型相类比的，则是发生在近几个世纪的

---

* 《转型间学人评传书系》，湖北教育出版社 1999 年出版。

现代转型。在长达数千年的文明时代前期和中期发生的种种社会异动，大体都是在农业—宗法社会内部的局部变迁，而近几个世纪渐次扩及整个世界的现代转型，则是一种全局性的社会质变，其变化的广阔度和深刻度，均不可同日而语。

二

近几个世纪发生在我们这个星球上的现代转型，基础性内涵是自然经济占主导的农业社会向商品经济占主导的工业社会转化，其显著标志是，有机动力系统（人力、畜力）为无机动力系统（矿物燃料、水力、核能）所接替，机器生产取代手工劳作，人类获得财富的手段由驯化利用天然原料为主，变为加工改造天然原料为主，“顺应自然”演变为“征服自然”，“高效率”和“标准化”成为经济生活的准则。与物质文化层面的巨变相表里，在制度文化层面，彼此隔绝的“鸡犬之声相闻，老死不相往来”的静态乡村式社会，转化为日益开放的、被种种资讯手段紧密联系起来的动态城市式社会，同质的单一性社会变为异质的多样性社会，礼俗社会变为法理社会，人际关系的枢纽由身份演为契约，宗法—专制政体为民主—法制政体所取代。作为物质文化、制度文化转型的精神先导和思想反映的观念文化，也在这一过程发生深刻的变异，诸如神本转向人本，信仰转向理性，宗教转向科学，教育从少数特权阶层的专利变为大众共享。传统的农业文明向现代的工业文明转型过程所必须完成的社会重建和文化重建任务，则分别由中产阶级的形成与壮大，知识分子的形成与壮大而逐步得以实现。

上述是就现代转型的世界通义而言的。这种现代化的通约性，在物质文化层面表现明显，而在制度文化、精神文化层面，通约性固然无庸忽略，但民族特殊性也各展丰姿。

三

以世界之大，各地区、各民族国家的历史进程颇不平衡。就传统社会的现代转型而论，是以 14—16 世纪南欧的资本主义生产方式萌芽和世界性远航开其端绪的，此间勃生于意大利的文艺复兴为其文化标志，学人代表则有但丁、达·芬奇、莎士比亚等文化巨匠；16—17 世纪的科学革命（以哥白尼“日心说”、牛顿力学为标志）；这一转型的富于力度的展开，则是 18 世纪英国的工业革命和继起的法国政治大革命，其文化标志为启蒙运动，卢梭、孟德斯鸠、狄德罗、伏尔泰、洛克、哥德是启蒙时代的学人翘楚。成长于西欧的工业文明伴随殖民扩张又延至北美，进而波及全球。世界历史以统一市场的形成为契机，从分散走向整体，五洲四海的人类无论自愿还是被动，均渐次汇入波澜壮阔的现代化大潮之中。

对于西欧而言，发端于 14 世纪，正式展开于 18—19 世纪的现代转型是从中世纪的母胎内自然孕育而成的，可以称之“内发自生型”。对于西欧以外所有其他地区而言，现代化过程虽然各有不同程度的内在动因，却都是在世界历史已经走向整体化之际逐步实现的，也即在西欧现代文明强有力的影响与示范之下得以发生，因而其现代化可以称之为“外发次生型”。

西欧以外地区的“外发次生型”现代转型，又大略可以区分为两种类别。一种是欧洲殖民者入侵之际，土著文化十分落后，如北美洲和澳洲，欧洲人前来殖民时，当地人尚处在新石器时代，欧洲近代物质文化、制度文化、精神文化连同人口，全盘迁徙而来，因此，北美洲（美国和加拿大）、澳洲（澳大利亚和新西兰）的现代文化是西欧模式的整体移植，也可以说是“全盘欧化”，那里出现的“新英格兰”“新威尔士”“新奥尔良”等地名，正是欧洲文明整体移植的表征。另一种类别是，当地早已形成悠久深厚的文明传统，如埃及、波斯、印度、中国、日本乃至中南美洲，都有数以千年或千余年计的文明史，欧洲近代文明来袭之际，这些国度虽然尚滞留在“前近代”，却不同程度地拥有与外来的欧洲文明相抗衡的物质资源和精神资源。因而，这些国度的现代化，并非欧洲文明的简单位移，而呈现欧洲文明的强劲影响与本土文明对此既排拒又汲纳所构成的错综图景。这类地区的现代化进程，并非“全盘欧化”，而是一种复杂的文化化合反应，就当地人而言，既要完成文化的时代性转换，也要实现文化的民族性因革。这两者间虽包藏着统一的内蕴，却往往在相当长时段呈现相互矛盾、彼此抵牾的外观。而作为这些地区文化重建任务担当者的知识分子，尤其是人文知识分子（即本丛书所称的“学人”）特别敏锐、深切地感受着并且反映着这种矛盾性。

四

近代中国的中产阶级和知识分子，都是19世纪中叶以降“古今中西”文化交会的产物。严格意义上的中国中产阶级和知识分子，19世纪末叶方开始出现，20世纪则艰难曲折地成长。由于内外条件的制约，中国的中产阶级底蕴不足，这不仅表现在他们经济上、政治上对帝国主义和国内宗法—专制势力的依附屈从，而且，因为中国历来缺乏市民政治独立、文化自主的传统，故而中国中产阶级在精神上患有先天软骨病，既无力量，也无胆略充分担当起社会重建使命，于是，这一日渐紧迫的任务连同文化重建任务，一并落到同样发育并不充分的知识分子肩上。而中国知识分子则义不容辞地一身二任焉，这除了客观条件所使然（如中产阶级未能充分担负分内责任）之外，更与中国知识分子的渊源与特色大有干系。

中国知识分子的前身是春秋战国以来延绵两千余年的士大夫。作为现代社会和新的世界背景的产物，身着西服（或中山装）的知识分子在时代意识、知识结构、角色认同等方面均与长衫博带的士大夫颇相径庭，特别是经受“五四”新文化运动洗礼的知识分子，基本摆脱了君统与道统的双重负担，不再以“忠君事亲”“代圣贤立言”为行事作文基准，其生活路径也大体走出了“学优登仕”的故辙。然而，中国知识分子虽脱下士大夫的长袍，但在精神上却承袭着士大夫的某些传统特质。以本丛书涉及的诸学人为例，大多有直接的士子经历，且不论魏源、冯桂芬辈均有功名，并曾入大吏幕府，或一度执掌州县，蔡元培是前清翰林，章太炎是朴学殿军俞樾及门弟子，梁启超是前清举人并出入宫廷及大吏门墙，即如鲁迅、陈独秀，也都有“三味书屋”式的传统教育背景。他们大体都是从士大夫走向知识分子的过渡形态，在某种程度上保有传统士子心态是情理中事。

秦汉以降，中国的社会阶层序列是“士农工商”，与商人自陪末座相对应，士人历来居四民之首，不仅自视国家栋梁，也被社会认作人中精英。“士不可不弘毅，任重而道远”（《论语·泰伯》），“天将降大任于斯人”（《孟子·告子下》），便是士子豪迈情怀的写照。在认知层面，士人以“求道”“闻道”“弘道”为旨趣，以先觉觉后觉、先知觉后知为使命；在政治层面，士人以“平治天下”为目标，但这一目标往往要在依附君权的情形下才能得以实现，由此造成士人“忠君”“事君”特性；士子又秉承先秦以降的“民本”传统，有着“亲民”“为民”倾向，故常在“尊君”与“重民”间徘徊，“居庙堂之高则忧其民，处江湖之远则忧其君”（范仲淹《岳阳楼记》）是他们二重心态的流露。汉代的选举制，尤其是隋唐以下的科举制将士人的治世追求变为活生生的制度性现实，也将士人与君权维系在一起。总之，无论是士人的自命，还是社会的期盼，士人都扮演着“君民精神导师”与“臣属君王的官僚后备队”的双重角色。19世纪中后叶以降，中国传统社会格局崩解和重组，但从士大夫转变而成的知识分子虽有日益“边缘化”的趋向，多已走出“忠君”“事君”故辙，却并未忘却“平治天下”的使命和充当大众精神导师的任务，这正是中国知识分子将西方知识分子和西方中产阶级分别担当的社会重建和文化重建任务一肩挑起的历史因由。李大钊借明人杨继盛联改作的名言“铁肩担道义，妙手著文章”，正将中国现代学人的双重使命感精要地表述出来。

五

中国近现代社会处于古今更替、中西交会的大转折时期，具有过渡性时代的全部复杂性。这种过渡时代向知识分子（尤其是人文知识分子）提出的使命，不仅有文化的古今转换，还得面对文化上的民族性传承问题。而中国近现代学人大都在少年时代接受中国传统教育，有深厚的家学渊源，青年时代又沐浴欧风美雨，不少人曾留学东西洋，其知识结构兼有“子曰诗云”的中学和涉及声光化电、艺文哲思的西学，成为时代性上的“古今过渡人”和民族性上的“中西边缘人”，其认知系统、行为系统和情感系统呈现多重性，其社会实践（包括学术实践）更异彩纷呈。转型间的中国学人，有的坚守民族文化本位，却又汲纳了西学的某些成分（如梁漱溟、熊十力）；有的呼唤“全盘西化”或“全盘世界化”，却实则植根本土文化（如胡适）；有的早年力倡西学，晚年又回归东方文化（如严复、梁启超）。而这批转型间的学人都有深刻的传统文化情结，即使那些激烈倾向西化的学人，实则理智向着西方，情感却执着于东方。这些都是过渡时代文化二重性的表现。

自19世纪中后叶洋务运动、戊戌变法迭兴之际，到20世纪上半叶的数次文化论战，中西体用问题一直是热门话题，“中学为体，西学为用”成为常用语，而批评此说的论者也言之滔滔，自成理路。这正是国人为着求得文化二重性矛盾解决方案所作的努力。时至20世纪末叶，改革开放大潮涌动，文化讨论再度兴起，中西体用之辨仍然是一大题目，在“中体西用”说之外更出现“西体中用”“中西互为体用”诸说。有人认为这种旧题重说表现了文化讨论缺乏新意，我却以为这一回环现象正显示着文化二重性矛盾继续困扰着当下国人、知识分子，特别是人文知识分子对此无可规避。仅仅在这一意义上，反顾并总结本丛书诸传主的心路历程和思维教训，也是大有益处的。

六

转型间中国现代学人各有专业领域，其中一些人在其学术天地足以同古哲媲美，与国际同行并驾齐驱，堪称富于创识的文化大师级人物，他们在文化重建方面的贡献，令人景仰。本丛书传主中王国维之于史学与文学，章太炎、梁启超之于国学诸科，鲁迅之于文学，胡适之于学术多种门类的建树，均可谓丰碑。与此同时，中国现代学人作为士大夫传人和现时代的精神导师，又身怀“以天下国家为己任”的社会责任感，“抱道忤时”的忧患意识，不少人还保有“经世致用”的价值取向，与政治有着割不断的联系性。有些人（如王国维）虽远离政治，却以传统文化的守护者、托命者自况，怀抱高远，绝无降格为技艺之士的意向。由于这些品格的作用力，加之客观环境的挤兑，如内忧外患的中国竟摆不下一张安静的书桌，以致相当比例的中国学人在早期现代化进程中不是走进书斋、实验室潜心于文化建设，而是以文化人和社会良知体现者的双重角色，投身民族救亡、社会变革、大众启蒙。低吟“布衣老大伤怀抱，忧国无端有叹声”（《梁星海编修免官寄赠》）的康有为，虽也有构筑庞大思想体系的努力，但有欠精当，他的闪光处却在鼓动变法，导演“百日维新”的悲壮剧；康氏弟子谭嗣同则以“我不入地狱谁入地狱”的“大雄精神”，献身菜市口，演出戊戌变法最惨烈的一幕，人们纪念于此，显然超过对谭氏颇有拼凑感的《仁学》一书的关注。至于以“革命军中马前卒”自命的邹容、蹈海自尽以警醒国人的陈天华，所著之《革命军》《狮子吼》《猛回头》《警世钟》等，其革命鼓动功能大大高于其学术价值和文学价值。蔡元培的美学论著虽不乏会通中西的努力，但毕竟有欠深刻周详，他的伟绩乃在以民主精神、“兼容并包”气度创办中国新文化的摇篮——北京大学。新文学的代表作家鲁迅，青年时代即立志“我以我血荐轩辕”，他的白话小说文学价值不朽，但他创作此类篇章意在“为社会”“为人生”，而并无意挤进“纯文学”的殿堂。

总之，在早期现代化过程中（本丛书传主多处在此阶段），中国学人虽然也致力于文化重建，在这方面功不可没，我们今日从事的文化工作必须以他们的先期努力为基础，但本丛书传主们作为那一时代最活跃的知识分子的代表，往往直接投身于如火如荼的社会变革之中，成为活动家及领袖人物，或者响应革命前驱的“将令”，使自己从事的文化工作隶属社会改革，成为其工具与武器。纯粹学科意义上的文化重建，当时常被视作不急之务，少数潜心于学科建设的文化匠师（如王国维、陈寅恪、熊十力、钱穆）曾被社会所冷待，然而，他们的默默耕耘，实乃转型间文化事业的题中应有之义，随着时间的推进，其价值日渐昭彰，有的当下已然显学。本丛书兼收这两类学人，其意在全面反映转型间中国人文知识分子的风貌，并呈现其各自的价值。

七

本丛书的各位执笔均是中青年人文学者，对传主有相当研究，而作为新一轮古今中西文化交会的亲历者，他们对转型时代自有新的体验，这正是对前辈学人心路历程能够得以理解并进行诠释的现实基础。

本丛书的总体设计是否略有创意，各篇的具体展开是否精当，在众多的近世学人传记中，本丛书是否有特别的存在意义？对于这些，实在没有把握，尚待读者诸君阅后评判。

1998 年 4 月上旬构思于武汉大学

4 月下旬成文于日本爱知大学名古屋校舍

《新青年》民主诉求之特色*

"民主"是"五四"时期新知识界乐道的话题，也是他们倾力以求的目标（"德赛二先生"乃"五四"新文化运动的旗帜），而《新青年》则是其时宣示民主精义的主要阵地。《新青年》所呼唤的民主，是中西文化相激相荡、相斥相吸的产物，是中国社会现代转型处在艰难困顿关口应运而兴的。站在古今中西交会点上的"五四"一代新知识界，走出"托古改制"的故辙，直接借取西方近代民主，又对欧美林林总总的民主理念、纷繁多歧的民主制度有所选择，有所阐释，而之所以作此种选择、此种阐释，正受制于中国社会自身的条件，由此形成其民主诉求的特色。考察这种渊源有自、流传广远的特色，是一项饶有兴味的课题。

一

中华先民在原始共产时期曾有过原始民主，《尚书》等古典对此保留着记述，但自建立国家以后，政治生活中便没有"民治"，而只有"治民"。民主无论作为一种思想理念，或作为一种社会制度，还是作为一种生活方式，都难以在现代以前的中国国家传统里找到可资效法的完整标本，连"民主"这一词汇也是舶来品。中国古籍时常出现的"民主"，或作"人主"，意谓"庶民的主宰""人民的主人"，与今所谓"民主"（人民主权）恰成反义。汉语系统中本无今义"民主"一词，正反映了建立阶级制度以后的中国传统社会未曾实行过民主政治的事实。民主的希腊语是 demokratia，由人民（demos）和权

---

* 载《北京大学学报（哲学社会科学版）》1999 年第 4 期。

力（kratia）组合而成，全意为“人民的权力”，包含人民拥有权力，同时人民行使权力两层内蕴，与少数人充任人民主宰的独裁政治相对应。“民主”一词出现并存留于欧西语汇系统，既是对古希腊、罗马城邦民主的历史记忆，也反映了中世纪末期以降欧洲民主政治云兴霞蔚的现实。民主的英语为 democracy，民国初年汉语音译“德莫克拉西”，其流行于中国新知识界，得力于《新青年》的宣扬之效。

陈独秀（1880—1942）于 1915 年 9 月在上海创办《青年杂志》，并于创刊号发表《敬告青年》一文，向中国青年“谨陈六义”，其第一义便是“自主的而非奴隶的”[①]，含有突破专制奴役，追求民主（文称“人权”）的意味。该文指出，“人权”（即民主）和“科学”“若舟车之有两轮焉”，共同构成近代欧洲文明要件，“国人而欲脱蒙昧时代，羞为浅化之民也，则急起直追，当以科学与人权并重”。陈氏这番横议，其论点论据均从“近世欧洲历史”引出，又鼓动国人“直追”欧洲人之迹，全然一种从天外窃火给国人的普罗米修斯姿态，而所窃之火便是民主与科学。

《青年杂志》自第 2 卷起更名为《新青年》，1916 年迁至北京出版，成为新文化运动的重要喉舌，并因批判旧礼教、旧文化而遭到卫道士围攻，被罗织“覆孔孟，铲伦常”等罪名，陈独秀遂于 1919 年初发表《〈新青年〉罪案之答辩书》，内称：

> 本志同人本来无罪，只因为拥护那德莫克拉西（Democracy）和赛因斯（Science）两位先生，才犯了这几条滔天的大罪。要拥护那德先生，便不得不反对孔教，礼法，贞节，旧伦理、旧政治。要拥护那赛先生，便不得不反对旧艺术、旧宗教。要拥护德先生，又要拥护赛先生，便不得不反对国粹和旧文学。大家平心细想，本志除了拥护德、赛两先生外，还有别项罪案没有呢？若是没有，请你们不用专门非难本志，要有气力、有胆量来反对德、赛两先生，才算是好汉，才算是根本的办法。[②]

这番气势如虹的文字，显示了对于民主和科学的万分景仰，并满怀信心地以之

① 陈独秀：《敬告青年》，《青年杂志》1915 年第 1 卷第 1 号。

② 陈独秀：《〈新青年〉罪案之答辩书》，《新青年》1919 年第 6 卷第 1 号。

向论敌挑战，大有因真理、正义在握而横扫千军的气概。文章进而指出：

西洋人因为拥护德、赛两先生，闹了多少事，流了多少血，德、赛两先生才渐渐从黑暗中把他们救出，引到光明世界。我们现在认定：只有这两位先生，可以救治中国政治上、道德上、学术上、思想上一切的黑暗。若因为拥护这两位先生，一切政府的迫压，社会的攻击笑骂，就是断头流血，都不推辞。①

陈氏这篇富于论战色彩的文章，将民主和科学视作近代文明的精髓，它们是西洋人的创造，也救治并振拔了西洋人，今天正可用以救治并振拔陷于中古黑暗的中国人。陈氏的谠论充分表现出其理念的外铄性，这正是《新青年》民主诉求的一个显著特征。

中国人对民主的追求当然不是始于“五四”。早在19世纪中叶，魏源（1794—1857）、徐继畬（1795—1873）等率先开眼看世界的人物就介绍过美国、瑞士的国体政教，并对其颇为欣赏。有的论者认为，魏、徐辈赏识美国、瑞士政治制度便是早期的民主诉求，我以为这种评价稍显牵强。其实，魏、徐辈推许瑞士的公举公议、美国的传贤不传子的总统制，不过是他们以为在西方找到了与中国古典保存的原始民主遗迹相呼应的材料，因此发出赞叹，如魏源称瑞士“推择乡官理事，不立王侯”，是“西土之桃花源”②；徐继畬评议华盛顿“不僭位号，不传子孙，而创为推举之法”，“几于天下为公，骎骎乎三代之遗意”③。魏、徐辈抒发的是诗意式怀古幽情，而并非真实理解民主政治的服膺之论。

中国人较为实在的民主政治讨论，始于某些洋务大吏的觉醒，如郭嵩焘（1818—1891）出使欧洲以后对英式宪政的推介，张树声（1824—1884）辞世前夕对立宪政治的称许。而进一步具体化，则由冯桂芬（1809—1874）、王韬（1828—1897）、郑观应（1842—1900）等早期改良派展开，到戊戌维新健将那里，方声势大张。通观从冯桂芬到康有为（1858—1927）的民主政治言

① 陈独秀：《〈新青年〉罪案之答辩书》，《新青年》1919年第6卷第1号。
② 魏源：《海国图志》卷四七。
③ 《瀛环志略》卷下。

论，可以发现一个共通之处——未离“托古改制”故辙。如冯桂芬在《校邠庐抗议》、王韬在《弢园文录外编》、郑观应在《盛世危言》里反复论证，西方政治中畅达民欲、与民协商乃至设议院诸义，在《周易》《尚书》《周礼》《孟子》等中华元典里早已有之。康有为则借《周易》“群龙无首”之说附会西方民主，称“群龙无首之义，必如瑞士之公议内阁，主议长而不立总统，乃为至公”[①]。康氏 1905 年访美，于华盛顿墓前撰诗曰：“不作帝王真盛德，万年民主记三坟。”[②] 将华盛顿墓与中国的尧、禹墓穴并称“三坟”，认为这中外三人是民主楷模。梁启超（1873—1929）还直接将孟子思想比拟西方民主：“《孟子》言民为贵，民事不可缓，故全书所言仁政，所言王政，所言不忍人之政，皆以为民也。泰西各国今日之政殆庶近之。”[③] 因介绍西方思想而被称作“近世玄奘”的严复（1854—1921），也赞颂孟子的“民贵君轻说”是“古今之通义”，与西洋关于“国者，斯民之公产也”的思想别无二致。[④]

总之，从早期改良派到戊戌维新派的民主诉求，大都披挂着中华元典古色古香的衣裳，还不时出现“西学中源”一类调头，这里既有减少阻力、争取同盟者的策略考虑，同时也真实反映着这批先进的中国士人尚处在新旧杂糅、古今纠缠的边际状态。与之相较，孙中山（1866—1925）所代表的革命派，则较为直截了当地宣示西方民主，但孙中山也着意阐发西方民主与中国传统之间的联系性。1897 年，孙中山在与日本友人谈话中申明，自己的政治精神是“执共和主义”，并批驳那种认为共和政体不合中国国情的论点，指出“共和者，我国治世之神髓，先哲之遗业也。我国民之论古者，莫不倾慕三代之治，不知三代之治实能得共和之神髓而行之者也”[⑤]。孙中山称三代之治“得共和之神髓”，此说是否全然符合历史实际，此不深论，但孙中山试图发掘中西文化的通约性，以向海内外人士证明民主共和可以行之中国，这种努力用心良苦。

与前辈比较，《新青年》民主诉求的一大特点，是抛弃“托古”故伎，甚至也不用孙中山式的在推介西方民主时辅之以中华古义新解的做法，既未祭起

① 康有为：《忧问》。
② 康有为：《游花嫩冈谒华盛顿墓宅》，《康有为诗文选》，广东人民出版社 1983 年版，第 293 页。
③ 梁启超：《读〈孟子〉界说》，《饮冰室合集 · 文集之二》。
④ 严复：《辟韩》，《严复集》第 1 册。
⑤ 《孙中山全集》第 1 卷，中华书局 2006 年版，第 226 页。

先王、前圣，也不求助诗书易礼，连近人津津乐道的“礼运大同”也在扬弃之列。如《新青年》的一则通信称：“大同之异于小康者，仅传贤传子之不同，其为君主私相授受则一也。若据此以为合于今之共和民选政制，是完全不识共和为何物，曷足与辩哉！”① 这种见解已大异于康有为、孙中山对“礼运大同”的称许，而立意于揭示其与现代民主间的本质差别。《新青年》作者们既然不再借助中华古训作佐证，唯一依凭的便是西洋近代民主观念和民主制度，从而在文化借鉴上，隐去了纵向的民族传统继承，而专事横向的外国文化移植。陈独秀大力肯定这种横向移植的正面意义：

> 欧洲输入之文化，与吾华固有之文化，其根本性质极端相反。数百年来，吾国扰攘不安之象，其由此两种文化相触接相冲突者，盖十居八九。凡经一次冲突，国民即受一次觉悟。②

以移植西方民主理念，唤起国民觉悟为使命，是贯穿于《新青年》讨论民主政治诸文章的一条红线，除陈独秀外，高一涵的《关于共和国家的观念》《共和国家与青年的自觉》《民约与邦本》《国家非人生之归宿论》《自治与自由》《英人戴雪（A.V.Dicey）的英国言论自由之权利论》《读弥尔的〈自由论〉》《斯宾塞的政治哲学》，刘叔雅的《佛兰克林自传》《美国人之自由精神》等，都绝不借助中华古义，而直接传播西方民主。听从着新文化运动前驱者“将令”的文学家鲁迅（1881—1936），在发表于《新青年》的杂感中也说：“与其崇拜孔丘关羽，还不如崇拜达尔文易卜生；与其牺牲于瘟将军五道神，还不如牺牲于 Apollo（阿波罗，希腊神话中光明、艺术与健康之神——引者）。”③ 毫不含糊地宣示对旧民族传统的扬弃和对西方文化的渴求与仰慕。

《新青年》民主诉求鲜明的外铄性，遮蔽了中国追求民主的先驱者（从冯桂芬经由康有为到孙中山）在西方民主与中国传统间寻找结合点的努力（这种努力或许失之勉强，却是十分必要的），这显然是《新青年》论者们的一个失误。这一失误造成的后遗症，在中国现代历史的过程中日益显现。但《新

① 《再答吴又陵（孔教）》，《新青年》1917 年第 3 卷第 5 号。

② 陈独秀：《吾人最后之觉悟》，《青年杂志》1916 年第 1 卷第 6 号。

③ 《新青年》1919 年第 6 卷第 2 号。

青年》民主诉求的外铄性，又有其合理成分与历史的必然性。冯桂芬、郑观应、康有为们用以与西方民主相比拟的“礼运大同”、“三代遗意”、仁政、王道，无非是原始民主的遗存或开明专制的信条，与近代民主有着质的差异，将二者相附会固然有助于中国人认识和接纳西方民主，却又潜伏着变性、走调的危险，即鲁迅所谓“外国事物，一到中国，便如落在黑色染缸里似的，无不失了颜色”①。因而中国确乎需要原原本本引入民主理念和民主制度，而《新青年》顺应了这种时代的需求，明快地将西方民主呈现在国人面前，号召“新鲜活泼而适于今之争存”的青年们仿效18世纪欧洲启蒙运动和政治大革命，从事撼天动地的思想启蒙和社会变革，这对在专制政治和蒙昧主义重压下陷入极大苦闷的青年一代，具有振聋发聩的奇效。1919年3月，时年24岁的恽代英（1895—1931）在给《新青年》编辑部的信中如此描述自己阅读这份期刊的感受：

> 我们素来的生活，是在混沌的里面。自从看了《新青年》渐渐的醒悟过来，真是在黑暗的地方见到了曙光一样。②

《新青年》向国人输入急需的火种，因而赢得暗夜中的“曙光”的赞誉。毛泽东（1893—1976）称陈独秀为“五四”时期思想界的“彗星”，其意旨也与恽代英书信相似。

二

《新青年》高扬的民主旗帜自西方引进。但西方近代民主的流别甚众，约略可以分为两种类型：一是英国式的，富于绅士风，讲究民主程序，国体为君主立宪；一是法国式的，富于浪漫激情，以“人民主权”为标志，国体为共和制。在这两种类型内部，又分若干亚型，如同属君主立宪，英国式与德国式便有明显差异；同属共和制，法国与美国政治架构也并不雷同。作为现代化后发国家，其民主建设无论在理念层面还是在制度层面，除引进之外，更有一个

① 《新青年》1919年第6卷第1号。

② 《新青年》1919年第6卷第3号。

选择问题。如被视作非欧美国家“现代化优等生”的日本，在明治年间对西方政制便有一个抉择过程。19 世纪 70 年代中期到 80 年代中期，日本曾兴起自由民权运动，士族请愿开设国会、豪农争取权益、自由党成立，“主权在民”呼声日盛，均迹近法兰西式民主。而日本统治阶层却另有谋求，从 19 世纪 70 年代初岩仓具视（1825—1883）使团的美欧游历，到 80 年代中期伊藤博文（1841—1909）为制订宪法对欧洲的专访，都意在寻觅适合日本国情、有利推进富国强兵的政制形态。伊藤等人认为，任何政制形态都必须有中心机轴，无机轴而听任人民妄议政治，将丧失统纪，国家废亡。欧洲有基督教作为引率人心的“机轴”，而日本“可以成为机轴者，惟有皇室”。① 于是便压抑法兰西式民主在日本的发展，而且也不采用尊重市民阶层权益的英吉利式“君民共治”的君主立宪制，而是仿效德意志的“立宪君治”，并将神政的、家长的和立宪的三重性格糅合起来，建立以《大日本帝国宪法》为基准的立宪政体。参与修宪的井上毅（1843—1895）得意地将其称颂为“巧引异国千色线，织成斑斓日本锦”②。

日本宪政的建立及富国强兵的成就，曾激起中国人的效法热情。康有为 1898 年 3 月向光绪皇帝（1871—1908）推荐俄国彼得大帝改革，更进呈《日本变政考》，声言“我朝变法，但采鉴日本，一切已足”。这应当说是中国近代政制形态的第一次抉择。然而，戊戌维新百日即败的事实，堵塞了中国人“揖日追俄”、选择“君主立宪”的进路，遂有革命派“揖美追欧”、创立共和的探求。这是中国近代政制形态的第二次抉择。但代表着西方民主最高成就的共和民主制，其时在中国仅有孙中山等极少数先觉者较为领悟，大多数追随“革命”的人物，充塞头脑的主要是“排满”“恢复汉官威仪”，以及谋求中国富强的憧憬，加之旧势力强大，辛亥革命固然立下推翻两千年帝制的伟功，但在实行民主政治方面的成效甚微。“狐狸方去穴，桃偶又登场”，清朝皇帝打倒了，继之而起的是袁世凯（1859—1916）、段祺瑞（1865—1936）等军阀独裁者，国家的情形一天坏似一天。承袭着“戊戌”“辛亥”遗产的“五四”一代新知识界，在相继失望于“君主立宪”方案和“共和国”空名之后，把眼光投向法兰西式的高调民主。

①② 信夫清三郎：《日本政治史》第 3 卷，中译本，译文出版社 1982 年版。

陈独秀曾于20世纪初叶数次游学日本，受自由民权运动的精神领袖江兆民（1847—1901）等人影响，景仰法兰西式民主，曾学习法文，译介法国激进民主主义论著。他撰于1915年的《法兰西人与近世文明》一文，标示那一时期新知识界对西方民主的选择方向。文章首先认定，“可称曰‘近世文明’者，乃欧罗巴人之所独有”，而“欧罗巴之文明，欧罗巴各国人民，皆有所贡献，而其先发主动者率为法兰西人”[①]。陈氏将近代文明使人心社会划然一新者，列为三事：“一曰人权说，一曰生物进化论，一曰社会主义”，而“此近世三大文明者，皆法兰西人之赐。世界而无法兰西，今日之黑暗不识仍居何等”[②]。陈氏对法国的近代贡献给予高度评价，并认为，在与民主政治直接相关的“人权说”方面，法国人尤其建立了不世之功：

> 法兰西革命以前，欧洲之国家与社会，无不建设于君主与贵族特权之上，视人类之有独立、自由人格者，唯少数之君主与贵族而已；其余大多数之人民，皆附属于特权者之奴隶，无自由权利之可言也。自千七百八十九年，法兰西拉飞耶特（Lafayette美国独立宣言书亦其所作之《人权宣言》：La declaration des droits del' hommes）刊布中外，欧罗巴之人心，若梦之觉，若醉之醒，晓然于人权之可贵，群起而抗其君主，仆其贵族，列国宪章，赖以成立。……人类之得以为人，不至永沦奴籍者，非法兰西人之赐而谁耶？[③]

为了增进读者对法兰西式民主的认识，陈独秀还翻译法国学者薛纽伯著《现代文明史》第三章关于“新思想”部分，刊于《青年杂志》第1卷第1号。同期刊载高一涵的论文《共和国家与青年之自觉》，也鼓励青年吸取法国哲人卢梭（1712—1778）的“天然自由”（即“天赋人权”）精神，“欲政府不侵我民权，必先立有凛然难犯之慨；欲政府不侮我人格，必自具庄严尊重之风”。《新青年》自第6卷第1号起，附上法文刊名“La Jeunesse”，鲜明标示追慕法兰西式民主。

承袭并超越戊戌变法和辛亥革命的“五四”新文化运动揭起的法兰西式高

---

①②③ 《法兰西人与近世文明》，《青年杂志》1915年第1卷第1号。

调民主，迅速成为新知识界思想主潮，以至当时青年最喜爱的刊物是《新青年》，“五四”运动中影响最大的社团是北大新潮社，学生创造的传播形式是街头讲演，青年最崇拜的国度是法兰西，最有影响的西方思想家是法国启蒙学者卢梭。[①]当时的新知识分子不仅欣赏舶来的概念和理论，而且格外垂青现代性更为“彻底”的人物和主义，曾经颇受推崇的俄、德开明君相，被法、美共和英雄所取代，政治经济学比技术性的理财术更受青睐。时为北大学生的罗家伦（1897—1969）说：

> 我们与其崇拜大彼得，不如崇拜华盛顿。与其崇拜俾士麦，不如崇拜佛兰克林。与其崇拜雷地曷奴（Richelieu）的理财，不如崇拜马克斯的经济。与其崇拜克虏伯的制造，不如崇拜爱迪生的发明。[②]

这种追慕最新潮流的风尚，对此后中国思想界和社会运动影响深远。

《新青年》推崇法兰西式民主，是对民主主义激进形态的崇尚，这是其民主诉求的又一显著特征。一次世界大战末期，俄国爆发推翻沙皇专制统治的二月革命，立即得到《新青年》的积极评价，便是这种激进取向的表现。二月革命发生后半个月，陈独秀即著文响应，称“俄罗斯之革命，非徒革俄国皇族之命，乃以革世界君主主义、侵略主义之命也。吾祝其成功”[③]。十月革命后不久，陈独秀批驳康有为“俄改民主共和必内乱且分裂”之说，并盛赞俄国革命，其程度甚至超过他心仪已久的法国革命：

> 20世纪俄罗斯之共和，前途远大，其影响于人类之幸福与文明，将在18世纪法兰西革命之上。[④]

此时的陈氏对俄国十月革命的性质并无深入了解，而且他此前还有“缓议社会主义”之论，认为“社会主义，理想甚高，学派亦甚复杂，惟是说已兴，中国

① 见高杰：《二十世纪的中国青年》，《中国青年》1996年6月第7期。
② 罗家伦：《今日世界新潮》，《新潮》1919年第1卷第1号。
③ 陈独秀：《俄罗斯革命与我国民之觉悟》，《新青年》1917年第3卷第2号。
④ 陈独秀：《驳康有为〈共和平议〉》，《新青年》1918年第4卷第3号。

似可缓于欧洲，因产业未兴，兼并未盛行也”[①]。但时隔不久，俄国爆发十月社会主义革命，他立即给予高度礼赞，其实是从激进民主主义出发的，从而预示中国民主革命日后“走俄国之路”的前景。

三

《新青年》鼓动激进民主主义，是对笼罩中国社会的专制政治和令人窒息的礼教教条的叛逆性反映。当年的民主斗士多为深受压抑的在野之身，以旧制度、旧文化的叛臣逆子自命。陈独秀曾说：

> 世界文明发挥地有二：一是科学研究室，一是监狱。我们青年要立志出了研究室就入监狱，出了监狱就入研究室，这才是人生最高尚优美的生活。从这两处发生的文明，才是真文明，才是有生命有价值的文明。[②]

这番话典型地反映“五四”时代激进民主主义者与权力中心相对抗从而自我边缘化的倾向。立意蹲监狱，并将研究室与监狱相交替的人生视为高尚优美人生，这种叛逆者的角色定位，大异于以“学优登仕”为人生追求的传统士大夫，也与明治维新间背负建设新日本使命而出将入相的伊藤博文辈大相径庭，同虽然终生在野却实为日本国家思想指导者的福泽谕吉（1835—1901）也颇异趣，与戊戌变法间充任新政设计者的康有为、梁启超亦有差别，堪相比拟的，是以“冲决罗网”自任的谭嗣同（1865—1989）。[③]在“戊戌”时代，谭嗣同是异数、异端，而“五四”新知识界则较普遍、较明确地沿着谭氏足迹，走向边缘化，与旧政权、旧文明取更为尖锐的对立态度，其主观思路和客观境遇都决定着他们的用力处不在给新的民主政治大厦添砖加瓦，而在摧毁旧的专制政治堡垒，期望通过挣脱旧制度的枷锁，来谋求个人及社会的解放。故其激进

---

① 《新青年》1917 年第 2 卷第 5 号。

② 陈独秀：《随感录》，《每周评论》1919 年第 25 期。

③ 毛泽东的老师杨昌济称陈独秀“冲决一切现象之罗网，发展其理想之世界，行之以身，著之以书，以真理为归，真理所在，毫不顾虑。前之谭嗣同，今之陈独秀”。转自《青年毛泽东的思想方向》，《历史研究》1979 年第 3 期。

的、高调的民主诉求呈“解放型”特色。《青年杂志》创刊号的文章把所讴歌的近世欧洲历史称之“解放历史”，并将其诠释为——

> 破坏君权，求政治之解放也；否认教权，求宗教之解放也；均产说兴，求经济之解放也；女子参政运动，求男权之解放也。
>
> 解放云者，脱离夫奴隶之羁绊，以完其自主自由之人格之谓也。①

将欧洲近代化进程简约为“解放历史”，固然传神，却未能完整把握其真实全景。一部欧洲近代史，不仅是从中世纪桎梏下获得解放的历史，更是经济、政治、文化、社会诸层面新文明建设的历史。即以《新青年》特别推崇的法兰西为例，自 18 世纪启蒙运动和大革命以降，在摧毁专制政治、抨击神学蒙昧主义的同时，又致力于三权分立的共和国体建设和“人民主权论”“社会契约论”等民主理念建设，均实绩煌煌。陈独秀等人对此是有所了解的（当然，了解的深度有限），陈氏在 1917 年的一则通信中指出：“革命者，一切事物革故更新之谓也。中国政治革命，乃革故而未更新。”② 其说亦可谓切中时弊。但陈氏等人自己的用力重点却仍然在“革故”（破坏旧的），而不在“更新”（建设新的），这是因为时势将正面的民主建设的可能性挤兑得无地存身。当时北洋政府的当道武夫，可以派军队包围国会，强令议员“选举”某大帅任总统，更遑论其他。所谓法理、议会、共和，等等，全然被军阀、政客玩弄于股掌之上，此时讨论具体的民主建设，无异于对牛弹琴。宋教仁（1882—1913）、梁启超等在此际热衷于议会民主、政党政治的实施，不是以悲剧告终，就是以闹剧收场。有鉴于此，《新青年》的民主诉求，着重于抨击旧政治、旧文化，呈“解放型”而非“建设型”，也就是势之使然了。

《新青年》民主诉求的“解放型”性格有种种表现，一如力主增强对旧世界的“抵抗力”。陈独秀曾以此为题向国人作号召，称“抵抗力者，万物各执着其避害、御侮、自我生存之意志，以与天道自然相战之谓也”。又说：“万物之生存进化与否，悉以抵抗力之有无、强弱为标准。”③ 他又将笔锋转至对

---

① 陈独秀：《敬告青年》，《青年杂志》1915 年第 1 卷第 1 号。

② 《新青年》1917 年第 3 卷第 5 号。

③ 陈独秀：《抵抗力》，《青年杂志》1915 年第 1 卷第 3 号。

中国现状的分析：

> 吾国衰亡之现象，何止一端？而抵抗力之薄弱，为最深最大之病根。①

他还把国民抵抗力视作实现民主政治的前提，所谓“美利坚力战八年而独立；法兰西流血数十载而共和，此皆吾民之师资”②，号召国人仿效美、法，通过反抗旧制度、旧文明去赢得新制度、新文明。

《新青年》民主诉求的“解放型”性格，又表现为“破坏偶像”的提倡。陈独秀专门写过《偶像破坏论》，在分析宗教偶像之后，用力解剖专制政治偶像，指出“其实君主也是一种偶像，他本身并没有什么神圣出奇的作用，全靠众人迷信他，尊崇他，才能够号令全国，称做元首”。陈氏发出呼吁：

> 破坏！破坏偶像！破坏虚伪的偶像！吾人信仰，当以真实的合理的为标准；宗教上、政治上、道德上、自古相传的虚荣，欺人不合理的信仰，都算是偶像，都应该破坏！③

“破坏偶像”说风靡“五四”一代新知识分子，他们确信，“旧象愈摧破，人类便愈进步”，西方因为“破坏偶像的人多，那影响所及，便成功了宗教改革，法国革命”④。鲁迅此论，颇能代表当年新知识界的思想倾向。

认定民主即是个人和社会从旧制度桎梏下求得“解放”，这一感性化见解，几乎是“五四”时代新知识界的共识。诗人冯志（1905—1993）在20世纪40年代曾这样描写自己这些人“‘五四’以后的那几年”的状态：

> 那时觉得既然醒了，
> 就不该
> 关着阴暗的门窗；
> 那时觉得既然醒了，

①② 陈独秀：《抵抗力》，《青年杂志》1915年第1卷第3号。

③ 陈独秀：《偶像破坏论》，《新青年》1918年第5卷第2号。

④ 唐俟（鲁迅笔名）：《随感录四十六》，《新青年》1919年第6卷第2号。

就应该
放进窗外的光明。
……
那时无论如何，
要跳出
窒闷的家庭；
那时无论如何，
要舍弃
狭窄的家乡。①

追求解放，向往光明，成为一代新知识界的时尚，其间包括的意蕴是深远的，诚如对“五四”有直接观察的美国思想家杜威（1859—1952）所说：

在一个思想信仰曾一度被正统束缚成教条和自满自足的国家里，这种追讨问题的狂热是一个新时代来临的预兆。②

然而，发挥抵抗力、破坏旧偶像的解放型民主诉求，如果缺乏建设性民主实绩的支撑，也难免令热情的追求者陷入迷茫。冯志在诗中吟叹：

如今走了二十多年，
却经过
无数的歧途与分手；
如今走了二十多年，
看见了
无数的死亡与杀戮。

那时追求的
在什么地方？③

---

①③ 冯志：《那时　那时——一个中年人叙述五四以后的那几年》，《读者》1995年第4期。
② 杜威：《学生反抗的后果》，《新共和》1920年第21卷第273号。

固然所追求之目标渺茫，解放型的民主诉求毕竟是真诚而又有实际价值的，它在中国人心中播下的希望火种不会熄灭。

> 如今的平原和天空，
> 仍然
> 照映着五月的阳光；
> 如今的平原和天空，
> 依然
> 等待着新的眺望。[①]

四

《新青年》的民主诉求，是外铄的、激进的、批判的，又由此形成“观念突进”的鲜明特色。

试看陈独秀、高一涵等人在《新青年》（包括在其前身《青年杂志》）上刊载的推崇西方激进民主的文章，便会发现，他们议论的重点并不在共和国体、议会政治等民主的结构性、操作性层面，而在“民权平等”“主权属于人民”之类高调民主理念，即所谓“人类之得以为人，不至永沦奴籍”。而对民主理念的渴慕和大力宣扬乃是辛亥革命以后的现实所引发的：民国的国号，共和的国体，并不能确保民主的实施和社会的进步，李大钊（1889—1927）在民国初年发出悲叹：“哀哉！吾民瘁于晚清稗政之余，复丁干戈大乱之后，满地兵燹，疮痍弥目，民生雕敝，亦云极矣。”[②] 陈独秀于1916年则说：“三年以来，吾人于共和国体之下，备受专制政治之痛苦。”[③] 又进而认定，共和国体的巩固等政治根本问题的解决，“犹待吾人最后之觉悟”。这种觉悟在政治层面分为三步：第一步，国民普遍认识“国家为人民公产”；第二步，“必弃数千年相传之官僚的、专制的个人政治，而易以自由的、自治的国民政治”；第三步，多数国民“对于政治自觉其居于主人的、主动的地位”。[④] 他的结论是：

---

① 冯志：《那时　那时——一个中年人叙述五四以后的那几年》，《读者》1995年第4期。

② 李大钊：《大哀篇》，《李大钊文集》上。

③④ 陈独秀：《吾人最后之觉醒》，《青年杂志》1916年第1卷第6号。

共和、立宪而不出于多数国民之自觉与自动，皆伪共和也、伪立宪也，政治之装饰品也，与欧美各国之共和、立宪绝非一物。①

近世国家主义，乃民主的国家，非民奴的国家。民主国家，真国家也，国民之公产也，以人民为主人，以执政为公仆者也。民奴国家，伪国家也，执政之私产也，以执政为主人，以国民为奴隶也。②

总之，陈独秀等人民主诉求的重心，已从国体、政体等具体政治建制层面，转向民主政治内在精神的探讨，认为中国最缺乏的正是此种精神，以致种种进步的社会运动一再遇挫，于是，把唤起国民的人权自觉视作当务之急，故将思想文化运动推上前台，其逻辑是，“非将这班反对共和的伦理文学等等旧思想，完全洗刷得干干净净不可。否则不但共和政治不能进行，就是这块共和招牌，也是挂不住的”③。这种动力，上承严复“开民智”的呼吁、梁启超“新民说”的探索，而在“五四”时期则以民主与科学相结合的“理性启蒙”、文学革命、伦理革命以及“改造国民性”等形态得以展开。因此，广义的“五四”运动被看作“新文化运动”，这在当时已成共识。与《新青年》齐名的刊物《新潮》，在出版宣言中，便称自己从事的是“文化运动”④。孙中山1920年初给海外国民党同志致信，正式提出“新文化运动”概念，并对其给予高度评价：

自北京大学学生发生“五四”运动以来，一般爱国青年无不以革新思想，为将来革新事业之预备。……吾党欲收革命之成功，必有赖于思想之变化，兵法攻心，语曰革心，皆此之故。故此种新文化运动，实为最有价值之事。⑤

以观念变革为内容的新文化运动，在社会转型期的中国十分必要，这不仅

① 陈独秀：《吾人最后之觉醒》，《青年杂志》1916年第1卷第6号。
② 陈独秀：《今日之教育方针》，《青年杂志》1915年第1卷第2号。
③ 陈独秀：《旧思想与国体问题》，《新青年》1917年第3卷第3号。
④ 《新潮》1919年第2卷第2号。
⑤ 孙中山：《民国周年与海外国民党同志书》，胡汉民编《总理全书》第3卷。

是孙中山等中国革命家的认识，1919年至1921年间在中国讲学的杜威，也有类似看法。他在一次演说中总结"辛亥革命相对失败"的原因是，"政治改变过分超越思想上和道德上的准备；政治革命是形式上的，外在的；在有名无实的政体革命兑现以前，一定要有一次思想革命"[①]。在这一意义上，《新青年》民主诉求的"观念突进"特色，不仅有其产生的必然性，而且有着重大的实际作用——在缺乏民主传统的中国进行民主观念启蒙，这对于现代中国民主的进展，可谓功莫大焉。

当然，《新青年》民主诉求的"观念突进"特色，又埋伏着问题——当年的民主先行者们，大都隐约有一种文化决定论倾向，以为观念解放即可导致民主实绩的降临。对于这种文化决定论倾向，"五四"时期正在北京讲学的杜威有所觉察，他在几次演说中指出，民主（当时译作"民治"）因素分政治的、民权的、社会的、经济（生计）的四个层面[②]，又把社会问题分为经济的、政治的和思想的三类，而三者中经济问题最重要，"经济生活是所有各种社会生活的基础"[③]。1920年英国哲学家罗素（1872—1970）来华讲学，也论及于此。《新青年》作者们对这些提示有所领悟，陈独秀在《实行民治的基础》一文中录引杜威"民治主义四层次"论说，并表示赞同："杜威博士关于社会经济（生计）的民治主义的解释，可算是各派社会主义的共同主张，我想心存公正的人都不会反对。"[④]但陈独秀对于实行民主的经济前提并未作深入讨论，而在"人人都有直接议决权""人民直接的实际的自治与联合"方面加以发挥，可见其注意力仍然在政治的和观念的层面。后来，他在《立宪政治与政党》一文中，强调了经济基础问题，他说："什么是政治？大家吃饭要紧。"但论述过于简单。鲁迅的《娜拉走后怎样》这一著名演讲，指出妇女解放并不是从旧家庭"出走"即可了之的，根本点在于经济权的获得。这"比要求参加政权更要用激烈的战斗"[⑤]。应该说，这是当年的清醒深刻之见。

---

① 杜威：《学生反抗的后果》，《新共和》1920年第21卷第273号。

② 杜威：《美国之民治的发展》，《每周评论》1919年第26期。

③ 杜威：《社会哲学与政治哲学》，《新青年》1920年第7卷第3号。

④ 陈独秀：《实行民治的基础》，《新青年》1919年第7卷第1号。

⑤ 鲁迅：《娜拉走后怎样》，《鲁迅全集》第1卷，人民文学出版社1981年版。

《新青年》所代表的“五四”时期的民主诉求，是外铄的、激进的、批判的、观念突进的。与此相联系，其民主诉求还是精英式的，大体限于新知识界圈子之内，尚未真正深入到大众实际生活层面，转化为国民生活方式。这些特色由那一时代中国的历史条件所铸就，又对中国此后大半个世纪的历史进程发生影响，其优长与缺失，至今仍然时隐时显地呈现，使我们有必要正视、解析，以作出正确的取舍、扬抑，这便是我们在纪念“五四”80周年之际，要对这一论题加以探讨的原因。

1999年初春撰于武昌珞珈山

“五四”运动与文化转型

——2016年春访谈录

聂运伟（以下简称“聂”）：冯老师，您大病初愈，还来打搅，真是抱歉。拜读您的新作《中国文化生成史》，认同您关于文化转型的看法。这两年，我负责编辑《中文论坛》，开设“五四研究”专栏，梳理“五四”研究史上的一些问题。在广泛阅读资料的过程中，发现近30年来有关“五四”的研究，在史料的考订、言说的方法与视野、不同观点的争辩等方面，都有出彩之处，但另一方面，又觉得关于“五四”的研究整体上缺乏一个大气的思路，以至出现这样的争论：“五四”是一个好的开头，还是一个坏的开头？我以为，这样的设问过于简单和情绪化。“五四”百年在即，我们究竟该如何在文化转型的背景下言说“五四”，以切实推进中国文化现代转型研究？您是中国文化和近代史研究大家，很想听到您的意见。

冯天瑜（以下简称“冯”）：欢迎运伟来访。你知道，《中国文化生成史》是在病床上杀青的，去年又和死神擦肩而过，年龄大了，免不了疾病的降临。有时候想，由有机体暮年时的生理状态去推断有机体童年时的生理状态，难获真解，但推原于发，还是有意义的。梁启超在《中国近三百年学术史》里说：“凡研究一个时代思潮，必须把前头的时代略为认清，才能知道那来龙去脉。”我的理解是：作为个体的有机体，其暮年时的生理状态固然有其个体的、偶然性的原因，但决定生命个体生老病死的根本原因是人类所归属的生物系统的运动规律，“五四”新文化运动，在历史长河里有其个别性，甚至偶然性，就如辛亥革命在武昌首发一样。中国近代史上的这两大事件具有标志性的意义，但不能简单地从价值尺度上视为一个全新的开端，它们只是较长时段的中国文化现代转型过程中的环节。我在《中国文化生成史》里说过：“由人生与人物构成的文化，并不纯然是人的主观预设，而是由特定的历史条件和客观的生态环境养育出来的，正所谓‘文变染乎世情，兴废系乎时序’，故研讨中国文化的生成机制，不能满足于对个别‘文化英雄’的业绩及天纵哲思的追慕，也不能止步于对某些引发剧变的短暂历史事件的关注，而必须着眼于‘长时段’考析，揭示造就如此人生、如此人物、如此事件、如此思想的深层动因。”

聂：2009 年 4 月 23—25 日，北京大学中文系举办了“‘五四’与中国现当代文学”国际学术研讨会。会后，会议组织者陈平原撰《与“五四”对话，解时代之惑》的短文，阐明了自己的基本观点：“‘五四’新文化运动与现代中国的命运密不可分”，“一代代中国人，从各自的立场出发，不断地与‘五四’对话，赋予它各种‘时代意义’，邀请其加入当下的社会变革；正是这一次次的对话、碰撞与融合，逐渐形成了今天中国的思想格局。如此常说常新的‘五四’，毫无疑问，容易被‘过度阐释’，其中有遮蔽，有扭曲，也有意义转移”，“近年风气陡变，随着保守主义思潮的迅速崛起，对‘五四’的批评越来越尖刻。对此，我们需要作出回应。并非主张‘坚决捍卫’，而是希望站在新时代的立场，重新审视‘五四’新文化运动”。我想，大凡关注中国思想文化问题的人，都会从陈平原的这些言说中感受到“五四”新文化运动与当下中国社会的复杂关联，换言之，坚持“五四”新文化运动启蒙立场的观点大概可以概括为：辛亥革命推翻帝制的政治运动，“五四”诉求科学、民主、自由、平等的新文化运动，是中国社会、思想、文化现代转型过程中两大标志性的界碑，其包含的价值取向，从根本上奠定了中国文化的未来走向。您同意这样的概括吗？

冯：我不反对这样的概括。辛亥革命和“五四”新文化运动，确实留下了两份珍贵的遗产：共和的政治体制和民主、科学的价值观，说其“从根本上奠定了中国文化的未来走向”也大致不错。问题在于，一百多年来，中国社会、文化的转型之路走得并不顺畅，磕磕绊绊。我们关注辛亥革命、“五四”新文化运动，但不能简单地就事论事，不应该以简单的价值评判去论定重大的历史事件，而应该放在中国社会、文化转型和人类文化演进史的场域中予以全方位的考察。今日我们所面临的传统文化的现代转型问题，是一个古老而又常青的题目，它既与运作已久的“古今之辨”一脉相承，同时又包蕴着丰富的新内涵。简言之，所谓“文化转型”，是指社会生活的各个领域、各个层面的整体性变革。如果说，历史的多数时期都发生着文化的局部性量变，那么，“文化转型期”，则指文化发生全局性质变的阶段。今天我们所讨论的“现代转型”，是指从自然经济为主导的农业社会向商品经济占主导的工业社会演化的过程，其显著标志是，有生命动力系统（人力、畜力）为无生命动力系统（矿物燃料、水力、核能）所接替，机器生产取代手工劳作，人类获得财富的手段由驯化利用天然原料为主，变为加工改造天然原料为主，“征服自然”所需要的“高效率”和“标准化”成为经济生活的准则。与物质文化层面的变迁相表里，在制度文化层面，彼此隔绝的“鸡犬之声相闻，老死不相往来”的静态乡村式社会，转化为开放的、被种种资讯手段紧密联系起来的动态城市式社会，同质的单一性社会变为异质的多样性社会，礼俗社会变为法理社会，人际关系由身份演为契约，宗法—专制政体为民主—法制政体所取代。作为物质文化、制度文化转型的精神先导和思想反映的观念文化，也在这一过程发生深刻的变异，诸如神本转向人本，信仰转向理性，宗教转向科学，教育从少数特权阶层的专利变为大众所享有。传统的农业文明和现代的工业文明转型过程所必须完成的社会重建和文化重建任务，分别由中产阶级的形成与壮大、知识分子的形成与壮大而逐步得以实现。由此视域观之，如何更科学地研究“五四”新文化运动，是一个任重道远的课题，中国社会、文化转型的进程没有最终完成，关于“五四”的言说就会一直延续下去。

聂：冯先生如此观照近代以来重大历史事件的视域，我认为是您数十年研究辛亥革命的心得。您指出，辛亥革命初建的“共和宪政”，有着历史根据，即“近代工业文明”“近代人群”“近代都市”的出现与发展，促成中国社会、文化开始了近代转化的进程。从理论上说，这里是否包含着一个更深层次的问题，即中国社会、文化现代转化的动力是什么？

冯：关于中国社会、文化现代转化的动力问题，曾流行过两种极端之论：

其一为“经济决定论”，即把现代性仅仅归结为生产方式的变革，只强调器用层面现代转换的基础功能，而忽视制度层面和观念层面现代转换的能动作用，尤其忽视文化的主体——人的现代化在转型中的枢纽地位。因此难以实现现代转型的健全发展。19 世纪下半叶曾经颇有声势的洋务运动，其器用文化的进步由于得不到制度层面和观念层面进步的支撑，终于遭到严重顿挫便是一个例证，亚非拉一些国家 19—20 世纪现代化一再走弯路，也往往与此相关；

而与中国的洋务运动大体同步的日本明治维新能取得成功，其重要原因之一是，相对完整地实现诸文化层面的协同进步，明治时代思想家福泽谕吉的《文明论概略》强调"不应单纯仿效文明的外形而必须首先具有文明的精神，以与外形相适应"，便显示了这一认识的高度。亟欲求得现代化的当下中国人，应当从历史的昭示中获得教益。

其二为"观念决定论"，即把现代性归结为某种精神的勃兴。如前有德国人马克斯·韦伯，后有美国人列文森将资本主义在欧洲诞生的动力归结为新教伦理和复兴了的希腊理性，又进而将中国停滞于中古，无法实现现代转型的因由推原到儒道两家的滞后作用；而今天活动于海外的现代新儒家则反其意而论之，认为儒家学说包蕴着推动现代化的潜能，并举出日本和东亚四小龙现代化成功的实例为证。这一论战的双方，都有许多精辟的足以开启神智的见地，他们各自从一个侧面揭示了欧洲及中国古典精神均有可供现代转型借重的宝贵资源。但是，论战双方的一个共同点是：仅仅在精神层面探求现代性的动力源，这就难以获得真解，无法说明洋溢着理性精神的古希腊何以未能在近代以前孕育出资本主义，中国先秦以降的儒家学说何以不能原发性地在中国启迪现代性文化，反倒一再成为宗法—专制政体的御用工具。

总之，无论是"经济决定论"还是"观念决定论"，都不能全面揭示"现代性"的内蕴，也无法对欧洲及东方的现代转型的种种路径作出深刻阐发。而只有从广义文化所涉及的诸层面——器物文化、制度文化、行为文化、观念文化——进行综合性考察，并辩证地探讨诸层面间的互动关系，方有可能寻觅出对"现代性"及"现代化动力"解释的正途。

聂：历史的发展证明，马克思、恩格斯在《共产党宣言》中对资本主义生产方式引发全球化进程的论断依然是有效的。从晚清到"五四"，再到20世纪70年代末以来的新一轮改革开放，中国思想界虽几经反复，但在"走向世界"这一点上，已无太多异议。争议最多最大的问题是传统文化在全球化进程中的地位和作用，近些年随着后殖民主义理论的流行，有关中西文化关系的问题再度升温，以致有人把"五四"新文化运动置于历史的被告席。对此，您怎么看？

冯：从全球范围观之，传统社会及文化的现代转型是以15、16世纪南欧的资本主义生产方式萌芽和世界性远航开其端绪的，此间勃生于意大利的文艺复兴和兴起于西欧的宗教改革是其文化标志；这一转型的大规模展开则是18世纪英国的工业革命和继起的法国政治大革命，其文化标志是启蒙运动。成长于西欧的工业文明伴随殖民扩张又延至北美，进而播及全球，德意志和日本是效仿英、法实现文化转型的“优等生”，其他国度也不同程度地沿着现代转型的道路迈进。世界历史以统一市场和“世界文化”的形成为契机，从分散走向整体，五湖四海的人类渐次汇入波澜壮阔的现代化大潮之中。对于西欧而言，发端于15世纪的现代转型是从中世纪母胎内自然孕育而成的，可以称之为“内发自生型”；对于所有其他地区（包括莱茵河以东的中欧、东欧诸国）而言，现代化过程则是在西欧现代文明强有力影响下发生的，因而其现代化呈“外发次生型”。

西欧以外地区的“外发次生型”现代化过程，并非西欧洲文明的简单位移，而呈现西欧文明的影响与本土文明对此既排拒又吸纳所构成的错综图景。非西欧地区的现代化进程，不仅要完成文化的时代性转换，还要面对文化的民族性传承问题。这两者间虽不乏统一性，却往往在相当长的时段内相互矛盾，彼此抵牾。对于此类“外发次生型”现代化进程的复杂性不可失察。曾经颇有影响的“民族文化本位论”和“全盘西化论”，或固守内因一隅，或偏执外因一端，都不能全面、深刻地诠释这一复杂的历史过程。

聂：我很赞同您的分析，中国传统文化的现代转化是历史的必然过程，但又是一个非常复杂的过程，把前者变为全社会的共识，是“五四”时代思想家们的功绩，而对后者的估计不足，自然是那个时代的局限性。多年前，您就概述过这种“复杂性”。对中国社会、文化复杂性的了解，是新一轮文化自觉的基础。诚如您在《中国文化生成史》里所引用的费孝通先生的话：“文化自觉是一个艰巨的过程，只有在认识自己的文化，理解并接触到多种文化的基础上，才有条件在这个正在形成的多元文化的世界里确立自己的位置，然后经过自主的适应，和其他文化一起，取长补短，共同建立一个有共同认可的基本秩序和一套多种文化都能和平共处、各抒所长、连手发展的共处原则。”费孝通的说法显然是“五四”精神的再次书写。

冯：对“五四”精神的回顾，时间的维度不妨再长一点。中国社会及文化的转型，是亿万中国民众在长达三个世纪间经历着的伟大社会实践。纵观这一起伏跌宕的过程，仅就观念文化的转变而言，有几个阶段值得注意。一为明清之际（17世纪），早期启蒙思潮兴起，继之隐遁，如地火潜行；二为清道光、咸丰年间（19世纪30—60年代），外患内忧的刺激，使得经世实学和今文经学勃发，构成传统文化走向近代新学的桥梁；三为清同治及光绪前中期（19世纪60—90年代），随着“洋务新政”的拓展，西学输入渐成规模，新教育雏形初现，早期改良思潮由孕育而兴盛；四为清末至“五四”时期，发端于甲午战败激起的国人觉醒，又历经戊戌变法、清末新政、辛亥革命、“五四”新文化运动，近世新学形成、发展，并渐成主潮，新知识分子取代士大夫走上历史舞台；五为20世纪70年代末至今，改革开放大潮使现代化进程赢得加速度，并与世界接轨，观念文化逐步寻觅到时代性进步和民族性发扬相统一的路径。

聂：从中国近代思想史演进的角度看，“五四”并非平地一声惊雷，当年的梁启超，近些年许多思想史家都作如是观。但“五四”之所以成为今天不同思想派别激烈交锋的聚焦点，恰恰说明它有着所属的思想谱系无法解释的新质，我读过您发表在《北京大学学报》（1999）上的《〈新青年〉民主诉求之特色》，指出《新青年》的民主诉求，是中西文化相激相荡的产物。我的问题是：民主诉求，是“五四”新文化运动的精髓之所在，也是中国社会、文化现代转型的价值支点，但“五四”之后的中国，在这个问题上可谓万般纠结，甚至举步维艰，为什么会如此呢？读过您的《“封建”考论》一书后，更觉此问题的沉重和难解。

冯：“五四”80周年写《〈新青年〉民主诉求之特色》，是想从一个事关中国文化能否成功转型的侧面，总结“五四”遗产的得失及对当下中国的启迪，其中的一些论述，在文化理念、学术理路上，与我之前对辛亥革命、中华元典精神的研究，包括你说的《“封建”考论》，当然是一致的。辛亥革命对民主共和政治的实践，“五四”新文化运动对民主的诉求，尽管今天看来有着诸多值得进一步讨论的问题，但作为中国近代以来文化转型的“价值支点”，是不能动摇的。

聂：您对“五四”新文化运动得失的思考，是您对近代以来各种文化思潮、理论反复辨析、多重扬弃的结果。“民主、自由、人权”是人类的共同追求，是人类自古以来，尤其是在近代与专制制度、蒙昧主义作斗争的过程中形成的价值共识，并非专属西方。我们今天纪念“五四”，意义正在于此。

冯：中国的现代化进程离不开民主的成长。民主制度下的法制方可限制特权泛滥。在计划经济时代，特权介入经济生活有限；而在资本渐趋密集的市场经济时代，尤其是市场经济尚不成熟的初级阶段，逸出法制之外的特权通过对资本的掌控，造成畸形的“权力市场经济”，或曰“权贵商品经济”，对经济领域乃至社会生活诸侧面造成愈益严重的消极影响。经济学家吴敬琏 1998 年指出，由权力与资本合谋，垄断社会财富的“权贵资本主义”，成为当下中国面临的危险，中国改革要警惕落入“权贵资本主义”的泥淖。

从经济学和社会学角度观察——“权贵资本”既与追求自由、平等的市场经济、价值法相悖反，也与追求社会正义、政治公正的社会主义精神格格不入，是一种与现代文明反向运作的腐朽存在，也是中国文化传统中劣质部分（专制体制、裙带政治、超经济剥夺，等等）的现代表现。

从文化生成史考察，“权贵资本”在现代中国出现并非偶然。中国是一个皇权传统深厚的国度，在前近代，皇权下的官僚体系控制包括户籍、土地、生计在内的社会诸领域，明代的皇庄、皇店、矿监、税监更直接侵吞民间资产。辛亥革命推翻清王朝，终结帝制，但皇权传统远未荡涤净尽，其强劲延续力不仅表现为人们熟知的袁世凯以洪宪皇帝登极、张勋让前清废帝宣统复辟、溥仪为圆皇帝梦不惜投靠日本，更重要的是，在这些显性的皇权复辟表现之外，还有程度深广、时间漫长的皇权政治隐性的、变态的表现。北洋时期的各系军阀便是大大小小的割据皇权，他们都掌理各地经济命脉（如阎锡山在山西、张作霖在东北、陈济棠在广东），形成权贵资本。国民党统治时期，官僚资本主义更有长足发展，抗日战争胜利后官僚资本借“没收伪产”而急剧膨胀。把持国府财政大权的孔祥熙、宋子文等家族是官僚资本的集中代表，国人莫不痛恨。文史学家傅斯年 1947 年著文强烈谴责宋、孔，称其“化国为家……彻底使全国财富集中于私门，流于国外！”

豪门资本把持经济命脉，造成严重腐败，是国民党政权崩溃的重要内因之一。而傅斯年、马寅初等谴责“豪门资本”，是关于“权贵资本”的先导性辨析，也是“五四”精神的弘扬。

聂：冯老师，“五四”百年日益迫近，回眸过去的岁月，中国的巨大变化自不待言，但在思想文化上，我们又依然在“五四”的语境里争论不休，并延伸出来一系列覆盖中国文化方方面面的思想史话题。“五四”运动 50 周年的时候，“一群对现代中国历史感兴趣的学者会聚哈佛大学东亚研究中心，交流他们彼此对‘五四’运动50周年纪念的看法。当然，他们感兴趣的不仅仅是‘五四’当天发生的时间，而是与之关联的整个历史运动”。这次讨论会上交流的论文后来整理成一本论文集，英文版是1972年出版的，1989年以《五四：文化的阐释与评价——西方学者论五四》的书名翻译为中文出版。史华慈在《导言》中说：“无论‘五四’运动作为中国历史中的一个阶段其终极意义为何，对于我们这些距离这段历史50年的中西中国学学者来说，它仍继续保持着一切人类戏剧的永恒魅力，这种魅力是所有那些人们持互相冲突的信仰和主义而面临痛苦情境的戏剧所共有的。”

冯：史华慈的话很有意思，作为思想史和历史的研究者，总想把历史和思想的进程逻辑地呈现出来，但个人的思想有着无法避免的局限性，就像斯蒂芬·茨威格在《人类的群星闪耀时——十四篇历史特写》中所说：“历史是真正的诗人和戏剧家，任何一个作家都别想超过它”，我亦作如是观。尽管如此，又仍然相信，对任何历史事件的解读，都必然包含着对人类历史和文化的整体理解和期盼，也必然包含着对当下社会的叩问和思考，用科林伍德的话总结我们今天的对话吧：

> 真正的历史问题从实际问题中产生……最终产生的问题都是“现实”生活中的问题，而他们在寻求解决方法时所参考的就是历史。

诚哉斯言！

文化体制变革的文化史探究

傅才武君在博士后出站报告《民国时期国家文化体制的形成与演进——政治变局中政党、意识形态与文化领导权（1911—1949）》的基础上修改完成《近代中国国家文化体制的起源、演进与定型》（以下简称《文化体制》），2016 年 11 月由中国社会科学出版社出版。这是目前学界以近代中国文化体制为研究对象的一部专著，对于当代文化体制改革研究，必有裨益。

一

《文化体制》将近代中国文化发展演进的历程放到社会综合结构下讨论，以“文化体制”作为连接社会变迁、政治结构和主流话语的桥梁。该书描绘了政治精英集团如何借助意识形态话语和民族现代化旗帜的号召力，完成文化的符号化生产和传播过程，描绘国家（政党）力量如何在近代“救亡图存”、民族独立和建设现代化国家的目标下实现对文化组织和社会文化生活的国家化改造，以及形成文化组织和社会文化生活的组织化过程，这为理解中国的现代化进程，提供了一种思考与把握方式。

在近代中国，政党是民族危机和社会危机的产物，又是国家现代化的领导者和推动者。民国时期的政治模式，历经从民初多党竞争模式到中期后国民党执政模式与国共两党竞争并存的复杂政治结构的演变。清末民初精英阶层“以欧（美）为师”和 20 世纪 20 年代中期以后孙中山“以俄为师”的转向，对近代中国国家文化体制的形成和演进轨迹具有深远的影响。在政党政治发展及其模式演变的过程中，日本全面侵略中国，打断了中国现代转型的自然进程，加深了 1840 年以来不断积聚的民族危机意识，造就了特定的文化心理结构。这种社会变迁使得文化与政治、军事、社会的关系变得异常敏感和复杂，作者从这些复杂的变动关系中归纳出“文化体制”“公共文化领域”和“文化领导权”等核心论题，建构起对近代中国文化发展及文化现代转型实践的解释模型，尽管还有诸多论说值得商榷，但作者的努力，不乏学术创新价值。

二

一般来说，政治事关权力的合法性与合理性之来源和使用，文化则为权力的来源与合法性提供解释框架和符号化的大众传播渠道。在这一意义上，文化与政治难以分开。在《文化体制》中，作者运用公共文化领域的概念，将近代中国文化领域发展变化的特征与前近代的特征区别开来。前近代的革命或者社会政治运动，大多借助“神话或者符号”的制造和传播，比如秦末陈胜、吴广起事要靠“鱼书”，元末红巾军起事要靠“石人一只眼，挑动黄河天下反”的民谣，革命或者政治运动的每一步都与某种神话话语或传说符号相关联。进入近代，革命或者政治运动业已转到靠政治精英集团组织的文化阵地和“意识形态话语”，如清季以《民报》为基地的革命派和以《新民丛报》为基地的维新派之间关于革命与立宪的论争，20 世纪二三十年代，关于中国社会性质的学术论战，都对社会革命和政治动员形成深刻的影响。这一社会动员方式的改变，与近代中国报馆、学校、剧场和文化组织等的发展有着密切关系，由近代都市教育机构、文化场馆和文化组织为主组成的公共文化领域，提供了一个前近代传统农耕社会结构中不曾有的知识生产和信息传播机制，成为近代中国社会的信息集成和信息传播中心，这也为政治精英集团宣传自己的政治主张、动员民众，提供新的价值整合和力量整合的基础。才武君较早提出以公共文化领域的概念框架，用以解释近代中国社会动员过程，其博士论文《近代化进程中的汉口文化娱乐业（1911—1949）》（2004），论文《中国近现代文化娱乐业的发展与公共领域的生成——以汉口为中心的研究》（2007）、《近代公共文化领域的形成对中国社会现代化进程的影响》（2015）、《论近代公共文化领域在建构国家认同过程中的功能与作用》（2016）等，讨论了公共文化领域的概念、功能及其应用于近代中国社会的适用性前提，借用这一分析工具探讨政治精英集团宣传策略、社会动员机制背后的深层次原因，以文化史的方法解释社会动员过程、文化与政治连接机制。

文化体制本质是一种基于共同价值理念上的社会结构，是一种结构化了的文化力量。美国社会学家帕森斯（T.Parsons）说："力量问题的解决……包括通过制度化规范的合法性、行动的共同的最终目的和宗教仪式，以及各种形式表现出的共同的价值体系所反映的个体整合事实这一共同参照系。所有这些现象或许可以称之为'共同价值整合'的社会行动体系性质的一种表现。"（帕森斯《社会行动的结构》）。才武君在书中指明，从1911年到1949年，在"以党建国"的目标下，国共两党都逐步认识到社会文化动员和文化控制对于在中国这样一个传统社会实现自身政治目标的重要价值，并相继建立文化动员体系。由于文化与政治是一种相互关联和相互协同的系统架构，由文化体制所维系的意识形态整合力与政党体制相结合，助推近代中国的政党发展成为一种高度组织化的社会领导力量，这种文化体制结构在近代中国"救亡图存"、民族独立与民族解放过程中发挥了作用，同时这一体制所具有的文化整合能力，其自身也成为推进民族国家现代化的力量。如约瑟夫·R.斯特雷耶提出的那样："强大的社会动员能力和文化整合能力是现代国家的最重要特征，并且相信这些能力很大程度上得益于现代国家居民对国家政治过程的积极参与和对效忠国家的自觉认同。"（[美]约瑟夫·R.斯特雷耶：《现代国家的起源》，华佳、王夏、宗福常译，格致出版社、上海人民出版社2011年，第3页）

《文化体制》并没有将文化体制看成一个由话语、意识形态和传统观念支撑起来的固定制度结构，而是把将其形成和演进过程放到近代中国政治、经济和社会结构的变迁过程中加以考察，体现出文化制度变迁与社会政治经济结构变迁之间的动态同构。如将1911—1952年分为民初、国共两党政争、1949年中华人民共和国建政初三个主要时期，并在此基础上进行分期讨论，重点考察民国时期文化体制的形成与演变。

三

《文化体制》，关注民国政府关于文化制度创设过程中的历史经验，如汉口民众乐园的公有制试验，民初的西方法治模式的引进与中断。

书中考证，现代中国实施文化公有制，并非始于1949年中华人民共和国成立以后，早在1927年，民国政府就在汉口民众乐园进行公有制试验。1919年6月，由商人资本和官僚资本共同设立的汉口民众乐园开张营业，实行股份公司制管理体制，营业兴盛，“获利颇巨”。1926年底，北伐军攻克武汉。国民政府将民众乐园作为“逆产”没收充公，创设人民俱乐部，由总政治部新剧团主任李之龙兼俱乐部主任，由私有民营制改为公有国营制。民众乐园的政治性功能得到强化，商业功能弱化，随之出现“经费危机”。1927年8月初，国民党汉口市党部决定改组中央人民俱乐部，实行委员会制，但管理过程中委员之间纠纷不断，出现内哄，“委员会制”试验遭遇挫折。1928年5月，湖北省政府决定交由市公安局就近兼管，实行“委托管理制”，内部经营稍有起色。1927年11月1日，汉口市当局决定将汉口民众乐园移交市社会局管理，对汉口民众乐园实行分工管理体制：由公安局负责维持民众乐园的秩序，由财政局管理门票收入，由社会局管理其“内部之组织及艺术之宣传”。但民众乐园的经营仍然困难。1929年6月27日，武汉特别市政府第一次市政会议临时会议决定，将民众俱乐部移交汉口特别市党部临时整理委员会直接管辖。其间“名称之改变，管辖之移转，为数甚多”。1931年5月1日，经商人申请，民众乐园又发还商办，以“兴记新市场”的名义开张营业，重新回归民营公司体制，直到1938年10月武汉沦陷。从1919年到1938年，民国政府对汉口民众乐园的管理，在经过私有—公有—再私有、民营—国营—再民营的反复试验之后，在效率比较中，最终选择了私有民营的道路。

现代社会与传统社会的最显著的区别就是法治代替人治，民主代替专制。作者提出，民国初年文化管理的法制化和规范化进程，正是近代中国从中古社会折向近代社会的基本路径。民初政府确立向西方英美学习的基本方向，如1912年5月，民国政府筹备设立“教育部社会教育司”，其基本依据来自“欧洲各国”的政体示范：“故欧洲各国，间有名文部，为宗教及教育部者。礼俗所含之分子，亦多隶于宗教。二行皆教育之事。”（《教育部官制修正草案理由》,《中华民国史档案资料汇编·文化》第三辑，江苏古籍出版社1991年）民国的开国领袖们希望新建立的中华民国不同于传统的帝制王朝，具有西方文化知识背景的孙中山等人，移植和模仿西方文化管理制度，民初的中国社会进到一个“继承与开新”的十字路口。随着民国中期后国内政治对抗日趋激烈和日本全面侵华，文化转型所依赖的社会环境出现重大变化，从民初开始的民族文化现代化进程折向文化专制的故道，导致“转型断裂”。在“一浪高过一浪”的民族主义大潮下，知识阶层选择“集体沉默”，没有机会像欧美的知识阶层一样，通过关于文化审查合法性的讨论，来确立以言论自由和出版自由为基础的社会文化治理体制，中国社会也就此失去基本的反思和批判能力，近代中国自然而然地滑落到以“文化审查”为基础的文化专制道路上，使近代中国失去一次由文化专制转向文化现代性治理的历史机会。

从孙中山、章太炎、康有为、梁启超、傅斯年以及陈独秀、李大钊等思想家自晚清民初开启的现代社会进程，业已逐渐进入民国社会的大众话语、媒体框架和流行思潮，一定程度上构成“议程设置”，形成近代国家文化体制的里层结构。与此相对应，国家文化体制的表层结构的形态，则受制于近代中国社会政治结构的变化轨迹，包括政府组织的强弱，经济与军事力量的强弱，政党数量、发展程度和博弈结构，立法、司法能力与独立性等。对国家文化体制的里层结构与表层结构之间的互动关系，《文化体制》论述简略，为其缺憾，从而也留下进一步研讨的空间。

一百多年前，梁启超在《新史学》一文中提出：“历史者，叙述人群进化之现象而求得其公理公例者也。”历史研究对于社会发展的意义，在于“使后人循其理，率其例”，通过对历史发展进步的规律即所谓“公理公例”的阐述，以启迪来者。《文化体制》一书，符合这一旨趣，其对文化体制的“追溯本末，考镜源流”，以及对民国时期文化建设经验的梳理，应该能够为今之文化建设提供借鉴。

探索文化转轨的新创获

——读耿云志主编《近代中国文化转型研究》

近得耿云志先生主编、中国社科院近代史所等单位多名学者撰著的《近代中国文化转型研究》9卷本（四川人民出版社2008年出版），拜阅一过，直觉爽气，沁人心脾。这部卷帙浩繁的专著，题旨宏大，布局周严，将鸦片战争至新文化运动视作中国文化近代转型的一个相对完整过程，描绘其发展轨迹，揭示出转型的外在条件、内在机制及内外互动关系，探讨近代中国文化转型的若干关键环节及基本理论问题，涉及社会结构变迁与文化转型、生活方式从传统到近代的演化、国人对西学东渐的态度与选择、作为西学入华中介的中日文化交流、思维方式演变、价值观嬗递、近代学术体制创建、近代科学及科学体制化等课题。全书于质朴、坚实的考辨中，透现出平允而又卓异的史识。这里以9卷本之第1卷，即耿先生所著《近代中国文化转型研究导论》为例，略议其特色。

一

自晚清开始的文化转型是在巨大外部压力下展开的，其时代性转换与中西冲突、融会相交织，发生着“古今之奇变”，该书前言指出，身处其间的国人难免困惑。这“困惑”二字，既是对经历错综复杂近代转换的中国人精神状貌的精要概括，也是对反顾近代历程的今人心态的传神点化。而作者指出，超越此种尴尬情景的路径是——“确立健全的文化心态”方能摆脱困惑，“有了健全的文化心态，中西文化的问题应当转化为中国文化与世界文化的关系的问题”，而不致在盲目排外和盲目崇外间徘徊；“文化之古今问题，也应当转化为继承与创新的问题”，既不菲薄传统，也不颂古非今。该书执守此一中道原则，又着眼历史实际，而不是从现成教条出发，故其探讨中国文化近代转型诸题，每每能拨乱反正，多有创获。以中外关系问题为例，作者指出：“由于数千年养成的‘天朝上国’和‘唯我独尊’的心态，妨碍中国人去正确认识西方人及其风物、政教，等等。以此，长期未能调整好中外国家与人民间的关系，尤其是未能很好解决中西文化的关系。”诚如鲁迅所说，中国人或者把西洋人看成妖魔鬼怪，或者看成神仙、老爷，而没有以常人、朋友视之。在某种意义上，中国文化近代转型，就是中国人的西方观从盲目愚妄走向平实理性的过程。而本书生动地展示了这一摆脱“困惑”的曲折过程。

执着于历史实际，从历史与逻辑统一的视角观察中国近代文化的起承转合，是本书的一大特色。例如，对于传统在近代史进程中的功能，本书采取历史主义态度，指出传统既不可随意抹杀、取缔，又绝非一成不变，进而揭示近代中国两种不同的传统运作模式：（一）利用传统，以开拓进步事业，如“西学中源”说和“中体西用”说，便是先觉者以传统为据，通过对传统作新的诠释，为接纳西学提出较易为人接受的思想框架；（二）固守传统，抵抗进步潮流，如近代中国屡屡兴起的文化保守主义。对于贯穿近代的文化保守主义，本书用力于具体分析，注意区分各个不同时期、各种不同意义上的保守主义。洋务运动时期以倭仁（1804—1871）为代表的保守主义，坚持“天朝上国，唯我独尊”心态，以为除孔孟“正学”之外无学，从形上之道到形下之器，全面排斥“采西学”。从戊戌到辛亥时期的保守主义，已不反对学习西技、西艺，所坚守的是纲常名教，从而进入“中体西用”框架之内。这说明文化保守主义在新文化发展的大势下，渐次收缩着自己的阵地，在形下之器层面容纳新文化，而在形上之道层面坚执宗法伦理和君主专制。

对于新文化运动时期的文化保守主义（如“学衡派”），近来有些论者从后现代视角给予较多的正面评析，而本书则从总体上否定“学衡派”，以为此派对新文化运动的激烈批评“都是不能成立的”，展示了本书充分肯定新文化运动的基本观点。然而，从后现代视角肯定文化保守主义的现代性批判（如以“人文主义”批评“唯科学主义”），包含着若干有价值的认识，此种价值在“现代病”愈演愈烈的当下，渐次昭彰，而本书似乎尚未顾及于此，鄙见以为，这是智者千虑之一失。

二

关于中国文化近代转型的动力问题，有两种流行说：外因论的“冲击—反应”模式和内因论的“中国本位”模式，该书对这两种流播广远的极端之论皆持批评态度，而取内因、外因统一论。

该书的一个突出贡献是，对中国文化近代转型的内因、外因的主次关系，作了准确的把握：“外因和内因的关系，绝不是某一个总是主要的，另一个总是次要的。何者为主，何者为次，完全要看具体的情况。”“在近代中国文化转型的问题上，片面强调外来文化的冲击，或片面强调中国传统文化自身的现代转换，都是不符合实际的。”论及近代早期经世思潮，重在揭示其对传统经世主义的发挥，也不忽略对新的时世的刺激作用。考查清末出现的否定君权思想，既追溯黄宗羲《明夷待访录》等传统非君论的影响，也注意于西方民主理念引入所发生的启迪，并论析两者间的互动与综合。本书既扬弃一味强调西方文化刺激作用的“冲击—反应”论，又避免教条主义的内因决定论，不主张笼统高估传统文化在近代转型中的作用，而取具体分析态度，认为“当传统文化内部积累起一定的新质因素，但还不足以自行发生质变的时候，外部的刺激、外来的某种具有关键性的新文化因素的震荡和催化作用就是必不可少的。这时，来自外部的刺激就是最迫切需要的主要条件了。反过来，当外部的刺激已经发生，而内部的新质因素尚未形成变化的机制时，努力促成这种内在机制的形成，就成为最近切、最重要的条件了”。坚持此一平允、周正的具体分析，全书关于内外因素在近代转型中的功能和作用的评析，通透、切理，符合历史实际。

关于中国文化近代转型的发端，该书对“明清之际开端”说采取分析态度，提出两个彼此连贯的议题：“晚明社会及其文化究竟发生了什么样的变化？这些变化何以未足以导致中国真正转入近代化的发展轨迹？”一方面肯定明清之际早期启蒙思想包含某些近代性因子，肯定其对近代转型发挥过不容忽视的作用，又揭示其与近代文化尚有一步之遥，而“这一步之遥，却相距一个时代”。此论丰富、完善了中国文化近代转型“鸦片战争开端”说，从历史进程的纵深度出发，开掘近代转型的内在因由，对外因论作了有益的修正，也避免了拔高明清之际早期启蒙思想的偏颇。这是该书视点高远、立论平正的一个表现。

三

对于洋务运动在近代文化史上的作用，该书有简明交代：（一）创办近代工业，自此出现新的生产力和新的生产关系，“不可逆转地将要把中国社会带到新的轨道上去”。（二）创办新式教育，促成对科举制的怀疑，从教育和选官两方面动摇旧制度根基。（三）近代外交发端，中国正式纳入近代国际关系体系，促进国人对世界的认识。与之相关的还有西书译介、留学生派遣、近代报刊兴办，等等。以上诸点，奠定了近代文化的初基，为近代转型提供了真实的基石。这是一种历史唯物主义的解析。

关于洋务派与顽固派的论争，该书有其研究心得，提出一个值得玩味的问题：“朝廷倾向洋务派一边”，而“为什么一些先觉分子对谈洋务仍存畏忌心理，而守旧派却敢大肆攻击洋务？”作者将其归因于“固有的王朝体制有以致之”，第一是皇权体制，即君权至上，故洋务派推介的西学限于西技，不敢越雷池一步，使得顽固派在攻击西学时，在“形上之道”的层面居于主动，故在论战气势上占据上风；第二是科举制度，此制内容不离纲常名教，对士人极具牢笼作用，这也是顽固派可以大发宏议的原因。清末南北清流，立足于科举制的大本营——翰林院等京师官曹，秉持纲常名教，尤其是忠君爱国之旨，滔滔雄辩，往往令洋务派理屈词穷，缘故正在于此。

关于洋务运动的文化主旨“中体西用”论，近年的研究颇有进展，该书在广采博纳的基础上，又有自己的独见，如对于与该论相关联的“西学中源”说，该书从文化发展的同一性与多元性立论，指出薛福成（1838—1894）、郑观应（1842—1922）、黄遵宪（1848—1905）等先觉之士以中国固有之载籍比附西学，证明西学为可学、可用，实乃知识史上必然之势，“西学中源”说是文化同一性的一种反映，也是中国人接受西学的一个必经阶段。对“中体西用”论，该书作动态分析，首先论析该说产生之初，是试图在传统文化上打开学习西学的窗口，从而肯定“中体西用”论是提倡西学的口号，是为西化开路而提出的；进而揭示：随着转型的推演，倡言此论的一批先觉之士〔诸如王韬（1828—1897）、郑观应、马建忠（1845—1900）〕，乃至某些洋务大吏〔郭嵩焘（1818—1891）、张树声（1824—1884）〕纷纷突破其框架，在“中体”也即政治体制层面开刀，加之严复（1854—1921）、何启（1858—1914）、胡礼垣（1847—1916）等从“体用不可强行分割”的学理出发，对“中体西用”论作犀利批判，都预示着以政治改革为中心的文化转型期即将来临。时至“戊戌”以降，坚持“中体西用”的某些论者，又是拿此说坚守纲常名教，抗拒政体改革，“中体西用”论又成为文化保守主义的一面旗帜。

本书把太平天国文化纳入洋务运动时期文化中加以论述，自有一番道理，但本书对太平天国文化的落后性及背离传统导致的弊害，似乎缺乏必要的揭示。本书认为太平天国领袖“已隐隐萌发世界性意识”，其“世界意识要比当时一般中国士大夫来得明晰一些”。此说固然有据，却有高估之嫌。

本书以为太平天国文化的最大闪光点在洪仁玕（1822—1864）的《资政新篇》，又指出《资政新篇》并非太平天国文化主流，而是圈外人给太平天国上的一份条陈。本书指出，太平天国在近代史上的主要贡献不在于其正面建树，而在于动摇了清王朝的统治，开始了“王纲解纽”的过程。这是平允之论。

四

“改良”“革命”两者，抑前扬后，在中国近代史研究中几成定说，而该书从文化转型的较高视角，肯定“变革君主专制制度”是近代文化的大主题，“主宰清末十几年的思想文化的中心问题，是对于君主专制制度的挑战与应战”，那种夸大暴力革命派与和平改革派之间的分歧，忽略最基本问题的梳理和评述的做法，是走上偏锋的不当之论。此一中肯评判，是本书的一个有价值的洞见。

本书陈述，作为和平改革高峰的戊戌变法，基旨在改变君主专制，削君权、兴民权。戊戌间因时迫事匆，未能正式把设议院提上日程，但不可否认维新派的根本目标是立宪君主制。而戊戌以后十余年，立宪派、革命派乃至清政府的开新大吏，关注的焦点皆在政治制度变革。“革命党从体制外动员起一股摧毁清朝专制政权的力量，立宪派从体制内培养和组织起一股瓦解君主专制制度的力量。中国君主专制体系的最后一个王朝就在这两股力量的夹击下终于垮台。”从前人们因戊戌变法失败而贬低其政治意义，强调其思想启蒙意义，本书指出，这是失之偏颇的。

本书不主张对“戊戌”“辛亥”截然两分，认为从维新运动到辛亥革命，“应作一个完整的阶段，进行连贯的考察”。在“变革君主专制制度”这一大主题的观照下，将清末十余年视作一个过程的相互交叉的段落。作者关于1895年“北京的公车上书、南方的武装起义，标志着中国进入以变革君主专制制度为中心的政治革命时期”的判断，切近史实；其另一判断也富于史识：辛亥革命后，一批革命志士从挫败中认识到推翻皇帝绝不意味着革命成功，真正要解决的是变革专制制度，建立以宪政为主要内容的民主制度，从而与和平改革派先前的某些看法趋近。

正因为清末十余年社会运动的主旨是“变革君主专制制度”，故此间的普遍现象是“政治主导文化潮流”：译书著书的转向政治，政论性报刊如雨后春笋，新教育多从救国这一政治着眼点出发，“开民智”首开政治之智，留学生从主要学科技转而纷纷学军事、法政，政治性学生运动风起云涌，收回利权显示绅商的政治觉醒，政治小说以及富于政治改革诉求的戏剧、诗歌登上文坛。凡此种种，展示清末最后十余年的文化界，“实皆处于政治改革与政治革命思想支配之下”。本书的此一概括切中要领。

五

该书从文化学意义上界定“社会公共文化空间”，意指社会上形成的文化传播、交流、汇聚与创新的空间，此一空间是随着近代社会交往的发达而逐步形成起来的。社会公共文化空间的形成，是文化近代转型过程中一个重要问题，以往缺乏系统研究，本书将此一主题点化出来，并作展开式评述，具有开创性意义。

在中国传统社会，文化分成两个系统：一由政府主导，如忠君尊孔之类；二为民间系统，在家庭、宗族、乡党、闾里发挥作用。而近代社会公共文化空间，是有组织的社会群体造成的，有共同目标和自觉的运行机制。本书以戊戌至辛亥间近代教育、近代社团、近代传媒的建立为对象，考析“社会公共文化空间”的成长过程，有助于认识传统社会文化系统与近代社会文化系统的区别，从而揭示文化近代转型的一大枢机。

关于近代教育，本书尤其肯定废科举、兴学堂对文化近代转型的功能，并指出，废科举是清末唯一认真落实、真正取得成功的改革，其社会影响深巨，“可谓是和平改革一项成功的范例”，并进而归纳其成功的原因：（一）经过长期酝酿，故筹之有素。（二）废科举后采取一系列调适措施，磨合新旧，减少社会震荡。本书对此给予正面估量，纠正以往从消极面批评调适举措的观点。关于近代社团，传统的中国社会是依靠皇权把诸家族凝集起来成一宗法专制体系，故2000余年只有王朝革命，并无新的社会结构代替旧的社会结构的变革。而近代出现了由具有近代思想的人士为推动近代化事业而结合的团体，诸如戊戌维新前成立的强学会，以及京师、上海、湖南等地陆续创立的数十个学术、政治团体。清末结社之风盛行，是社会公共文化空间成长的表现。关于近代传媒，本书历数报刊的蓬勃发展，商务印书馆、广智书局等出版机构的兴起。近代传媒提供的新知识、新思想改变人们对现实的态度，促进人们在建立新的共识的基础上，造成种种社会的结合，故社会公共文化空间是孕育新文化的温床，是传播新文化的网络，为社会及文化转型准备必要的条件。

六

以往讨论“五四”新文化运动，较少追溯晚清思想文化的先导作用。该书在这一薄弱处用力，将清末思想观念的变化归纳为：（一）从“天子降尊”到君权之否定，透见“改良派”梁启超（1873—1929）、谭嗣同（1865—1898）辈与“革命派”章太炎（1869—1936）、吴稚晖（1865—1953）辈思想的相通一贯；（二）孔子与儒学独尊地位的动摇，从而揭示后来的新文化运动的先期形态。该书关于清末平民主义的文化趋势（梁启超、黄遵宪为其健将），移风易俗（免除繁缛之礼、改革婚丧之礼、戒缠足、禁早婚、破除迷信）的倡导，世界化与个性主义观念初萌的论列，均可略见新文化运动的伏笔。

民初政治失序引起的思想混乱，以及由此导致新旧思想冲突，是以往研究不足之所在，该书清晰地加以勾勒，重点评述民初发生的两大议题：共和制与君主制之争论、孔教之争论（由此引出新旧道德之争论）。而这些论战所提出的问题，直接启迪了随后发生的新文化运动。理清民初新旧思想冲突的头绪，有助于认识新文化运动发生的基点及其特色。本书这类章次的设置，蕴藏着作者的匠心。

新文化运动是学术研究的密集区，而本书也自有心得，认为此一文化运动发端于先觉分子沉痛的反思——民国虽改换了国号，而民主制度之实，杳不可得，如陈独秀（1879—1942）所言："吾人于共和国体之下，备受专制之苦。"先觉者渐成共识，决心从思想文化入手，做起以先觉觉后觉的大工程来。本书列举黄远庸（1884—1915）、陈独秀、胡适（1891—1962）、李大钊（1889—1927）、鲁迅、高一涵（1885—1968）等多人的心路历程，论证先进知识界此一共识的形成。本书还剖析新文化运动的社会基础，首先从经济发展状况入手，新兴的近代工业使资产阶级和工人阶级得以成长，城市化形成一定规模，"城市的生活，特别是沿海、沿江、沿重要交通线的城镇，人们的生活与外界紧密相连，较易于接受新事物、新思想、新观念。而城市里有各种载体和传播渠道来满足人们的这些需要"。其次论述近代教育发展，培养了数十万的知识分子人群，是新文化运动的群众基础和领袖人物产生的土壤。本书进而分析改革派人士〔梁启超、张东荪（1886—1973）、蓝公武（1887—1957）、张元济（1867—1959）等〕及革命党（同盟会及后继的国民党、中华革命党）对新文化运动的支持。其结论是："受过教育和正在受教育的广大青年，在教育界、新闻出版界和其他文化事业部门服务的新知识分子，以及清末以来从事革命和改革运动的先觉分子，他们是新文化运动最主要的社会基础，最主要的支持力量。"这一分析是切实、得体的。

本书列举新文化运动的实绩——文学革命、新教育臻于成熟、一代知识青年觉醒。对于新文化运动的主要观念，该书概括为：平民主义、个性主义、科学精神、开放的文化观念。这符合历史实际，较之笼统归结成"德、赛二先生"周到、确切一些。

对于近年出现的否定新文化运动的两种论断（全盘否定传统，迷信科学主义），该书有所驳议：（一）新文化运动的主要领袖没有全盘否定传统，个别人的偏激言论不足以代表新文化运动主流；（二）新文化运动提倡者并无"科学主义"提法和此类观念。作者此种论断大体切近事实，其维护新文化运动的基本出发点也是正确的。然而，新文化运动的偏失亦毋庸忽视，新文化运动的主潮是清算传统文化的历史惰性，其积极意义应予肯定，然其贬抑传统文化的偏颇倾向导致的负面影响在现代中国渐次发酵，也是不可否认的事实。本书对此缺乏必要的陈述和解析，是一缺憾。

七

新文化运动是在作为政治事变的“五四”运动推动下得以展开的，又由于时势所左右，新文化运动不久即转向波澜壮阔的政治运动，文化建设无法从容展开。政治运动与文化运动结成紧密的互动关系，是现代中国重要的文化现象与社会现象，对此一特色有敏锐而准确的把握，是本书的又一闪光处。作者认为，以胡适为一方，蓝公武、李大钊为另一方的“问题与主义之争”，是文化运动向政治运动转变的开端。作者不认同以往将此一论争定性为“革命与反动之争”的陈说，以为此一论争是新文化运动营垒内部两条不同政治路线（和平改革路线与暴力革命路线）的论辩，同时也是实验主义与革命主义的较量。本书对《新青年》同仁的分化，归结为政治分歧所导致。关于新文化运动给中国共产党成立及国民党改组奠定基础，本书也从文化运动与政治运动的互动关系入手立论。这些评析都准确到位，论点允当、论据贴切。该书就政治觉醒对文化觉醒的推动，文化觉醒给政治觉醒的重大影响均有详论，对政治变革与文化转型辩证关系所作的具体分析，颇具方法论意义。

该书指出，新文化运动不久即转向政治运动，导致以后长时期存在高度泛政治化倾向。该书于此着墨不多，然评者以为，这恰恰是新文化运动遗留下来，又在后世得以张大的一个弊端。文化运动匆匆转向政治运动，文化变革的若干基本建设未能从容展开，导致现代中国在文化积淀上显得单薄，并形成一种习惯：某一文化课题初兴，在尚未认真作材料搜集和学理探讨之际，便急于下政治性质判断，以致一些深蕴正面价值的文化事项夭折于襁褓之中，此类做法贻害不浅，这固然是时代条件所造成的，但其间的经验教训值得认真总结，以引为后车之鉴。本书在这方面有所涉及，然却点到即止，留下进一步研讨的广阔空间。

八

值得一提的是，本书对于中国历史分期的把握精准，全篇没有将中国的前近代称为“封建社会”，而名之“君主专制社会”或“宗法专制社会”，显示了作者尊重历史过程、循名责实、绝不滥用概念的学养。前言开宗明义指出：“在中国漫长的文明发展史中，发生了两次重大的转变。一次是从列国并立的先秦时代，转变到秦汉大一统的中央集权的君主专制时代；另一次是从晚清开始的，从大一统的中央集权的君主专制时代，向基于人民自治的民主的现代社会转变。”正是从这一历史线索的估量出发，确定本书的任务：“研究自晚清以来中国文化从中古的、与大一统的中央集权的君主专制制度相适应的文化，转变到与现代的、基于人民自治的民主制度相适应的现代文化。”本书十分明确地昭示：中国文化近代转型所要克服的两大对象是“宗法礼教”与“君主专制”，摒弃了种种模糊中国近代文化发展主线的陈说。

中国文化的近代转型，是一个学术价值深厚的课题，同时，这一转型过程至今尚未完成，可谓正处于“现在进行式”，今人对此每有切肤感受，故此一论题甚富现实性与前瞻性，吸引众多学者和社会各界的注目便在情理之中。围绕此题，近30年来研究者数不在少，相关论著纷至沓来，而以耿云志先生为首的团队是力量较雄厚、历时较长久的研究阵容，《近代中国文化转型研究》9卷本则可谓此一领域的集成之作。关于中国文化近代转型的探讨，当然还是未竟之业，需要探幽致远的领域尚多，但有《近代中国文化转型研究》这样建立在扎实考辨、深入探索基础上的创新之作，更精深的研究便具备了前进基地。该书前言借用傅斯年的话以表作者心情：“同人等深惭不足以胜任此课题之艰巨，特发愿为人作前驱而已。”这是作者的谦词，然“前驱”一语正画龙点睛地彰显了本书的卓异地位。

（本文原载《广东社会科学》2009年第6期）

革命平议

天地革而四时成，汤武革命，顺乎天而应乎人。

——《易·革卦·彖辞》

革命：社会转型的激进形态

自《易传》“汤武革命”之倡以降，“革命”是中国先秦以来沿用两千多年的一个古典词，本义指以暴力手段革除朽败前朝的天命，建立获得天命庇佑的新朝代。以后，人们还把各种剧烈的社会变更称之为革命。中国诚为一个有“悠久革命传统”的国度，历史上爆发多次革命（或为农民暴动，或为贵胄宫廷政变），以改朝换代，对社会的影响利弊并存，进步性与破坏性同在，不可用“好”或“坏”一言以蔽之。而20世纪上半叶以至下半叶前期，中国处于革命风云激荡之际，20世纪可称之“革命世纪”，留下的经验教训值得今人反复咀嚼体认，不是简单宣称“告别”即可了事的。

由国内和国际因素彼此博弈、互动，近代中国渐次突破封闭状态，汇入世界近代化大潮，迈向由宗法社会—农耕文明过渡到法治社会—工业文明的转型期。

自19世纪60年代以降，在宗法社会—专制帝制的体制内，“师夷长技”的洋务运动自上而下展开，器物文化层面近代性变革初兴，历三十余年，机器工业、新式文教皆有成绩，然政治变革尚未提上议程，此间遭逢甲午一战，中方惨败于东瀛小国——明治维新后较完整实行近代转型的日本，昭显出清朝跛足的军工洋务之严重弊端。此一奇耻，促成举国“大梦苏醒”，政治改革呼声骤起，遂有以君主立宪（当时尚未提出此一名目）为目标的戊戌变法。因强势的后党拒绝放权，打压维新派，变法运动百日即遭挫败。然转型趋势不可逆转，20世纪初十年的“清末新政”，大体沿袭洋务运动，又汲纳若干维新举措，“立宪”走上台面，但既得利益集团仍旧不愿放权，以至有“皇族内阁”出笼，使清廷“宪政”的虚假性大白天下，连拒斥革命的立宪派人士也绝望于清廷，体制内改良途径堵塞。

在内忧外患煎迫下，民怨沸腾的社会愈益趋向体制外的更激进的转型方式，于是，中国自古反复运作的“革命”（以暴力革除前朝天命，建立新朝），汲纳西方近代革命理念（尤以由市民为主体的法国大革命为模版，不同于中世纪农民战争），成为新锐人士挽救民族危亡、追求国强民富的不二方式。

20世纪的中国革命，启端于孙中山在中西融汇意义上认同“革命”（详见笔者所撰《新语探源》第六章第一节），1895年以降，同盟会（及其多个前身）发动十余次反清起义，十六年间挫而复起，终于在辛亥年（正式完成在次年即1912年）推翻清朝。以武昌为首义成功地的“辛亥革命”，终结两千年帝制，创立民国，建不世伟绩。值得一提的是，孙中山、黄兴、宋教仁等革命党人，既认为以暴力手段推翻清廷必不可少，因和平改良全然无望，于是坚韧不拔地武装反清，同时，他们又深知暴力革命会造成巨大的社会破坏，故一再设计短促突击式的、快速的革命行动，试图一举推翻清廷（有边境暴动、中部举事、中央革命三种方案，后以中部举事获得成功），尽快转入和平建设。民国元年（1912）孙中山爽快地交权军事强人袁世凯，主观动机之一就是出于减轻战祸、早日和平建国的善良愿望。以往研究清民鼎革的史著，对孙、黄、宋等革命党人的这种并不迷恋暴力主义的倾向，缺乏充分的阐发；同时对孙、黄举行“二次革命”之不得已而为之的苦心，诠释不足。今日讨论近代革命的成败得失，须就革命发生的必要性及带来的正负两面影响，以及孙中山愈益走向更激烈的暴力革命的必然性，作充分的历史主义的诠释，而不应从今日的好恶出发，或一味高度赞颂革命、抹杀改良派，或横加指责革命、全面肯定改良派，从一个极端跳到又一个极端。

另一需要阐发的要义是：宗法专制社会的积弊深重，武装暴动可以“城头变幻大王旗”，却无法从政治、经济体制上及国民精神面貌上革故鼎新，辛亥革命后的中国社会，内骨子依然是陈旧的（鲁迅的《阿Q正传》《风波》等作品揭示此点）。当民国权力很快落入军阀之手的时刻，辛亥志士蔡济民便痛心地叹息：“无量金钱无量血，可怜购得假共和。”革命者做出巨大牺牲建立民国，但民生、民权均未改善，国家现代化没有走上正轨，军阀混战成为大众噩梦，于是，革命仍是激进分子的首选诉求（其时还有“实业救国”“教育救国”等种种建设性方案，但在政乱国危的当年难以实施），遂有“打倒列强除军阀”的国民革命继起。而国民革命并未纾解国民困境，平均地权等基本社会问题没有解决，其间民族危亡又愈益紧迫，倭寇侵占中国的威胁近在眉睫。在这种历史条件下，马克思主义的社会革命论在中国得以传播与实践，20世纪20年代以降，共产党领导的革命风起云涌，其规模之宏大、涉及社会问题之深广，皆属空前。经二十余年血战，高举“救亡”与“公产”旗帜的共产党，终于通过枪杆子夺取政权，宣告革命的成功。然而，夺得政权的共产党，在相当长时期未能脱出革命党的惯性，直至20世纪下半叶前期还在“继续革命”。可见，“革命”这一主题挥之难去。

略言之：辛亥革命—国民革命—共产革命，规模及深度逐次递进，整个20世纪上半叶及下半叶前期，“革命”成为中国社会运动的主题词。对于此一演绎进程，王国维早在1917年底即有预言：“观中国近况，恐以共和始，而以共产终。”其时尚在中共成立前四年，真可谓哲人之超前睿见。

20世纪下半叶后期，沿袭大半个世纪的革命风潮告一段落，中共完成由革命党向执政党的转化（以1978年十一届三中全会宣布结束“以阶级斗争为纲”作标志），从“马上得天下”演为“马下治天下”，改革开放的中国方走向有序社会变革与经济建设为主题词的新时代，21世纪可望沿此前行。

对于今人言之，20世纪是刚刚逝去的“昨天”，其迭次发生的“革命”，留下繁富错综的遗产，值得认真反思。而研究20世纪中国革命，须从作为起点的辛亥革命开始，所谓“穷理于事物始生之处，研几于心意初动之时”（孙中山语）。这场发生在20世纪初叶的革命，其生成机制、爆发原因、演绎过程、未竟事业、成败得失，均值得作深入的理性探究，一味颂扬与全盘否定，皆不可取，皆无益于获取历史教训。深度辨析辛亥革命，对认识20世纪中国革命史的特征及走势，具有毋庸置疑的意义。笔者近三十余年来注目于此，85万言的拙著《辛亥首义史》记载思考心得，本集刊载的几篇长短文章，补述其未尽之意，尤其对辛亥之后革命思潮在“五四”时期及后“五四”时期的发展演变有所探究。

20世纪的中国革命，是一绝大题目，本集仅略议一二，皆浅尝逸品，不过试图为大题作小引。

辛亥革命与中国宪政渊源 *

一、辛亥革命的开创性贡献

在辛亥革命一百周年之际，日本法政大学讨论这场革命的渊源，别有意味。

古典汉字词“革命”的本义是革除前朝天命。近代以来，“革命”有了多重引申义，但我们今日讨论辛亥革命的价值与历史定位，仍然不能抛开“革命”的本义。

并非所有国家的主流文化都肯认以暴力更替旧政权的革命，例如日本，虽然接受了中国文化的不少理念，却拒绝革命，因为日本天皇制“万世一系”，不容革除，日本的明治维新是在天皇制框架内实现的近代变革。又如西欧中世纪各国，革命（revolution）指叛乱，长期做贬义词使用，16 世纪以后才逐渐变为中性词，启蒙运动及法国大革命后方成为有限度的褒义词。而在中国文化系统，“革命”很早就被赋予正面价值，如《易传》所谓“汤武革命，顺乎天而应乎人”，肯定改朝换代、变革前朝弊政的合理性、合法性。但当一个王朝稳定下来以后也讳言革命，如汉景帝便在朝廷上制止儒道两家讨论“革命”。20 世纪上半叶的中国是革命大行其道的时代。革命家言革命的不胜枚举，即使曾经批评革命的梁任公，辛亥后也肯认革命，他 1921 年撰《辛亥革命之意义与十年双十节之乐观》一文，对史上之革命做了颇具历史主义眼光的评议，梁先生说：

---

* 本文为 2011 年在日本法政大学纪念辛亥革命一百周年学术研讨会的发言，后刊发于《读书》2012 年第 9 期。

> 中国历史上有意义的革命，只有三回：第一回是周朝的革命，打破黄帝、尧、舜以来部落政治的局面；第二回是汉朝的革命，打破三代以来贵族政治的局面；第三回就是我们今天所纪念的辛亥革命了。

我们稍加引申，“周朝的革命”，是指结束氏族—部落制，进入宗法封建制的革命。而“汉朝的革命”，是指秦汉结束宗法封建的贵族政治，确立宗法君主专制之下的官僚政治。而秦以后两千年间发生的多次“革命”（从陈胜、项羽、刘邦到朱元璋、李自成），导致改朝换代、政策调整，却未能改变宗法社会、专制帝制的基本面。辛亥革命则不然，它的明确目标是结束专制皇权，建立民主共和，从而导致国体、政体变更，社会形态兴革。辛亥革命虽然存在种种缺憾，然其在“革故”与“鼎新”两方面，都做出了首创性贡献，吾土吾民至今受其赐。

辛亥革命足可垂之青史的，从破坏一面言之，是推翻延续两千余年、近古以降已成社会进步严重障碍的专制帝制，使中国社会及人民得以解放；从建设一面言之，则是创建宪政共和，而辛亥首义后建立的湖北军政府拟订《鄂州约法》（全称《中华民国鄂州临时约法草案》），便是中国乃至亚洲第一部颁行的共和宪政文件，并成为民国约法的初范。一个饶有兴味的现象是，《鄂州约法》的修撰者宋教仁、汤化龙以及参与研讨者张知本、居正、张国溶、黄中恺等人，皆为日本法政大学的中国留学生。此一蕴藏丰富文化内涵的历史节点，值得我们深加探讨。

二、清末留日热潮与法政大学清国留学生法政速成科

古代曾有日本“留唐热”，导致汉字文化在日本的纵深流播，成为日本向中国借鉴学术文化的重要环节。千余年后，明治维新使日本“豹变龙腾，化为霸国”[①]，中国朝野决计效法东瀛，遂大举派遣留学生赴日，形成规模空前的“留日热”。19、20世纪之交，中国向日本派出数以万计的留学生，这不仅在中日两国关系史上是空前的，而且在世界文化史上，创造了一国向另一国派遣

① 康有为：《进呈日本明治变政考序》，载《康有为政论集》上册，中华书局1981年版，第223页。

留学生的新纪录。留日学生编纂的书刊《革命军》《猛回头》《警世钟》《湖北学生界》《洞庭波》《浙江潮》等成为清末影响巨大的革命读物。

从清政府而言，本着“中学为体，西学为用”的指导思想，派遣留学生的主要意图是学习技艺层面的科目，军事、法政都严加控制，但实际运作下来，这两类的留日学生甚多，一来是私费留学愈益增加，其所选科目政府无法控制，二来中国士人疏于科技知识，熟悉社会、人文学科，留学较易。

清末留日学习法政的特别多，从国内需求而言，原因有二：一者日本明治维新的成功，树立了仿效西洋宪政的范例，中国官方和知识界趋之若鹜；二者清末立宪呼声日高，立宪派渐趋活跃，向域外访求样板，成为一时风尚，革命派也十分注意宪政建投。这内外两方面因素，促成清末赴日研习法政者甚众，而进入设在东京的法政大学就读者最为集中。陈天华、宋教仁、胡汉民、汪兆铭、汤化龙、张知本、居正、沈钧儒等为其代表，而他们在法政大学接受的西方法政知识，在清末民初宪政建设中发挥了效用。

日本明治时期学习西洋法学，略有三系：（一）1872 年司法省之下设立“明法寮”，以教授法国（当时日译“佛国”）法为主。（二）1874 年开成学校设立法律课程，以教授英国法为主。（三）1893 年帝国大学下辖之法科大学增设德国法科。

法政大学的前身为 1880 年（明治十三年）创立的东京法学社，1881 年设东京法学校，1886 年成立东京佛学校，1889 年东京法学校与东京佛学校合并为和佛法律学校。1903 年和佛法律学校更名为法政大学。早在东京法学校与东京佛学校时期，即聘法国法律大博士波索纳德（Gustave Emile Boissonade de Fontarabie，1825—1910）讲授民法契约篇。波索纳德任教东京法学校，所授之法学体系有两大特色：一为自然法原则，保障公民的政治权利；二为人道主义，尊重公民的人权。这种自然法，强调民主原则下的国民主权和权力分工（三权分立），具有鲜明的自由主义色彩。基于日本国情，19 世纪 80 年代制订的明治宪法主要采纳德国（当时日译“独国”）的君主立宪政体，实行权威主义的天皇主权论，波索纳德的自由主义法学未能进入日本政坛主流，被边缘化的波氏于 90 年代黯然离日返法，但波索纳德传授的法国法却奠定了法政大学的法学基础，并成为日本法学的重要一支。

1904 年，应中国留学生范源濂建议，日本法政大学总理（校长）梅谦次郎（1860—1910）与清朝驻日公使商定，法政大学兴办“清国留学生法政速成科”，以解中国渴求近代法政人才的“燃眉之急”。每期学制一年或一年半，前后共五期（班）。这种短期教育当然不可能培养精通法学的专家，却可以较迅速地训练粗知法学的应用型人才。由于进入法政速成科的中国留学生中不乏学问根底深厚者，经此短期近代法学训练，亦涌现一批法学干才。

“清国留学生法政速成科”的教材由梅谦次郎等第一流日本法学家撰写，由中国留学生译为汉文印行出版，不通日文的中国学生皆可阅读。法政速成科还聘请东京帝国大学法科著名教授（如美浓部达吉、小野冢喜平次）授课，课堂上由日本教授用日语讲解，由曹汝霖、范源濂等口译为汉语。

入读“清国留学生法政速成科”的约两千人，一千二百人结业。后来成为著名人物的，第一班有陈天华、陈叔通、罗杰、雷光宇、余绍宋等，第二班有汪兆铭、胡汉民、朱执信、宋教仁、张知本等，第三班有阮性存等，第四班有沈钧儒、居正等。

“速成科”固然可以迅速培养法政人才，但学制短，难以精深。1906 年，梅谦次郎访问中国，会见湖广总督张之洞、直隶总督袁世凯，就中国派遣留学生到日本法政大学研习法政事宜展开会谈，袁世凯提及“清国留学生法政速成科”自第五期以降停止募集，此后的清国学生进入法政大学三年制普通学科学习。如光绪进士、曾授法部主事的汤化龙，1906 年自请资送日本，不再入“速成科”，而进法政大学专门部学习法律。汤氏后与同学组织留日教育学会，出版《教育杂志》，1908 年秋毕业归国，投身宪政运动。

清末预备立宪，各省兴办法政学堂，主持人及教员多为法政大学留学生，如湖北法政学堂监督为张知本，浙江法政学堂监督为陈叔通，皆“清国留学生法政速成科”出身，他们在鄂、浙等地创办法政学堂，课程设置仿效“法政速成科”，并采用其教材。

1913 年中国出版的杂志《党报》刊载法政大学广告《告中华民国留学生诸君》，列举清末以来留学法政大学的民国长官、鸿儒硕彦：

> 范源濂、汪兆铭、胡汉民、方潜、郑言、杨÷龙、甘鹏云、周贞吉、王运嘉、夏同龢、刘春霖、骆成骧、林鹍翔、杨彦杰、刘鹤年、刘蕃、居正、江庸、杨度、彭守正、张知本、谷钟秀、秦瑞玠。

清末留学生进入日本法政大学所接受的法学启蒙，大体说来是具有民主共和精神的波索纳德法学，讲授宪法课程的美浓部达吉（1873—1948）又是明治间杰出的民本思想家，坚持立宪主义、自由主义。后来美浓部达吉提出“天皇机关说”，主张天皇仅作为国家最高机关行使统治权，而主权应属于国民全体，与当时占据主导地位的“天皇主权说”相抗衡。虽然“天皇机关说”的正式提出是在给清末留学生授课以后，但美浓部达吉此种思想酝酿甚早，在法政速成科授课时已有显示，并对清国留学生产生影响。

三、辛亥首义后宋教仁来汉制订《鄂州约法》

辛亥首义爆发，十分兴奋的宋教仁偕同黄兴从上海赶至武汉，黄指挥阳夏保卫战，宋则启动宪政建设。

宋氏久已留意宪政，对欧美日本的政法制度做过经年研究，并在东京同盟会期间曾试拟宪法草案。从宋氏日记看，他于1906至1907年留学日本法政大学、早稻田大学期间，购置并研读多种法政书籍，并在1906至1907年，翻译《日本宪法》《英国制度要览》《各国警察制度》《国际私法讲义》《俄国制度要览》《奥地利匈牙利制度要览》《美国制度概要》《奥匈国财政制度》《德国官制》《普鲁士王国官制》《日本地方渔政法规要览》等。他还对清末的预备立宪举措有系统评述，并关注立宪派的活动，对其兼有赞许与批评。故宋教仁堪称革命党人中富有法政知识，也最重视法政建设的一人。

武昌起义后，大多数革命者忙于军政事务，无暇从事民主建政工作，宋教仁则义不容辞地担当起修撰《鄂州约法》的大任，而原立宪派人士汤化龙等成为协助者。

《鄂州约法》之“鄂州”，非指今鄂州市，“鄂”乃湖北简称，此“鄂州”指湖北省。“约法”，系中国古典词，秦汉之际刘邦“约法三章”名传千古，而孙中山1906年拟《军政府宣言》，论及实施国民革命，“次序则分三期”：“第一期为军法之治”，“第二期为约法之治”，“第三期为宪法之治”（与孙中山提出的“军政—训政—宪政”三步走之说大体对应）。所谓“约法之治”（约为“训政”阶段），指“凡军政府对于人民之权利义务，及人民对于军政府之权利义务，悉规定于约法”，六年后，始解约法，布宪法[1]。故“约法”是尚未经过完备的民主程序制定的政治法度，是迈向宪法的过渡性立法。《鄂州约法》之“约法”，大概是在此种含义上使用的。

民国正式建立前，湖北军政府一度具有革命的中央政府功能，而《鄂州约法》也就具有国家约法的意义，是中国乃至亚洲第一个正式颁布并得以实行的民主共和国约法，随后宣布反清独立的省份也颁布约法（如《江西临时约法》），均仿效《鄂州约法》。1912 年 1 月民国临时政府成立，宋教仁任法制院总裁，草拟宪法草案，以《中华民国临时组织法草案》名称公布，其内容乃至文字皆由《鄂州约法》脱出。故由宋教仁主笔的《鄂州约法》是中国民主宪政发展史上的一座里程碑。

宋教仁在汉滞留半月（10 月 28 日—11 月 13 日），主要工作是拟订约法，而相与探讨较多的是前湖北咨议局议长、时任湖北军政府民政长汤化龙。宋教仁与汤化龙都曾留学日本，同在东京的法政大学学习法律。宋教仁 1905 年入日本东京的法政大学，次年进早稻田大学，汤化龙 1906 至 1908 年在法政大学专门部习法律，二人都曾研究东西洋各国宪法及政治制度，又在清末预备立宪过程中早有交谊，故宋氏来汉入住汤化龙武昌家中，两人以宪政为题，彻夜切磋。汤化龙对约法拟订提出重要建议：

（一）共和国体
（二）民主政体
（三）立宪政治
（四）责任内阁
（五）政党议员
（六）人民之权利义务[2]

同为法政大学留学归国的张国溶、居正、张知本也参与《鄂州约法》讨论。这批人在法政大学接受的西方法律知识，尤其是民主宪政思想，在辛亥年

---

① 《军政府宣言》，载《孙中山全集》第一卷，中华书局 1981 年版，第 297—298 页。
② 王保民：《汤化龙先生片断见闻录》，载《黄石师院学报》1981 年第 4 期。

间发挥了效用。

再放大视域，参与清末预备立宪及民初宪政建设的人士，也多有日本法政大学留学生（如沈钧儒等）。据统计，清末各省建立咨议局，正副议长及驻会议员中，留学日本或到日本考察者九十七人，其中法政大学留学生四十八人[①]。故清末民初宪政建设，与入读法政大学的清末留日学生颇有干系。

考察法政大学的学脉及清国留学生在此的受业情形及以后的宪政实践，有助于回答以下切关宏旨的问题：

辛亥革命选择的民主共和模式来自何方？以往的研究将其归咎为孙中山等革命领袖从欧美获得启示。此论固然不错，但过于简单，忽略了日本的中介作用。事实上，宋教仁等辛亥志士以日本为中介，吸收法国系民主共和精义，是辛亥革命选择民主共和模式的又一重要因缘，研讨清末留学法政大学的一批人物民主共和思想的来龙去脉，便有助于这一重要议题的探究。

另外，人们往往不解：日本明治维新走的是君主立宪道路，坚持主权在君，而大批留学日本的中国青年却扬弃君主立宪，执着于民主共和，其故安在？通过对法政大学学脉的辨析、了解明治时期日本近代法政思想的多元性（法国法系、英国法系、德国法系并存），进而考察“清国留学生法政速成科”教学内容及师生构成的研讨，再结合清末国情因素（君主立宪走不通），便有助于历史地诠释辛亥革命的道路选择，从而深化对近代中国宪政思想及其实践的认识。

---

① ［日］神谷昌史：《中国人留学生与中国的近代化》，载《法政》通卷五四二号。

鲁迅笔下的辛亥革命*

如果我们看到的是一位真正伟大的艺术家，那末他就一定会在自己的作品中至少反映出革命的某些本质的方面。

一

在中华人民共和国成立后的鲁迅研究中，曾有一种流行观点——似乎鲁迅对辛亥革命只是一味地持批判态度。其实此说带有很大的片面性。

诚然，“五四”以后，鲁迅站在更高的角度揭示了辛亥革命的种种弱点，吁请后起者记取辛亥革命失败的教训，这正是鲁迅的深刻之处。然而，鲁迅对辛亥革命正义性的肯定，是从不含糊的，对于辛亥先烈前赴后继的献身精神，更是景仰不已、颂声不绝。如果我们对于鲁迅思想言行的这一侧面视而不见，硬将他描绘成一个辛亥革命的否定论者，那就既对辛亥革命有失公正，亦对鲁迅的评论陷入偏颇。事实上，鲁迅对这场革命的积极意义，对英勇奋斗、悲歌慷慨的辛亥志士的历史功勋，都给予了充分的估价和热情的讴歌。

鲁迅在他的作品中以广阔的画面，表现辛亥革命发生的历史背景，形象地揭示出“任何地方发生革命震动，总是有一种社会要求为其背景，而腐朽的制度阻碍这种要求得到满足”①。

翻开《呐喊》《彷徨》的一些篇章，清朝末年中国社会黑暗、闭塞，民众生活悲惨、绝望等惨烈的景象，便跃然纸上。《孔乙己》《祝福》中的“鲁镇”、

---

* 原发表于《江汉论坛》1981年第5期，冯天瑜、周积明合撰。收入《文存》有修订。

① 《马克思恩格斯选集》第1卷，人民出版社1972年版，第501页。

《阿Q正传》中的“未庄”，便是晚清社会的缩影。农民、妇女、下层读书人在这里受到深重的压迫，不仅物质生活极端贫困，而且精神也遭到践踏和扭曲。祥林嫂一生备受凌虐，直至死前，还被地狱的恐怖所折磨；阿Q则一味用他那著名的“精神胜利法”去麻痹自己创痕累累的躯体和魂灵。而骑在阿Q头上的赵太爷、迫害孔乙己的丁举人、用冷酷的礼教把祥林嫂驱向绝境的鲁四老爷，却是那样道貌岸然，颐指气使，“以凶人的愚妄的欢呼，将悲惨的弱者的呼号遮掩”[①]。

鲁迅的作品还告诉人们，压迫愈甚，反抗愈力，貌似沉寂的中国大地，地火正在运行、奔突。深受重压的民众，于忍无可忍之际，终究会奋起抗争。当革命风涛骤起的时刻，连那个不觉悟的农民阿Q，也迫于“生计问题”，决定去投奔“革命党”。

辛亥革命的爆发，确乎给中国大地带来震动。《阿Q正传》以神来之笔，将革命风暴来临时，统治阶级的穷形尽相，描画得活灵活现：城里的白举人竟不顾森严的等级，和未庄的赵秀才排了“转折亲”，赵太爷失去威风凛凛的常态，“怯怯地迎着”阿Q，低声称呼“老Q”。显示了“革命无疑是天下最权威的东西”[②]，在革命的岁月里各个阶级、阶层人们地位的变迁、力量的消长，比平日要迅猛千百倍。

革命也在未庄的农民中引起前所未有的反响。并不理解革命为何物的农民，开始也曾慌张过一阵子。然而，绅士们的恐惧，终于使农民从阶级本能上觉察到革命兴许于自己有利。在革命风涛的鼓动下，一向伸不直脊梁的阿Q也在赵太爷面前“昂了头直唱过去”，还高喊“造反了！造反了！”并算计着如何夺取赵家、钱家等乡绅的资财。阿Q就这样成为一个不需要任何人介绍和承认的“革命党”。熟悉中国农村的鲁迅清楚地看到，身受重压的农民，是革命派，他们同包括辛亥革命在内的一切民主运动，存在着血肉相依的关系。鲁迅所揭示的农民在革命中的动向，具有典型性，因而也有着普遍的世界意义。罗曼·罗兰读了《阿Q正传》以后，就深受感动，他指出，阿Q这样的农民，法国大革命中也可以看见。

---

① 《坟·灯下漫笔》。

② 《马克思恩格斯选集》第2卷，人民出版社1972年版，第554页。

鲁迅深知辛亥革命是中国民众所需要、所欢迎的革命，所以他对辛亥先烈们的缅怀之情，总是溢于言表。本来，鲁迅的小说描写的多是“病态社会的不幸的人们”，但在小说《药》里，鲁迅洗练而鲜明地点染了那个未曾出场的烈士夏瑜高风亮节的情操。而在夏瑜的身上，读者可以清楚地看到“鉴湖女侠”秋瑾的影子。

对于辛亥革命的思想家邹容、章太炎，鲁迅也给予崇高的评价。他说，就革命的启蒙功效而言，“别的千言万语，大概都抵不过浅近直截的‘革命军马前卒邹容’，所做的《革命军》”[①]。当后来有人以“超革命”的姿态，诬蔑邹容是“落伍者”时，鲁迅立即站出来加以批驳，赞扬邹容是“革命军马前卒”，而决非什么“落伍者”[②]。20世纪30年代，有文侩嘲骂章太炎，以讨好当局，鲁迅怒不可遏，于重病垂危之际，著文驳斥此类妄言。鲁迅高度肯定章太炎一生的功绩——辛亥革命前，章太炎与保皇派论战的檄文，“真是所向披靡，令人神旺”；辛亥革命后，章太炎“以大勋章作扇坠，临总统府之门，大诟袁世凯的包藏祸心者，并世无第二人；七被追捕、三入牢狱，而革命之志，终不屈挠者，并世亦无第二人：这才是先哲的精神，后生的楷范”[③]。

对中国革命民主派的旗帜孙中山，鲁迅心怀敬仰。鲁迅说：“中山先生的一生历史具在，站出世间来就是革命，失败了还是革命”；“他是一个全体，永远的革命者，无论所做的那一件，全都是革命，无论后人如何吹求他、冷落他，他终于全都是革命”[④]。当一些人在孙中山去世以后，对孙先生横加指责时，鲁迅用辛辣而又激越的语言说道：“战士战死了的时候，苍蝇们所首先发见的是他的缺点和伤痕，嘬着，营营地叫着，以为得意，以为比死了的战士更英雄”，“然而，有缺点的战士终竟是战士，完美的苍蝇也终竟不过是苍蝇”[⑤]。

对于辛亥革命解除种族压迫的桎梏、传布民主共和思想等种种勋绩，鲁迅也给予积极的评价。他曾多次就头发问题发表隽永的议论：由于辛亥革命扫荡了种族压迫，不再因为“这不痛不痒的头发而吃苦、受难、灭亡”[⑥]，从

---

① 《坟·杂忆》。

② 《三闲集·“革命军马前卒”和“落伍者”》。

③ 《且介亭杂文末编·关于太炎先生二三事》。

④ 《集外集拾遗·中山先生逝世后一周年》。

⑤ 《华盖集·战士和苍蝇》。

⑥ 《呐喊·头发的故事》。

此，人们可以“昂头露顶，慢慢地在街上走，再不听到什么嘲骂”[①]。鲁迅还说：“我常常欣慕现在的青年，虽然生于清末，而大抵长于民国，吐呐共和的空气”[②]，这都是对辛亥革命的褒扬。当然，鲁迅也清醒地看到，辛亥革命不幸中途夭折，远远未能完成民主革命的一系列基本任务，但鲁迅把这看作是进步途中的遇挫，是漫长的中国革命历程必须经过的一级阶梯。1927 年，鲁迅在一篇纪念黄花岗烈士的专文中，将这层意思表露得十分清楚，现摘录于下，以纠正那种以为鲁迅对辛亥革命只有批评的片面看法。

> 这些失败的战士，当时也就成为革命成功的先驱。
>
> 中国经了许多战士的精神和血肉的培养，都的确长出了一点先前所没有的幸福的花果来，也还有逐渐生长的希望。[③]

二

辛亥革命虽然推翻了清朝皇帝，但要清除中国大地上盘根错节的宗法专制势力，决非易事。鲁迅在武昌首义后不久曾说：“专制永长，昭苏非易”，“桎梏顿解，卷挛尚多”。[④]他早就意识到这场斗争的艰巨性。正当人们陶醉于胜利的喜悦之中，鲁迅敏锐地观察到这场革命面临着巨大的危机：绍兴革命军中，“成群闲游者有之，互相斗殴者有之，宿娼寻欢者有之，捉赌私罚者有之”，面对这种腐败现象，鲁迅疾呼“吾为中华民国前途危”[⑤]。1912 年 7 月，鲁迅在《哀范君三章》中，以凝练的诗句，谴责“世味秋荼苦，人间直道穷”的黑暗现实，尖锐指出，辛亥革命后，中国政治舞台上的人物变幻，不过是“狐狸方去穴，桃偶已登场”，对清廷倒台后袁世凯之流取而代之的社会现实作了一针见血的概括，其远见卓识，是当时一般论者所不能企及的。这使我们联想到，十五年后，正当大革命进入高潮，万众欢呼沪宁克复的时候，鲁迅

---

① 《且介亭杂文·病后杂谈之余》。

② 《坟·杂忆》。

③ 《而已集·黄花节的杂感》。

④ 《集外集拾遗·〈越铎〉出世辞》。

⑤ 《军界痛言》，1912 年 1 月 16 日《越铎日报》，见彭定安等《〈军界痛言〉为鲁迅辛亥革命时期的佚文考》，载《社会科学辑刊》1981 年第 2 期。

却清醒地洞察到"革命后方广州"潜伏着危机，向人民发出了不要陶醉于"庆祝"，而应"永远进击"的警告。

由于鲁迅站在人民的立场上，深切地感应着民众的呼吸、命运和爱憎；加上他具备那种特有的透过现象发现本质的观察力，他总是不被那浮在河水表面的泡沫所迷惑，而能够迅速、真切地把握滔滔不绝的深流的冷暖和流向，因此他能在一般人"欢庆胜利"的时候，敏锐地看出辛亥革命（以及后来的大革命）埋伏着失败的危机。鲁迅衡量一场革命的成功与否，不是单看新的当政者的宣言、口号和名目，而是看政权是否真正转向人民手中。辛亥革命推翻了皇帝的宝座，但是，中国的政治权力是否发生了根本性的转变呢？这是鲁迅所潜心观察的要害问题，也是他剖析辛亥革命成败得失的着眼点和入手处。

《阿 Q 正传》里，我们看到经过一阵浮动之后，"未庄的人心日见其安静了。据传来的消息，知道革命党虽然进了城，倒还没有什么大异样。知县大老爷还是原官，不过改称了什么，而且举人老爷也做了什么——这些名目，未庄人都说不明白——官，带兵的也还是先前的老把总"。未庄的街头，也"样样都照旧"。在《范爱农》中，鲁迅为我们描绘了光复后的绍兴："尽管满眼都是白旗，然而貌虽如此，内骨子是依旧的，因为还是几个旧乡绅所组织的军政府，什么铁路股东是行政司长，钱店掌柜是军械司长"，名目稍有变化，为官的仍然是旧人物。在一篇杂文中，鲁迅揭露"民元的时候，说盛宣怀是第一名的卖国贼，将他的家产没收了，不久，似乎是二次革命之后，就发还了"，而盛宣怀的子孙，在袁世凯的"民国政府"治下，举行"收复失地"的盛典[①]，一度因革命爆发而惶惶不可终日的前清官僚买办，居然扬眉吐气了，这正宣告着革命的失败。与此同时，加入政府的革命党人，或被排挤，或被收买，著名革命党人宋教仁，武昌首义元勋张振武、蒋翊武等相继在军阀的枪弹下丧生。在鲁迅的故乡绍兴，鼓吹"咸与维新"的王金发，"被袁世凯的走狗枪决了，与有力的是他所释放的杀过秋瑾的谋主"。甚至连并不真正懂得革命的阿 Q，也成了地方劣绅惩一儆百的牺牲品。在这疯狂的屠杀下，"中国又一天一天沉入黑暗里。[②]

① 《伪自由书·从盛宣怀说到有理的压迫》。

② 《坟·论"费厄泼赖"应该缓行》。

鲁迅对辛亥革命失败的剖析并未止步于此，他还全面考察中国民众的最大部分——农民在辛亥革命后的政治、经济和精神状态。辛亥革命曾经使农民产生了摆脱压迫的朦胧希望。但是，“新”政权并没有给农民带来任何实际利益，他们仍然饱受着“饥荒、苛税、官、匪、兵、绅”[①]的交相压迫。鲁迅在《风里》里，通过一条辫子的纠葛，展示辛亥革命后中国农村政治生活的风俗画，向读者报告这样一个信息：辛亥革命虽然赶走了皇帝，但却没有动摇地主豪绅在农村中的威势，七斤们在赵七爷的淫威面前，仍然诚惶诚恐，广大农民继续在专制政治的压迫下战栗。

鲁迅还指出：革命成功的“第一要着是在改变他们（指人民群众——引者）的精神”[②]，辛亥革命曾一度在中国掀起真实的民主主义的高潮，但其深度和广度都是不够的，千百年来根深蒂固的宗法制度、专制文化依然强烈地毒化着整个社会，戕害着广大民众，特别是农民。《故乡》中的闰土，少年时曾与作品中的“我”亲密相处，但是，二十多年后再见时，闰土与“我”之间，已设置起“一层可悲的厚障壁”，闰土竟把自己少年时代以“哥弟称呼”的朋友，叫作“老爷”，还要把躲在身后的儿子拖出来，“给老爷叩头”。

民众精神的这种麻木状态，导致整个社会中形成病态的冷漠。阿Q被杀，在未庄引起的反响是“自然都说阿Q坏，被枪毙便是他的坏的根据，不坏又何至于被枪毙呢？”[③]。一个无辜者遭到屠杀，却没有引起抗议、愤怒，甚至没有引起怀疑，这是一种何等令人痛心疾首的情形！《明天》中的单四嫂子守寡多年，生命的唯一寄托就是宝儿，而当宝儿病危时，周围的镇民或漠不关心，或幸灾乐祸，甚或乘机要流氓。以至宝儿死后，单四嫂子感到，“屋子不但太静，而且太大了，东西也太空了。太大的屋子四面包围着她，太空的东西四面压着她，叫她喘气不得”[④]。这种可怖的压力正是专制制度所造成的社会空气凝结而成。

恩格斯在《法德农民问题》中曾经指出：“广大农民的这种冷漠态度，不仅是巴黎和罗马议会贪污腐化的强有力支柱，而且是俄国专制制度的强有力支

① 《呐喊·故乡》。

② 《呐喊·自序》。

③ 《呐喊·阿Q正传》。

④ 《呐喊·明天》。

柱。”民众的冷漠、不觉悟，当然也是中国专制制度得以维系的支柱，而中国资产阶级所领导的革命，未能触动这个支柱。农民仍然陷于无知、闭塞和愚昧之中。

鲁迅对辛亥革命后农民问题的总结，具有深意。两千多年来，中国广大农民在经济剥削、政治压迫和精神奴役下，“默默的生长、萎黄、枯死了，像压在大石底下的草一样”[①]，辛亥革命爆发了，帝国变成了民国，“上层的改变是不少了，无教育的农民，却还未得到一点什么新的有益的东西，依然是旧日的迷信，旧日的讹传，在拼命的投死和逃死中自速其死”[②]。凡此种种，催促着鲁迅发出悲愤的呼声——“我觉得，仿佛久没有所谓中华民国”[③]，中国人民并未改变奴隶地位，中国社会仍在旧有的生活轨道上运行。鲁迅在人们面前提出了开展更深入、更彻底的变革的任务。

三

鲁迅对于辛亥革命经验教训的总结，还在于他明晰地揭示了这场革命失败的原因。

辛亥革命的发动者是年轻的中国资产阶级，实际的活动家则主要是小资产阶级知识分子。这批人在推翻清朝的战斗过程中，表现了巨大的热情和可歌可泣的献身精神。但他们宣传革命和组织革命，主要着眼于新军和会党，对于广大民众，特别是农民的发动，则是忽视的。革命党中最有远见卓识的孙中山，虽在其纲领中提出了“平均地权”，显示出对农民问题的关注，但并无具体实行的措施。而其他革命党人对“平均地权”则往往不理解，甚至反对。同盟会的分支组织共进会在拟定政纲时，竟把“平均地权”改为“平均人权”（指满汉平权），在这些革命党人的心目中，解决严重的农民问题，并未占有重要地位，他们的革命活动，始终存在着脱离群众，尤其是脱离农民群众的弊端。

对于革命党人的这一致命弱点，鲁迅观察得十分真切，发表在1919年5月《新青年》月刊上的《药》，便是鲁迅批评党人脱离民众的一篇重要作品。

---

① 《集外集·俄文译本〈阿Q正传〉序及著者自叙传略》。

② 《花边文学·迎神和咬人》。

③ 《华盖集·突然想到》。

《药》中的青年革命者夏瑜（喻秋瑾），在清廷的屠刀面前，大义凛然，视死如归。然而，夏瑜故乡的人们，对于他的牺牲的反应却十分冷淡。小说展现了一个震撼人心的场景：古口亭口，人们伸长脖子，争先恐后“鉴赏”“杀人的胜举”；刑场上，贫民华老栓捧着辛辛苦苦积攒下来的钱，去购买烈士的鲜血，作为给儿子治病的“良药”；小茶馆里，百无聊赖的茶客以革命者的牺牲为谈资笑料。夏瑜的革命宣传使他们感到气愤，夏瑜的遭打引来一阵幸灾乐祸的大笑，“发了疯了”，便是他们对夏瑜革命活动的评论。“孤独的精神战士，虽然为民众战斗，却往往反为这‘所为’，而灭亡”[①]。在夏瑜悲凉寂寞的牺牲之中，革命党人脱离民众的苦境得以揭示。而如果革命没有深入大众，新思想没有逐步取代群众中流行的旧意识，革命者的活动就不可能为人民所理解，夏瑜这样的先驱者的血，也往往会可悲地充当“人血馒头”的材料。

《阿Q正传》展现了革命党与农民群众之间可悲的隔膜，显示出革命党在广大农村中宣传、组织工作的薄弱。

未庄，地处革命中心点之一的浙东，然而，民主主义的宣传基本没有波及这里。在白举人向未庄疏散细软之前，未庄人对革命一无所知。革命党进城，全村的人心才摇动起来。但是，革命党究竟是怎么一回事，未庄人毫不知晓，二百多年来“反清复明”的意识潜流，使他们以为革命只不过是明王朝的复兴，于是，革命党人也便被描绘成“个个穿着白盔白甲，身着崇祯皇帝的素”的模样。他们不知道何为“自由党”，而依其谐音称其为“柿油党”；“自由党”的证章也被视为“抵得上一个翰林”；阿Q由于曾在城里“观赏”过杀革命党，算是未庄人中对革命党多少“知道”一点的人，而他却有一种不知从哪里来的意见，“以为革命党便是造反，造反便是与他为难，所以一向是‘深恶而痛绝之’的”。这些糊涂得可笑的看法，显示了这场革命距离农民群众是多么遥远。鲁迅在一篇杂文中还描述过那些不理解革命的民众，视革命的到来，如大祸临头，纷纷乱逃，“城里的逃到乡下，乡下的逃进城里，问他们什么事，他们答道：‘他们说要来了’”[②]。

由于革命党人脱离民众，农村中即使出现自发的革命力量，也得不到支

① 《华盖集·这个与那个》。

② 《热风·来了》。

持和指导。阿Q嗅到了暴风雨来临前的气息，开始萌发“造反”念头，首先想到的就是去投革命党，可是，“他平生所知道的革命党只有两个，城中一个早已‘嚓’的杀掉了”，另一个则是假洋鬼子。对于阿Q来说，要投革命党，“除却赶紧去和假洋鬼子商量之外，再没有别的道路可走”。而当阿Q被假洋鬼子的哭丧棒赶走，“他所有的抱负，志向，希望，前程，全被一笔勾销了”。

中国是一个农民的国度，脱离农民的任何革命，势必陷入孤军作战的境地。辛亥革命中的党人正是在这个问题上犯了错误，终于被专制买办势力所击败。

革命党人的另一致命弱点，就是软弱性，天真地把革命成功的希望寄托在官僚和军阀的“咸与维新”上。鲁迅在作品里多次描写过这种情形：武昌首义的成功，宛如平地而起的春雷[①]，“一度恶革命党如蛇蝎”的官僚、豪绅顿时慌作一团，“皇皇然若丧家之狗，将小辫子盘在头顶上”[②]“看见似乎革命党的人，便亲密地说道：我们本来都是草字头，一路的呵”[③]。而“革命党也一派新气——绅士们先前所深恶痛绝的新气，‘文明’得可以；说是‘咸与维新’了，我们是不打落水狗的，听凭他们爬上来罢。于是他们爬上来了……”。王金发带领革命军开进绍兴，捉住谋害秋瑾的谋主章介眉，“调集了告密的案卷，要为她报仇。然而终于将那谋主释放了，据说是因为已经成了民国，大家不应该再修旧怨罢”[④]。历史真实正如鲁迅所描绘的那样，武昌首义才成功，“开诚布公，咸与维新”，“旧染污俗，咸与维新”的呼吁就充斥于南京临时政府与各地军政府的公报、电文中。连革命党的重要领袖黄兴也力主与袁世凯妥协，当黄兴督师武汉时，曾致函正统率北洋军前来镇压革命的袁世凯，表示只要袁能倒戈，那么“非但湘鄂人民戴明公为拿破仑、华盛顿，即南北各省当局亦无有不拱手听命者”。

1925年1月，鲁迅在给许广平的信中沉痛地指出：“民元革命时，对于任何人都宽容（那时称为文明），但待到二次革命失败，许多旧党对于革命党却不‘文明’了：杀。假如那时（元年），新党不‘文明’，则许多东西早已灭

①③ 《华盖集·补白》。

②④ 《坟·论“费厄泼赖”应该缓行》。

亡，那里会来发挥他们的老手段。”[①] 在《论“费厄泼赖”应该缓行》中，鲁迅指出：“先烈的好心，对于鬼蜮的慈悲，使它们繁殖起来，而此后的明白青年，为反抗黑暗计，也就要花费更多的气力和生命。”

在对辛亥革命失败原因的考察中，鲁迅还独具慧眼地揭示：“至今如此的统治阶级的革命，不过是争夺一把旧椅子。去推的时候，好像这椅子很可恨，一夺到手，就又觉得是宝贝了，而同时也觉得自己正和‘旧的’一气。”[②] 例如王金发，这个“绿林大学”出身的下层革命党人，在武昌首义后不久，领导了杭州起义，带兵进驻绍兴，推行一些革命措施，颇有一点新气象。但到他一做都督，马上被“许多闲汉和新进的革命党所包围”，在他身边的“绅士以至于庶民，用了祖传的捧法群起而捧之”，“这个拜会，那个恭维，今天送衣料，明天送翅席，捧得他连自己也忘乎所以，结果是渐渐变成老官僚一样，动手刮地皮”[③]。后来，当一些进步师生办报批评他时，他竟扣压学校经费，并以手枪相威胁，进而捣毁报馆，镇压学生。鲁迅通过对王金发的解剖，揭示革命“成功”后，党人迅速蜕化的情形。

鲁迅在他的作品中，还昭示某些党人的目光短浅。章太炎是革命党中杰出的思想家、宣传家。但是他所鼓吹的革命，是为了“排满”。因此，武昌起义的成功，清朝统治的崩溃、中华民国临时政府的成立，使他感到“排满之志”已伸，在他面前，失去了继续革命的目标和前进的方向，于是，他“既离民众，渐入颓唐”，并“自藏其锋芒”，“身衣学术的华衮，粹然成为儒宗”[④]。其实何独章氏如此，叱咤风云的黄兴在民国成立后，也声称：“吾辈十余年兢兢业业以求者，真正之和平，圆满之幸福。今目的已达，掉臂林泉，所得多矣。”[⑤] 清末的南社，曾经是鼓吹革命的文学团体，但他们叹的仅是汉族的被压制，愤的仅是满人的凶横，“渴望着‘光复旧物，但民国成立以后，倒寂然无声了，我想，这是因为他们的理想，是在革命以后，‘重见汉官威仪’，峨冠博带，而事实并不是这样，所以反而索然无味，不想执笔了’”[⑥]。鲁迅对

---

① 《两地书·三五》。
② 《二心集·上海文艺之一瞥》。
③ 《华盖集·这个与那个》。
④ 《且介亭杂文末编·关于太炎先生二三事》。
⑤ 《临时政府公报》，第 24 号《附录》，《辛亥革命资料》，第 196 页。
⑥ 《三闲集·现今的新文学的概观》。

革命党人锢弊的针砭，其准确性和深刻性令人叹服。

政权的丧失与民众的脱离、革命队伍的分化和风流云散，严重地削弱了革命党的力量，而与此同时，根深蒂固的反动势力很快从震惊中恢复过来，迅速地重新集结、扩充力量，“数日之间，超过革命党不啻数十倍”（孙中山语），这样，敌强我弱的格局不可避免地铸成。辛亥革命的结局由此而决定。1925年4月14日，鲁迅在给许广平的信中指出：“（民元时）和袁世凯妥协，种下病根，其实却还是党人实力没有充实之故。所以鉴于前车，则此后的第一要图，还在充足实力。”[①] 这一精辟分析正是从辛亥革命失败中引出的教训。

鲁迅在创作《阿Q正传》等描写辛亥革命的作品时，是一个激进的民主主义者，当然存在认识的片面性，但由于他的作品深深地植根于历史生活的土壤之中，因而是那样丰富、真实，具有生命活力，这是现实主义文学的胜利。

① 《两地书》。

《孙中山与〈少年中国〉》* 序

方李邦琴女史主纂的《孙中山与〈少年中国〉》一书，通过对在北美印行的《少年中国》晨报、《世界日报》等百年前第一手文献的开掘与整理，向今人呈现了辛亥革命的一个重要侧面——海外华人对这场革命的认知、参与、宣传及坚守，用生动、翔实而又鲜为人知的材料，昭显了孙中山先生名论“华侨为革命之母”的深刻内涵。此书堪称辛亥革命百年纪念群籍中富于特殊价值的一种，也是近现代报刊史的佳构杰作。

海外华人深怀爱国之情和追求社会进步之志，又历经欧风美雨、接受现代文明洗礼，是较早支持孙中山先生民族民主革命的人群，也是革命思想和现代理念的热心传播者。20 世纪初创办于北美的《少年中国》晨报等刊物，即在前驱之列。综览这些报刊文字可以发现，它们在辛亥前后十余年间所提供的丰赡信息，所阐发的新锐观念，皆与辛亥革命的主旨或深相契合，或相与辩难，从而展示了一幅色彩斑斓、极富历史现场感的图景，有助今人体认辛亥革命的复杂进程和深远意义。

中国历史上曾发生多次改朝换代的“革命”，却并未改变宗法专制的社会形态，而辛亥革命则引发国体、政体变更，社会形态有所兴革，从此奔向现代文明的浩荡长程。辛亥革命在“革故”与“鼎新”两方面，堪称历史性的首创之举，吾土吾民至今受其赐。

---

* 北京大学出版社 2011 年出版。

一、终结两千年专制帝制

中国历史的特色之一，是专制帝制早成（公元前3世纪）和长期延续（两千余年）。以公元前221年嬴政（前246—前211年在位）称制“始皇帝”为端绪，至1912年清朝末代皇帝溥仪（1908—1912年在位，年号宣统）逊位止，专制帝制历时2132年，共有492个皇帝登极。此间政制起伏跌宕，而大势是君主集权于涨落间愈趋强化。帝王“以制命为职”（朱熹语），反映帝王意志的“诏令”通过垂直的官僚系统布达四方，经由郡县制、流官制，实现中央对广土众民的掌控。朝廷又经由选举、科举，君主与庶民对接，从而扩大了专制政治的社会基础。

男耕女织、土地在王有（国有）名义下私有、城乡一元的自然经济，是宗法制与专制帝制存在的经济基础，又被其反哺并受其保护。这种“宗法—专制”二重社会结构与地主、自耕农制的经济形态相互维系。以上诸层面融会成的自足性机体，具有顽强的延传能力，大一统的专制帝制对于中国古典文明的繁荣曾经发挥重要作用，至近古，专制帝制的弊端日剧，严重阻碍社会进步。时至近代，在工业文明焕发的内外因素作用下，宗法专制帝制才逐渐解体。而辛亥革命则正式宣告两千余年一以贯之的君主专制政体退出历史舞台。同盟会1906年拟订《军政府宣言》，明确公示国人：

> 今者由平民革命以建国民政府，凡为国民皆平等以有参政权。大总统由国民公举。议会以国民公举之议员构成之，制定中华民国宪法，人人共守。敢有帝制自为者，天下共击之！

辛亥首义后，诸省响应，帝制崩坍已成定局，宣统三年十二月十三日（1912年2月12日）以隆裕皇太后懿旨名义发布清帝退位诏书。该谕旨曰：

> 今全国人民心理多倾向共和，南中各省既倡议于前，北方诸将亦主张于后，人心所向，天命可知。予亦何忍因一姓之尊荣，拂兆民之好恶。是用外观大势，内审政情，特率皇帝将统治权公诸全国，定为共和立宪

国体，近慰海内厌乱望治之心，远协古圣天下为公之义。

清帝逊位标志着一个历史终结，是近代文明在中国生长发育的产物，代表这种历史态势的，是革命民主派及其各路同盟军（如立宪派），对专制帝制给予强力一击，促其终结的，正是辛亥首义。袁世凯于辛亥首义以后，“骗取总统，以此攘窃帝位”，“以一姓之尊而奴视五族”，成为民之“公敌”，召致“天下共击之”，洪宪王朝八十余日即告覆灭。证明了孙中山“敢有帝制自为者，天下共击之”确为不刊之哲言。

辛亥革命不同凡响的意义，不仅在于推翻清王朝，更在于结束了沿袭两千余年的专制帝制，成为中国历史划时代的界标。《世界日报》宣统三年九月二十一日“紧要新闻”的《革党大胜官军》，辛亥年十月初九日“紧要新闻”的《南京战云之剧烈》等报道，即为这一重大历史事变的记述。今日读来，仍觉血脉贲张。

二、开启共和宪政新篇章

与推翻专制帝制互为表里，辛亥首义的另一空前的历史业绩，是建立民主共和政体。“共和”，在中国古典的本义为“共同协和行政”，近代中国与日本学人用“共和”或“公和”翻译西洋的民主立宪政体（republicanism）。这种政体的基本形态是：国家权力机关和国家元首由选举产生。与君主制相对，采用这种政体的国家称共和国。“共和”的英文 republic 一词来源于拉丁文 res publica，意即公共事务。

共和宪政与君主立宪同为近代民主政体的两种并列形态，但由于戊戌变法夭折和清末仿行立宪的虚假，表明君主立宪难以在中国实行，共和制成为先进中国人的选择。早在 1897 年，孙中山先生在《与宫崎寅藏平山周的谈话》中，用汉文宣示自己的政治精神是“执共和主义”，他还批驳那种“共和政体不适支那之野蛮国”的论调。20 世纪初，邹容的《革命军》更高唤“中华共和国万岁”口号。至辛亥首义，革命民主派在观念形态上介绍并倡导民主共和，已历十余年，而践履共和制，使之成为一个鲜活的事实，则开端于辛亥首义，湖北军政府建立、《鄂州约法》制定，中华民国临时政府成立，便是其显著标志。

中国革命民主派坚守共和主义，并强调共和主义乃是继承中国传统精义与借鉴西方近代政体的结合，孙中山先生说："共和者，我国治世之神髓，先哲之遗业也。我国民之论古者，莫不仰慕三代之治。不知三代之治，岂能得共和之神髓而行之者也。"

辛亥首义及湖北军政府建立，尤其是中华民国临时政府的缔造，是"尽扫专制之流毒，确定共和"的实践。尽管"共和"的真实实现，在中国要经历一个起伏跌宕的艰难过程。"共和"的"公"（共和政体是公平、公正政体）、"共"（国权是公民共有事业）、"和"（以和平方式参与政事）三义为国人认识并付诸实施，决非一蹴而就。然而，辛亥首义应该说是中国人追寻共和宪政的第一个高潮。湖北军政府用人"公举"、政事"众议"，《鄂州约法》将主权在民的精义反映在具体的律法条文中，皆体现一种初级的共和精神；军政府宣布废除苛捐杂税、实行司法独立、倡导工商业发展，则显示了共和宪政的进步性与人民性。《少年中国》晨报等报刊，当年正为共和宪政作热情鼓吹。

辛亥革命的一大贡献在于，将共和国的理论与实践（包括其种种不完善的状态）呈现给中国人民，中国人民也从此认定共和制为正统。尽管共和制的内容有待充实与提升，然其前程无疑是光明壮丽的。

《孙中山与〈少年中国〉》一书提供了丰赡的材料，呈现辛亥革命在"革故"（推翻专制帝制）与"鼎新"（创建民主共和）两方面的卓异贡献。阅览是书，愈益体会到辛亥革命精神不朽——

推翻专制帝制的革命精神不朽！
开创共和宪政的建设精神不朽！

2011 年 9 月 2 日撰于辛亥首义之区武昌

辛亥革命研究两岸互动*

一

辛亥革命是中华民族共同的文化遗产和较为切近的历史记忆。

武昌首义、阳夏战争刚刚尘埃落定，便出现关于这场革命的记述，如苏生撰写的追载黄花岗之役、保路运动、武昌起义的《中国革命》于1911年底由时事新报馆印行，1912年（民国元年）《辛亥革命始末记》《中华民国大事记》《中国革命纪事本末》《武昌两日记》《湖北革命实见记》相继问世。1912—1949年间，辛亥革命一直作为民国史的正宗起点及国民党党史的关键环节，专论甚多，影响较大的有冯自由的《中华民国开国前革命史》（1928年出第一集，后扩展为六集《革命逸史》，1939—1947年刊行），邹鲁的《中国国民党史史稿》（1929）。

马克思主义史家也多有议及辛亥革命的论著，典范之作是范文澜的《中国近代史》上册（1947），在“反帝反封建”基旨下评述辛亥革命，形成中国近代史的“革命史范式”。

二

1949年以后，海峡两岸的辛亥革命研究分途展开。

20世纪90年代以前，大陆的中国近代史书写多遵循“三大革命高潮”（太

* 系2013年秋在武汉大学举行的两岸学者辛亥革命研讨会的发言。本文稍详介绍台湾辛亥革命研究学者，大陆辛亥革命研究学者从简。

平天国、戊戌变法—义和团、辛亥革命）线路，视孙中山为中国民主革命的伟大先行者，将辛亥革命定位为资产阶级民主革命，是中国共产党领导的新民主主义革命的先声。陈旭麓的《辛亥革命》（1955）、吴玉章的《辛亥革命》（1981）、林增平的《辛亥革命》（1974）等专著均遵上述理路。1961年在武昌举行的辛亥革命50周年研讨会，较为系统地展示了"文革"前大陆辛亥革命研究的状态，章开沅、金冲及、胡绳武等的辛亥革命研究初展锋芒。

台湾在两蒋治理时期，大体沿袭20世纪20—40年代民国官方统系，从民国开国端绪和国民党党史的角度论定辛亥革命，兴中会—同盟会被视作辛亥革命主动团体，兴中会—同盟会—国民党—中华革命党—中国国民党是民国前史、民国本史的正宗主体。郭廷以（1904—1975）、吴相湘（1912—2007）、蒋永敬（1922—2018）等为此期代表性研究者。20世纪60—70年代开始，一些台湾史家突破官方正史框架，从社会科学角度研讨辛亥革命，视野拓宽、开掘加深。如张朋园（1926—　）在《梁启超与清季革命》《立宪派与辛亥革命》以及《梁启超与民国政治》等论著中，将立宪派纳入中国近代变革的积极力量，肯定梁启超等人的历史性贡献，认为立宪派与革命派共同成就了辛亥革命，辛亥革命并不像国民党所讲的完全由革命党主导。张玉法（1936—　）著《清季的革命团体》《清季的立宪团体》《辛亥革命史论》则以翔实的考证阐发了同一论旨，并力倡比较史学，把握同类历史事件或历史现象的异同，以及何以异，何以同，以了解历史中真正伟大的事物归属于谁。二张的观点当时在台湾曾被视作另类，但后来渐为多数学者认同，成为学界主流。

直至20世纪70年代末期以前，两岸辛亥革命研究尚未交集，大体处于平行发展状态。前述台湾辛亥革命研究新动向，1980年代以后方为大陆学人知晓。

三

1978年发端的改革开放启动大陆辛亥革命研究新篇章，1980年代论著纷呈，如章开沅、林增平主编的三卷本《辛亥革命史》（1980—1981年出版），金冲及、胡绳武撰四卷本《辛亥革命史稿》（1980—1991年出版），笔者与贺觉非撰《辛亥武昌首义史》（1985年出版）等。此外，李新主编的《中华民国史》第一编（1982年出版）以辛亥革命为基本内容。

1981年10月在武昌举行辛亥革命70周年研讨会，国内学者120多位，外国及香港学者40多位会聚东湖之滨，畅论辛亥革命研究心得。笔者与中国社会科学院近代史所张海鹏（后来担任中国史学会会长）是会议简报组负责人（简报组成员罗福惠、陶宏开等后来皆成为近代史专家），每日汇集编写各组代表发言。十年后，参加辛亥革命80周年研讨会的日本京都大学教授狭间直树对我说，辛亥革命70周年研讨会的简报是他历次参会所见水平最高的简报，辛亥革命研究的前沿论题几乎都有精要反映。狭间直树说，他一直珍藏那次会议简报。

囿于当时的历史条件，台湾学者未能参加在武昌举行的辛亥革命70周年研讨会，会议表示，衷心期待与台湾学者同堂切磋，台湾学者则在论著中对此会有所呼应。1990年台湾学者蒋永敬、张玉发等应邀出席广东中山市举办的“孙中山与亚洲国际学术讨论会”，是海峡两岸学者首次同堂研讨辛亥革命及孙中山，可谓两岸学术交流之嚆矢。

自1981年开始，每十年一次的辛亥革命国际研讨会皆在武昌东湖举行，1991年以下的历次，蒋永敬、张朋园、张玉法及其学生辈黄克武等台湾学者皆积极与会，发表高论，辛亥革命研究两岸互动得以顺利展开。笔者参加1981、1991、2001、2011年四次研讨会，亲历各国及两岸间辛亥革命研究互动的盛境。

四

20世纪80年代初，两岸学者就辛亥革命展开讨论，首先出现的议题是这场革命的属性问题。大陆学者从唯物史观及其阶级分析学说出发，阐明辛亥革命的资产阶级属性；而台湾学者则从辛亥革命的参与者来自不同阶级，并为不同目的投入的事实，论证辛亥革命是一场“全民革命”。1982年在美国亚洲学会于芝加哥召开的年会上，台湾学者张玉法与大陆学者章开沅公开辩论辛亥革命的性质及阶级属性，通过相反之论的辩难，推动辛亥革命研究向纵深发展，成为史坛佳话。

与上述问题直接相关，是对立宪派的再认识。以往大陆史学界将立宪派视作辛亥革命的对立面，突出立宪派与革命派的尖锐分歧。而从 20 世纪 90 年代开始，一批大陆学者重新评价立宪派人物，肯定梁启超、严复、张謇、汤寿潜、赵凤昌等在中国近代史进程中的积极作用，认可他们对辛亥革命的直接、间接贡献，并将激进“革命”与渐进“改良”视作历史进步的两种各具价值的路径。两岸学界对立宪派的评价先后经历了从负面到正面的转变，这跟台湾政治解禁和大陆改革开放的历史过程相关。而台湾与大陆关于辛亥革命动力多元性认识的新进展，深受海峡两岸学术良性互动的推助。

笔者 2011 年出版的《辛亥首义史》运用“长时段理论”和“历史合力论”研究辛亥革命，认为武昌首义事起仓促，确具猝发性，但偶然寓有必然，自 19 世纪中叶以来长时段的近代文明积淀（近代工商业、近代文教、近代军队）为近代性革命准备了条件，使之超越两千多年来作为改朝换代工具的农民暴动，是中国第一次近代意义的城市革命，成就结束帝制、创建共和的伟业。辛亥革命的直接发动者是革命党人，但立宪派、清廷军政汉官、工商业者、知识阶层都发挥了重要作用，辛亥革命并非革命党一力所成，而是“无数个力的平行四边形，由此产生出一个合力”（恩格斯语）造成的，辛亥革命的形态与结局也由这个合力所决定。笔者研究辛亥革命数十年略有进展，逼近学术前沿，得益于唯物史观的指引、新史料的占有与辨析，也受惠于海峡两岸学术的良性互动。

五

有人说，辛亥革命史经一个世纪的密集研究，论题已大体穷尽，没有更多的讨论空间。笔者以为，此说揭示了辛亥革命研究比较充分的事实，却忽略一个要义：历史是常释常新的，随着时代的推进，辛亥革命将不断提供新启示，有待考析与阐发，而这些皆是辛亥革命进一步作史考与史论的题中之义。

就台湾而言，20 世纪 90 年代以来，由于政治解严、政党轮替和学术本土化的影响，辛亥革命研究已不再具有主干地位，近年甚至很少有机构愿意出资出力组织辛亥革命纪念会，有关辛亥革命的学术研究也呈式微之势。但在似乎冷落的同时，较为深刻的关于辛亥革命的反思，却在隐然行进，这在新一代台湾学术著作中可以得见。我以为，台湾的辛亥革命研究并未进入冰河期，而是在平缓水面下涌动着潜流。

就大陆而言，周年纪念式的辛亥革命研究形式还在延续，但其内容在深度与广度上皆有拓展。新世纪以来，关于辛亥革命再评价、孙中山再评价乃至袁世凯在辛亥革命中作用的再评价时有披露，关于体制外革命与体制内改良的成败得失比较，亦在展开。这既是历史论争，也包蕴着现实考量，与中华文化的现代进展颇有联系。希望这些探讨伴随真切的历史考证和精密的历史哲学求索得以深化，切勿流于浮泛的口水战。

辛亥革命研究的新机运，为海峡两岸学界互动提供广阔空间。两岸学子相与切磋，展现同中之异、异中之同，开掘更为深切、更富前瞻性的内涵，正当其时也！

2013 年 10 月 10 日草于珞珈山

恰值辛亥武昌首义 102 周年纪念日

商务印书馆《大革命写真画》* 再版序

一

就历史记载的翔实程度言之，发生于20世纪初叶的辛亥革命，超越此前事变的原因之一，便是辛亥革命适值摄影和电影技术普及之际，时人理所当然地把镜头聚焦于这场震撼世界的革命，从而留下大量生动、具象的视觉信息。

法国物理学家达盖尔1839年发明银版摄影术，又经多人努力，19世纪中叶以降，摄影术得以发展。1889年美国人爱迪生发明电影留影机，1895年法国埃米尔兄弟研制成功活动电影术，19世纪末叶以降，电影术得以发展。随着摄影及电影技术应运而生，历史进程的记录，增添了纪实性无与伦比的利器，一幅照片、一段影像所保存的文化信息，往往是百语千言所难以比拟的。

辛亥革命前后，中外人士留下相当丰赡的摄影作品以及一定数量的纪实电影资料。中国近代出版业的翘楚——商务印书馆1911年11月至1912年4月出版的《大革命写真画》14集（“大革命”指辛亥革命，“写真画”为日本汉字词，指摄影作品），便是当年反映辛亥革命进程的影像作品结集。此影集，横开本，暗绿色漆面布脊，共有600余幅照片，每幅照片附以中英文对照说明文字。影集内容涉及武昌起义、阳夏战争、江宁（南京）光复、苏沪光复、福建安徽光复、广东光复、直滦及东北山东变政、山西光复、南北议和、北京兵变、红十字会出入战场等，清民双方军政要员及军民人众的影像成批呈现，诚为比较完整的图像辛亥革命史。虽然以后各类史籍、图录广为采用或辗转采用

* 该书原版由商务印书馆于1911年11月至1912年4月出版，商务印书馆2011年再版。

这部摄影作品集的历史照片，但多失之零星片断，也极少说明源自这部摄影作品集，因而今人大都不知曾有《大革命写真画》这样一种记录辛亥革命的摄影集存在，各种辛亥革命史籍也极少提到这部摄影集。令人快慰与庆幸的是，商务印书馆于辛亥革命百年之际，重新出版这部弥足珍视的摄影作品集，这或许是纪念辛亥革命一百周年的众多书籍中特别具有史料价值和观赏价值的一部。

《大革命写真画》是中国最早印行的以辛亥革命为题材的影像集，所录用的照片皆为1911年至1912年拍摄，可谓现场照片的结集，商务印书馆编译所及时印行，难能可贵，然而此影像集前言与后记一概缺如，未能留下交代照片来龙去脉的文字，为今人提出溯源讨流的任务。笔者应命为此书再版作序，理当对诸照片来源有所诠解。经考析，笔者作出如下判断：《大革命写真画》的照片，一是来源于中外人士的摄影作品，二是截取自中外人士的纪录影片。

二

先论《大革命写真画》所辑照片可能采用的摄影作品。

摄影术约于19世纪中叶传入中国，1868年访问香港的英国摄影师约翰·汤姆森在香港开设影楼，并在广州、上海等地广为摄影，留下影集《中国及其人民图册》（1868—1874），内收恭亲王奕䜣的照片及洋务运动时期的种种社会画面。上海自1850年代已出现照相行业，最早的照相馆有公泰、丽珠、宝记等。另如武昌，19—20世纪之交有“显真楼”等照相馆开设，我的朋友吴欢家藏曾祖吴稚英与家人合影，即为显真楼20世纪初年的作品。可见，辛亥革命前夜，摄影术在中国城市（特别是开放的沿海沿江城市）已有相当的普及度。

另外，清末革命党人不乏摄影爱好者，以暗杀朝廷高官显贵著称的同盟会员喻培伦、黄复生、汪兆铭都精于摄影，为掩护刺杀摄政王载沣，他们曾于1909年在北京开设“守真”照相馆，所摄照片数量不少。湖北革命党人、共进会员李白贞1910年在汉口开设“荣昌”照相馆，辛亥首义后的阳夏战争期间，李白贞出入前线，拍摄大量战地照片，惜乎于冯国璋所率清军汉口纵火间，“荣昌”照相馆被焚，战地照片付之一炬。另外，武汉“文华”照相馆摄影师鲍俊轩于武昌起义前夕，拍摄彭楚藩、刘复基、杨洪胜三烈士惨遭杀害的照片，后之史著、图录广为采用。民国元年（1912），上海商务印书馆印行《革命纪念明信片》，分黑白、彩色二种，照片内容包括辛亥武昌首义、阳夏战争、各省响应，涉及重要人物肖像、各省民军战绩，民国国旗式样，追悼、庆祝、欢迎、迎送等场景，发行量很大。这批明信片所用辛亥革命照片，与《大革命写真画》的照片，颇有相互采用的，具体到某一张照片，明信片所用照片与《大革命写真画》所用照片，孰源孰流，有待考证。

民国元年（1912）初，孙中山派高剑父（原名高仑）组织"中华写真队"，拍摄照片在《真相画报》（发行人为高剑父之弟高翁）刊发，如"孙总统解任出府之景况""南京陆军野外演习""南京战后之街市""南京临时政府人物之一斑"等，可能是《革命纪念明信片》和《大革命写真画》的选材来源之一。

三

欧美日本访游中国者，也留下大量与辛亥革命相关的照片，欧美日本制作明信片、图册，多刊印此类照片。值得一提的是美国人施塔福，他 1909 年起受聘于上海商务印书馆，为摄影技师，1911 年武昌起义爆发，施塔福去武汉拍摄新闻照片，湖北军政府成立、阳夏战争、上海商团占领江南制造局、孙中山就任临时大总统等场景，皆入其镜头。施塔福享有外国人之便，得以进入清军、民军双方营地，实拍许多历史场面。施塔福的照片当时即在上海等地中外报刊发表，加之他又是商务印书馆摄影技师，其作品为《大革命写真画》所采用，理所当然。施塔福回美国后，照片原版由其女儿珍藏，又传外孙安德森。作为明尼苏达大学社会学教授的安德森将外祖父施塔福的 500 幅照片赠送中国，上海市博物馆与上海古籍出版社于辛亥革命 90 周年（2001）之际，以《二十世纪初的中国印象——一位美国摄影师的纪录》出版。

另一值得注意的摄影者是英国人埃德温·J. 丁格尔（Edwin J. Dingle，中文名丁乐梅），是一位长期在中国传教的教士，同时也是新闻工作者、作家、旅行家，出版关于中国社会、中国革命和基督教的著作多种。武昌起义时，丁乐梅正在汉口，作为英文《大陆报》的特派员，他广泛接触交战双方高层人物，著书初以英文名 *China's Revolution：1911—1912 A Historical and Political Record of The Civil War*，由上海商务印书馆有限公司于 1912 年 4 月出版，并同时在英国和美国发行。该书中文版，取名《辛亥革命目击记》，于 2002 年 2 月由中国青年出版社出版，书前附有当年拍摄的照片近 80 幅。

《辛亥革命目击记》照片的来源，根据各种资料综合分析，一部分是由丁乐梅在书的前言中致谢的阿帕德帮助收集的，如武昌起义前湖广总督瑞澂与张彪、黎元洪等数十名湖北新军军官的合影，1911 年 12 月 20 日孙中山在乘船抵达香港时在船上的合影，杨洪胜被杀时的戴镣照片等；一部分是丁乐梅在采访中拍摄的，如题名“战斗第一天的受伤者”，其说明文字为“这幅照片是在伦敦教会医院的院子里拍摄的，显示了一群康复中的革命军受伤者，其中一个士兵坚决拒绝拍照。问他是不是因为害怕，他大声说‘相当害怕、害羞！只要看看那几个缠着绷带的人，请告诉我，他们是不是像是胜利之师的代表’”。这样的说明文字，只有与被摄影者当面交谈的摄影者才能写得出。再有一幅取名“远眺战场”的图片，其下说：“在这场现代战争进行期间，汉口的外国人是唯一的旁观者。平民和军人用上了每一个利于观看的位置。这个地方被日本海军部租用，并装备了电话等通讯工具。整个战争进行期间，日本人始终关注着战场形势。”这里，“在这场现代战争进行期间，汉口的外国人是唯一的旁观者”。与作者书中第五章“汉口大火”观点及口吻一致，“这个地方被日本海军部租用，并装备了电话等通讯工具”。作者倘未去现场拍摄，仅依据别人收集的照片，也不会了解得这么详细，知道其楼顶安装了电话等通讯工具。还有一张取名“两个年轻的革命军官”的照片，下面注明：“照片上的两人是富家子弟，其中的一个告诉作者，他只有 17 岁。”准确无误地说明照片是作者于乐梅所拍。更有说服力的一张照片，取名“南京紫金山上被拆散的清军大炮”，作者丁乐梅就在其中！并且其下注明：“这是本书作者在革命军占领南京后的留影。”

《辛亥革命目击记》与《大革命写真画》，都是由上海商务印书馆出版，前者英文版出版时间是 1912 年 4 月，收入照片近 80 幅；后者于 1911 年 11 月到 1912 年 4 月之间出版，收入照片 600 余幅。两书照片有一部分相同。而在这相同照片中，至少有两张（一张为阳夏战争中一群民军伏在战壕伺敌；一张是民军攻占南京紫金山。）在丁乐梅书中画面景物范围比《大革命写真画》要窄小，由此推测《大革命写真画》不可能取自丁乐梅书。而另外有的相同照片，其下注释明显不同。如在《大革命写真画》第二集中，有一幅标注“红十字会用小轮船装运汉口伤兵”的照片，在丁乐梅《辛亥革命目击记》中则取名“救出伤员”，下面详细注明：“船下水了——一艘退役的法国炮艇被红十字会用来运送伤员，从汉阳急救医院送往汉口和武昌的基地医院。在汉阳陷落前的最后三天里，六百多人因而得救。这艘船也常常受到榴霰弹和步枪的攻击。”还有一幅德国兵架设重机枪瞄准的照片，在《大革命写真画》第四集中简略注明：“德国水兵设备机关炮保护汉口租界”，而在丁乐梅《辛亥革命目击记》中，则题名“修补路障的人”，其下说明文字：“这个特别的路障经常遭到清军的马克沁机枪和步枪的射击。在战斗激烈进行恰好越过租界边界时，有一名英国水兵在那里被打伤。”这两张如果不是作者现场拍摄，自然也写不出照片背后的故事细节。特别是有一幅多个民众模样的人散乱坐在火车尾部的照片，《大革命写真画》第四集中简略注释为：“武昌民军用汽车载运应募新军。”丁乐梅《辛亥革命目击记》则命名为“逃离这个即将毁灭的城市”。其下说明：“当每一列火车驶离汉口时，车厢内外都站满了人；机械减震器被当成了座位，孩子们被捆在脚踏板上。”显然，丁乐梅的解释更符合照片的含义，也传达了更多照片背后的信息。依照常理推断，这幅照片只会是作者丁乐梅自拍，《大革命写真画》第四集是采自丁乐梅所拍照片，说明词为编者所见，不准确。

从目前所掌握的资料推测，《大革命写真画》收集了包括丁乐梅在内的英美日人士拍摄的辛亥革命照片；《大革命写真画》采用丁乐梅所拍照片，既有其所著《辛亥革命目击记》书中的，也可能采自丁乐梅以前作为《大陆报》特派员在该报刊发的阳夏战争新闻照片。

四

次论《大革命写真画》摘取纪录影片图像。

电影术 20 世纪初叶传入中国，中国人最早制作的电影是 1905 年拍摄的舞台纪录片《定军山》，而最早摄制的新闻纪录片，则是朱连奎 1911 年秋季在武汉实地拍摄的《武汉战争》。

朱连奎（1854—1923），天津杨柳青人，擅长民间戏法，曾在上海、天津码头、外轮献艺，后赴美、法、德、英等国演出，学得电影术，并购回一套电影摄影机。1911 年秋季，朱连奎与一家洋行“美利公司”合作，拍摄反映辛亥革命的纪录片。朱连奎与外国协助者深入阳夏战争现场，于长江边拍摄民军从武昌渡江赴汉口作战的镜头，登汉口租界边缘高楼（如汉口大智路英国烟厂塔楼、歆生路大清银行楼顶）抢拍民军与清军交战镜头，民军与清军激战大智门火车站镜头，汉口大火镜头，民军自汉阳反攻汉口镜头。这些摄自战斗现场的胶片，带至上海冲洗、剪辑，编成《武汉战争》。12 月 15 日，又增加南京光复镜头。上海《民立报》为《武汉战争》刊登公演广告，词曰："观众如果欲睹战场之真相，以振奋发之精神，就请速来观看这部影片。因为能与亲临战场无异，大足增发起义之雄心，报国之热血。"

1911 年底在上海公演的《武汉战争》，为商务印书馆编辑《大革命写真画》提供了影像来源，《大革命写真画》中起义首领肖像、民军出征图像、清军焚烧汉口民房图像、南京光复镜头等，均截取于朱连奎实地拍摄的《武汉战争》纪录片。

另一反映辛亥革命的纪录片，与孙中山的日本友人梅屋庄吉的电影事业相关。辛亥首义发生，梅屋庄吉立即派遣 M. 百代公司的摄影师荻屋坚藏前来武汉，其时正值阳夏战争，荻屋坚藏深入汉口、汉阳前线拍摄影片，后又东下南京拍摄，辑成纪录片《武昌起义》，辛亥革命的许多历史画面由此片录存。梅屋庄吉曾先后将纪录片《武昌起义》播放给孙中山、黄兴看，孙、黄皆十分称赏，并向梅屋庄吉要纪录片拷贝，梅屋庄吉特为赠送。以后的有关辛亥革命的各种文献片，不少部分皆取材于荻屋坚藏所摄、梅屋庄吉所赠纪录片《武昌起义》。《武昌起义》摄制完成于 1911 年底，其镜头有可能被《大革命写真画》所采用。

总之，首部纪录辛亥革命的摄影集《大革命写真画》，是当年关于辛亥革命事件、人物的摄影及电影作品的集成之作，具有很高的存史价值，无论就中国摄影史还是就辛亥革命史而言，都是足可传世的佳品。

2011 年 1 月 20 日书于辛亥革命首义之区武昌

中华书局《辛亥革命图志》* 前言

辛亥秋季的武昌新军起义，史称“武昌首义”或“辛亥首义”。这次起事并非清末首次发生的反清武装暴动，自 1895 年 10 月孙中山领导第一次广州起义以来，兴中会、光复会、同盟会于十余年间发动十多次反清武装暴动。那么，为何唯独武昌起义被称之为“辛亥首义”？如孙中山 1912 年 1 月 1 日发布的《中华民国临时大总统宣言书》，即有“武汉首义”提法，1912 年 4 月访问武汉时，孙中山又称“去秋武昌首建义旗”。这是因为，武昌新军起义首次举义成功，并引发全国响应，经武昌新军暴动的沉重打击，沿袭二百六十七年的清王朝及两千余年的专制帝制之倾覆成为定局。这次起义发生在近代文明及近代人群聚集的大都会，是中国第一次大规模的近代城市起义，它以建立湖北军政府和颁布《鄂州约法》，昭示了近代意义的民主共和政治模样。

辛亥首义，并非天外来客，也不是圣贤的一念之动或阴谋家挑动的结果，而是近代物质文明和精神文明得到相当积淀的产物，是历史运动中不可或缺的关键环节，标示了奔往现代文明的不可逆转的去向。历史的发展不是由一种力量推动的单向、直线式进程，而是由无数个力的平行四边形产生出的合力作用的结果。辛亥首义当然是同盟会及其下属地区性团体共进会、文学社组织领导的，然而，辛亥首义爆发以及之后的走势，又决非单由革命党人所左右。综观辛亥首义及其演进与终局，是革命党人与立宪派、从清朝离析出来的汉官、袁世凯集团、清廷满洲亲贵、西方列强等几种力量相互博弈的产物，背后更受国内、国际局势所左右。湖北军政府的建立及运行，充满革命党人与汤化龙等立宪派、黎元洪等原军政官员彼此互动、角力的故事；民国南京临时政府成立、

* 该书为冯天瑜、张笃勤编著，中华书局 2011 年 11 月出版。

南北议和，及让权于袁世凯，更是全国范围内多种势力较量、组合的结果。

以往多将辛亥革命视作一个短期内发生的政治事件。近二十年来研究领域有所拓展，在研究时段上仍然不过十年左右时间。法国年鉴学派第二代的代表学者布罗代尔提出的历史研究“时段”理论，即区分地理时间（长时段）、社会时间（中时段）、个体时间（短时段），又将三者分别称为“结构”（structures）、“局势”（conjunctures）和“事件”（événements），主张重视地理时间（“结构”）、社会时间（“局势”）对历史进程的深远影响。辛亥革命史研究，必须超越狭隘的政治史观，将视野投射到近代社会转型全貌，从结构、局势、事件的辩证关系探索这一历史事变的生成机制。不但要细致入微地梳理事件“短时段”剧变，还须追究其背后的社会结构演化。研究辛亥首义史，要考察 19 世纪 60 年代汉口“开埠”以来，尤其是 1889 年张之洞总督两湖、主持“湖北新政”以来二十余年间的社会变动，考察其兴实业、办文教、练新军等诸多近代化事业引起的经济、社会及观念形态的深刻演化；还要考察辛亥首义之后错综复杂的政情演绎与社会变迁，从而在既宏阔又精微的历史视野下，辨析辛亥首义史的起承转合。例如，张之洞殚精竭虑主持“新政”，是社会时间（中时段）发生的大事变，张氏主观动机当然是维护清王朝及纲常名教，然而，这些近代性事业导致的客观后果却出其意料：派遣留学生为的是培养清政府需要的新式知识分子，而多数湖北留学生却成为革命排满的革命党；编练新军为的是“执干戈以卫社稷”，而湖北新军恰恰成为武昌首义推翻清廷的主力。也许是有感于张之洞的种豆得瓜，孙中山 1912 年 4 月至武汉访察时称：“以南皮造成楚材，颠覆满祚，可谓为不言革命之大革命家。”

基于上述，本图志涵盖了武昌首义前的国内政治形势、武汉城市社会状况、革命团体演变与革命力量聚集，等等，并不仅仅以武昌首义发生的短暂过程为限。

临危受命吴将军

公元1911年10月10日夜，在清朝湖广总督驻地武昌城，爆发了大规模的新军起义。当首举义帜的工程第八营士兵抢占城南楚望台军械库后，发现自己的行列中并没有称职的指挥者。这是因为，以孙中山为“共主”的湖北革命党人虽然在新军中进行过多年扎实的发动工作，但10月10日却事起仓促，湖北革命组织文学社和共进会主要领导人全不在起义现场，他们或牺牲（如刘复基）、或受伤（如孙武）、或生病（如刘公）、或在逃（如蒋翊武）、或远在外县（如刘英）。群龙无首的起义士兵，公推正在楚望台当值的左队队官吴兆麟为临时总指挥。吴兆麟初不肯受职，众士兵一再请求，吴方慨然允诺，当即发表讲话：“尔等现有大志，今日之举，是我本愿。但尔等自首难后，颇形紊乱，非常喧嚣，最犯兵家之忌。况夜战以肃静为主，否则不可指挥。既云革命，对于军事，须严守军纪，绝对服从命令，方操胜算。”[①]众士兵表示服从指挥，吴即令各队重整队伍，到楚望台西南凹地集合，并作出一系列军事部署，待炮队从中和门进城，会同起义各标营士兵，于10日夜向湖广总督署发起攻击。经一夜激战，起义新军占领武昌全城，11日清晨，武昌黄鹤楼警钟楼顶飘扬着一面全然不同于清朝黄龙旗的深红底色的九角十八星旗。革命党人首次夺占了一座省城，在全中国树立起推翻清王朝和专制帝制、建立民主共和国的旗帜。

武昌起义的成功，是众多湖北革命党人在长达十年期间，遵循孙中山民族民主革命纲领，在乡邦作出英勇而坚实的努力的结果，而在首义之际临危受命，从容而正确地指挥了攻克督署战役的吴兆麟是功勋卓著者之一。

---

① 曹亚伯：《武昌革命真史》正编一。

吴兆麟，字畏三，湖北鄂城（今鄂州市）葛店岳陂吴家畈人，1882 年 2 月 28 日生于一个贫寒农民家庭，少耕读，有大志，常以韩世忠、岳飞自况，喜读孙吴兵法。16 岁到武昌入湖北新军工程营当兵，次年考取湖北陆军第八镇工程营随营学堂，学习成绩优异。1905 年加入革命团体“日知会”，任干事，宣传排满革命。1906 年从工程营随营学堂毕业后，以第一名考入湖北参谋学堂，参加 1906 年在河南彰德、1908 年在安徽太湖举行的两次秋操（军事演习），编写《太湖秋操纪实》《战术实施》《参谋旅行兵术》，被印发各军参阅，吴兆麟为一军事干才，始为湖北新军各标营所知晓。辛亥首义，他以一个下级军官就任临时总指挥，以“不得滥杀”和“服从命令”两事相约法，又于仓促之际发布一系列攻击清方军政驻地的命令，对先后云集武昌城内的各路部队指挥若定，在 10 月 10 日夜的通宵战斗中，不仅歼灭顽抗的清军，迫使湖广总督瑞澂、镇统张彪弃城逃走，而且绝无扰民事件发生，这既表现了革命士兵的纪律严明，也显示了临时总指挥吴兆麟卓越的军事组织才能。

10 月 11 日，革命党人领导的军队控制武昌全城，建立新政权的任务十分紧迫地提到人们面前。当时的情况是，湖北革命组织诸领导均不在起义现场，全国性革命领袖孙中山、黄兴等更远在海外或香港。聚集在咨议局参加联席会议的诸人，多数对新政权的组成并无成算，立宪派代表、咨议局议长汤化龙提出由协统黎元洪出任都督。起义士兵代表中有人反对，而吴兆麟与蔡济民等则支持由黎出任都督，汤化龙任民政总长。湖北军政府由旧军官和立宪派担任军政要职，使得以后革命政权逐渐旁落，显示了包括吴兆麟在内的年轻革命党人政治上的天真，每为后人所嗟叹。然而，黎元洪出任都督，在当时却起到了稳定民心、激励军心的作用，这一积极效应也是不可忽略的。

湖北军政府成立，吴兆麟先后出任谋略处谋略、第一协统领、参谋部副部长、部长等职。在阳夏保卫战中，黄兴出任战时总司令，吴兆麟率参谋人员赴汉阳布置防务，协助黄兴处理军务事宜。汉口失陷后，关于如何有效抗击清军，在战术思想上吴兆麟与黄兴颇有分歧。黄兴主张“全力收复汉口，不肯分散兵力”[①]，而时任参谋部长的吴兆麟则以为反攻汉口不妥，也不赞同将民

① 李春萱：《辛亥首义纪念本末》，《辛亥首义回忆录》第二辑。

军两万人摆在汉阳一地，而主张派兵分守汉阳上游蔡甸等地。[1] 后来，战役按黄兴计划实施，其结果是汉阳失守，阳夏战争以民军失利告终。以后，民军总司令部参谋长李书城在回忆文字中曾这样总结阳夏之役失败的原因："敌军是素有训练的北洋军，我以初成之师与之作阵地战，真是既不知彼又不知己，犯了军事上的大忌。进攻汉口的失败，又引起了汉阳的失守。"[2] 如果当年战事，依吴兆麟计划进行，不强攻汉口，在固守汉阳龟山一线的同时，将防御扩大到蔡甸，阻止北洋军从蔡甸渡河包抄，阳夏之役或许是另一种情形。而如果汉阳没有失守，袁世凯的北洋势力也不致甚嚣尘上，南北议和或许是别种结局。

汉阳失守后，黄兴离汉去沪，战时总司令由蒋翊武护理；都督府参谋长杨开甲辞职，吴兆麟继任。此时，武昌形势危急，清军大炮从龟山向武昌城内轰击，以致机关职员、城内居民纷纷逃避，黎元洪口说坚守，实拟逃遁。武昌防务，由蒋翊武、吴兆麟担当，他们共筹防守事宜，经常联络巡视，对于稳定武昌军心、民心起了重大作用。

12 月 17 日黎元洪被举为大元帅，任命吴兆麟为鄂军参谋总长兼第五镇统制。后蒋翊武离汉，吴兆麟再度临危受命，出任民军战时总司令，筹划北伐，编北伐三军，自兼第一军总司令。后因上海议和会议"继续停战"的电报到达，黎元洪令北伐军各部停止待命，北伐就此蹉跎下去。

民国成立，吴兆麟任鄂都督府参谋总长，后调北京。1912 年 9 月，北京政府授吴陆军上将，勋二位，又颁授大绶嘉禾章、文虎章，一度任北京将军府将军。目睹北京政府之所为，吴兆麟知黎元洪不足有为，袁世凯野心勃勃，对于党人也丧失信心，遂退出政坛，解甲归田，回湖北从事社会公益事业，曾督修樊口大堤。樊口为梁子湖入长江口，春夏之交，江水倒灌，万顷田畴，顿成泽国。因工程巨大，以往曾十三次修堵，均未成功。1922 年四县六属滨湖士绅请于首府，委任吴兆麟为樊口堤工总理，督率工人全力堵口，风餐露宿，不辞辛劳，十二处湖口完全堵塞，又设铁闸，使工程告竣，变水害为水利。此后，首府又委其任堤工督办，率河工历尽艰辛，完成这一水利工程。

吴兆麟将军于辛亥革命有深厚感情，1922 年被举为"武昌辛亥首义同志

① 李春萱：《辛亥首义纪念本末》，《辛亥首义回忆录》第二辑。

② 李书城：《辛亥前后黄克强先生的革命活动》，见《辛亥革命回忆录》第 1 册。

会理事会”主席，倡修武昌首义公园。晚年失望于国事，与日知会旧友张纯一等皈依佛法，倡“心治即国治”“心安即国安”之说。

抗日战争时期，武汉沦陷，吴兆麟因素患哮喘，居武汉读经自遣。日本侵略者知其素著声望，诱以出任伪军总司令，被吴将军严词拒绝。日人无奈，将其软禁。吴将军面对山河破碎，国难当头，心情悲愤难抑，哮喘病加剧，于1942年10月17日病故。重庆国府为其举行公祭。

庄子云：“去人滋久，思人滋深。”吴兆麟将军辞世半世纪，然其功勋彪炳，高风亮节，令人景仰追怀！

李西屏——革命阵营翘楚　科教兴国前躯 *

在辛亥武昌首义群英中，李西屏堪称一位颇具魅力的人物。

先生生于鄂东黄冈一户贫穷农家，少时苦读，接受革命启蒙，投笔从戎，以测绘学堂学生参加1911年10月10日晚间的武昌起义，翌日，起义者聚会武昌阅马场湖北咨议局（俗称“红楼”），其时群龙无首，先生等力逼黎元洪出主湖北军政府，代黎签署第一份昭示天下的革命文告，传世文献《中华民国军政府鄂军都督黎佈告》上之“黎”字，并非黎元洪署，而是李西屏于现场手书。此为辛亥首义的一段传奇式佳话。

阳夏战争间，先生以参谋身份协助黄兴指挥战事；汉口、汉阳失守，湖北军政府处存亡危急之险境，先生与蒋翊武等支撑局面，力保武昌。

袁世凯篡夺民国政权，先生追随孙中山讨袁，历尽艰辛。此后亡命美国，半工半读十年，学成矿业专家，拟《中国矿业开发计划书》回国，深获孙中山赞许。然科学救国、实业救国之宏图当时无法施展，继续奔走革命。

大革命失败后，坚持抗日反蒋。1949年迎接解放，参加新中国建设。

李西屏的一生，可谓谨循中国近现代史前进方向的光辉的一生。

辛亥革命90周年之际（2001），应先生后裔之约，我为先生写了一篇短小的墓志铭，其间称先生为：

民主阵营翘楚
科教兴国前躯

---

* 本文为《李西屏文集》（湖北人民出版社2010年版）序言。为吻合本目主旨，“民主阵营翘楚”，改为“革命阵营翘楚”入题。

这两句话大约可以概括先生生平之特色。

先生历经清末、民国、人民共和国，恰当多事之秋，他每每身处时代的风口浪尖，又对自己亲历的事变有着深切的观照和存史之责任心，长期致力于辛亥革命、甲子北伐史料的搜集、整理和史事的撰述工作，《武昌首义纪事》《甲子北伐纪略》、诸辛亥人物传记、留美书简等遗墨，便是一位历史见证者的宝贵记述。古人谓“立德、立功、立言”为“人生三不朽”。这本由武昌辛亥革命研究中心编辑的《李西屏文集》，便是先生“三不朽”之见证。

2009 年 12 月 1 日书于武昌珞珈山麓

“改革运动健将”范熙壬 *

自 20 世纪 90 年代中期以来，我访问、讲学日本多次，曾与学人讨论中国近世留日士人情况，发现人们几乎忘却了一位曾经风生水起的近世宪政先驱、“海归”学者范熙壬先生。

范公是从两湖书院走出的清末举人、法律专家与文化学者，历任法律修订馆协修、资政院机要科长兼速记学堂教务长、北洋法政学堂教习，民初国会议员、宪法起草委员会候补委员、平政院评事；国会重开，回任议员，补任宪法起草委员，非常国会行政委员并会议主席等。曾受知于张之洞、张百熙诸公，鼎革之后与孙中山、黎元洪、李大钊、冯玉祥诸公均有交谊，阅历丰富。只是范公史料分散于海内外，好在裴高才君会同范公后裔集十数年之功，着力“打捞”与抢救，终使历经战火、辗转海外、尘封百年的诸种图文孤本，在其新著《共和先驱·范熙壬》（裴高才、王凤霞著，湖北教育出版社 2015 年版）中重见天日。开卷所见，传主两湖书院获奖课卷、京师大学堂“状元”卷、《新译界》发刊词等稀见文献，传主于颐和园谒见慈禧与光绪、在津门恭迎孙中山北上的玉照，以及其起草的吊唁孙中山与黎元洪的祭文、营救李大钊的书信等，使传记图文互证，新材料纷呈。

这是一部叙介为复兴中国而奋斗的近世学人的传记文学作品。裴高才君会同青年学者王凤霞从传主童年对句入题，利用海峡两岸的原始档案，述及“父子同科”、“公车上书”、创办《新译界》、亲历清末民初立宪、反对袁世凯“善后大借款”、同曹锟贿选唱对台戏，以及助推孙中山北上、营救李大钊等事件，再现了范熙壬这位辛亥志士、宪政先驱、共和健将，从变法、立法到护法的卓

---

* 原刊《读书》2016 年第 2 期。

异历程。

书中披露，甲午战败后，传主于两湖书院写下《东晋南宋之兵何以能强说》一文，以古喻今，发出“有天下国家者，不惧其弱，而惧积弱之后，终不能自振于强也”的喟叹！此乃传主日后共襄“公车上书”盛举的动因。于戊戌政变中阴错阳差逃过劫难后，范氏怀着爱恨情仇的复杂心理，东渡扶桑，探寻救国之道。他组织留日学生创办新译界社和湖北译书社，成员多达百人。《新译界》着重政法、文学、时事类译述，以达中国与世界文明互相沟通的目标：“一曰维持吾国固有之文明以求合于世界，为世界所同认者存之，否则去之。二曰拣译世界最新之学理以输入于吾国，为吾国所适宜者则取之，否则去之。”（《新译界》发刊词）显示了一种颇高的文化追求和炽热的爱国情怀。

学成归国后，范熙壬致力于参与筹建资政院开院，以酬立宪之志，无奈清廷无道，立宪流产。闻辛亥首义，他旋即南下，将满腔热情投向共和新政。他既与旧雨黄兴、宋教仁，推心置腹、共襄法治；又充任首义都督黎元洪总务秘书（主任），为南北统一奔走于京汉。他身为民选众议院议员与宪法起草委员会成员，参与起草中国第一部宪法草案《天坛宪法草案》，并促成进入三读程序。北洋军阀摧残国会，亵渎法律。他挺身而出，不惜典售住宅，联袂同人南下护法。尽管遭到恫吓、搜捕与通缉，但他愈挫愈勇，并题诗“试披肝胆伏流星”“月华一朵皓无边”明志。台湾著名史学家张玉法先生称范公为“改革运动健将”，是恰如其分的。

范熙壬工于诗词文史，常常辞以情发，以诗言志。本传记表现传主真性情，娓娓道来情感故事，援引传主的诗、词、赋、文名篇，相映成趣。中华文化的博大精深与优雅浪漫在传主的行谊中，清晰而饱满地流淌着。如，范氏作《五忆诗》追忆五位恩师：歌张百熙“文章昭日月，声价超璠玙。太学汉京宏，五教敬敷虞”；赞吴汝纶“文选家百三，经著言五千”；颂张筱浦“关弓故不发，一发穿五靶”；称熊亦奇“英声霏翰林，文采天庭剡”；承黄绍箕的经学与器识，诗忆自己当年拜师的情景，文情并茂。在演绎亲情方面，传主效法古代孝子老莱子，不是以“莱园”命名宅第明志，就是筑“采寿堂”奉母。黎元洪大总统还亲题“寿”字中堂祝贺。为吊唁长女早逝，范氏写下一篇篇肝肠寸断的诗文志哀，又在北京法源寺修黄陂义冢、在琉璃厂设“震旦书林”纪念。

范公藏书万卷，著述多种，有《敬胜阁集》诗文七卷、《文心雕龙释义》存世，《总理遗教三民主义》曾载于《大公报》。只可惜，其译著《西藏语法》《德国行政法》《公权法》等，均毁于兵燹。

“绵延世泽，炳耀纲常。”海峡两岸范氏子孙秉承先哲遗训，将《秀蘖园集》《敬胜阁集》绣梓，并连同遗墨、善本与传记《为民喉舌》，赠予中外图书馆、校史馆与博物馆等，让世人共享奇文史料。而《范熙壬传》再现了先贤为复兴中国奋斗不息的人生轨迹，一编在手，鉴往知来，接受传主思想品格的熏陶或从中反思，无疑是一件很惬意的事。

《先行者之歌——辛亥革命时期歌曲200首》* 序言

中国是有着悠久革命传统的国度，两千多年前的《易传》即对革命的正当性与合理性有经典表述：“汤武革命，顺乎天而应乎人。”然而，从秦汉至明清，历次革命（包括农民暴动、权贵夺位）其间虽不乏经济、政治、社会层面的改良更张内容，但专制帝制却一以贯之，不过发生了嬴秦到刘汉、杨隋到李唐、赵宋代柴周之类的改朝换代。时至20世纪初叶，在新的历史条件和世界环境中，由民主革命先行者孙中山领导的辛亥革命，方突破中国古史的朝代更迭轨迹，结束延绵久远的专制帝制，在东亚大陆建立起民主共和体制（当然还是很不完善的），自此以后，“敢有帝制自为者，天下共击之”，中国走出中世纪，迈向近代社会。在这一意义上，辛亥革命的历史贡献是空前的，值得歌之颂之、咏之怀之。

辛亥革命自其酝酿准备期到其爆发、展开期，也确乎产生了一批歌曲，鸣奏出时代强音。然时过百年左右，这些歌曲大都湮没无闻，鲜为人知。而年近八旬的音乐工作者陈一萍先生，经多年旁搜远绍、筛选整理，编成《辛亥革命时期歌曲200首》，为我们从音乐史角度观照辛亥革命提供了宝贵的文献，可谓功莫大焉！

近代中国的觉醒者意识到，歌曲是启蒙民众的利器，梁启超指出：“盖欲改造国民之品质，则诗歌音乐为精神教育之要件。”又说：“今日不从事教育则已，苟从事教育，则唱歌一科，实为学校中万不可缺者。”对于新歌曲创作的滞后，梁氏忧叹道：“举国无一人能谱新乐，实为社会之羞也！”（《饮冰室诗话》）中国近代歌曲同近代小说、戏剧一样，首先是以“启蒙利器”

---

* 该书为陈一萍编，武汉大学出版社2009年出版。

现世的。

中国出现以简谱或五线谱记曲系词的歌曲，始于清末，开始常以欧、美、日本乐曲配以中文歌词，后来中国人学习西洋谱曲法，逐渐出现自作乐曲、歌词的完整意义上的创作歌曲。早期的歌曲作者著名的有：编写180余首学堂乐歌、辑录出版《学校唱歌集》（共三集，1904—1907）的沈心工（1870—1947），发表多首学堂乐歌和军歌、选编《教育唱歌集》（1903）的曾志忞（1879—1929），选编《国学歌唱集》（1905）、作词《哀祖国》《大中华》的李叔同（1880—1942）。以上三人皆有在日本学习音乐的经历。

自张之洞督鄂以降，湖北成为以兴实业、练新军、办学堂为内容的清末洋务建设的中心区之一，因而也是学堂歌、军歌的流行区。湖北印行的较早歌曲集为1905年即清光绪三十一年七月十五日出版的《教育唱歌》（湖北学务处印行，湖北官书处发售），编者黄子绳、汪翔、苏钟正、权国垣，他们也是该歌集的歌词作者。该歌集的《凡例》曰："是编所拟各题及歌词，皆一般国民设想，非词章的唱歌，乃音乐的唱歌，一以焕发精神，涵养德性为本旨。"此一宣示，可以代表辛亥革命前后大多数歌曲的宗旨：启迪民智、民德，宏扬民族精神。

辛亥革命前夕的新歌曲，最突出的是以欧西近代歌曲为范式的学堂乐歌，1906年刊行的《学校歌唱集》有如下唱词："幸有欧西新歌来，学界改良增荣光。"学堂乐歌多以"救亡图存""富国强兵"为主题，夏颂莱编的《何日醒》力陈国家危亡的险况："一朝病国人都病，妖烟鸦片进，呜呼吾族尽，四万万人厄运临。"石更词、辛汉编的《中国男儿》呼唤："中国男儿，要将双手撑天空。睡狮千年，一夫振臂万夫雄。"李叔同以中国民间乐曲《老六板》曲调填词的《祖国歌》，高扬爱国主义：

> 上下数千年，一脉延，文明莫与肩。纵横数万里，膏腴地，独享天然利。国是世界最古国，民是亚洲大国民……

此歌洋溢着"掌剑挥刀""鼓吹庆升平"的豪情，词曲俱佳，传唱一时，为辛亥前夜歌曲的代表。

与清末创办新军相伴随，一批以"正人心，振士气，保国粹"为旨趣的军歌应运而生，李映庚 1908 年编《军乐稿》4 卷，为军歌集成之作。

辛亥革命军兴，民主共和成为主旋律，涌现一批新歌曲。华航琛作词、沈心工作曲的《光复纪念》，直接抒写辛亥武昌首义：

> 八月十九武昌城，起了革命军，张彪与瑞澂纷纷出城去逃生。都督黎元洪，黄兴总司令，渡江收复汉口镇，汉阳龟山树汉旗。文明，文明，鸡犬不惊武汉平。清廷吓得心胆惊，遣将帅，发救兵，陆军派荫昌海军萨镇冰，屯兵不敢时，三战三败笑杀人。中原十数省，不月皆反正，江水汉水清，历史增荣名。

借用美国乐曲填词的《革命纪念》，高唱“建设共和，扫除专制”，直奔时代主题。《中华大纪念》更直述“孙文归国民气振，共和元年元旦辰，孙大总统到南京，中央政府告成功，誓师北伐捣黄龙，黄龙指日平”。沈心工的《革命歌》《从军歌》也是辛亥革命间唱遍大江南北的歌曲。当时歌曲大多以政治宣传为务，有欠艺术性，故流传后世的不多。李叔同（出家法名弘一法师）的创作水平高于同时代作者，他兼采中外、融铸古今的词曲，昭显了新歌曲的文化走向，一曲“长亭外，古道边，芳草碧连天”传颂世间。

《先行者之歌——辛亥革命时期歌曲选》辑录传唱于清末民初较具代表性的歌曲，从一个角度昭显了辛亥革命从酝酿、爆发到展开时期国人的精神面貌，故这本歌曲选不仅集结了近代音乐史的宝贵资料，而且具有史学认识价值，如同我们从《诗经》的“风、雅、颂”可以窥见商周社会风貌一样，通过这批歌曲可以得见辛亥革命前后国人的心路历程，这正是我们要特别感谢编者辛劳的所在。

2008 年 11 月 9 日撰于辛亥革命首义之地武昌

王国维对日趋革命化的近代中国变局的预见 *

收到复旦大学周言君寄来所撰《王国维传》[①]书稿，展读一过，颇有感触。今年是王静安先生自沉八十五周年，王先生的全集也基本出齐，此皆研习王学的新契机，而周君的王传更勾起我们对静安先生的追怀。

1924 年清华国学院开办，先父冯德清（永轩）作为一期生，师从梁启超、王国维、赵元任等导师（陈寅恪先生第二期方到任），而直接导师是王国维先生。当时王先生正转入西北史地研究，先父由是追随进入西北史地领域（有《新疆史地论丛》存世），并一直珍藏王先生所开列的西北史地书目，毕业时所提交论文，则是王先生指导的《匈奴史》。先父自清华研究院毕业前夕，梁启超先生题赠宋词集句对联，王国维先生以行楷题赠陶渊明五言诗轴，梁、王二先生的条幅，题头皆为“永轩仁弟”，我自幼留下的印象，先父始终对梁、王二先生以父尊之，我们兄弟也把二先生认作家中长老，景仰而又倍觉亲近。先父 1979 年辞世，我清理旧物，不仅发现梁、王二先生条幅，清华国学院师生合影，王先生所开书单，还有 1927 年（其时第一期生已毕业，星散各地）清华研究院同学会就王静安先生自沉发布过的一则启事，这张启事也保留在先父遗物中，睹物思人，不胜感怀。

我和周言君刚认识的时候，他已经对王学有着浓厚的兴趣，也断断续续写过一些文章，去年他曾经发表过一篇关于王先生与俄国的论文，此文后来引起过一些讨论。王先生的学术贡献，学界讨论颇多，但是从政治观角度探讨王先生与俄国革命之间的关系，尤其是王先生对共产革命的看法，以往少有涉及。王国维先生在俄国十月革命之后曾经写信给元史专家柯凤荪，估计俄国革命将

---

* 本文原载《读书》2012 年第 12 期。原题《王国维与近代中国的政治变局》。

① 周言：《王国维传》，江苏人民出版社 2013 年版。

波及中国，他在信中言："观中国近况，恐以共和始，而以共产终。"（语见罗振玉追思王国维时转述王国维 1917 年底言说）后来罗振玉在日本与犬养毅的对话中，也有类似预测。罗、王能在 1917—1918 年前后（中共尚未成立）有如此远见，非有过人史识，不能言也。1924 年王国维上书溥仪又说："以共和始者，必以共产终。"

罗振玉长孙罗继祖的书中讲到，王先生自沉之前写信给罗先生，信中专门谈到北伐以及叶郎园（德辉）在湖南农民运动中被诛一事。当时也有传言湖北的王葆心（晦堂）先生被杀，此乃谣传。王葆心先生是我父亲挚友，抗日战争期间彼此多有书信往还，我家中还藏有王葆心先生所书《麻城丁氏四修族谱序》和楷书题签，以及多通与我父亲的信函。王葆心一直到 20 世纪 40 年代才去世，董必武为其墓门题词："楚国以为宝，今人失所师。"我主持编纂《湖北省志·人物》时，还知道王葆心 20 世纪 30 年代曾经担任过湖北通志馆的筹备主任，出版《方志学发微》。"九一八事变"爆发，日军逼近华北之时，王葆心先生曾经两次进京抢救湖北地方志材料。王葆心第三次在北平抄写材料之时，"七七事变"发生，王葆心带着在北平所抄写的材料历经曲折回到武汉。作为青年学人，周君对王国维先生及其周际人物能做细密考察，以辨伪存真，难能可贵。

周言写作王传时，曾经听到一些关于王静安先生的奇闻逸事，比如当时王静安和罗雪堂之子罗福苌时有过从，罗福苌经常给王静安敬烟，王静安从不推辞，但是王先生自己抽烟时，从不给他人敬烟，这正折射出王先生的不谙世故。先父也曾经和我说起当时在清华读书时，每逢师生合影，梁任公先生总是先请王静安先生上座，王先生也从来不推辞，按说，梁先生自戊戌变法以来名震遐迩，又比王先生年长，而且梁先生在《时务报》担任主笔期间，王先生还只是《时务报》的一名书记员，但在清华时王先生不辞首席，足见其学术上的自负，也表明了梁先生的谦德和对真学者的尊崇。静安先生的自负自尊，任公先生的自谦敬贤，皆是学人风范。

周言君书中考证张之洞与王静安先生之间的关系，亦有价值。

20 世纪初，张之洞奉命起草《奏定学堂章程》（此为中国颁行实施的第一部近代学制方案），将哲学排除出大学课程之外，并以理学替代哲学，王静安先生当即撰写《奏定经学科大学文学科大学章程书后》，对张之洞进行严厉批评，不仅昭显王先生对现代性学科建设的透辟认识，更表现出批判威权的勇气。

我一直注意晚清知识分子在民国初年对于中国传统思想的看法，比如“一战”之后梁任公游历欧洲，认定欧洲文明已经破产，中国文明将拯救世界，而王静安早在辛亥革命之前，便决意转向国学研究，搁置早年从事的西方哲学与美学研究，并修正了早年会通中西的观点。王先生 1919 年致罗雪堂的信中称：“新思潮之祸必有勃发之日，彼辈恐尚未知有此，又可惜世界与国家却无运命可算，二三年中正未知有何变态也。”随后又在致日本学者狩野直喜的信中言：“世界新思潮涌动澎湃，恐遂至天倾地折。然西方数百年功利之弊非是不足一扫荡，东方道德政治或将大行于天下，此不足为浅见者道也。”所见与梁任公的《欧游心影录》略同。

王静安先生的这一思想趋向值得注意，我在 1990 年出版的《中华文化史》中，曾以梁任公的《欧游心影录》和梁漱溟的《东西文化及其哲学》为例，讨论发端于 1915 年的东西方文化论战。这一论战的第一阶段从《新青年》创刊到“五四”运动爆发，主要讨论比较东西方文化的优劣；“五四”运动爆发，则进入论战第二阶段，转而讨论东西文化相互融通的可能性和必要性；而梁任公的《欧游心影录》和梁漱溟的《东西文化及其哲学》的出版，则将论战推向第三阶段，梁漱溟和梁任公一样，认为西方文明已经破产，“不怕他不走孔子的路”，当时柳诒徵著文对梁漱溟表示支持，而曾经支持章士钊“中西方文化调和论”的陈嘉异，也转而支持梁漱溟，认为东方文化远优于西方文化，万万不可与之“融合”。当时梁启超和梁漱溟都遭到严厉的批判，首先批判梁漱溟的，便是与梁漱溟同为北大教授的胡适，当时的王静安先生则是站在二梁一边的。

周君此书中，还有许多专题性质的研究，有些是前人较少涉猎的，比如“遗老与欧战”“遗老与共产主义”等，尤为可贵的是，他将 20 世纪 20 年代王国维对共产主义的看法放在“联俄联共”的背景下加以考察，同时联系到同时期的“赤白仇友之争”，指出以王静安先生为代表的清朝遗老对于共产革命的担心，与其自身的文化立场有关。周君援引台湾学人林志宏的观点，进而认为伪满洲国的建立，实际上也与清朝遗老对于共产革命的敌视有关，当时敌视苏俄、主张建立“满洲国”的王式便曾经在奏折中对溥仪言说：“今闻臣张宗昌已归顺朝廷，曾造臣金卓至大连，订期面商，加入团中，两月之间成军可必，成军之后即取东三省，迎銮登极，或俟赤俄削平，再登大宝。”此说颇值得注意。

王静安先生的一生，不单是一介书斋学人，王先生对中外史事亦有独到见解。刘知几曾提出治史要兼备史才、史学、史识，其中最重要的则是要秉笔直书，周君此书，对王先生的政治观察加以考究，还原王先生为人忽视的政治目光敏锐的一面，这或许是此书的一个贡献。

近代革命论的理论基石

——唯物史观在中国的早期传播*

任何一种学说，都是特定的社会环境和特定的思想文化传统的产物；当学说向异域传播时，又进入不同的情境，被人们接受的程度与发挥的侧重点，也为具体的社会及文化条件所制约。19世纪中叶创立于西欧的唯物史观，20世纪初叶传入中国，迅速产生较大的社会影响。“五四”新文化运动（1915—1921）和中国社会史论战（1929—1933）是唯物史观在中国早期传播的两个关键阶段，其时正值革命思潮涌动之际，倾向革命的学人从唯物史观获得革命的理论支撑，而随着中国革命的展开，唯物史观在中国影响日益深巨。总结唯物史观在中国早期传播与运用的历史经验，对这两个时段史学观念的迁衍得失作一番溯源讨流工作，于中国社会科学的发展或有裨益。

一、唯物史观的创立

工业文明时代的西欧，生产力及生产关系的变动对历史形态的决定性影响较为清晰地昭显出来，唯物史观得以应运而兴。

作为马克思主义哲学的重要组成部分，唯物史观不仅与唯心史观堂堂对阵，而且突破旧唯物主义的局限（对自然界作唯物诠释，一进入人类历史便陷入唯心主义），系统地对历史作唯物主义解析，因而与“辩证唯物主义”相匹配，此种历史观又称为“历史唯物主义”。唯物史观是西欧学术，尤其是西欧近代学术的逻辑推演：马克思、恩格斯批判地继承18世纪启蒙运动“人是环

---

* 载《中国社会科学》2008年第1期，原题《唯物史观在中国的早期传播及其遭遇》。

境的产物”的观念、19世纪初叶空想社会主义的历史观念〔如圣西门（1760—1825）关于阶级斗争推动历史的论说〕、黑格尔（1770—1831）洋溢着辩证精神的历史哲学等思想遗产，通过总结人类历史（尤其是工业革命及市民社会勃兴以来的历史）的规律，创立此一历史学说。

唯物史观的学说体系初成于19世纪40年代中叶。马克思（1818—1883）、恩格斯（1820—1895）在其第一部合著《神圣家族》（1844）中揭示：“历史是群众的事业。”开启此种历史学说的端绪；两人合著的《德意志意识形态》（1845—1846）进而指出：

> 这种历史观就在于：从直接生活的物质生产出发来考察现实的生产过程，并把与该生产方式相联系的、它所产生的交往形式即各个不同阶段上的市民社会理解为整个历史的基础……这种历史观和唯心主义历史观不同，它不是在每个时代中寻找某种范畴，而是始终站在现实历史的基础上，不是从观念出发来解释实践，而是从物质实践出发来解释观念的东西。①

以后，马克思在《路易·波拿巴的雾月十八日》《资本论》《人类学笔记》，恩格斯在《德国农民战争》《反杜林论》《家庭私有制和国家的起源》等多种论著中阐发这一新的历史观，使其愈趋丰富、完善。马克思1859年所撰《〈政治经济学批判〉序言》对新的历史观有系统论述，该篇的以下论述被视作此种历史观的经典表述：

> 物质生活的生产方式制约着整个社会生活、政治生活和精神生活的过程。不是人们的意识决定人们的存在，相反，是人们的社会存在决定人们的意识。②

至于“唯物史观”这一短语的正式拟定，则首见于恩格斯1872年所著

① 《马克思恩格斯选集》第1卷，人民出版社1972年版，第43页。
② 《马克思恩格斯选集》第2卷，人民出版社1972年版，第82页。

《论住宅问题》。该篇对“唯物史观”作简要界定：

> 唯物史观是以一定历史时期的物质经济生活条件来说明一切历史事变和观念、一切政治、哲学和宗教的。[①]

恩格斯1877年在《卡尔·马克思》中这样评介唯物史观：

> 历史破天荒第一次被安置在它的真正基础上；一个很明显而以前完全被人忽略的事实，即人们首先必须吃、喝、住、穿，就是说首先必须劳动，然后才能争取统治，从事政治、宗教和哲学，等等，——这一很明显的事实在历史上应有的权威此时终于被承认了。[②]

恩格斯1880年论及社会主义从空想到科学的转变时，将其归功于马克思的“两大伟大的发现——唯物主义历史观和通过剩余价值揭破资本主义的秘密”[③]。1883年恩格斯在马克思墓前悼词中，把马克思的这两大发现与达尔文的生物进化论相比拟[④]；1885年恩格斯又说，唯物史观所揭示的规律“同能量转化定律对于自然科学具有同样的意义”[⑤]。这都是肯认唯物史观的贡献——像生物进化论、能量转化定律揭示自然规律一样，唯物史观发现了人类历史发展的客观规律。

唯物史观是一种与唯心史观对立的新的历史观，是科学社会主义的理论基础。然而，唯物史观并未穷尽真理，有待发展与完善。唯物史观探讨“生产力—生产关系”，“经济基础—上层建筑”的因果关系，以生产力作为逻辑起点，揭示历史发展的基本规律，但因其强调经济基础对上层建筑的决定性影响，往往被认作“经济决定论”。恩格斯晚年指出，这种偏误的形成，他和马克思要负一定的责任，因为他们当年在批驳唯心史观时，着重强调经济因素在历史进程中的决定性作用。虽然恩格斯晚年多次阐发“反作用力原理”，指出

---

① 《马克思恩格斯选集》第2卷，人民出版社1972年版，第537页。

②③ 《马克思恩格斯选集》第3卷，人民出版社1972年版，第41、424页。

④ 《马克思恩格斯全集》第19卷，人民出版社1972年版，第372页。

⑤ 《马克思恩格斯全集》第21卷，人民出版社1972年版，第291页。

"经济状况是基础，但是对历史斗争的进程发生影响并且在许多情况下主要是决定着这一斗争形式的，还有上层建筑的各种因素"[①]。然而，唯物史观的不少信从者和反对者仍以"经济决定论"界定唯物史观。这就埋下唯物史观被曲解的伏笔。

正如历史上某些卓越的学说被推尊为神谕（如亚里士多德学说在中世纪欧洲经院化、神学化）就变成僵死的东西一样，唯物史观一旦奉为教条，也就走向其反面。对于这种可能性，马克思主义经典作家早有警觉，他们一再告诫，唯物史观是研究历史的指南，决非剪裁历史的公式，不能取代具体的历史研究。而实际状况是：将唯物史观教条化、简单化、公式化时有发生，这种现象对唯物史观的损害，并不亚于对唯物史观的直接攻击。有鉴于此，恩格斯1890年说：

> 如果不把唯物主义方法当作研究历史的指南，而把它当作现成的公式，按照它来剪裁各种历史事实，那末它就会转变为自己的对立物。[②]

恩格斯晚年还多次批评"经济唯物论"，指出如果把经济因素说成历史发展的"唯一决定性的因素，那末他就是把这个命题变成毫无内容的、抽象的、荒诞无稽的空话"[③]。就现代中国历史学而言，一方面，唯物史观的传播与运用推进了历史科学；另一方面，当唯物史观被片面理解，或被公式化，从而"转变为自己的对立物"时，又阻碍了历史学的健康进展。

二、"五四"时期唯物史观在中国的传播

农业文明时代的中国学术不乏朴素唯物主义的历史观察（如《论语·子路》的"庶—富—教"次序说；《管子·牧民》的"仓廪实则知礼节，衣食足则知荣辱"论；王夫之《诗广传》卷五把火的掌握、农业发明视作文明的起点，等等），但就总体言之，前近代中国没有自创唯物史观学说体系的条件，只有在近代工业文明初步成长的20世纪初叶以降，中国才具备这种学说体系

①②③ 《马克思恩格斯选集》第4卷，人民出版社1972年版，第477、472、477页。

引入的需求与接受的可能性。马克思、恩格斯在19世纪中后叶的西欧创立的唯物史观，跨越时空，广为流布于20世纪的中国，并逐渐衍为主流历史观，这是时代风云际会的产物，也显示了唯物史观的强大感召力。

唯物史观20世纪初叶流播中国，日本起着中介作用。

19世纪后半叶以来，日本的社会主义者片山潜（1859—1933）、幸德秋水（1871—1911）、堺利彦（1870—1933）、栉田民藏（1874—1946）、河上肇（1879—1946）、山川均（1880—1958）、桑木严翼（1885—1934）、高畠素之（1886—1928）等都致力于唯物史观的介绍。其中尤以河上肇的劳绩最著。而恰在19、20世纪之交，中国出现留日高潮，在数以万计游学日本的人士中，不乏信从唯物史观者，他们主要通过日文书刊获知此一学说，并将其转译为中文在中国刊发，这成为清末民初唯物史观传播中国的一条重要渠道（还有同期自欧美、稍晚自苏俄传入中国两条路径）。仅以河上肇论著而言，其中文译本即达17种之多，直接以唯物史观命题的便有《唯物史观研究》（郑里镇译）、《唯物史观的基础》（巴克译）、《马克思的唯物史观》（渊泉译）等。河上肇对唯物史观的把握，注目于经济生活（尤其是技术手段）对历史进程的决定作用，而忽略社会关系，亦少谈上层建筑的反作用。这对于经由河上肇著译认识唯物史观的中国学人，当然是有影响的。

中国介绍马克思及其学说，可上溯至清末，1899年《万国公报》第121期刊发的《大同学》即介绍马克思共产主义学说（时称“大同学”，颉德著，李提摩太中译），此为来华西洋人所为。稍晚于此，旅日中国学人借助日文文本，开始用中文介绍唯物史观，如1903年2月出版的《译书汇编》（第2年第12期）所载马君武（1881—1940）撰《社会主义与进化论比较》，初次讲述马克思的唯物史观要点：

> 马克思者，以唯物论解历史学之人也。马氏尝谓阶级竞争为历史之钥。

此后，朱执信（1885—1920）在《民报》第2号发表《德意志社会革命家列传》，评述“马尔克”（即马克思）的社会主义思想和“阶级争斗”理论，接触到唯物史观的某些论点。而中国译介唯物史观的正式展开，则在“五四”新文化运动时期，传播人一为早期共产主义者，二为国民党文士。传播平台是《新青年》与《建设》等颇有影响的刊物。

（一）早期共产主义者在《新青年》等刊物译介唯物史观

1919年5月，《新青年》第6卷第5号（实际出版时间在9月），为纪念马克思诞辰一百周年，李大钊（1889—1927）主编《马克思主义研究》专号，所载文章多涉及唯物史观，兹举三篇为例：

1. 李大钊的《我的马克思主义观》，介绍马克思的剩余价值论和唯物史观。关于后者，首先介绍唯物史观形成的历史，进而介绍唯物史观的基本观点：（1）"历史的唯物论者观察社会现象，以经济现象为最重要"；（2）"马克思则以物质的生产力为最高动因"，"生产力一有变动，社会组织须随着他变动"；（3）当社会组织束缚生产力时，就会引起"社会革命"。李大钊阐述的唯物史观要义，基本上是对河上肇《社会问题研究》1—3册相关部分的转述。

2. 渊泉译河上肇《马克思的唯物史观》。

3. 顾兆雄《唯物的历史观及批评》，在介绍唯物史观之后，批评唯物史观的种种"弱点"。

此后，李大钊1919年12月发表《物质变动与道德变动》①，以唯物史观评析东西文化，针对当时流行的"物质开新，道德复旧"之说，指出"道德这个东西不是超自然的东西，不是超物质以上的东西，不是凭空从天上掉下来的东西。他的本原不在天神的宠赐，也不在圣贤的经传，实在我们人间的动物的地上的生活之中"。

1920年1月1日李氏发表《由经济上解释中国近代思想变动的原因》②，运用唯物史观探究思想更革的因由。该文开宗明义指出：

> 凡一时代，经济上若发生了变动，思想上也必发生变动。
> 经济的变动，是思想变动的重要原因。

1920年12月李大钊发表《唯物史观在现代史学上的价值》，从经济史视

---

① 《新潮》第2卷第2号。
② 《新青年》第7卷第2号。

角追寻历史动因，文中陈列唯物史观的四种名称：历史之唯物的概念、历史的唯物主义、历史之经济的解释、经济的决定论。李大钊认为：

> 还是称马克思说为“经济的历史观”妥当些。[①]

随后李大钊又发表姊妹篇《唯物史观在现代社会学上的价值》，从经济史视角追寻社会发展的动因，再次将唯物史观肯认为“经济史观”。李大钊1924年出版《史学要论》，系统阐发唯物史观，指出：“马克思的历史观，普通称为唯物史观，又称为经济的历史观。”[②]

李达（1890—1966）1918年在日本攻读《共产党宣言》《资本论》，并翻译荷兰人郭泰著《唯物史观解说》，附“马克思唯物史观要旨”，其中译述马克思《〈政治经济学批判〉序言》中关于唯物史观的经典论述，又译述恩格斯1888年为《共产党宣言》英文版所写序言中的两段话，说明唯物史观是马克思发现的，其贡献与达尔文对生物学的贡献同等重要。

恽代英（1895—1931）1920年翻译考茨基（1854—1938）的《阶级争斗》，涉及唯物史观内容。彭湃（1896—1929）1921年在广东海丰成立社会主义研究社，讲解唯物史观。

陈独秀（1879—1942）1922年在《新青年》第9卷第6期发表《马克思学说》，介绍剩余价值学说，也涉及唯物史观。

《新青年》1923年改版为《新青年季刊》，成为中国共产党机关刊物后，继续登载译介唯物史观的文章，如《新青年季刊》第3期发表瞿秋白（1899—1935）的《唯物史观对于人类社会历史发展的解释》，以唯物史观解析中国社会和中国历史。瞿秋白还把布哈林的《历史唯物主义》编译为《社会科学概论》，流行一时。

（二）国民党文士在《建设》等刊物译介唯物史观

“五四”时期传播并运用唯物史观的，不仅有李大钊、陈独秀、李达、瞿秋白等早期共产主义者，戴季陶、胡汉民、廖仲恺等国民党文士也用力译介唯

① 《唯物史观在现代史学上的价值》，《新青年》第8卷第4号。

② 《李大钊文集》下卷，人民出版社1984年版，第715页。

物史观，并用以解析中国社会问题。戴季陶、胡汉民、廖仲恺等人也是在日本留学期间，从河上肇等日本学者的著译中了解并信从唯物史观的。

孙中山（1866—1926）领导的中华革命党（1914—1919）于1919年8月创办杂志《建设》，1919年10月中华革命党改建为国民党，此刊由国民党理论家胡汉民、汪兆铭、朱执信、廖仲恺、戴季陶等主笔，主要宣传三民主义，同时也发表多篇介绍马克思学说及其唯物史观的文章，主要作者是戴传贤（戴季陶）和胡汉民。

戴季陶（1891—1949）在《建设》1卷1号（1919年9月1日）发表《从经济上观察中国的乱源》，试图运用唯物史观分析中国现实社会，其观察角度是“无论一个什么问题，没有不和‘生活’有关系的”。戴氏重视经济统计，以为是解析社会问题的基础，文章指出：“考茨基说十九世纪中叶的马克思、因格尔斯所以能够发现那一种很深邃的‘唯物史观’，完全是得力于统计学的发达。”戴氏还于1919年8月17日在《星期评论》11号刊发《随便谈》一文，议及他与胡汉民探讨唯物史观的情形。文曰：“展堂（胡汉民号——引者）说：‘我以为中国一切思想的变迁并不是什么精神生活的影响，都是经济生活的影响。’”胡汉民将周秦诸子各种学说发生的基本原因，归之于“井田制的破坏”。戴季陶对胡汉民的思路大加赞赏：“我听了这个话，欢喜得了不得，很希望这个‘中国史之唯物主义的研究’能够得一般学问家的注意和协作，便是思想大解放了。”[①] 戴季陶1920年1月13日撰《致陈竞存论革命书》，声明“我是赞同唯物史观的”[②]，试图以“社会生活决定精神”这一基本观点考察中国历史及现状。

戴季陶据日文译本转译考茨基的《马克思的经济学说》，以《马克思资本论解说》为题，连载于《建设》1卷4、5、6期（1919年11月、12月，1920年1月），2卷2、3、5期（1920年3月、4月、6月），涉及唯物史观内容。1920年3月14日戴氏发表《劳动运动的发生及其归趣》，探求“五四”运动爆发的原因，认为将“五四”运动归结为恶政激起义愤，或国际上反抗日本侵略，都失之简单，戴氏认为，“五四”运动爆发是“国民的生活缺陷”因欧战

① 戴季陶：《从经济上观察中国的乱源》，《建设》1卷1号，1919年9月1日。
② 戴季陶：《从经济上观察中国的乱源》，《建设》2卷1号，1920年1月13日。

“解放”“革命”大声音惊醒的结果，是国人因觉察到“生活的不安而生的社会运动”。戴氏还分析资产阶级态度的前后变化：中国资本家因“五四”抵制日货，提倡国货而“赚了大钱”，便不自觉地随大流而行，但等到发现“五四”促使劳工运动高涨，妨碍自身的阶级利益，又站到反对立场上去。这是戴氏运用唯物史观的经济分析、阶级分析探究“五四”运动的努力。

胡汉民（1870—1936）是“五四”时期传播唯物史观的健将，他在《建设》1卷3号、4号（1919年10月1日、11月1日）发表《中国哲学史之唯物底研究》，宣称：

> 我这篇文章，是拿唯物史观应用到中国哲学史上。

胡氏还举出以唯物史观辨析中国哲学史的六要义，试图概括唯物史观的方法论。胡汉民不满足于胡适《中国哲学史大纲》以“时势说”诠释先秦哲学，《中国哲学史之唯物底研究》指出：“时势是什么力量造成的呢？求其最初原因，总在物质的关系。”[①] 此文可视为以唯物史观分析中国哲学生成与发展的开篇之作。

随后，胡汉民在该刊1卷5号（1919年12月1日）发表《唯物史观批评之批评》，反驳对唯物史观的责难和曲解，指出马、恩“发现的唯物史观”，“是以经济为中心的历史观”，“是平民的哲学，劳动阶级的哲学”，“差不多划一个新纪元”。胡氏在该刊2卷4号（1920年5月1日）发表《从经济的基础观察家族制度》，运用唯物史观分析中国家族制度。一个有趣的现象是，国民党“分共”以后，早年宣传唯物史观、使用唯物史观语汇的国民党后来十分避讳元老胡汉民“五四”时期撰写的宣传唯物史观的文章，1978年中国国民党中央委员会党史委员会编辑的《胡汉民先生文集》（全四册），将《中国哲学史之唯物底研究》《唯物史观批评之批评》等文删除殆尽。

1920年8月，《建设》第2卷第6号发表河上肇撰、苏中译的《见于〈资本论〉的唯物史观》（摘马克思《资本论》中有关唯物史观的段落）。同年12月，《建设》第3卷第1号发表苏中译《科学的社会主义与唯物史观》（摘恩

① 胡汉民：《中国哲学史之唯物底研究》，《建设》1卷3、4号，1919年10月1日、11月1日。

格斯《反杜林论》第3编第2、3章）后来一个时期运用唯物史观的人们，多采用这些译述。

《建设》1920年曾展开“史观派”与“史料派”围绕井田制的论争。[①]胡适等“史料派”认为井田制只是古代思想家的一种理想，中国只有“井田论”，没有“井田制”。胡汉民、廖仲恺、朱执信等“史观派”则肯认井田制的实存性，运用唯物史观对其作经济分析，并借鉴从西方引入的人类学、社会学方法考察中国古史，认为井田制是古代相沿的原始共产制，与欧洲历史上的“均产制度”相类似。胡汉民《论井田制答胡适之先生》（《建设》2卷1号）有较充分的阐述。此一讨论声势不大，极少纳入现代史学史研究的视域，但史观派在讨论中采用的论理与方法，实开十年后中国社会史论战之先河，在唯物史观的传播史上应占一席之地。总之，中华革命党与国民党相继主办的《建设》，是“五四”新文化运动期间评介唯物史观的重要阵地。

（三）其他刊物对唯物史观的介绍

在《新青年》与《建设》之外，还有多种刊物发表译介唯物史观的文章。

一如1919年1月创刊的《国民》杂志（邓中夏、高君宇、许德珩等编），用力译介唯物史观，1920年该刊2卷2号、3号连载常乃真译《马克思的历史唯物主义》，摘自恩格斯致瓦·博尔吉乌斯信中的两段话。

二如进步党刊物北京《晨报》的副刊1919年5月5日至11月11日辟“马克思研究”专栏，载河上肇著、渊泉译的《马克思的唯物史观》，又翻译日文的《马氏唯物史观概要》。《晨报》1919年7月25日至8月5日载《马氏唯物史观的批评》。

三如上海《民国日报》于1919年6月创办副刊《觉悟》，其上译载考茨基的《伦理与唯物史观》，1921年5月15—19日发表施存统节译的《见于共产党宣言的唯物史观》。

四如上海1921年1月《东方杂志》第18卷第1号发表范寿康（1896—1983）译《马克思的唯物史观》（即《政治经济学批判序言》）。

五如1922年《学林杂志》发表墨笙《唯物史观公式的解释》。

---

① 参见《井田制有无之研究》，《建设》2卷1号。

六如施存统（1899—1970）1922年在《社会主义讨论集》上陈述“唯物史观底五条要义”：

> （1）经济组织（生产及分配方法），是社会组织底基础，一切法律、政治、宗教、艺术、哲学等精神的文化，都是筑在这个基础上面的“上部构造”。（2）社会底“物质的生产力”发达到一定的程度，就要同既存的生产关系发生冲突。只有解决了这个冲突，社会才有进步。社会革命，为的是解决这个冲突。这个冲突解决了，经济的基础变动了，于是那些上部建筑也都跟着变动了。（3）一切精神的革命（不管是法律的、政治的、宗教的、艺术的、哲学的），根本原因，都基于生产力和生产关系（或财产关系）底冲突。人类因为要解决这个冲突，所以才发生了精神的革命。一切“危险的思想”，都不过是经济事情底反映。（4）一切革命的阶级斗争（不论政治的、经济的、思想的），其根本原因，都源于生产关系和生产力底冲突。人类越是意识到了这个冲突，越努力阶级斗争，也就越能早一天解决这个冲突。（5）一切问题，只有具备了“物质的条件”时，才能够解决。①

施氏此论，较之1919年胡汉民在《中国哲学史之唯物底研究》中对唯物史观的概括更为周详，大体反映了“五四”新文化运动时期学人对唯物史观的认识水平。

综览“五四”新文化运动，唯物史观的传播是当年新思潮的一个重要组成部分，而一些初习唯物史观的学者，立即运用略有所悟的唯物史观的理论与方法，解剖中国历史、中国社会、中国文化及中国革命诸问题，昭示出此一理论鲜明的实践性格。仅就对历史学而言，唯物史观的科学价值已被先觉者所认识，李大钊说：

> 自有马氏的唯物史观，才把历史学提到与自然科学同等的地位。此

① 施存统：《唯物史观在中国的应用》，《社会主义讨论集》，上海新青年社1922年版。

等功绩，实为史学界开一新纪元。自时厥后，历史的学问，日益隆盛。[1]

当然，初步意识到唯物史观的科学价值并表示对其衷心服膺，与真切把握、准确运用此一学说之间，存在着相当距离。而当时的历史条件，没有为深刻理解唯物史观提供必要的经济学、社会学、历史学的学术准备，也不允许学者们对这一深刻而宏富的学说从容研究，故“五四”新文化运动的某些健将对唯物史观的吸纳与传播，有“窃天火于人间”的历史功勋，然而又多为“急就章”，对唯物史观作粗率的理解是普遍现象——

其一，无论是早期共产主义者（如李大钊、瞿秋白），还是国民党文士（如戴季陶、胡汉民），都将此一学说视为“经济的历史观”。1920 年商务印书馆出版塞格利曼著、陈石孚译的唯物史观读本，书名即为《经济史观》。李大钊、胡汉民、戴季陶等人当时对唯物史观的理解相近，都是以比较简单的“经济分析”方法解释中国社会、中国历史、中国文化，往往是从某种经济现象直接推导出某种社会政治现象、思想文化现象，忽略种种复杂的介质，对“反作用力原理”更重视不够，故其关于唯物史观的理解与运用，尚处在“经济决定政治”“经济决定文化”的粗略、浅显的认识水平上。

其二，当年信从唯物史观的许多论者多以为阶级斗争是唯物史观的核心内容，解析历史问题、文化问题往往满足于平面化、直线化的阶级分析法，而很少注意解放和发展生产力这一唯物史观的根本问题。这种对唯物史观的认知及运用取向，在以后诸历史阶段又呈蔓延之势。

其三，把唯物史观视作技术进步基础上的历史进化观，从而与古典进化论相混淆。戴季陶主张将达尔文的方法与马克思的唯物史观方法相结合，李大钊把唯物史观与斯宾塞的社会达尔文主义混合在一起。此类认识为单线直进历史观（“五种社会形态”单线递进说）后来的流行埋下伏笔。

概言之，“五四”新文化运动间唯物史观的传播，颇能一新耳目，然而又难免简单化。1933 年 5 月，鲁迅（1881—1936）在李大钊牺牲 6 年后，为李氏的文集作序，曾这样议论李大钊的理论业绩：

---

① 《李大钊文集》下卷，人民出版社 1984 年版，第 347 页。

> 他的理论，在现在看起来，当然未必精当的……虽然如此，他的遗文却将永住，因为这是先驱者的遗产，革命史上的丰碑。①

将这番话视作对李大钊及“五四”时期诸先贤传播、运用唯物史观的评价，也是大体恰切的。

三、中国社会史论战间唯物史观的运用：以“社会形态”学说解析中国历史

“五四”运动以后，唯物史观在中国的传播声势大增，并逐渐深入到历史学科领域，这在“中国社会史论战”中有集中体现。

民国年间中国学术界展开了三次较具规模的论战——20世纪20年代的“科学与人生观之争”，即所谓“科玄论战”；1929—1933年的“中国社会史论战”；30年代中期的“全盘西化论”与“中国文化本位论”的论战。如果说，“科玄论战”是科学主义与古典人文主义之间展开的激辩，“全盘西化论”与“文化本位论战”是中西学术的主辅之争，那么，中国社会史论战则是在马克思主义语境中进行，在唯物史观框架内展开的，正如论战的重要阵地《读书杂志》的主持人王礼锡（1901—1939）1931年撰文所说：人生观论战的科玄之争，是“极端唯物”（指科学主义）与“极端唯心”（指古典人文主义）的辩议，而“在中国社会史论战里，都是唯物的内部的争斗，没有唯心论者插足的余地”②。这里的“唯物论”即指“历史唯物论”。王礼锡把中国社会史论战视作历史唯物论内部的派别之争，大体符合实际。诚然，中国社会史论战并没有发生唯物史观与唯心史观之间的交锋，参论诸方似乎无不服膺唯物史观，然而，论战各派对中国历史的概括与诠释却分歧甚巨，这显现出唯物史观在中国传播与运用的复杂状貌。

运用唯物史观解析中国历史与现状，发端于1928年前后的“中国社会性质论战”，此次辩议的论题是：大革命失败后中国革命的性质为何（资产阶级

---

① 《鲁迅全集》第4卷，人民出版社1981年版，第525页。

② 王礼锡：《中国社会史论战序幕》，《读书杂志》第2卷第4、5期合刊，神州国光社1932年版，第6页。

民主革命抑或无产阶级社会主义革命）？决定中国革命性质的中国社会的性质为何（前资本主义抑或资本主义）？中国社会性质论战与稍早开始于苏联和日本的“亚细亚生产方式论战”相联系。“亚细亚生产方式论战”以马克思关于古代东方的论述为武器，探讨东方国家的社会形态和特殊发展道路，中国社会性质论战由此出发，进而考察现实中国的社会性质问题。而要确认当时中国社会的性质，就必然追溯往昔，从而引发关于历史问题的讨论，这便是展开于1929—1933年的中国社会史论战。

中国社会史论战的参加者，多为曾经留学东洋、西洋的青年社会科学工作者（据统计，他们平均年龄26岁），其政治派别繁多，有中国共产党理论界人士组成的“新思潮派”（因在上海主办刊物《新思潮》而得名），主要论者王学文（1895—1985）、潘东周（？—1935）、朱镜我（1901—1941）等；有脱离中国共产党的托陈派组成的“动力派”（因在上海主办刊物《动力》而得名），主要论者李季（1892—1967）、刘镜园（1902—1987）、严灵峰（1904—？）等；有国民党改组派文士组成的“新生命派”（因在上海主办刊物《新生命》和新生命书局而得名），主要论者陶希圣（1899—1988）、梁园东（1901—1968）、顾孟余、梅思平（1896—1946）等（汪精卫、陈公博为首的国民党“改组派”因标榜恢复1924年国民党一大的改组精神而得名）；熟悉社会主义学说的自由主义者胡秋原（1910—2004）也投入论战。此一论战的舞台在上海，却牵动全国，乃至海外华人学者，如时在日本的郭沫若（1892—1978）、王亚南（1901—1969）等。几年间，数十位论者发表文章百余篇，出版著作30余种，规模远在“科玄论战”之上。

中国社会史论战诸方竞相援引马、恩、列，引述较多的是马克思的《哲学的贫困》《政治经济学批判》《资本论》，恩格斯的《家庭、私有制和国家的起源》，列宁的《资本主义在俄国的发展》（今译《俄国资本主义的发展》）、《帝国主义论》（今译《帝国主义是资本主义的最高阶段》）。论战参加者纷纷以马克思主义者自命，此一论战的重要园地《读书杂志》曾准备在1933年马克思逝世50周年之际出版“马克思专号”（后因故未果）。这一切都表明，从“五四”至大革命后的十余年间，马克思主义及其唯物史观在中国知识界的传播大有进展。如果说“五四”时期胡汉民发表《中国哲学史之唯物的研究》，试图“拿唯物史观应用到中国哲学史上”，李大钊以唯物史观解析中国历史，尚属个别行为，那么，大革命失败后展开的中国社会史论战诸派，纷纷以唯物史观的某些论说作依凭，以之构筑中国历史的总体框架，当属群体行为。这昭显了唯物史观在中国社会科学界的迅进。

（一）“科学的社会学”初试锋芒

“五四”以降，西方人文社会科学诸流派（杜威学说、罗素学说、白璧德学说等）联翩来华，而马克思主义的唯物史观脱颖而出，最受人文社会科学界欢迎。一个有趣的现象是：1929—1933 年的中国社会史论战，参论诸方政治取向大异，成敌对之势，却几乎都宣称信奉唯物史观，不仅“新思潮派”及在日本的郭沫若等左翼学者高张唯物史观旗帜，而且陶希圣等国民党文士、顾孟余（1888—1973）等国民党“改组派”，自称“第三种人”的胡秋原，也竞相以马克思主义唯物史观的运用者自命，熟悉马、恩原典的“动力派”李季等更以唯物史观的正宗传人自居。且不论这种现象的社会、政治原因，仅就学术层面而言，这正是中国人文社会科学界试图以社会科学的新进理论与方法诠释社会、诠释历史的表现。

传统史学的中心题旨是王朝的盛衰更替，以政治史为基本，而中国社会史论战诸派运用唯物史观，不再把视野局限于王朝更迭及政治制度变迁，而把社会经济活动视作历史枢纽，观照由社会经济基础及其上层建筑共同构建的历史全体，试图对中国史作贯通性诠释。仅以“中国封建社会”一题而论，“封建”不再指一种政体或一个事件，而提升为以经济制度为基础的通览经济、政治、文化的一种社会形态，使表述政制的旧名“封建”跃升为表述社会形态的新名“封建”。这是旧史家所没有也不可能做到的。

社会史论战中唯物史观占据上风，整个讨论在马克思主义语境下进行，这在一定意义上是社会科学步入中国学坛的表现。

自“五四”以降，“科学”成为国人景仰的理念，如胡适所说：“近三十年来，有一个名词在国内几乎做到了无上尊严的地位，无论懂与不懂的人，无论守旧和维新的人，都不敢公然地对他表示轻视或戏侮的态度，那名词就是‘科学’。”[①] 而“五四”以降人们对“科学”的认识，超越清末的“格致”观，

① 胡适：《科学与人生观·序》，亚东图书馆 1923 年版。

从自然科学、技术科学，扩及社会、人文领域，陈独秀说："科学有广狭二义：狭义的是指自然科学而言，广义的是指社会科学而言。"[①] 马克思主义是一种"科学的社会学"（列宁语）[②]，而"五四"以来，马克思主义的唯物史观是作为科学的社会学、科学的历史学被中国知识分子欢迎与接受的。中国社会史论战诸方，或者使用从日本传入的唯物史观语汇及理念，或者直接从英、德、俄文翻译马克思、恩格斯、列宁及共产国际相关言说，以之作为理论依据，这正是中国社会科学界皈依科学，试图以社会科学的理论与方法诠释社会、诠释历史的表现。

（二）将社会经济考察引入历史研究，综合经济基础与上层建筑的"社会形态"成为史学认识对象

作为历史科学的唯物史观的一大特色，是将社会经济考察引入历史研究，诚如恩格斯所说，德国的无产阶级政党的"全部理论内容来自对政治经济学的研究"[③]。中国社会史论战诸派不同程度地运用此一唯物史观的理论与方法，而以郭沫若为代表的一批左翼学者更为自觉地尝试运用经济分析、社会结构分析来考察中国社会，尤其是运用生产力决定生产关系和社会制度的观点探究中国古史，突破传统史学的政治史框架，整合经济史、社会史研究，形成以"社会形态"为研究对象的新的史学范式，并采纳王国维（1877—1927）倡导的"二重证据法"，以考古发掘的甲骨卜辞和青铜铭文固有古文献相参校，考证辨伪，发前人所未发。他们在追慕恩格斯《家庭、私有制和国家的起源》等经典的同时，也试图作出自己的创造性阐发。郭沫若 1929 年 9 月 20 日写的《中国古代社会研究自序》提出："世界文化史的关于中国方面的记载，正还是一片白纸。恩格斯《家庭、私有制和国家的起源》上没有一句说到中国社会的范围……在这时中国人是应该自己起来，写满这半部世界文化史上的白页。"[④] 郭氏显示了一种气吞全牛的豪气，而郭氏等学者所做的工作，也确乎有突破前

---

① 陈独秀：《新文化运动是什么》，《新青年》第 7 卷第 5 号，1920 年 4 月。

② 《列宁全集》第 1 卷，人民出版社 1984 年版，第 110 页。

③ 《马克思恩格斯选集》第 2 卷，人民出版社 1995 年版，第 137 页。

④ 郭沫若：《中国古代社会研究》，《中国现代学术经典·郭沫若卷》，河北教育出版社 1996 年版，第 7 页。

人之处，诚如日本的中国历史学家西岛定生（1919—1998）所说：郭沫若、吕振羽（1900—1980）等的研究，“就当时而言，是划时代的业绩，引起极大的爆炸性批判”[①]。我们今天探讨古史诸问题，应当以此种“划时代的业绩”为前进基点，不仅要继续采用“二重证据法”乃至“三重证据法”（文献、考古发掘材料、民俗及口碑材料的参校互证），尤其要珍视唯物史观的社会形态学说的合理内核，以此观察“历史全体”。

以“社会形态”作为历史研究的基本对象是马克思的创造。马克思的《1857—1858年经济学手稿》多次出现“社会形式”提法，含义接近“社会形态”这一短语。马克思1859年撰写《〈政治经济学批判〉序言》，较早阐发“社会形态”的历史内蕴，指出：

> 无论哪一个社会形态，在它们所能容纳的全部生产力发挥出来以前，是决不会灭亡的。[②]

其中“形态”借自地质学术语，本指地壳历史中先后形成的岩层，一个形态就是一个不同的岩层单位。而“社会形态”是指人类社会发展一定阶段上以一定生产关系为基础的社会状况，是建立在一定生产力之上的经济基础与上层建筑的历史的统一，表示处于一定历史发展阶段的社会或一定的社会类型。生产力、生产关系、政治制度是社会形态之构成的三项要素。社会形态包括：社会技术形态（生产力）、社会经济形态（生产关系、经济基础）、社会政治形态（政治上层建筑）、社会文化形态（思想上层建筑）。[③]社会形态研究可以达成对“历史全体”的把握，可以为宏观历史分期提供切实的、富于历史内涵的标准。这都是旧史学难以企及的。

运用唯物史观及其社会形态学说研究中国古史，是历史学的一大进展。然而，任何学说一旦被公式化、教条化，便有误入偏锋的可能。中国社会史论战诸派试图以“社会形态说”诠释中国历史，难能可贵，其开启先河的功

---

① 刘俊文主编:《日本学者研究中国史论著选译》第2卷，高明士等译，中华书局1993年版，第6页。

② 《马克思恩格斯选集》第2卷，人民出版社1995年版，第33页。

③ 参见《唯物史观新视野》，东方出版社1999年版，第30页。

劳不可抹杀。然而，在特定的历史条件下，此一甚有价值的努力却受到教条主义影响，导引出若干缺憾。

四、历史单线进化论背离唯物史观关于历史发展普遍性与多样性相统一的思想

中国社会史论战是在大革命失败后相当严峻的政治环境中进行的，其理论资源多来自苏俄与共产国际。苏俄及共产国际一贯将其理论与方法宣布为普世法则，而初学马列的中国社会科学工作者把来自第一个社会主义国家及共产国际的理论、方法乃至语汇奉为圭臬，这是中国社会史论战许多参加者共有的倾向。十月革命前后，列宁（1870—1924）及布尔什维克在与第二国际的议会路线作斗争的过程中，强调暴力革命与无产阶级专政，强调武装夺取政权，通过变更政治上层建筑、改变生产关系来达成社会的历史性跃进，其对唯物史观的诠释带有强烈的现实政治斗争取向，并从国际阶级斗争（时称“世界革命”）的宏观视角，对包括中国在内的东方国家的历史进程提出了规定性模型，从而对中国学人理解与运用唯物史观起着导向作用。

纵览中国社会史论战诸派的滔滔雄辩，可以发现，各方学术观点大异，政治立场对立，辩论的火药味浓厚，然而，透过论战的硝烟，可以见到诸营垒的异中之同，这便是不同程度地信奉来自苏俄及共产国际的“单线直进史观”。论战诸方多迷信欧洲历史模式（其实，这种历史模式是苏俄理论家概括的，欧美学界主流并不认可），并以之裁量中国历史。这大约是后“五四”时期中国社会科学界的一种思潮，某些新锐学者或轻或重地患着“左派幼稚病”。

中国社会史论战中的“新生命派”，有强调共性论的倾向，如主张西周封建的陈邦国 1931 年说：“解剖欧洲社会的手术刀（这积有几十年的工夫，已达到成功了），也同样可以解剖中国社会。”[①] 当然，陈氏又指出：“研究中国历史，不能够呆板地把西洋史译成中文，而只嵌上一些尧、舜、禹、汤等人物的名称，就可以塞责的。”[②]

---

①② 《中国社会史的论战专号》,《中国历史发展的道路》,《读书杂志》第 2 卷第 4、5 期合刊，神州国光社 1932 年版，第 1、2 页。

中国社会史论战诸方往往只注意到马克思创立的唯物史观关于历史普遍规律的论述，而忽略关于历史多样化发展的论述，忽略唯物史观是历史发展普遍性与多样性之统一。

众所周知，马克思创立唯物史观，是试图从历史的物质基础出发，揭示人类社会发展的普遍规律，但他对社会形态诸阶段的演进模型，历来持十分谨慎的态度。马克思在《〈政治经济学批判〉序言》中指出："大体说来，亚细亚的、古代的、封建的和现代资产阶级的生产方式可以看做是社会经济形态演进的几个时代。"[①] 马克思的这一论述，是他在 19 世纪中叶主要立足于西欧历史概括的发展序列，并未强调此一序列的普世性，特别加上"大体说来"的限定语。而且，马克思在 1857—1858 年为准备《政治经济学批判》和《资本论》而写作的经济学手稿又指出，亚细亚的、奴隶制的、封建制的并非一个系列中的先后递进阶段，而是人类社会走出原始社会的三种不同路径，申述了历史的多线发展观。

究其学理脉络，单线历史进化观是古典进化论的产物，它试图将原始社会与资本主义社会之间世界各地的多种社会形态，如亚细亚形态、斯拉夫形态、日耳曼形态、古典形态等塞进一种单线模式，这显然与唯物史观的辩证思维相悖。马克思在《资本论》第 1 卷论及资本主义的"形成过程"时指出：

> 这种剥夺的历史在不同的国家带有不同的色彩，按不同的顺序，在不同的历史时代通过不同的阶段。[②]

我们应注意"不同的色彩""不同的顺序""通过不同的阶段"的提法。而单线直进历史观恰恰抹杀了这些"不同"，以西欧历史模型套用于中国历史。

如果说，19 世纪 70 年代以前马克思较多从历史普遍规律立论，那么，70 年代以降，马克思特别用力于描绘各地区、各民族历史发展的网状脉络，指出通向"资产阶级社会"的途径绝非单线的、而是多途的，除西欧式的封建所有制外，还列举了其他路径，诸如"东方和斯拉夫各民族中那样是从公有制的崩

---

①② 《马克思恩格斯选集》第 2 卷，人民出版社 1972 年版，第 83、222 页。

溃中产生的”[①]。1877 年 11 月，马克思在《给〈祖国纪事〉编辑部的信》中，针对俄国民粹主义者米海洛夫斯基（1842—1904）对《资本论》的曲解，尤其是米海洛夫斯基把西欧社会发展道路套用于俄罗斯等东方社会的做法，讲了这样一段话：

> 关于原始积累的那一章只不过想描述西欧的资本主义经济制度从封建主义经济制度内部产生出来的途径……他一定要把我关于西欧资本主义起源的历史概述彻底变成一般发展道路的历史哲学理论，一切民族，不管它们所处的历史环境如何，都注定要走这条道路，——以便最后都达到在保证社会劳动生产力极高度发展的同时又保证每个生产者个人最全面的发展的这样一种经济形态。但是我要请他原谅。（他这样做，会给我过多的荣誉，同时也会给我过多的侮辱。）[②]

马克思在这里明示自己与历史单线进化论者的原则区别，特别声明：他从西欧历史概括出的“一般发展道路的历史哲学理论”，并非一把万能钥匙，西欧资本主义的起源（即从欧洲中世纪的封建制度演化出资本主义），西欧式的历史进化路线，并不是人类各民族必然经历的道路。马克思严厉批评历史单线发展论，拒斥以此论概括自己的学说，从而为探索中古世界的多元发展路径保留了广阔空间。在以唯物史观分析包括中国在内的东方民族的历史进程时，我们尤需重视马克思的这一郑重声明，重视马克思研究历史问题所表现出的注重特殊性的严谨态度。

有学者以马克思的《1857—1858 年经济学手稿》为中心，参考马克思、恩格斯晚年的相关论述，特别是马克思研究古代社会历史所作的笔记（“民族学笔记”），将人类历史从古代到中古，由中古到近代的多途发展，以简图表示如下：

---

① 《马克思恩格斯全集》第 46 卷（上），人民出版社 1979 年版，第 14 页。

② 《马克思恩格斯全集》第 25 卷，人民出版社 1995 年版，第 144—145 页。何兆武先生 1989 年在《历史研究中的一个假问题——从所谓中国封建社会的长期停滞论说起》一文中指出：“在人类历史上，由封建社会进入资本主义，我们还只见到西欧这样一个例子，所以它应该算是一个孤例或特例。其余的十几个或几十个文化或文明，包括中国，都没有出现过这种特例，所以应该视为是常规。”何兆武论与马克思的意见一致。

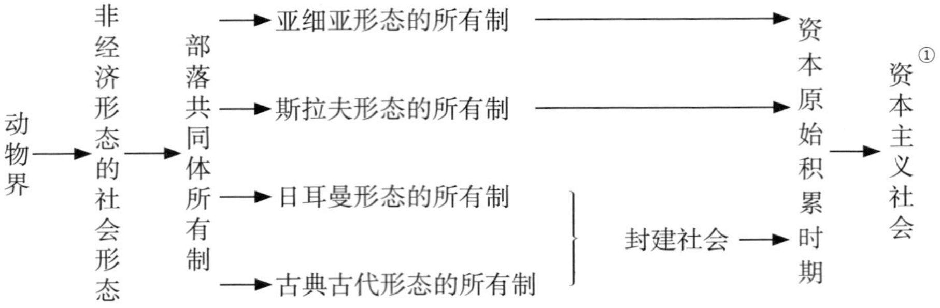

此表当然还有可推敲之处，但有助于我们直观地了解马克思的唯物史观所描述的人类历史多线条进程，有助于走出“原始社会→奴隶社会→封建社会→资本主义社会→社会主义社会”五种社会形态单线直进的历史框架，认识古代及中古世界多样化异途演进的实际状态。

马克思晚年在肝病缠身、第一国际指导任务繁重的情形下，搁置《资本论》写作，关注欧美新兴学科“文化人类学”的前沿成果，借以研究非西欧地区的民族学、人类学、社会学材料，他的这一努力，正是为了发现人类历史的多样化情景，从而在更高层级上总结人类历史发展的规律。马克思晚年的《人类学笔记》手稿，长期“藏之深山无人识”，直至20世纪中期才在苏联渐次发表。美国人类学家劳伦斯·克拉德（L.Krader）对马克思几种笔记加以整理，于1972年以《卡尔·马克思的民族学笔记》（*The Ehtnological Notebooks of Karl Marx*，*Assen*，1972）之名出版，引起国际学界重视。至于在中国，这些笔记的中文译本，则迟至1985年12月出版的《马克思恩格斯全集》第45卷方基本刊出（关于菲尔的笔记还在此后发表），中文版说明将这些文本总称“马克思研究古代社会历史笔记”。1996年人民出版社出版《马克思古代社会史笔记》中文译本，较完整地展示了马克思的人类学、民族学笔记，从中可以得见马克思关于诸民族历史演进的不同道路的深刻思考。而这些中文译本距马克思笔记书写时间已逾百年。

时值20世纪二三十年代之交的中国社会史论战各派诸公，当然不可能读到马克思这些以研讨历史多途演进为重心的笔记，他们接触到的只是前期马克

① 袁林：《两周土地制度新论》，东北师范大学出版社2000年版，第54页。

思阐述历史发展普遍规律的论点（而且多为经过一再转译的片断），因而将片面强调历史共性的历史单线进化论误认作唯物史观，把从西欧史提炼出来的“原始社会→奴隶社会→封建社会→资本主义社会”递进阶梯视作普世性的不二路径，也不为怪，我们不必深责前贤。然而，时至历史科学长足进展，各地域、各民族历史多途演进的情形得以充分揭示的现代，特别是在马克思相关论述昭示天下的当代，如果继续把历史单线进化说视作马克思的唯物史观，视作普世性模式，则是一种很不妥当的陈见。

针对单线递进说的偏误，已故北京大学教授罗荣渠（1927—1996）提出“一元多线历史发展观”。所谓“一元多线”，是指在同一生产力发展水平上（一元），因各地的历史、地理条件各别，各国、各民族的发展道路多途（多线），社会形态呈现多样化状貌。[①] 此论与世界诸民族历史的实际进程相切合，是对历史单线递进说的驳正。

五、忽视核心概念的准确性，导致社会形态序列表述偏离历史实况

马克思、恩格斯论史，并不回避在唯物史观体系内建立关于社会形态发展的序列（当然他们也反对将其模式化，四处硬套）。自认信奉唯物史观的社会史论战参论者乐于采用这些序列，却常常忘却唯物史观的一个基本属性——十分讲究社会形态基本概念（如奴隶社会、封建社会）的准确性与自律性，严格拒斥概念的滥用。而一旦概念失范，社会形态发展的序列便陷入混乱，成为非但无益，甚或有害的框架。令人遗憾的是，中国社会史论战的主要参论者为社会形态设定名目时不同程度地失去自律性，陷入运用术语失范的泥淖。这种做法，究其远因，可追溯到秦汉以下排斥“名辩之学”的积习，将厘清概念的努力贬为“屠龙之术”（汉代经师语），视术语之辨“很无意义”（陶希圣语）；寻其近因，则是迷信西欧历史模式，为着套用此种模式，不惜在名实关系上“削足适履”。

比如，以陶希圣为代表的“古典封建论”一派对泛化封建观有所批评，大

① 罗荣渠：《论一元多线历史发展观》，《历史研究》1989 年第 1 期。

体主张：西周为封建社会，封建制在秦代已经瓦解，此后进入以士大夫阶级为中坚的“官僚政治时期”（参见陶希圣 1929 年《中国封建社会史》）。但陶希圣论著自相矛盾的说法甚多，其所著《中国社会之史的分析》说：“秦汉以后的中国，还是在前资本主义时期。”又进而说明：“八十年前的中国社会是前资本主义的封建社会。”同书又说：“中国社会，从最下层的农户起到最上层的军阀止，是一个宗法封建社会……可以叫中国社会做封建社会。”这种对中国社会的界定，又与陶希圣批评的泛化封建观别无二致，陶本人的论述则陷入自乱阵脚。

同书还说：“如果照确定的封建制度来寻求中国可以说从没有封建制度存在。”此说又站到泛化封建观的对立面。

在同一本著作中对秦汉以后的中国社会有“前资本主义时期”“宗法封建社会”“从没有封建制度存在”三种彼此对立的说法。

陶氏的《中国社会与中国革命》的表述为：“此二千五百年的中国，由封建制度而言是后封建制度时期；由资本主义言，是前资本主义社会。”

陶氏还有不少直接矛盾的两说，这里仅举一组为例：

> 中国自此时（指战国——引者）以后没有完整的封建制度。
>
> 中国自战国迄今，才是封建制度。

陶希圣何以出现如此互相抵牾的说法？原因之一在于，不重视厘清概念。陶氏在讨论“封建社会”时声称：“名词之争，是很无意义的。”又说：“本书的题名，便是包含歧异涵义而饶有争议的名词。”他表示不参加概念之争，却又不得不使用新概念，“所以漠然的仍用这多争多辩的不幸的名词”，[①] 字里行间透露出一种对于概念的轻率而又无可奈何的态度，其结果则是，所论“封建社会”内涵混淆不清，外延随意扩缩，前后矛盾。王宜昌将陶希圣的这种概念紊乱状况称为“一塌糊涂之封建制度论”[②]，此一批评并不过分。陶希圣 1929 年前后认定秦以后的中国仍为“非封建”的社会，然而，他于 1935 年发

---

① 参见陶希圣 1929 年《中国封建社会史》（新生命书局 1929 年版）引言。

② 《读书杂志》第 3 卷第 3、4 期合刊《中国社会史的论战》第 4 辑，王宜昌《中国封建社会史》，神州国光社 1933 年版，第 2 页。

表的《为什么否认现在的中国》一文，称赞胡适“在过去与封建主义争斗的光荣”[①]，将胡适等发起的白话文运动称之“与封建主义争斗”，这显然是把近代中国纳入“封建主义”，可见陶氏的“封建”概念何其混乱，因而引起胡适的反驳[②]，胡适在《今日思想界的一大弊病》中对陶希圣及当时学界普遍存在的滥用“封建”等术语的现象给予了尖锐批评。[③]

陶氏概念混乱又与他迷恋欧洲模式有关。陶氏说：“中国社会发达过程与欧洲大同小异。由氏族的生产到家长经济、奴隶经济、封建的生产，城市手工业即先资本主义。”[④]可见，陶氏也以西欧社会形态为标尺衡量中国历史，对自己关于秦以后是“非封建社会”的论断并无自信，因为那不符合“欧式模型”，于是百般变换名目，试图将中国史的叙述，纳入一个与西欧模型相靠近的据说是普世性的历史框架之中。

总之，在陶氏那里，概念的不稳定以至自相矛盾，与史观上的弃己以从人互为因果；而照套西方公式，必然与中国历史实际相错置，于是变换核心术语包蕴的内涵去顺应外来公式，遂由概念的紊乱，导致历史叙事的紊乱。

新名“封建”所含概念失准，也是“新思潮”一派左翼学者的通病。郭沫若的《中国古代社会研究》称周秦以降两千多年为封建社会，把废封建、立郡县的秦始皇（前259—前210）称为中国第一个“封建帝王”，所用“封建”一词，概念泛化，既违背古义，也不符合西义，同时有悖于马克思的封建论。马克思的《古代社会史笔记》作出两个明确的判断：

> 土地可以让渡的非贵族式土地所有制与封建主义不相兼容；中央集权君主专制的政治制度与封建主义不相兼容。[⑤]

封建社会的基本特性，是领主经济与贵族政治，而中国自晚周以降土地的自由买卖渐成风尚，领主经济向地主经济转化；郡县制取代分封制，官僚政治取代

---

① 胡适：《今日思想界的一大弊病》，《独立评论》第153号，1935年5月27日。

②③ 胡适：《今日思想界的一大弊病》。

④ 陶希圣：《中国社会形式发达过程的新估定》，《读书杂志》第2卷第7、8期合刊《中国社会史的论战》第2辑，神州国光社1932年版，第7页。

⑤ 《马克思古代社会史笔记》，人民出版社1996年版，第78—79页。

贵族政治，君主集权的专制主义愈演愈烈，其社会形态的主流明显地与封建主义不相兼容。故将秦汉至明清两千余年称为“封建社会”，是一种概念滥用的封建观，与史实相违，于学理不合。把“废封建”“立郡县”的秦始皇称为“封建帝王”，实在是不通之论，秦始皇的恰当名号是废封建的“专制帝王”。

“封建”等史学核心概念的失准与游移，带来的一个直接后果，便是中国历史分期的聚讼不决，仅以封建社会起点，便有“殷周封建说”“西周封建说”“春秋封建说”“战国封建说”“秦统一封建说”“秦汉封建说”“西汉封建说”“魏晋封建说”“东晋封建说”“北宋封建说”，等等，时间相距一千余年至两千余年。关于封建社会的终点，则有“西周末”“春秋战国”“战国”“秦”“唐末五代”“清末”“鸦片战争”“最近”，等等。诸论者（甚至同一论者在不同场合）关于封建社会起讫时间分歧之巨大，实在匪夷所思。而究其原由，“封建”等史学核心概念未能厘清是病根之一。

范文澜主张“西周封建说”，因其所论“封建”指封土建国，当然定位在西周；而郭沫若主张“战国封建说”，因其所论“封建”指土地私有化、政治专制化，当然定位在周秦之际。这样的概念不统一的历史分期论战再进行一百年，也无法取得共识。故仅就中国历史分期一端而言，厘清核心概念便是当务之急，是合理运用唯物史观及其社会形态学说的不可回避之要务。

六、小　结

唯物史观自其创立之始，作为一种全新的、富于说服力的历史观即渐次传播至世界各国，景从者甚众，成为百余年波澜壮阔的革命运动的指针，并在人文社会科学领域显示出强劲的理论活力，仅就历史学研究论之，法国年鉴学派、英国马克思主义史学派、日本社会主义学者的史学研究，即获唯物史观理论与方法指引，成就斐然。在中国，“五四”新文化运动译介唯物史观，播撒此一学说的火种，功不可没；中国社会史论战的学术贡献，是将唯物史观的社会形态学说正式引入史学领域，展开于诸断代史和通史研究之中，唯物史观得到普及，有力地推动了历史科学的发展。然而，作为一种深邃的历史哲学，唯物史观在中国传播与运用也历经曲折。

新文化运动介绍唯物史观的主要局限是，将充分肯认人在社会历史中重大作用的唯物史观简单理解为“经济决定论”。时至今日，“经济史观”的偏颇已得到相当程度的纠正，重视“反作用力原理”渐成社会科学发展的一种走势，但也切忌走向无视“正作用力原理”的另一极端。对生产力与生产关系、经济基础与上层建筑及其思想意识之相互关系的认识，应坚持辩证法，力避偏执，方为正途。

中国社会史论战的缺憾，是一些重要参论者将社会形态学说公式化、教条化，单线直进历史观流行，将异彩纷呈的世界历史塞入单一模型（即西欧史模型）之中，从而构成历史学健康发展的障碍；其间又迈入史学核心概念失去自律的误区，导致中国历史宏大述事的紊乱，既脱离中国史学的表述传统，又有悖于唯物史观的社会形态学说的真精神。单线直进史观与史学概念滥用是一对孪生兄弟：既然要把异彩纷呈的多样化历史类型统统塞进一个先验的模型之中，必然要扭曲反映多样化历史类型的概念，正如钱穆《国史大纲》批评滥用“封建”的做法所指出的：“削足适履。”此种做法已为不少现代学人所扬弃，然其余韵流风并未止歇，继续制约着中国史学的健康发展，故对其进行认真的学理辨析，似成不宜延宕之势。

我们今日反顾唯物史观在中国传播的成败得失，是要达成对唯物史观及其社会形态学说的正确理解、合理运用与创造性发展，而其前提是：以历史实态为研讨起点，而不是从某种先验模式出发。这不仅是研讨历史问题，而且也是研讨现实问题的基本立足处。

开放历程*

人类文化有一个从分散到整体的发展过程。诸文化曾囿于地理的、社会的局限，为着保障族内或国内的安全，形成一种对外部世界的隔绝机制，这便是所谓的“封闭”。然而，文化的生存与发展永远需要自体与外部世界的物质交换、信息互动，即使最封闭自足的社会，也存在对外联系的孔道，进行基本的与外界的互动。自古至今，中国文化都在“封闭”与“开放”的二律背反中向前转进，而开放是社会进步和转型的重要推助力。

---

* 本文为冯天瑜等主编之《中华开放史》，湖北人民出版社 1998 年版，冯撰之导言，收入《文存》时有补充修订。

“开放”释义

文化作为具有自觉意识的人类的创造，是一个有机的生命过程，是一种可以承袭、传播、分享和发展的动态体系。这一动态体系的运作基础是新陈代谢，也即与赖以发展的生态环境进行物质的、能量的、信息的交换。一旦这种呼吸吞吐的交换过程衰减以至终结，某一文化便趋于败落死亡。而停止了新陈代谢的文化，即使保留着壮观的躯壳，也仅仅可以充作供人凭吊的历史陈迹，却不再具有鲜活的生命，从而成为“死灭了的社会的化石遗物”①，诸如中美洲的玛雅文化曾一度辉煌，它在天文历算方面的精确性令人叹为观止，它所建造的太阳金字塔的计算水平和工艺技巧都堪称一流，然而，玛雅文化却在“公元第7世纪时突然神秘地结束了，只在大雨连年的尤卡坦森林里留下了它的伟大古城的遗迹来纪念它的存在”②。学者们在考察这一历史之谜时发现，封闭在中美洲密林深处，极少与外域文化交流，是玛雅文化终绝的原因之一。

一切仍然活跃着的文化，必须不断与生态环境进行物质—能量—信息的交换，保持一种空间向度的传播和时间向度的承袭相结合的周流不息、生生不已的代谢过程。

养育并制约文化发展的生态环境，包括“自然场”和“社会场”这两个彼此渗透的方面。一种文化只有同“自然场”——人类据以创造文化的自然界发生交换，利用矿物、水分、土壤、空气、阳光从事工农业生产，方能制作生活资料和生产资料，奠定文化生命的物质基础。与此同时，一种文化还要同“社会场”——人类在创造文化过程中形成的全部社会关系与信息的总和发生交换，利用语言和非语言共同构成的符号系统承接前辈和他人积淀的经验，使新一代

①② 汤因比：《历史研究》，上海人民出版社1966年第2版，第14、42页。

的文化创造得以在较高的起点运行和升华。

这里所说的与“社会场”的交换，又可分为两种类型：其一为历时性交换，即现时文化从物质财富上和知识信息上承袭前辈创造的传统，并使前辈累积的物质—信息成果得以更新和发展，这便是文化生命在时间向度的纵向传承；其二为共时性交换，即一种文化与同时运作于不同空间的异文化彼此沟通，进行器物的互换、技艺的切磋、制度的借鉴、风俗的渗透和观念的激荡，从而导引出文化的重组和增值，这便是文化在空间向度的横向传播。而这后一类型的交换，便是本文所讨论的文化史上的“开放”问题。

当然，由于彼此交会的异文化其发展水平并不一定相当，所以，这种空间向度的横向传播往往又带有时间向度的纵向传承意味。如古代中原农耕文化与北方和西北游牧文化的交流，既是一种异质文化的横向传播，又因为中原农耕文化的发展水平高于周边游牧文化，所以匈奴、突厥、契丹、党项、女真、蒙古等游牧民族在与汉族交往中得到的不仅是空间意义上的异质文化，而且是时间意义上的先进文化。游牧人在掌握了来自中原的铁器制造等工艺技术，并参照中原王朝的制度礼仪之后，迅速实现从氏族社会向阶级社会的过渡，完成朝文明门槛的时代性跨越。古代的中日文化交流也带着类似性质：孔子、老子活跃的时代，日本“列岛上却还过着从自然拾果实，捞鱼、贝于海河，猎鹿、猪、兔于山野的渔猎经济和使用石器的生活”[①]。直到汉武帝时期日本列岛才在大陆影响下进入“农业和金属的时代”[②]；隋唐至宋元，日本屡屡派遣使者和游学生来华，其意图并非一般意义上的采撷异文化，而是向文化先行者虚心学习文字、制度、思想和宗教。正是在这一横向文化传播过程中，经过日本人自己的综合创造，完成了中古时代文化的纵向进步。至于发生在近代的中西文化交流，除空间向度的横向传播之外，还有时间向度的纵向传承含义，因为此际的西方文化已先期实现近代转型，而中国文化却滞留在前近代，故而这时中国面对的文化课题，既有民族性的“中西交会”，又有时代性的“古今演绎”，而且，“中西”与“古今”也即空间向度的传播与时间向度的传承是水乳交融地联系在一起的。

总之，文化学和历史学上的“开放”，其本义是文化在空间向度的横向传

①② 井上清：《日本历史》，三联书店 1957 年版，第 12、13 页。

播，但由于各文化间发展水平的差异，这种横向传播往往又交织着高势位文化与低势位文化的纵向传承问题。论者对此不可失察。

“开放”是一个与“封闭”相对应的概念。作为汉字的“开”，有张大、通达、展放诸意，与关闭、堵塞恰成反照；作为汉字的“放”，有播散、扩展、打开诸意，与收合、内敛恰成反照。由“开”与“放”两个近义字组成的“开放”这一整词，就历史学和文化学论之，同闭关锁国、坚守文化壁垒的情形相背反，指一个民族或国度打开门户，与异族、外邦发生文化互动和人员交往，在工具器物、生活方式、社会组织乃至价值系统诸层面，进行深度不等的沟通，呈现文化传播上较为顺利、流畅的局面，达到传出与接受、影响与涵化、冲突与整合的对立统一。这是一种文化的生命力旺盛的表现。

走出“原始封闭”

“开放”是一个历史范畴，是在历史中形成、在历史中发展的过程。文化开放的程度，就总体而言，是由生产力水平和生产方式类型决定的，因此可以说，文化纵向发展的程度和性质制约着横向交流，也即开放的规模和内容。

原始社会生产水平低下，人们少有剩余产品可供交换；同时，个人意识尚未觉醒，人际间的联系是胞族间的偶尔交往（如族间战争），人们被禁锢在血缘团体的狭小空间，处于一种“原始封闭”状态。

进入父系氏族制时代，农业、畜牧业、手工业水平提高，略有剩余产品（如牲畜、陶器），交换便应运而生，此即所谓“神农氏作……日中为市，致天下之民，聚天下之货，交易而退，各得其所”[①]。到部落联盟时代（传说中的炎黄时代），人们“刳木为舟，剡木为楫”，“舟楫之利，以济不通，致远以利天下”[②]，部落及部落联盟间开始具备彼此交往的要求和手段，但其规模还十分有限。

以文字的发明及使用、金属工具的发明及使用、城市的建立为标志，人类越过蒙昧时代和野蛮时代，跨进文明的门槛。在中国，这一转折发端于夏代，完成于商代。从大禹“以铜为兵”[③]“铸九鼎”[④]之类传说看，又参之以河南二里头夏文化遗址发观的各类青铜器和铸铜作坊遗迹，可以认为夏朝已进入青铜时代；而在夏文化遗址发现的陶器刻画符号可以视为早期文字，不过，成熟的、已被系统破译的古文字是殷墟甲骨文。夏、商两代作为初期文明时代，借

---

① 《易·系辞下》。

② 《易·系辞》《世本》《拾遗记》《淮南子·泛论训》多有此类记载。

③ 《越绝书·记宝剑》。

④ 《左传·宣公三年》。

助使用金属工具创造的物质财富，又利用文字的信息传递功能，使文化横向传播的力度有所增强，据古本《竹书纪年》载，夏王后相曾征伐淮夷、畎夷、风夷、黄夷，又有“于夷来宾”；少康即位，“方夷来宾”；后芒即位，“九夷来御”。这都表明，中心区在黄河下游的夏人与东方诸族既相斗争，又礼尚往来；至晚夏，夏人西迁至黄河中游，与戎狄往还。灭夏据中原的商人，过着游农生活，屡屡迁徙，与各方国礼聘往还，所谓：“邦畿千里，维民所止。肇域彼四海，四海来假。”①（国都附近有千里，乃是人民聚居地。开始又有四海区，四海小国前来朝贺。）

起于今陕西泾水、渭水流域的周人，久与戎狄交往，剽悍刚劲，灭殷以后，统一中原，拓植东土。周公祭祀周始祖后稷的颂诗说：

> 思文后稷，克配彼天。立我丕烝民，莫匪尔极。贻我来牟，帝命率育。无此疆尔界，陈常于时夏。②
>
> （大有文德是后稷，功德能和那天齐。种粮养活众百姓，无非是你有德行。留给我们好麦种，天命用来养民众。你疆我界莫要划，布陈农政于中夏。）

显示了一种将农耕文化广布中夏的阔大气概。周初大封建以后，周天子则通过封禅四岳，遍巡天下，达到与诸方国沟通的目的，所谓“于皇时周，陟其高山”；“敷天之下，裒时之对，时周之命”③（真美啊，我周邦，封禅四岳把山上；普天之下去巡遍，山川众神都配享，是周受命而为王）。

夏、商、西周人们的活动空间较之原始封闭的氏族公社时期已不可同日而语，王者更有“无此疆尔界”的襟怀。这与当时社会交往的物质手段的改善有关系，如夏代设立制车职官，史载，奚仲“居薛，以为夏车正”④。生活于晚周的孔子仍津津乐道“乘殷之辂”⑤，则指殷商流传下来的车辆，而驾车成为

---

① 《诗·商颂·玄鸟》。
② 《诗·商颂·思文》。
③ 《诗·商颂·般》。
④ 《世本》。
⑤ 《论语·卫灵公》。

周代学校教育的科目，足见物资及人员流动被重视的程度。

与社会开放有干系的又一情形是，商代已兴起一批不事农耕、专务买卖，又并非为了满足自己的直接消费，却因谋利而不辞辛劳地从事交换活动的商人阶层[①]。至西周，商业被列为王官“九职”之一[②]，形成“工商食官”[③]格局，地区间的土特产交流随之发展，《诗经》所载“元龟象齿，大赂南金”[④]“金道锡行”，便是指南方以大龟、象牙、铜、锡与北方交易或入贡。私人商业在此间也应运而兴，国家则采取一些方便行商的措施，“门闾毋闭，关市毋索”[⑤]，同时，国家又从国防安全出发，对行商等流动人口“执禁以讥，禁异服，识异言”[⑥]，对人员流动抱有很高的警惕。同时，此际除商贾等少数人，以农民为主体的民众还封闭在村社内，过着“邻国相望，鸡犬之声相闻，民至老死不相往来”[⑦]的生活。

中华先民一步一步从“原始封闭”走出，但步履艰难。

① 《易·无妄》对商人的描述是：“不耕获，不菑畲，则利有攸往。”

② 《周礼·天官·冢宰》。

③ 《国语·晋语四》。

④ 《诗·鲁颂·泮水》。

⑤ 《礼记·月令》。

⑥ 《礼记·王制》。

⑦ 《老子》第八十章。

华夷交会"诸文明"互动

"开放"作为一个历史范畴，还有另一层含义：开放的主体——民族与国家，并非凝固不变，而是在历史中形成与发展的，因此，不同的时代，"开放"便具有不尽相同的内涵。例如，诸侯林立、各自为政的春秋、战国，其"开放"既有别于"礼乐征伐自天子出"的西周的"方国外交"，更不同于秦汉大一统帝国与外邦异域的交往。

春秋战国王室衰微，各城邦及城邦联盟据地而立，彼此争战兼并，这一历史时期社会"开放"的重要内容便是各诸侯国的交互关系：列国间征伐、弭兵、创霸、盟聘、合纵连横，演出一幕幕跌宕起伏的悲壮剧，展现了社会开放的多彩风姿。如齐桓公接受鲍叔牙的推荐，起用曾箭射自己而且"三仕三见逐于君"的管仲[①]，管仲则竭智尽力，辅佐桓公成就霸业，人称"桓公九合诸侯，不以兵车，管仲之力也"[②]。这正显示了开放主义用人方针的优胜。又如晋国公子重耳（后来的晋文公）长期流亡在外，曾"奔狄""适齐""过卫""及鲁""及宋""及楚"，又被楚"送诸秦"[③]，与列国君臣周旋，极尽勾心斗角之能事，表明列国间错综复杂的交互关系，从中亦不时闪烁着开放政策的光耀。

春秋战国间士子的游学也是社会开放的重要表现。鲁人孔子适齐，与齐太师语乐，与齐景公论政，又向老子问礼于周，还栖栖惶惶地适卫、适陈、过匡、去鲁、适宋，司马迁概述为"斥乎齐，逐乎宋、卫，困于陈、蔡之

---

① 《史记·管晏列传》。

② 《论语·宪问》。

③ 见《左传·僖公二十三年》。

间"[①]；宋人墨翟则足迹遍中原，在鲁、卫、楚、齐诸国为"非攻""兼爱"而奔走[②]；邹人孟子以"仁政""王道"游说诸侯，"道既通"便遍历齐、宋、薛、邹、鲁、滕、梁（魏）等国。[③]至于苏秦、张仪、蔡泽等纵横家，更是频繁地出秦入魏，访齐走燕，撮合、离间，纵横捭阖，成为促进社会开放的活跃分子。

士人的流徙和大行私家讲学之风，促进了学术的交流和繁荣，儒、墨、道、法、阴阳、名、农、纵横、杂、小说诸家都各有创造，自成学派，它们彼此论辩批判，又相互汲纳。齐国还在国都临淄设立学宫，因在稷门附近，称"稷下学宫"，招集列国诸学派文士，"不治事而议论"，讲学著书。凡此种种，造成百家争鸣、诸子会通的盛况。士人的流动、学术的开放，开辟了中国文化史一个空前繁荣的局面。

春秋战国间社会开放的又一主题是如何处理"华夷之辨"。由于王政衰微，列国争战，周边四夷乘虚而入，中原农耕文明面临严重威胁，西周便是被申、缯和犬戎攻灭的，平王东迁后，戎人继续自西面威胁东周；北狄也逐步向中原挺进，曾入侵晋国、大败邢国、攻破卫国；被中原人称之"南蛮"的楚人则在长江流域发展，败随国，灭申国、息国、邓国，服陈、蔡，干预郑国事务。从中原人看来，确乎是"南夷与北狄交，中国不绝若线"[④]。在这一过程中，华夏族与四夷由冲突而融合：齐国是诸夏与东方诸夷融合的中心，晋国、燕国是诸夏与北狄各族融合的中心，秦国是西方各族融合的中心，楚国是南方各族融合的中心。

华夷杂处的格局，导致两种文化动向，一是夷狄华夏化，进为文化素养较高的族类，如与齐鲁临近的东夷便是如此。其代表人物郯子朝觐礼仪之邦鲁国，能够就礼制诸问题侃侃而谈，应对自如。孔子得闻，立即求见郯子，向其请教，事后还发出"天子失官，学在四夷"[⑤]的感叹。另一情况是戎狄交侵导致中原人的文化倒退，如平王东迁后，辛有到伊川一带，发现当地人已经戎狄

① 《史记·孔子世家》。
② 见孙诒让：《墨子间诂·后语·墨子传略》。
③ 见《史记·孟子荀卿列传》。
④ 《春秋公羊传·僖公四年》。
⑤ 《左传·昭公十七年》。

化了。[①] 鉴于这后一情形，春秋五霸竞相打出“尊王攘夷”旗号，如齐桓公用管仲献策，“诛无道以定周室”[②]，抗击狄人，存邢救卫，成为众望所归的霸主；晋献公在巩固内部以后，便讨伐骊戎，打败北狄；晋文公则采纳狐偃“求诸侯莫如勤王”[③] 的建议，将尸位素餐的周王抬出，击退北上问鼎的楚国锋锐，从而取威定霸。可见，如何在华夷关系问题上进退有据，成为列国研讨的重大国策，影响着这一时期社会开放的运作。

春秋战国还是生产力显著提高（以铁器使用和牛耕为标志）、生产关系变革（以解放奴籍、私田出现、土地买卖为标志）的时代，这为社会开放提供了有力手段，尤其是“处商就市井”[④] 的新格局，刺激着商人阶层成长与活跃，商贾出身的鲍叔牙做了齐君之傅、管仲就任齐卿，郑国商人弦高于贩牛途中诈为郑使以犒秦师，秦师以为偷袭郑国的消息走漏，遂退却，[⑤] 弦高因以名显诸侯。上述都是商人成为政坛要角的著名事例。至于协助越王勾践完成灭吴复国大业的范蠡，“乃乘扁舟，浮于江湖”，“之陶，为朱公。朱公以为陶天下之中，诸侯四通，货物所交易也”，“子孙修业而息之，遂至巨万”[⑥]。春秋晚期的卓越政治家范蠡放弃在越国做官的机会，却去齐国“陶”这一要冲之地从事商品交换（故“陶朱公”后来成为大商人的代称），终成巨富，表明商人地位的提高。而战国时周人白圭提出“人弃我取，人取我与”[⑦] 的经营方针，揭示了商业活动的规则，这一规则驱动着社会产品交换及人员流动，成为社会开放的必要前提。荀况对这种交换畅达的局面有具体描述：

> 北海则有走马、吠犬焉，然而中国得而畜使之。南海则有羽翮、齿革、曾青、丹干焉，然而中国得而财之。东海则有紫纭、鱼盐焉，然而

---

① 见《左传·僖公二十二年》：“初，平王之东迁也，辛有适伊川，见被发而祭于野者，曰：‘不及百年，此其戎乎，其礼先亡矣。’”

② 《管子·小匡》。

③ 《左传·僖公二十五年》。

④ 《国语·齐语》。

⑤ 《左传·僖公三十三年》：“春，秦师过周北门……及滑。郑商人弦高，将市于周，遇之，以乘韦先牛十二犒师。”

⑥⑦ 《史记·货殖列传》。

中国得而衣食之。西海则有皮革、文旄焉，然而中国得而用之。[①]

这种四海交通、中国得以利用的情形，使水边的人有山林产品，山林中人有鱼吃，农夫不事手工业却有器械用，商人不耕田而食品丰盛。这正是“天之所覆，地之所载，莫不尽其美，致其用”[②]的产品交流境界，显示了社会开放的优越性。

①② 《荀子·王制》。

“胡服骑射”与《谏逐客书》的文化开放内蕴

战国是齐、秦、楚、燕、魏、赵、韩七个诸侯国争强竞胜、战乱连年的时代，所谓“争地以战，杀人盈野；争城以战，杀人盈城”[①]。同时，这又是列国竞相变法的“古今一大变革之会”[②]，而列国变法的重要内容之一，便是调整内外关系，实行有助于富国强兵的开放政策。其中尤其值得后人咀嚼的是赵武灵王就“胡服骑射”与众卿展开的一场论战，以及秦国关于客卿制利弊的探讨。

战国中期，赵国面对着四邻强敌，诚如赵武灵王所分析的：“今中山在我腹心，北有燕，东有胡，西有林胡、楼烦、秦、韩之边，而无强兵之救，是亡社稷。”[③]赵武灵王从增强武备着眼，决定改易胡人装束、学习胡人骑射本领，又惟恐物议，他在同“先王贵臣”肥义谋划时便表露了自己的顾虑：“今吾将胡服骑射以教百姓，而世必议寡人，奈何？”[④]肥义以“昔者舜舞有苗，禹袒裸国”[⑤]的先例，鼓励赵王大胆学习四夷。但当赵王以“易服”主张征求叔父公子成的意见时，公子成立即反对，其论据是：

> 臣闻中国者，盖聪明徇智之所居也，万物财用之所聚也，贤圣之所教也，仁义之所施也，《诗》、《书》、礼、乐之所用也，异敏技能之所试也，远方之所观赴也，蛮夷之所义行也。今王舍此而袭远方之服，变古之教，易古之道，逆人之心，而怫学者，离中国，故臣愿王图之也。[⑥]

---

① 《孟子·离娄上》。

② 王夫之《读通鉴论·叙论四》。

③④⑤⑥ 《史记·赵世家》。

公子成的这番话颇具典型性，它表露了作为拥有礼仪制度、文物典籍的中原华夏族的自傲，认为夷狄学华夏，理所当然；华夏学夷狄则不可理喻，从而将自身封闭起来。赵王从“变服骑射，以备燕、三胡、秦、韩之边”[①]的战略目标出发，力驳公子成：

> 夫服者，所以便用也；礼者，所以便事也。圣人观乡而顺宜，因事而制礼，所以利其民而厚其国也。夫翦发文身，错臂左衽，瓯越之民也。黑齿雕题，却冠秫绌，大吴之国也。故礼服莫同，其便一也。乡异而用变，事异而礼易。是以圣人果可以利其国，不一其用；果可以便其事，不同其礼。[②]

赵王用变易哲学（“乡异而用变，事异而礼易”）驳斥公子成的“古道不变”说，这在战国年间的变法之议中随处可见，不足为奇；但赵王以“胡技可取”之论批评公子成的“蛮夷不可近”，认为凡是利民、厚国的礼法器用皆可采而用之，即使来自胡人也不必推拒，此种认识在“华夏优越论”盛行之际显得难能可贵。

赵武灵王为着强兵固国，力排众议，把研习的视野向游牧人开放，令长袖博带、惯于车战的农耕人短装束袖、骑射自如，赵国军力大增，数年间灭中山，“逾九限之固，绝五径（太行山诸径——引者注）之险，至榆中，辟地千里”[③]。这是开放政策取得实绩的一次成功的范例，而且，这种“开放”又是面向夷狄，实开“师夷之长技以制夷”思路的先河，而公子成的自我封闭，其运思路向也颇有典型性，直至 19 世纪中后期，倭仁、徐桐等顽固派反对洋务，所持论点亦与两千多年前的公子成别无二致。

如果说，战国中期赵武灵王与公子成围绕“胡服骑射”展开的论战，关节点在于：华夏族是否应当敞开襟怀，采借夷狄文化的长处，以求得自身的健康发展，那么，战国晚期发生在秦国宫廷的一番驳议，则涉及列国间士人流动的合理性问题，这是当时“开放”与“封闭”两种国策冲突的又一关节点。

---

①② 《史记·赵世家》。

③ 《战国策·赵策二》。

士，在殷商西周本指贵族的最低等级，由卿大夫封予食地。春秋时，作为贵族下层、庶众之上的士，多为卿大夫家臣，有的保留封地，不脱贵族余韵；有的则打破铁饭碗，成为游学列国的自由职业者。“士竞于教”[①]，多受过礼、乐、射、御、书、数六艺之教，春秋末和战国，“上无君上之事，下无耕农之难”[②]的士逐渐成为知识阶层的通称，人们不再追究其在宗法等级中的身份，庶众皂隶“因文学，正身行”[③]而上升为士的，屡见史载。

士既然大都失去食封，或者本来便没有食封，只能凭借知识技艺博取公卿大夫的任用，“游学”“游宦”是他们的生活方式，与商贾同为中国社会流动性较大的人群。如果说，商人是物资流通的推动者，士人则成为知识信息传递的主要承载者。

周朝素有善待士人的传统，周公在其子伯禽代就鲁公位时，谆谆告诫：“我文王之子，武王之弟，成王之叔父，我于天下亦不贱矣；然我一沐三握发，一饭三吐哺，起以待士，犹恐失天下之贤人。子之鲁公位时慎勿以国骄人。”[④]到春秋间，竞霸的诸侯们从增强国势着眼，都重视招贤纳士；战国时公卿更竞相争取士人，形成“养士”之风。齐国孟尝君、赵国平原君、魏国信陵君、楚国春申君“四公子”，门下都豢养食客数千，多为才艺之人，包括鸡鸣狗盗之徒。而士的向背，关系列国盛衰存亡，所谓士“入楚楚重，出齐齐轻，为赵赵完，畔魏魏伤”[⑤]。

就后起的秦国而言，特别注意从东方诸国求取贤士，如秦孝公重用卫国公子商鞅，推行变法，使秦国“道不拾遗，山无盗贼，家给人足，民勇于公战，怯于私斗，乡邑大治”[⑥]。自孝公起，秦的相国或执政大夫多为东方客卿，公孙衍、张仪、范雎是魏人；甘茂、李斯是楚人；楼缓是赵人；蔡泽是燕人；吕不韦是韩人。秦从一个落后的“西戎”，壮大为西方强国，积淀了扫六合、一天下的充沛国力，与广招客卿大有关系。然而，这一人才开放政策并不是一帆风顺的，反对者时时发难。秦王嬴政时期便在宫廷爆发过一场激烈论争。

---

① 《左传·襄公九年》。

② 《墨子·贵义》。

③ 《荀子·王制》。

④ 《史记·周鲁公世家》。

⑤ 《论衡·效力篇》。

⑥ 《史记·商君列传》。

其时，韩国水工郑国来秦，作灌溉渠（即“郑国渠”），令费人工，使秦不东伐韩国。当这一计谋被揭发出来以后，早就对客卿深怀忌恨的秦宗室大臣向秦王进言：“诸侯人来事秦者，大抵为其主游间于秦耳，请一切逐客。”[①]李斯也在被逐的客卿之列。当此客卿制存亡危急之秋，李斯上书秦王，遍论秦国广纳客卿的巨大成就。这篇《谏逐客书》说到，秦缪公西取由余于戎，东得百里奚于宛，迎蹇叔于宋，来丕豹、公孙支于晋。“此五子者，不产于秦，而缪公用之，并国二十，遂霸西戎。”[②]以下又讲到孝公用卫人商鞅变法，惠王用魏人张仪之计，昭王用魏人范雎，都取得骄人成果。李斯据此对缪公、孝公、惠王、昭王招纳、重用客卿开放的政策大加赞颂，对客卿的功绩给予肯定：

> 此四君者，皆以客之功。由此观之，客何负于秦哉！向使四君却客而不内，疏士而不用，是使国无富利之实而秦无强大之名也。[③]

李斯进而论证封闭的危害：

> 夫物不产于秦，可宝者多；士不产于秦，而愿忠者众。今逐客以资敌国，损民以益仇，内自虚而外树怨于诸侯，求国无危，不可得也。[④]

李斯这篇文情并茂的上书打动了嬴政，“秦王乃除逐客之令，复李斯官，卒用其计谋，官至廷尉。二十余年，竟并天下，尊主为皇帝，以斯为丞相”[⑤]。

《谏逐客书》是讨伐人才封闭政策的檄文，更是对晚周数百年间列国争取人才、敞开国门、招贤纳士的开放政策的总结。而“扫六合”“一天下”的秦帝国的建立，则是这种开放的用人方针的胜利。

---

①②③④⑤《史记·李斯列传》。

筑城“自守”与“勤远略”

祈望四海一家，化被天下，是中国人早在先秦即已形成的一种心理趋向。墨子倡言“天子惟能一同天下之义”，故“天下之百姓，皆上同于天子”[①]；孟子更有天下“定于一”[②]的宏议，荀子则呼唤“四海之内若一家”[③]；成文于战国的《书·大禹谟》托名夏禹“奄有四海，为天下君”；成文于秦汉之际的《禹贡》划分九州，展示出人们对统一国家的渴望和政区设计。这些哲人的理想和社会心理趋向，由秦汉大一统帝国的建立变成制度性现实。

“振长策而御宇内”[④]的专制一统使社会开放的形态和内容大异于“诸侯力政”时代，其显著特征是，朝廷集中军、政、财、文大权，充分整合内部，一面抗御游牧民族的来袭，以确保中原农耕文明的生存与发展；一面又在军力强盛时扩疆拓边。这两个方面共同构成从秦汉至明清历代一统帝国起伏交替的对外国策。

秦汉以降的一统专制帝国，植根于自给自足的农耕经济土壤之中，而这种农耕经济的性格是和平自守，国家与民族孜孜以求的是“四夷宾服”式的“协和万邦”[⑤]。杜甫诗云：“杀人亦有限，列国自有疆。苟能制侵陵，岂在多杀伤。”表现了讲究“好生之德”的华人既有抗御外敌入侵的坚强决心，又不热衷于无限扩张疆域、滥杀生灵。唐代边塞诗人王昌龄吟咏道：

秦时明月汉时关，万里长征人未还。

---

① 《墨子·尚同上》。

② 《孟子·梁惠王上》。

③ 《荀子·议兵》。

④ 贾谊：《过秦论》。

⑤ 《书·尧典》。

但使龙城飞将在，不教胡马度阴山。[①]

表达了农耕民族特有的对外关系意识：修筑边关也好，飞将军李广出征塞外也好，都是为着防范“胡马”南袭，呈现一种防御态势。而这种防御性的国防观念最宏伟的物化表征，便是沿着东亚大陆400毫米降水线——也即农耕区和游牧区分界线修筑的万里长城。

汉字的“城”有“自守”义。一般的城，是指四周壁垒环绕，所谓“筑城以卫君，造郭以卫民”，而长城却是东起渤海湾、西抵祁连山的漫长防御工事，故又有边垣、边墙之称。其功用在于抵挡“来如飙风，去若闪电”的游牧人铁骑进犯，以免农耕文明在游牧人无休止的袭扰下归于毁灭。而栖息于亚欧大陆干燥的中心区的游牧民族对湿润的周边（东亚、南亚、西南亚、东南亚）农耕民族的袭扰，是世界古代史和中世纪史的一大主题，直至热兵器（枪炮）使用之前，游牧人因其强悍和机动性，在军事上一直对农耕人占据主动。处于防御地位的农耕人尽管文明水平较高，却被动挨打，尤其是缺乏自然屏障，又未能建造有效防御工事的农耕区更易受到打击，如西亚的美索不达米亚、中亚的阿姆河—锡尔河流域，一度繁荣的城市和发达的灌溉农业区，先后被亚述人、波斯人、突厥人、蒙古人洗劫一空、破坏殆尽，很长时期不能恢复昔日盛况。相比之下，东亚的黄河、长江流域农耕区，虽然也曾多次受到游牧人的袭击，但由于有长城的环护，当中原王朝有能力凭借长城防卫系统抗御胡人来袭时，农耕文明便可以安然无恙，即使长城被攻破（最突出的事例是蒙古铁骑和满洲八旗越过长城），也因为长城这道环护农耕区的屏障，使农耕人有可能重新恢复文明传统，再现辉煌。所以，绵延万里的长城的修筑，不仅显示了华夏族坚忍不拔的毅力和令人惊叹的创造才能，而且具有毋庸置疑的正义性和历史进步性，诚如孙中山所说：“长城之有功于后世，实与大禹治水等。”

长城除军事防卫功能外，它还是农耕文明与游牧文明的交往线。这是因为，长城遏制了游牧人对农耕人的毁灭性冲击，使得两类文明有可能进行平等互利的双向开放，纵观两千多年的长城史，这条逶迤万里的边垣虽然时常烽火连天、战鼓急骤，但在偃旗息鼓的和平时日，长城诸关隘又是牧民与农人交

① 《前出塞》九首之一。

换物资的孔道。早在汉代，长城沿线即为从胡人那里购进驴马牲畜的去处，所谓“羸驴馲驼，衔尾入塞；弹骤騵马，尽为我畜”；唐朝则在长城沿线与突厥互市，突厥人用马、牛等畜产品与汉人交换丝织品，汉人的农业生产工具和技术传入突厥，武周时即经由长城关口给突厥“种子四万余石，农器三千事以上”；唐朝还在长城沿线与回纥进行绢马交易，白居易曾有详细记述；至明代，在“俺答封贡”，边患缓解以后，便在陕西三边、大同威远堡、宣府万全、张家口等长城各关口开设市场，蒙古族以金银、牛马、皮张、马尾等物，与汉族商贩以绸缎、布匹、釜锅以及茶糖等相交换，这便是著名的“茶马互市”。农耕与游牧这两种并存而异质的文明之间，既有剧烈冲突的一面，又有互补相容的一面，一部长城史便是见证。

战国时，各国竞相修筑长城，分“互防”“御胡”两类。秦灭六国后，一方面拆除互防长城，以整合国内；另一方面，为防范匈奴南进，命蒙恬沿黄河、阴山设立亭障要塞，北面和东面利用赵、燕御胡长城，西面利用秦昭王时的御胡长城，使之连接成西起临洮（今甘肃岷县），东迄辽东，绵延近万里的长城，用夯土筑成。汉武帝时，又建起2000多里长的河西长城，以护卫河西走廊边陲安全，与秦长城相连，从敦煌到辽东，共长11500多里。昭帝、宣帝又续修长城，终于筑起一条西起罗布泊，东到黑龙江北岸，全长2万里的长城，沿途城堡相连，烽火相望，蔚为壮观。以后，北魏为防柔然而修长城；北齐为防突厥、契丹而修长城；隋朝为防突厥四修长城；金朝为防蒙古，大修界壕、边堡。至明代，先为阻挡北遁的蒙古人袭扰，后为抗御满洲南进，从洪武至崇祯的270多年间不断修筑砖石长城，经营长城防御系统。不过，秦汉长城凭借黄河河套及阴山天险而筑，宋明以降，国防线已后退数百里，至山西大同、陕西榆林一线，无天险可据，全凭长城阻挡游牧人的南袭，其国防渐形脆弱，退守心理也日益滋长，给对外关系造成的消极影响则渐趋严重。如北宋“澶渊之盟”，以输银10万两、输绢20万匹作为辽军北撤的条件；南宋“绍兴和议”以年纳银26万两、绢25万匹与金朝达成协议。退守、积弱之态毕现。明代即使在强盛的洪武、永乐年间，也有一种“恐外”情结左右朝野。明太祖朱元璋大兴“胡惟庸案”，罪状之一便是“通倭”（通倭寇）、“通虏”（通蒙古人）。明成祖朱棣一面有“五征漠北”及“郑和下西洋”的壮举，一面对民间外贸严加防范，其担心的也是“内外勾结”威胁皇朝稳固。

在东亚大陆建立的大一统帝国，其对外政策并不仅仅只有和平自守这一种形态，当条件转化时，也不乏武功外拓的表现。当此之际，长城已不再具有国防线的意义。一种情形是，由塞外游牧人入主中原建立的一统帝国，如元朝和清朝，其兵锋远至西域甚至西域以外，长城这道昔日的“华夷天堑”已形同虚设，故而清朝康熙皇帝曾有“修筑长城，实属无益”的壮语；另一种情形是，汉人建立的一统帝国如初唐，其军力强盛，对外战略的重心是“外拓”而并非“自守”，当臣下建议唐太宗修复长城时，这位豪强的君主以“安用劳民”一笑置之，并宣称：“自古皆贵中华，贱夷狄，朕独爱之如一”，气象何等宏阔。

总之，大一统帝国当国力强盛时常有开疆拓边、纳四夷“使如一家”的包容精神。就大举拓边而言，著称于史的有西汉时武帝、昭帝、宣帝多次派遣大军绝域远征，邀击匈奴，进而建立西域都护；东汉明帝时窦固、和帝时窦宪击败北匈奴；唐代太宗时击败东突厥，太宗被铁勒、回纥等族尊为“天可汗”，中原王朝皇帝、西域诸族可汗一身二任焉；明代成祖时五征漠北，加强了对蒙古地区的管辖，又在西北地区设置卫所，还实施对西藏的管理，在东北建立奴儿干都司指挥使司。正是这些开疆拓边活动方奠定今日中国版图的基础，并拓宽了中国人开放的视野。

以汉武帝开疆拓边的历史作用而论，以往多从军事史、边疆史考察，其实，从中华开放史角度言之，其重要意义也是不可低估的。西汉初年，自高祖以至文帝、景帝的近百年间，匈奴一直是巨大威胁，雄武善战如高祖刘邦，也在对匈奴战争中陷入“白登之围”，若非陈平献美人秘计，几乎沦为俘虏；惠帝则在匈奴军事威胁下送出公主给匈奴冒顿单于，谓之“和亲”；文帝时，匈奴兵锋逼近长安，京郊的细柳、棘门、霸上都被划为战区。面对这种严峻形势，又经过“文景之治”奠定的厚实物质基础，武帝便在对匈奴的关系上转守为攻，令卫青先后七次出击匈奴，霍去病先后六次出击匈奴，李广利先攻破大宛，得善马三千，再攻击匈奴；以后，昭帝、宣帝继续对匈奴发起进攻，方阻遏住匈奴的东进和南袭锋锐，汉人的军旅、使节和商贾得以走向西域。对于这一历史性转折，当代史学家翦伯赞曾这样评论：“中国的中原种族，在四周诸种族的历史抑压中，过渡了将近一个世纪的时代。……中原种族紧紧地封锁在黄河流域的狭隘世界之中，过着一种被囚禁的生活。”“将近一个世纪的时间，很快地过去了，不久便到了汉武帝的时代。在这一时代，中原种族，已经在长期的历史抑压中，发展成为一个坚强而有力的历史个体，于是他便在中国境内，起着核心的作用展开了空前的历史膨胀。这在中国历史上，便是汉武帝之‘勤远略’。”[①] 就中国开放史而言，这是一个突破性进展，汉民族的活动空间从黄河—长江流域扩展到中亚广袤的草原、沙漠和雪山之间。

鉴于文景之时匈奴屡屡入犯塞内，对黄河中游农耕区造成破坏，甚至出现势逼长安的危局，武帝即位便用王恢计，诱匈奴入马邑，欲一举歼灭，却事败垂成。以后，武帝任大将军卫青、骠骑将军霍去病多次出塞，大破胡骑，奠定对匈奴的军事优势。宣帝时又“大发兵十五万骑，五将军分道出”，与乌孙夹击匈奴于天山之北。此后，匈奴统治集团内部攻杀、分裂，南匈奴臣属汉朝。东汉时，汉匈战端再起，车骑将军窦宪率汉军大破北匈奴，匈人西迁，长达300年的汉匈战争告终，中原农耕文明得到一段安宁，同时还使“汉朝的文明光辉，已经把西藏、青海除外之今日的整个中国，照得通明，并且通过南山北麓之颈形的狭管，在天山南北，射出它的光辉”[②]。从而与西方的罗马文明相映照，并使东亚文明与中亚、西亚、欧洲文明出现了陆路交会的可能，这不仅在中华开放史上，而且在世界文化交流史上都具有空前的意义。

除对匈奴的战争外，汉武帝又屡屡发师，东讨朝鲜，南征南越，西平西南夷，开疆拓土，达于极盛，正所谓“武帝攘却胡、越，开地斥境，南置交趾，北置朔方之州”。值得注意的是，对于汉武帝的开疆拓边，自汉代开始即褒贬互见、毁誉参半。宣帝即位，曾打算立庙以褒扬武帝“廓地斥境”的“功德茂盛”，却受到夏侯胜的驳议：“武帝虽有攘四夷、广土斥境之功，然多杀士众，竭民财力，奢泰亡度，天下虚耗，百姓流离……亡德泽于民，不宜为立庙。”[③] 这正是农耕文明的一种价值取向：以和平安定为“上德”，并不赞许穷兵黩武。这种价值取向反映到社会开放层面，便是自我确认“天朝上国”身份，主张以文德“服远人”，令“四夷来王”。中华农耕文明虽然孕育出汉武、唐宗这样开疆拓土的英武之君，以及卫青、霍去病、李靖这样“勤远略”的军事家，但在更多的情况下，养成安于“自保”、不事“外拓”的国策。明代万历年间来华的意大利耶稣会士利玛窦发现，明朝的军队是他所见到的世界上数量最庞

---

①② 翦伯赞：《秦汉史》，北京大学出版社 1983 年第 2 版，第 144—145 页。

③ 《汉书·夏侯胜传》。

大、装备最精良的军队，但这支军队完全是防御性的，中国人并没有想到以这支军队侵略别国。[①] 来自殖民扩张时代的“泰西”的利玛窦，其观察是准确的：建立在自给自足农耕经济上的中华帝国企望的是和平自守，这与以军事征服、战争掠夺为生活方式的游牧民族大相径庭，也与以商品交换和海外殖民为致富手段的近代工商业民族判然有别。从这一视角观察古代中国的开放与封闭，许多问题方能迎刃而解。

① 参见利玛窦：《中国札记》。

“丝绸之路”得名 *

早在两三千年前，连接亚欧大陆东西两端的交通线已断断续续运行，却久无通用名目。近代以降，这条线路方被称为“丝绸之路”。此一名号，并非这条线路上诸族（中国人或西亚人、南欧人）自取，而是由近代有访华经历的德国地理学家费迪南·冯·李希霍芬（Ferdinand von Richthofen，1833—1905）创用的。李希霍芬于1868—1872年间在清朝18行省中的13个行省旅行，足迹东起上海，西抵青藏高原，北自蒙古戈壁，南至广东，他详记沿途见闻，返德后于1877年出版《中国——我的旅行成果》，其第一卷将中国通往中亚、南亚的贸易之路命名为“横贯大陆的丝绸之路”，指两汉时期中原与中亚阿姆河—锡尔河流域及印度之间，以丝织品贸易为代表的交通线。1910年，德国历史学家艾伯特·赫尔曼撰《中国和叙利亚之间的古丝绸之路》，将丝路的西端延至地中海东岸和小亚细亚，这是“丝绸之路”首见于书名。以后，德国地理学家胡森特的专著《丝路》，对此一历史上沟通中西的商道作翔实描述，“丝路”之名逐渐为中外人士广为习用，其含义约定俗成：古代横贯亚欧大陆的交通线，东起黄河流域关中平原乃至河洛地区，通过河西走廊、塔里木盆地（天山南路）或天山北路，越帕米尔高原，经中亚两河流域，入里海南侧的波斯高原，逾西亚两河流域，抵地中海东岸（今叙利亚、黎巴嫩、土耳其），转达罗马诸地。自公元前2世纪以后千余年间，以丝绸为代表的多种中国商品（如茶叶、瓷器、铁器、纸张等）经此路西传，各种中亚、西亚、东南欧的方物、商品也经此路东传。

---

* 《“丝绸之路”得名》《丝绸之路开辟动因（甲）：军事外交》《丝绸之路开辟动因（乙）：商贸诉求》《丝绸之路开辟动因（丙）：宗教传播》撰于1995年，载于《中华开放史》，湖北人民出版社1996年版。

时至20世纪后半叶以降，“丝绸之路”的内涵进一步扩大，广义丝绸之路指整个古代联系东西的交通线路，包括“陆上丝绸之路”和“海上丝绸之路”（本文略此）。“陆上丝绸之路”，有北方丝路和西南丝路两条线路。

“丝绸之路”所经多荒漠戈壁、高原险峰，在全凭人畜行走的时代，极难跨越，而中外古人甘冒万难，奋然“凿空”，必有强劲动力驱使，略言之，系由军事外交、商业贸易和宗教传播这三种动力的交相作用，丝路方渐次打通，使遥隔万里的东亚与西亚、南亚、欧洲诸文明得以交流，为15、16世纪“海道大通”之先世界文化交流史上无与伦比的伟绩。

丝绸之路开辟动因（甲）：军事外交

在古代中国，男耕女织的自然经济占据主导，国家满足于四夷贡献“方物”，朝廷则加倍“颁赐外蕃”，以证明“际天极地皆王臣”，至于以谋利为目的的商品交换，并不是朝廷对外政策的视界焦点，而探察并消弭“夷狄”对“天朝”的军事威胁，才是重心所寄，因此，军事外交构成历朝对外遣使的主要意图。两汉派出的使节，几乎全部肩负军政使命；隋唐以降，使者方兼有寻求商贸对手、远求佛法等非军事任务。

祈望四海一家，化被天下，是中国人早在先秦即已形成的一种诉求。而秦汉大一统帝国的建立，形成“御胡”与“拓疆”战略，至汉武帝（前156—前87）时，“勤远略”得以大规模实施，汉民族的活动空间从黄河—长江流域扩展到中亚广袤的草原、沙漠和雪山之间（时称“西域”），丝路因以开辟。

在古代，绝域远行者由牲畜负载，甚至徒步跋涉于荒漠雪峰之间，还会遭遇胡骑袭击追杀，极端艰苦危险。出使域外的使节中，涌现出一批大智大勇的英俊人物，如西汉的张骞、苏武、傅介子、郑吉，东汉的班超、班勇、甘英，隋朝的裴矩，唐朝的王玄策，他们百折不挠的行迹，显示了豪强超迈的外拓精神，将汉唐雄风发挥到极致。

张骞（前161—前114）是这批志在万里的探险者的前驱先路。西汉初，匈奴杀死游牧于河西走廊的月氏人首领，月氏人衔恨西迁塞种地区（今新疆伊犁河及以西地带），建立大月氏国。汉武帝从匈奴降者处得到这一消息，便企图联合大月氏夹击匈奴，于是征募穿越匈奴领地寻觅大月氏的使者。汉中人、郎官张骞应募。武帝建元二年（前139），张骞第一次出使，至南山北麓，被匈奴俘虏，囚禁十一年，虽“予妻，有子”，张骞仍“持汉节不失”[①]，后逃

① 《汉书·张骞传》。

出，越大漠、逾葱岭，找到大月氏。而建都布哈剌的大月氏因“地肥饶”，已无意返回故土复仇，张骞联络其夹击匈奴的目的没有达到，却先后游历大宛（今乌兹别克斯坦东部）、大夏（今阿富汗北部）、大月氏（今塔吉克斯坦及克什米尔）、康居（今土库曼斯坦），于元朔三年（前127）回长安。张骞出使时随行百余人，返回时只剩自己和甘父二人，但他那支几乎脱光了毛的“节”（使者象征）却保存下来，并双手奉还武帝。以后，张骞又于元狩元年（前122）试图经四川、云南出使印度，为蛮族所阻，未果。次年，张骞再度出使西域，意在招抚中亚诸国，尤其是说服乌孙回复故地居延泽（今甘肃及内蒙古西部），以“断匈奴右臂”。在乌孙王未决断之际，又分遣副使，出使大宛、康居、大夏、安息（今伊朗）。一年以后，这些国家都遣使与张骞的副使一同来到长安，“于是西北国始通于汉”[①]。此后，汉使便经常出入西域，多者一行数百人，少者百余人，因往来甚众，时常“相望于道”[②]。在前后30余年间，张骞两使西域，一使云南，史称其有“凿空”[③]之功。凿者，开也；空者，通也。凿空外域即开通外域，此为不世伟绩。张骞在探险途中，详细考察、记载西域及云南的山水、人物、风俗、物产，《汉书》的《西域传》和《西南夷传》就是根据张骞的报告写出的，中原人获得真切的西域及云南的自然及人文知识，实自张骞始。张骞被封“博望侯”，取“广博瞻望”义，名副其实。张骞还因其豪放忠信，深得外域人士敬重，他辞世后，凡出使西域者都自称博望侯，各国因此信任之。[④]张骞是古代中国走向域外，展示出健全、强劲的开放精神的卓越代表。

苏武（？—前60）是又一位树德于域外的杰出人物，他出使匈奴，被扣，又流放北海（贝加尔湖），仍“杖汉节牧羊”[⑤]的故事，耳熟能详，此不赘。然从开放史角度观之，苏武的际遇正是那一时代军事外交的典型表现。其时汉匈战争已连绵百年，争战与通使交替进行，通使的目的也在“相窥观”，即刺探军情，故双方都有扣押对手使者的习惯，如匈奴“留汉使郭吉、路充国等前后十余辈；匈奴使来汉，功；留之以相当”[⑥]。苏武出使匈奴，被拘留19年，屡被劝降，仍坚贞不屈，直至匈汉和好，才被遣返国。苏武的遭际表明，那时

---

①②③ 《汉书·张骞传》。

④ 《汉书·张骞传》：“诸后使往者，皆称博望侯，以为质于外国，外国由是信之。”

⑤⑥ 《汉书·李广苏建传附苏武传》。

的对外关系全然以军事战略为转移。

傅介子（？—前65）出使西域则另有特色。汉昭帝时，楼兰联合匈奴，杀死汉使，傅介子奉朝命，以赏赐为名，携黄金锦绣赴楼兰，在宴席上刺杀楼兰王。[①]封义阳侯。

郑吉（？—前49），“以卒伍从军，数出西域”，他的西域行的特点是任为西域都护，治乌垒（今新疆轮台北），开汉朝置西域都护之端。史称“汉之号令班西域矣，始自张骞，而成于郑吉”[②]。

东汉班超（32—102）及其子班勇（？—127），是西汉外拓事业的自觉继承者。班超年轻时治文墨，后发感叹曰：“大丈夫无他志略，犹当效傅介子、张骞，立功异域，以取封侯，安能久事笔研（砚）间乎？”[③]遂投笔从戎。班超奉朝命，招抚西域诸国，带吏士36人，攻杀匈奴派驻鄯善的人员，又废亲附匈奴的疏勒王，巩固了汉朝在西域的统治。后任西域都护，封定远侯。其子班勇，曾将兵五百前往西域，与龟兹合兵击走匈奴伊蠡王。又著《西域记》，为《后汉书·西域传》所依据。

班超任西域都护时，于汉和帝永元九年（97）命甘英出使大秦（罗马帝国），至条支的西海（波斯湾），为海所阻，乃还。[④]甘英是两汉西行最远的人物。后人也曾遗憾甘英未能远赴罗马帝国。如果其行成功，亚欧大陆东西端的两大文明便于公元1世纪末相会合。

军事外交是“凿空”西域、开辟丝路的一大最显在的动力源。

---

① 《汉书·傅介子传》。

② 《汉书·郑吉传》。

③ 《后汉书·班超传》。

④ 《后汉书·西域传》《晋书·四夷列传》。

丝绸之路开辟动因（乙）：商贸诉求

张骞、班超等人出使，以军事外交为目的，也在客观上推助了亚欧大陆商道（丝路）的畅达。然若深论之，这丝路的开辟，商贸之力更在军事外交的先头。

中原地区与西方的经济文化交流至少可追溯至公元前1000年左右，商代殷墟妇好墓出土的玉器和扶风西周宫殿基址出土的蚌雕胡人头像即是证明。考古材料显示，战国时期，中原的丝绸、铜镜和漆器经由草原远播至西域和中亚地区。俄罗斯戈诺阿尔泰巴泽雷克冢墓就出土有来自中原地区的战国花卉凤鸟纹织锦及山字纹铜镜。借助亚欧草原上的迁徙无定的游牧人这个媒介，中国的丝绸远传到希腊等地中海沿岸国家。这种早期的物资交流，通过自发的、间接的自然传播得以展开。

在张骞西行之前千百年，沿河西走廊、天山南北路的贸易通道久已存在，中原丝织品西传甚早，先秦典籍《穆天子传》卷三载，周穆王赠西王母“锦组百纯”，“锦组”即带花纹的丝织品，此为丝绸西传的最早记述。公元前4世纪的印度著作中有关于中国丝的记载；公元前3世纪，希腊、罗马称中国西部为“赛里斯国”，即“丝国”，可见其时中国丝绸已沿着中亚、西亚陆路运至印度、欧洲。

西汉以前从中原到西域一线，只有断续、零星的民间商贸活动，自西汉开始则进而为持续、成规模的官民并行的物资人员交流。张骞“凿空”西域以后，从长安至中亚、西亚，使节之外，商贾也比肩而至；班超、班勇父子在西域的活动，除军政目的以外，也有确保商道畅通的意图。而活动于亚欧大陆轴心地带的惯于游徙的民族，前有粟特人、波斯人，后有大食人（阿拉伯人）更赋予丝路以商贸性质。他们从拜占庭、萨珊、印度、阿富汗，到中国从事商贸，中国的丝绸、茶叶，萨珊的金银器，罗马的玻璃器及织品，皆为其转运互换的商品。而销售及使用的范围，由宫廷、官宦播散到市井细民。

陆上丝绸之路的商贸展开，有草原丝绸之路、绿洲丝绸之路两条主要干线。

“草原丝绸之路”（约为天山北路）开辟较早（先秦已启动），多为民间易货，比较散漫，规模有限，如匈奴、突厥游牧民以牛羊与汉唐农耕人交换农产品和手工业品，此种“茶马互市”大体沿丝路东段进行，直到宋明仍在进行。中原农耕区用于征战和礼仪的优质马匹（“天马”等），多由此获得，故丝绸之路又有“良马之路”的美称。

“绿洲丝绸之路”（约为天山南路）两汉开始出现，多由朝廷经营，数十甚至数百余个中外国家派遣经营使团，经由丝路，荟萃京师等城镇，展开商业贸易、人员交流，规模较大。中亚、西亚、南亚各国的贡使、商人集于北魏前期首都平城（今山西大同北），北魏迁都后，洛阳成为胡商荟萃之地。北齐时胡商入都更多，宫廷成为他们的聚集处。隋唐以下，粟特人、波斯人、阿拉伯人移居长安、洛阳及丝路沿线商贸城镇。唐长安的西市便是丝路商贸的汇集地，而东市则为国内商品交易处。俗语“买东西”即由此而来。

隋唐之际，西北商道进一步繁荣，朝廷派遣使节，除军政任务外，经商也成为重要使命。如隋代裴矩（547—627）四次往来于甘州、凉州、沙州，目的是招徕胡商，引致西域商队前来长安、洛阳，以首都贸易取代边境贸易。裴矩还搜集西域各国山川险易、村长姓族、风土物产等资料，纂成《西域图记》3卷，叙44国事，别造地图，穷其扼要。又由裴矩建议，隋炀帝派李昱出使波斯，韦节、杜行满出使罽宾（今克什米尔）、史国（今乌兹别克斯坦沙赫里夏勃兹）、安国（今乌兹别克斯坦布哈拉）。

唐代经营西域，规模超过汉代，在伊州、西州、庭州设立州县；在碎叶、龟兹、疏勒、于阗设立四镇，丝绸之路更加畅达，中原人西行者愈多。

唐代西行最远者，不是朝廷使节，而是对大食（阿拉伯）作战被俘的杜环。杜环是史学大家、《通典》作者杜佑（735—812）的族人。杜环于唐天宝十年（751）随安西节度使高仙芝（？—755）与大食战于怛逻斯（今哈萨克斯坦江布尔），军败，被俘往亚俱罗（今伊拉克巴格达南库法），行迹达波斯、苫国（叙利亚），于宝应元年（762）附商船回广州，作《经行记》，书佚，杜佑《通典》卷一九三《边防典》摘引数段，其关于西亚各国社会生活、伊斯兰教信仰的记述真实可信，如言及大食，“女子出门，必拥蔽其面，无问贵贱。一日五时礼天。食肉作斋，以杀生为功德。……又有礼堂容数万人。每七日，王出礼拜，登高坐为众说法”。文中还录下唐朝被俘流落大食的金银匠、画匠、绫绢织工、造纸匠的姓名，是中国工艺西传的直接记载，尤其难能可贵。

丝绸之路开辟动因（丙）：宗教传播

宗教作为人们对“终极关怀”不倦追求的产物，往往使信徒产生排除万难的精神力量，勇于孤行独往、百折不回地求经、传道，从而成为艰险而悲壮的丝绸之路上的一支异军。如东晋僧人法显“慨律藏残缺”，“至天竺寻求戒律”[①]，其行迹的遥远连“汉之张骞、甘英皆不至”[②]。略言之，有以下几类宗教信徒往还于丝路。

一、外域佛徒沿丝路来华传教

原籍天竺（印度），生于龟兹国（今新疆库车）的佛教高僧鸠摩罗什（344—413），沿丝绸之路长途跋涉至长安传经，与真谛、玄奘并称中国佛教三大翻译家，或与真谛、玄奘、义净并称中国佛教四大翻译家。

南天竺人菩提达摩（？—528）从南印度沿海上丝绸之路，航行至广州，北上洛阳，后住嵩山少林寺，创立禅宗。

鸠摩罗什和菩提达摩是外域佛徒沿丝路来华传法的两位著名代表。

二、中土佛徒西天取经

中国佛教徒不满足于域外佛徒带来的佛学经典，而亲往印度求经的数不在少，卓越者前有东晋法显，后有唐代玄奘。

法显（约337—约422）本姓龚，平阳武阳（今山西临汾）人。3岁出家，20岁受戒。他慨律藏残缺，誓志寻求，于东晋隆安三年（399）与慧景、道整、

---

①② 《法显传校注》，上海古籍出版社1985年版，第2、26页。

慧应、慧嵬等从长安出发，经河西走廊，涉流沙，越葱岭，到天竺求法。遍历北、西、中、东天竺，获多种梵本佛经。后搭乘商船到狮子国（今斯里兰卡），住两年，又获多种梵本佛经。由海路归国，途经耶婆提国（今爪哇），于义熙八年（412）达青州长广郡牢山（今山东青岛崂山），次年到建康，前后凡15年，多历艰险，带回多种佛典，又记旅行见闻，撰《佛国记》（又名《佛游天竺记》《高僧法显传》），提供中亚、南亚诸国和中外交通的宝贵资料，开阔了中国人的视野。

法显是少有的兼历“陆上丝绸之路”和“海上丝绸之路”的旅行家。

玄奘（600—664），本姓陈，洛州（今河南偃师）人，先在国内遍访佛学名师，感到众说纷纭，难得定论，决心远赴天竺，求取真经。唐太宗贞观三年（629），长安饥荒，朝廷令百姓自行求生，玄奘即从长安西行，违反当时出关禁令，经姑臧（今甘肃武威），出敦煌，偷越玉门关，经今新疆及中亚等地，辗转到达中印度摩揭陀国王舍城，入寺，从高僧学诸佛教论典及梵文，不久名声大振。五年后，游历印度东部、南部、西部、北部数十国。贞观十九年（645）返长安。玄奘沿着张骞“凿空”故道[①]，西行求法，往返17年，旅程5万里，带回大小乘佛教经、律、论共520夹，计有：

> 大乘经二百二十四部，大乘论一百九十二部，上座部经律论一十四部，大众部经律论一十五部，三弥底部经律论一十五部，弥沙塞部经律论二十二部，迦叶臂邪经律论一十七部，法密部经律论四十部，说一切有部经律论六十七部，因论三十六部，声论一十三部，凡五百二十夹，总六百五十七部。[②]

此后20年间，玄奘及弟子在长安专心译经。他还把《老子》和《大乘起信论》译成梵文，传入印度，又将入印路途见闻撰《大唐西域记》十二卷，成为沟通中印文化的伟大使者。印度的柏乐天教授研究玄奘译作后记，赞曰：“在全人类的文化史中，只好说玄奘是第一个伟大的翻译家。中国很荣幸是

① 玄奘撰《大唐西域记序》，有“博望凿空”之赞语。“博望”指博望侯张骞。

② 玄奘：《大唐西域记》卷二一。

这位翻译家的祖国，只有伟大的中国才能产生这么伟大的翻译家。”“他的翻译……是中印两民族的共同遗产。”[1]

唐代朝廷也派官员西出求佛，如王玄策作为使节于唐初贞观十七年（643）至龙朔元年（661）间，三次出使印度求取佛法，礼佛而归，官拜朝散大夫。王玄策带回佛教文物，著《中天竺国行记》。

法显、玄奘等高僧求经西天，其梯山探险，并未得到朝廷支持或社会赞助，甚至屡屡被官府阻止（如玄奘逾关西行直接违背朝廷命令），故其艰难更在朝廷派遣的使节之上。他们凭着宗教家的顽强信念和超常毅力，历尽艰难险阻，方完成文化传入或文化传出的伟业，确乎是人类开放史上的奇葩，令人景仰。

丝绸之路又有“佛教之路”“佛法之路”称号，非虚语也。

三、道教真人绝域远行

道教同样也有绝域远行者。如道教全真道北七真之一丘处机（1148—1227），长期穴居、乞食，周游各地，后创立龙门派，享有盛名，为金世宗、金章宗、金卫绍王、金宣宗和元太祖成吉思汗敬重。元太祖十四年（1219）成吉思汗遣使召之，丘处机率门人弟子赵道坚、宋道安、尹志平、李志常等18人，随军同往西域雪山，劝成吉思汗减少杀戮，敬天爱民、清心寡欲，颇有成效。李志常撰《长春真人西游记》对此记载甚详。

上述诸教高士，沿丝绸之路，皆成就弘法远道的伟业，足证丝路不仅是军事外交、商业贸易的必经通路，也是文化传播的宝贵渠道。

在明末中西科技由海上得以沟通以前，丝绸之路还是中西科技的重要传播线路。仅以数学为例，中国算术（包括珠算）便经由丝路，通过波斯人、阿拉伯人、印度人传至欧洲，弥补了欧洲数学自古希腊以来长于几何、短于算法的缺陷，在一定意义上，正是从丝路传入的中国算法催生了微积分在欧洲的发明。数学家吴文俊等发起“数学—天文丝路基金研究项目”，获取中国古典数学（包括算法）经丝路西传的实证材料，现已取得成绩。[2]

---

① ［印］柏乐天：《伟大的翻译家玄奘》，载《翻译通报》第二卷第五、六期。

② 参见蒋谦：《在历史中捕捉推动近代科学进步的“中国风”》，《中国社会科学报》2012年2月27日。

丝路前瞻

“丝绸之路”早在张骞通西域之前的秦汉之际已初步开辟，汉唐达于盛期，一直延绵到明代中叶，截止于西方人实现大西洋—印度洋—太平洋海道大通，在公元前3世纪—公元16世纪的近两千年间，这条连接亚欧大陆东西两端的大通道，东西长达10000公里，南北宽达3000公里，堪称人类文化交流史上规模空前宏伟、持续时间最久远的陆上大动脉。

丝绸之路不仅是历史陈迹，在经济全球化推动下，正焕发出新的生机，连接亚洲与欧洲的陆上交通正在蓬勃发展，而今日的新丝绸之路由钢铁建造、电子信息沟通。

新的贯穿亚欧、连接太平洋西海岸与北大西洋东海岸的4条货运铁路已筹划40年，其中的中路取道土耳其、哈萨克斯坦，经中国新疆、甘肃、陕西，直达江苏连云港，这大体沿着两千年前的丝绸之路运行。2013年6月，哈萨克斯坦新建了一条连接中国和欧洲的过境铁路线。如果说，千年前中国商队用骆驼和马匹载着丝绸、茶叶前往欧洲换取药物、香料和宝石，约需数月，如今，满载电子产品、建筑材料的火车只需15天就能从重庆经哈萨克斯坦、俄罗斯、白俄罗斯，取道波兰，到达德国鲁尔工业区和杜伊斯堡。[①] 中国—欧洲走海道需45天，走西伯利亚大铁路需14天，走“新丝绸之路”则不到10天。时下中国与哈萨克斯坦、乌兹别克斯坦、土库曼斯坦、吉尔吉斯斯坦、塔吉克斯坦等中亚国家共建“丝绸之路经济带”，已初展宏伟的发展前景。

此外，一条从成都出发，经由缅甸、孟加拉，延至印度的“新南方丝绸之路”正在规划之中，已获中、缅、孟、印四国相关部门批准。[②] 这条路线正是

---

① 参见路透社阿斯塔纳2013年6月10日电。

② 参见《印度时报》网站2013年6月9日报道。

两千年前西汉张骞试图从云南进入印度，终因横断山脉阻隔未能成行的又一陆上丝路。

丝绸之路不仅是历史的遗迹，它从苍茫的古史走来，正延展为活生生的现代交通大动脉，连系着亚欧大陆东西两端诸文明。

壮哉丝绸之路，伟哉丝绸之路！

本目 2013 年 7 月补撰于武昌珞珈山

汉胡交融的积极效应

农耕文明与游牧文明的交互关系，对中原王朝和周边诸族而言，都是“开放”的重要内容。关于这种交互关系，以往人们多注意到战争、冲突的一面，注意到游牧人对农耕文明的严重破坏，而忽略文化互补的一面，其实，文化互补正是异质文化间双向互动的良性结果，而战争、冲突本身也是导致文化互补的一种激烈形态。

游牧人虽然整个社会发展水平处于较低层次，但他们也有两个明显优势：其一，孔武善战，骑射为其绝技；其二，流徙能力强，成为异域远方文化间的传播载体。中原农耕人可以学习游牧人的骑射技术，吸收游牧人从远方带来的异质文化，并以粗犷强悍的游牧文明充作农耕文明的“复壮剂”和“补强剂”。

战国时秦学习西戎“击技”，楚汲取苗蛮、越族文化，赵“变俗胡服，习骑射”[①]；汉朝和唐朝建立强大骑兵，跨大漠而战，实际上是学习了匈奴、突厥的特长方得以成功的。

汉朝开辟丝绸之路，广采博取中亚、西亚文化成果；唐代承魏晋南北朝汉胡文化融合之势，增添新的生命活力，以一个“大有胡气”（鲁迅语）的中原王朝，展现出外拓英姿。世所乐道的“汉唐雄风”，成因当然是多方面的，而汉胡交融，形成文化上的“杂交优势”，则是这两个阳刚豪迈的朝代赖以生发的丰厚土壤。此外，如契丹在战胜回纥时得到西瓜，契丹又把西瓜种植法传给中原汉人[②]，宋代仿效回回炮，并加以改进推广[③]，都是农耕人从游牧人获得文明成果的事例。

---

① 《史记·匈奴传》。

② 参见洪皓：《松漠纪闻》下。

③ 参见《宋史·兵志》。

至于游牧人学习农耕人的先进文化，促使自身的社会形态发生历史性飞跃，更是史不绝例。其间尤其引人注目的是，以征服者身份进入农耕区的游牧人在高势位的农耕文明的氛围中，“为被征服者所同化”[①]。内迁的鲜卑人、北魏孝文帝拓拔宏推行的以三长制、均田制为基本内容的汉化改革，使北魏社会迅速发展。蒙古人入主中原建立元朝，渐次皈依汉文化，元世祖忽必烈将首都从游牧区迁至农耕区的大都（即北京），便是归化农耕文明的决定性步骤。后金首领努尔哈赤“好看三国、水浒二传”[②]，令人把三国译成女真文字，发给部下阅览，故其用兵谋略颇得《三国演义》之妙。皇太极在更高层次上以汉文化为师，明确宣称“满汉之人，均属一体”[③]。这些游牧民族的卓越领袖对农耕文明开放的心态和政策，无疑推动了社会进步。

游牧民族入主中原建立的庞大一统帝国，以元朝和清朝为盛，特别是元朝及蒙古汗国，将亚欧大陆的大部分置于一个政权的控制之下，有史以来第一次使亚欧大陆的交通畅行无阻。元蒙建立起完整的驿站系统，从元大都或中国其他城市到中亚、西亚、东欧都有驿道相通。当时的和林（窝阔台汗建都处，在今蒙古鄂尔浑河上游东岸哈尔和林）有畏兀儿人、回回人、波斯人、匈牙利人、弗来曼人、俄罗斯人、英国人、法国人；忽必烈定都大都后，大都聚集了来自亚、欧各地的贵胄、官吏、传教士、天文学家、阴阳家、建筑师、医生、工程技术人员，以及乐师、美工和舞蹈家，形成一种中西文化交会的格局。意大利人马可·波罗与其父、叔的东方之行，也只有在元帝国打通亚洲欧洲的重重壁垒以后方能完成。

较之元朝，清朝更实现入主中原的少数民族贵族与汉族地主阶级的联合统治，将满汉文化融合起来。有学者认为，中国历史上两位最杰出的皇帝，均与少数民族有关，一为唐太宗李世民，是汉族与鲜卑族的混血儿；一为清圣祖玄烨（康熙），是满族人。如果说，李世民是兼备胡人豪强性格的汉族皇帝，玄烨则是汲纳汉族文化成果的满族皇帝，都是汉胡文化交融互摄的产物，在他们主政时，中国政治、经济、文化呈现辉煌，正表明汉胡文化结合的积极效应。

---

① 恩格斯：《反杜林论》，《马克思恩格斯全集》第20卷，人民出版社1971年版，第199页。

② 黄道周：《博物典汇·四夷附奴酋》卷二十。

③ 《清太宗实录》卷一。

纳佛·斥佛·儒佛交融

如前所述，农耕文明同游牧文明彼此开放、吸纳，曾产生积极效应；游牧文明接受先进的农耕文明的若干成果，迅速实现社会进步；而趋于柔弱的中原农耕文明因豪放的游牧文明的血液注入而得以“复壮”和“补强”，其功用不可低估。然而，游牧文明毕竟没有创造出严密精微的形上体系去与中原农耕文明自先秦即已形成的高深学术相辩难、相补充。但是，自西汉末年以降，尤其是晋、唐以来传入中国的印度佛学，以其精深博大的宇宙论、认识论，堪称古典世界的精神高峰之一，可与希腊、中国的学术并肩鼎立。印度佛学传入中国所造成的思想震撼之深之广，都是空前的。中国人对这一水平颇高的外来文化，经历了容纳、排斥、消化吸收、重组再创的复杂过程，从而构成中华开放史的重要侧面。

来自南亚次大陆的佛教传入中国，并日渐兴盛起来，甚至当佛教在原产地印度归于衰亡之际，佛教却在中国朝野赢得众多信徒，以致名山大川无处不有佛寺高耸、梵呗缭绕。究其原因，简言之有二。一则，对广大民众而言，有关终极关怀诸问题，本土的儒道两家不能充分满足，如生死问题，儒家答曰：“未知生，焉知死？”[①]道教的肉身升天说，不见实效；吃丹药长生久视，结果却是食丹者早夭。而佛教的前世、现世、来生之说，又以因缘轮回加以诠释，进而提供西方极乐世界供人向往，加以慈悲为怀的感召力、形仪丰美壮观的宗教外观，都吸引着饱受苦难而亟求解脱的人们，这导致佛教在民间的广泛传播。二则，对知识阶层而言，儒学固然提供了广大致用的伦理政治学说，但涉及宇宙生成、认识法则，却语焉不详，而佛学则有现成的深刻精

① 《论语·先进》。

密的宇宙论、认识论、因明学（逻辑学），此外，佛学还附有丰富的文法学、音韵学、音乐、美术、建筑学、舞蹈等文化成果，这一切都对士人们具有强大吸引力，思想界巨子服膺佛学，自晋唐以至近代都不乏其例。唐宋的王维、王昌龄、白居易、柳宗元、王安石、黄庭坚、苏东坡、严羽，近代的魏源、康有为、谭嗣同、章太炎、严复、梁启超、李叔同、熊十力等思想文化界人士，无不深受佛学影响。

佛教作为外来文化进入中国，引起“排拒”和“容纳”两种反应。

“排拒”反应，从思想层面主要由“华夷之辨”和“伦常之辨”导引出来。如南北朝时期，道士顾欢作《夷夏论》，斥佛教为“洋教”；而唐代韩愈“辟佛”，除指出“佛本夷狄之人”以外，还强调佛教“不知君臣之义，父子之情”[①]，则从维护纲常名教立论。而朝廷限制佛教发展，往往从赋役着想，如东汉虽礼遇胡僧，却禁绝汉人当和尚，直至魏朝，朱士行才成为第一个汉地沙门。以后一些朝代仍限制出家人数目，出家者须向官府领取度牒，官府还设官管理僧人。当佛教发展规模威胁到朝廷征收赋税和兵役、劳役时，有些帝王还以强力灭佛，被佛教界称为“法难”，著名者有“三武一宗灭佛”，即后魏太武帝、北周武帝、唐武宗和后周世宗，他们对佛教或禁止私自剃度，勒令还俗；或烧寺杀僧，以剿除为快。

排拒佛教，只能使佛教受挫一时，中国朝野更经常对佛教取“容纳”态度，在容纳之际消化之，其结果是佛教中国化和吸收佛学成果的新儒学诞生。这两种产物，构成中古及近古中华文化的重要形态，并对整个东亚地区造成深远影响。

佛教中国化的第一项工作，是将梵经译成中文，印中两国高僧（代表人物为鸠摩罗什和玄奘）为此做出艰苦努力，前后进行了一千年。以致现在保有最丰富佛学经典的不是印度，而是中国。

佛教中国化的第二项工作是开宗判教，即对佛教教义进行一番选择、判断，将有益于中国的教义大加发挥，成为宗派。如在佛教的小乘、大乘中，选择普渡众生的大乘，发挥其入世舍身的教义。进而又从大乘中发展出重顿悟、运用中国智慧的禅宗、华严宗、天台宗等中国佛教宗派。这些中国化的佛教宗

---

① 韩愈：《论佛骨表》。

派有较浓厚的人间性、理智性和伦理性，易为中国人接受，成为中华文化的一个有机组成部分。

另一方面，中国原有的主流文化——儒学，长于伦理、政治，短于宇宙论和终极关怀，故自唐代开始，儒家思想家注意“援佛入儒”，至宋代，这一努力已取得重要果实，这便是理学。如理学家程颢、程颐倡导的“理”，即套自佛教的“真如佛性”，不过赋予了更多的伦理道德意蕴；朱熹的“天理”体系采自禅宗甚多；陆九渊的“宇宙即本心，本心即宇宙”，明代王守仁的“致良知”诸说，更是袭取禅宗之法改造而成。

梁启超说：“中国智识线和外国智识线相接触，晋唐间的佛学为第一次，明末的历算学便是第二次。”[①] 中外文化的第一次交融，体现为儒、道、佛之间的相互吸纳、排斥、互补，经千年努力，终于达到新的综合，形成你中有我，我中有你的新文化——中国化的佛教、吸收了佛教思想的新儒学（理学）、综合了佛教某些教义和哲理的道教，以致出现“三教共弘”“三教一家”的局面。这一大开大合、复杂错综的历史进程，生动体现了文化开放的生命活力，也说明文化开放是双向互动的，同时还是艰难曲折的。梁启超提到的中外文化的第二次交会，也即中西文化交会，自 16 世纪开始以来，已进行 4 个世纪之久，今天尚在这一过程之中，其间已经演出互容、互斥、互补的种种状态。如果我们从中外文化第一次交会的历史经验中吸取教训，又及时反顾第二次交会已经走过的路程，便可以以更加开放的心态、更加博大的襟怀去迎受、消化外来文化，进行新的综合、新的创造。

---

① 梁启超：《中国近三百年学术史》，《饮冰室合集·专集之七十五》，第 9 页。

郑和下西洋：卓越成就与历史局限

论及中华开放史，郑和下西洋是热门话题。有关这次远航的具体过程，本文不拟详述，这里只从开放史角度申述几点。

第一，从世界史观之，人类相互交往的通道从陆路和近海转向大洋，是文明史的一大突破性进展，而15世纪正是一个远洋航行的开启性时代。这个开启性时代，是亚欧大陆东西两端各自独立发动的，而且，东亚的中国人早于西方的南欧人。郑和（1371—1435）于1405年至1433年间，率领规模浩大的皇家船队，纵横于西太平洋和印度洋，直达遥远的东非海岸。从时间而论，郑和航行比西班牙国王资助的意大利人哥伦布（1451—1506）四次横渡大西洋抵达中美洲的远航（1492—1504）早80余年，比葡萄牙派出的达·伽马（1460—1524）绕过好望角到达印度的远航（1494—1498）早90年，比葡萄牙航海家麦哲伦（1480—1521）奉西班牙政府之命的环球航行（1519—1521）早110余年。因此，称中国人率先开辟了远洋航行的新纪元，是并不过分的。

第二，郑和下西洋不仅时间早于哥伦布、达·伽马、麦哲伦这三次西方人的远航，而且，郑和船队的规模、航行里程、航海组织都处于领先地位。郑和船队每次二百余艘，其中1500吨级的巨舰（称“宝船”）数十艘，船队人员每次都在两万人以上。哥伦布的船队，最多的一次17艘，最少的一次4艘，均为100至200吨级，船队人员总数多则1200至1500人，少则90人，达·伽马和麦哲伦船队的规模更小。当然，船舶吨位、船队人数并非航海水平的主要评判标准，但郑和远航的庞大规模，显示了15世纪的中华帝国无与伦比的综合国力，西欧早期殖民强国（如西班牙、葡萄牙）尚不能望其项背，其时没有走出中古泥淖的别的欧洲国家更无可比拟。

第三，中国在强大国力支撑下，浩荡出洋，促进了亚非国际贸易的发展，出现了由“纳贡和皇帝赏赐的制度”向“持久和均衡的贸易往来”演变的过程[①]，似乎将要开辟一个海洋时代。然而，实际情况却是，由于郑和下西洋全然不同于以寻求海外市场和殖民地为目标的哥伦布、达·伽马远航，而全然是由永乐皇帝朱棣（1360—1424）“耀威域外”“宣敷文教”的侈心发动的政治性远航，寻找建文帝、联络外邦夹击蒙古人等军政目的可能是其真实启动原因，故究其实质而言，与汉代张骞、班超所执行的军事外交使命没有本质差别。既然远航由帝王个人政治意志所决定，必然人亡政息，当朱棣于永乐二十二年（1424）去世以后，已完成六下西洋任务的郑和船队，立即受命停止，因为新继位的明仁宗朱高炽听从户部尚书夏原吉（1366—1430）的建议，认定远航劳民伤财。朱高炽去世，宣宗朱瞻基继位，他很怀念永乐年间“万国咸宾”的盛况，遂于宣德五年（1431）令郑和七下西洋，目的在于造成“万方来宾”的“宣德盛世”外观。第七次下西洋返国后不久，郑和去世，下西洋活动失去主持者，而明王朝的注意力也转入“内忧外患”，远航事业戛然终止，无以为继。与之相对照的是，在哥伦布、达·伽马、麦哲伦远航之后，为着追求黄金、白银、市场和殖民地，西方人穿梭往来于大西洋、印度洋，最后来到太平洋，造成一个真正的海道大通时代。

郑和远航终止，中国退回到大陆文化的故道，而欧洲人则称霸海上，这对于世界历史进程造成战略性影响。美国史学家斯塔夫里亚诺斯指出，当中国人于15世纪中叶退出远航竞争者行列之后，“葡萄牙人很快控制了从东非到马六甲的巨大贸易区域，甚至在中国海岸上的澳门建立起商业据点。由葡萄牙人打开通往中国的贸易道路，而不是由中国人前往欧洲，这一事实标志第三世界历史进程的根本转折点，它决定了地球上哪些部分将组成依附于他人的第三世界，哪些部分将成为扩张和发达的第一世界”[②]。中国近代思想敏锐的梁启超也有类似评析，他在对15世纪中西航海家作比较后，发表感慨道：

> 及观郑君，则全世界历史上所号称航海伟人，能与并肩者，何其寡也。郑君之初航海，当哥伦布发现亚美利加以前六十余年，当维嘉达哥

① ［法］弗郎索瓦·德勃雷：《海外华人·序言》，新华出版社1982年版。
② 《全球分裂——第三世界的历史进程》，商务印书馆1993年版，第138页。

> 马发现印度新航路以前七十余年，顾何以哥氏、维氏之绩，能使全世界划然开一新纪元，而郑君之烈，随郑君之没以俱逝。我国民虽稍食其赐，亦几希焉。则哥伦布以后，有无量数之哥伦布，维嘉达哥马以后，有无量数之维嘉达哥马，而我则郑和以后，竟无第二之郑和。噫嘻，是岂郑君之罪也。[①]

梁氏此论，于年代略有不准处，此为微疵，然其所尖锐提出的问题，值得深长思之。

① 《祖国大航海家郑和传》，《饮冰室合集·专集之九》，第11页。

马戛尔尼使团晋见乾隆：聋子间的对话

因教仪之争，清代康熙晚期“禁各省立堂入教”[①]，至雍正间，“禁令严”，“入内地传教，辄绳以法”[②]，这样，中国自18世纪初叶便逐步对西方关闭了门户，明清之际曾稍有声势的中西文化交流基本中断。对外贸易的管制也愈益严厉，自乾隆二十二年（1757）起，浙江宁波等曾经繁荣的外埠被关闭，仅剩广州为唯一对外贸易口岸，而且外贸活动只有经过清廷特许的“公行”进行。正当中国大门紧锁之际，域外的海上贸易如火如荼地蓬勃发展，而且恰在18世纪初中叶，随着纺织飞梭、纺织机以及蒸汽机的相继发明和使用，英国工业革命的巨轮启动。机器工业代替工场手工业，社会化大生产登上历史舞台，均在18世纪下半叶开其端绪，占领海外市场的努力也随之加剧。正在这种关口，英国以给乾隆皇帝祝寿的名义，派出马戛尔尼（1737—1806）勋爵率领的使团，分乘五艘舰只，于1793年（乾隆五十八年）7月抵达天津大沽口，并于9月14日在承德避暑山庄觐见乾隆皇帝。这是“第一个爆发工业革命的国家和最杰出的文明国家之间高傲的相遇”[③]。作为来访者的英方使节，亟欲叩开中国这个神秘的东方古国的大门，以寻求原料和市场，提出的要求是派人居留北京，管理商务；请开天津、宁波为外贸商埠；又要求派遣使臣，居北京办理中英外交。作为主人的中方，则浸沉在“天朝上国”的旧梦之中，认定这是又一次方外夷人的朝觐，首先要做的当然是行三跪九叩之礼。出乎清廷意料的是，这帮“外夷”竟然坚拒跪叩礼，僵持良久，方以西式单膝跪见礼了之。而乾隆皇帝断然拒绝英方通商、开埠、派使的要求，并居高临下地给英王乔治三世致一敕书，其内容典型地展现了18世纪末叶中西文化的巨大差异，今之读者阅

①② 《清史稿·南怀仁传》。

③ ［法］佩雷菲特：《停滞的帝国——两个世界的撞击》，三联书店1993年第1版，第1页。

此文字真有哭笑不得的感受：

> 咨尔国王，远在重洋，倾心向化……朕披阅表文，词意肫恳，具见尔国恭顺之诚，深为嘉许。……至尔国王表内，恳请派一尔国之人，住居天朝，照管尔国买卖一节，此与天朝体制不合，断不可行！……今尔国王欲求派一尔国之人，居住京城……实为无益之事……凡外藩使臣到京，驿馆供给，行止出入，俱有一定体制，从无听其自便之例。……天朝抚有四海……奇珍异宝，并无贵重，尔国王此次赍进各物，念其诚心远献，特谕该管衙门收纳，其实天朝德威远被，万国来王，种种贵重之物，梯航毕集，无所不有……并无更需尔国制办物件。[①]

马戛尔尼使团乘兴东来，终因与中华帝国无法对话，除得珍玩赏品外，其通商使命绝无所获，只得败兴而归，从而丧失了东西方两个文明在18世纪末叶交流的良机。今人评论道，这次“聋子——地球上最强大的聋子——之间的对话使这个机会付诸东流。两个傲慢者互相顶撞，双方都自以为是世界的中心，把对方推到野蛮人的边缘”。“中国拒绝对世界开放，而英国人则不管别人愿意与否，想让世界对所有的交流开放。欧亚大陆的两极在50年里将从文化冲突变成兵戎相见。”[②] 这是中国以至世界开放史上的一段可悲却又无法逃避的插曲。有趣的是，马戛尔尼使团的一位年龄最小的成员托马斯·斯当东（1781—1859）成为中英关系三个时期的见证人：1793年，12岁的托马斯·斯当东（使团副使乔治·斯当东爵士的儿子）作为马戛尔尼勋爵的见习侍童，随团赴华，其任务是为马戛尔尼牵斗篷袍裾，也随同被乾隆皇帝接见，并接受皇帝赠品；23年后，1816年，托马斯·斯当东成为派往中国的由阿美士德率领的使团的第二号人物，在圆明园被嘉庆皇帝接见，这次英使提出的通商、建交等要求也被清朝断然拒绝；又过24年，1840年4月7日，英国下议院围绕对中国的战争（即鸦片战争）展开辩论，时为议员的托马斯·斯当东爵士起身发言，为英国的鸦片贸易辩解，并鼓吹对中国发动战争。[③] 这位托

---

① 转引自肖一山：《清代通史》卷中，中华书局1986年第1版，第815—816页。

②③ 《停滞的帝国——两个世界的撞击》，第19—20、15页。

马斯·斯当东在半个世纪间，作为“带有倾向性的旁观者”[1]，目睹了英国从派使谋求对华贸易到发动战争打开中国门户，以及中国从夜郎自大终至被动挨打的全过程。

① 《停滞的帝国——两个世界的撞击》，第20页。

从闭关锁国到门户被动开启

在前近代中国，也即鸦片战争以前的清代，国家的对外政策经历了两个阶段：第一阶段，1684 年开海政策以来至 18 世纪中叶，为比较健康的对外交往时期，其间康熙中期以前的对外政策尤显开明；康熙末年至雍正年间，因“教仪之争”，与欧洲的文化交流中断，但总体的对外交往，包括对外贸易尚在正常范围之内。第二阶段，由乾隆二十二年（1757）清廷宣布撤销宁波、泉州、松江三海关，规定广州一口通商，开启“限关”之端，确立了“海防重于通商”的方针，又经乾隆后期的发展，至嘉庆、道光年间（19 世纪初叶），正式形成以“禁”“防”为主的苛繁的海疆政策，又严格限制中国商人造船、出海，对西方制品及工艺一概视之奇技淫巧。这种闭关自守、盲目排外的政策，是束缚生产力发展、阻碍社会进步的政策，是因噎废食的政策，而且，在世界已由分散走向整体的时代，还是不能长期维持的政策。

如果说，以英国为首的西方资本主义国家在 18 世纪末叶尚不具备武力入侵中华帝国的实力，故有马戛尔尼使团的造访，试图通过外交谈判说服中国开放通商门户，结果是败兴而归。时至 19 世纪三四十年代，经济及军事力量进一步强大起来的英国终于以坚船利炮轰开中国的大门。

19 世纪上半叶来华的西方人的殖民主义意图和侵犯中国主权的行径，是显而易见的，然而，清政府在与外人交往时处处流露的“天朝”心态和愚蠢举措，则活现出闭关锁国政策的窘状。如 1834 年英人律劳卑（1786—1834）来广州，为东印度公司打开南中国门户。律劳卑依西方的外交对等方式，以平行款式致函两广总督卢坤（1772—1835），卢坤认为“大不敬”，当即严词申斥，谈判也就无法进行。这种际遇是马戛尔尼觐见乾隆时发生的礼仪之争的重演，说明时过半世纪，清廷的对外观念依然故我。律劳卑使命的失败，使英国工商业资产阶级武力侵华的情绪急剧高涨，终于导致1839—1840年的第一次鸦片战争。在这场“热兵器”对“冷兵器”的战争中，手持刀矛弓箭的清军屡战屡败，清政府欲封闭而不能，终于在1842年签订《南京条约》，赔款，割让香港，开放广州、福州、厦门、宁波、上海五处通商口岸。继起的第二次鸦片战争（1856—1860）、中法战争（1884—1885）、中日甲午战争（1894—1895）、八国联军侵华战争（1900），都一再击破中国的国门。中国封闭的国门是被西方资本主义殖民者强行打开的。

睁眼看世界

19世纪初、中叶，也即清道光、咸丰年间，西方资本主义殖民者打破清朝闭锁的国门，士子中有人认识到这是数百年以至数千年未遇的大“变局”，少数务实而且思想敏锐者，如经世派士子，面对亘古未遇的新世变，最先从自我封闭中觉醒，成为“睁眼看世界”的第一代中国人，他们可以说是初步具备近代开放意识的先行者。

以第一次鸦片战争为端绪，来自西方的工业文明作为一种整体水平已经超前的文明形态，以入侵者姿态毫不留情地摧垮中华帝国的千古尊严，首先从军事上，继之从经济上、政治上和文化上给中国人以当头棒喝，宣布东方农耕文明优胜地位及封闭状态的历史性终结。首先正视这一现实的中国人，是一批以“经世致用”和“改法更图”为使命的官员（如林则徐、徐继畬、贺长龄、姚莹等）及学者（如魏源、包世臣、梁廷枏等），他们“寻求异域之书，究其情事”①，竞相“谈瀛海故实”以谋御外。

截至19世纪30年代，隔绝于东方一隅的中国人（从最高统治者、有学问的士人到普通老百姓）茫然不知世界大势，当英国军舰直逼中国门户时，朝野均“震于英吉利之名，而实不知其来历”②。道咸间经世派认识外界的起点，也只能基于此。即使英明如林则徐（1785—1850）者，在赴广州禁烟初期，还以为洋人腿直，不能转弯，故诱以陆战，便可一举歼之。这显系得之道听途说。在1839年8月3日的《拟谕英吉利国王檄》中，林则徐与两广总督邓廷桢、广东巡抚怡良会衔宣称：“中国所行于外国者，无一非利人之物……况如茶叶、大黄，外国所不可一日无也。……而外来之物，皆不过玩好，可有可

① 《东溟文后集》卷八。

② 《林则徐集·奏稿》中册，中华书局1965年版，第649页。

无，既非中国所需，何难闭关绝市。”[1] 林则徐等指斥英国鸦片贸易固然义正辞严，却也流露出对近代世界贸易实情的无知，这当然是国门长期封闭带来的后果。林则徐等经世派人士的可贵之处在于，他们没有抱残守缺、闭目塞听，而是“日日使人刺探西事”，广察“夷情”。如林则徐组织译员编译洋人报刊，成“澳门新闻纸”；令人翻译英国人慕瑞的《世界地理大全》，编成《四洲志》，概述世界五大洲 30 余国的地理、历史，重点为英、美、法、俄诸国情形。还编译西洋人对中国的时事评论，成《华事夷言》，又组织人翻译滑达尔的《各国律例》，以完整准确了解西方法律。林则徐勤于学习外域知识，引起西洋人的注意。姚莹在道光二十六年（1846）撰写的《外夷留心中国文字政事》一文中，引述《澳门月报》的一段西洋人评论说：

> 中国官府，全不知外国之政事，又不询问考求……惟林总督行事，全与相反，署中尝有善译之人，又指点洋商、通事、引水二三十位，官府四处探听，按日呈递；亦有他国夷人甘心讨好，将英吉利书籍卖与中国。林系聪明好人，不辞辛苦，观其知会英吉利国王第二封信，即知其学问长进之效验。[2]

继林则徐之后，福建巡抚徐继畬（1795—1873）、台湾道姚莹（1785—1853）、曾亲自参加禁烟运动的广东人梁廷枏（1796—1861）等，纷纷研究西洋史地。徐继畬著《瀛环志略》，对西洋史地政治有比较精详的介绍。姚莹根据他在台湾俘获的英人颠林的口供，编写《英吉利国志》《英吉利纪略》，后来又在《康辅纪行》中撰写“俄罗斯方域”“英吉利”“四大洲”“佛西兰”“英吉利幅员不过中国一省”等条目。

继承并光大林则徐“睁眼看世界”事业的最重要人物是魏源（1794—1857）。道光二十一年（1841），魏源在扬州会晤林则徐，两人抵掌作彻夜谈之后，林将《四洲志》及其有关材料交魏，魏又参考明代以来岛志，编撰《海国图志》，道光二十二年刊五十卷本，二十七年刊六十卷本，咸丰二年（1852）

---

① 《林文忠公政书·使粤奏稿》卷四。

② 姚莹：《康辅纪行》卷一二。

刊一百卷本。魏源从“欲制夷患，必筹夷情”的指导思想出发，在此书中广泛介绍各国（尤其是英国）的历史地理，以及先进的科学知识、军事技术。“中国士大夫之稍有世界地理知识，实自此始。”[①]

道咸间经世派睁眼看世界，开一代风气之先，对近世中国社会开放的贡献是功不可没的。但经世派士人本着“御外”目的了解外部世界，“师夷长技以制夷”是其中心口号，因此他们的开放思想难免有短视的实用倾向，如魏源反复倡导的是“尽得西洋之长技”为“中国之长技”[②]，只有“西技”概念而无“西学”概念，也即只把开放视野指向器用文化，而尚未涉及制度文化和观念文化。承袭其思想的洋务派大吏如曾国藩、左宗棠、李鸿章等，以及改良主义思想家冯桂芬、薛福成等人的思路也大体在这一路向之内。他们所宣称的“取西人器数之学，以卫吾尧舜禹汤文武周孔之道”[③]，是其开放观的典型表述，如果与同一时期日本开国论者的认识相比较，局限性就显而易见。

日本明治政府成立之初（1868）发布的《五条誓文》之五便是“求知识于世界，大振皇威”；1871 年派出以政府副首脑岩仓具视为团长的大型使节团，遍访欧、美 12 国，经一年十个月的考察后，得出的结论是“移开明之风于我国”，全方位学习西方。在此背景下，日本开国论代表人物福泽谕吉（1835—1901）所著的《文明论概略》鲜明指出“以西洋文明为目标”，而且认识到“不应单纯仿效文明的外形而必须首先具有文明的精神，以与外形相适应”。中日两国几乎同时于 19 世纪中叶从“锁国”状态起步走向“开国”，然而其结果却大相径庭，原因自然是多方面的，但与开放观的明显差异颇有干系。

① 梁启超：《中国近三百年学术史》，《饮冰室合集 · 专集之七十五》，第 324 页。
② 魏源：《海国图志》，《筹海篇三 · 议战》。
③ 薛福成：《筹洋刍议 · 变法》。

总理各国事务衙门设立与驻外使节派遣

晚清的社会开放，与士人“睁眼看世界”相为因果的，是以中国（“华”）为中心，以周边国家（“夷”）为附庸的传统国际关系模式——“华夷关系”解体，中国被迫急剧地纳入资本主义的“世界国家秩序”。这主要表现在，一方面是条约制度的建立，即西方列强通过不平等条约迫使中国走进世界近代对外关系体系；另一方面，则是总理各国事务衙门等近代外交机构的设置。

在“华夷关系”时期，中国历朝并无专管外交的中央机构，外事一般由职司礼仪、祭享、贡举的礼部兼理。如清朝有关朝鲜和海上来的西方各国使节，由礼部接待；另设理藩院（主要职责是掌管蒙古、西藏、新疆事务）兼理从西、北方陆路来的外国使节；安南、缅甸、暹罗、琉球、日本使节则由鸿胪寺（主要职守是赞导朝祭礼仪）接待。这种体制显然不适应近代中国面对的外交态势。

经第一、二次鸦片战争的打击，清廷“天朝上国”的虚骄心理逐渐收敛，特别是英法联军攻陷北京，留京处理外务的奕䜣（1833—1898）、桂良（1785—1862）、文祥（1818—1876）等贵戚重臣，因时应变，提出“外敦信睦，隐示羁縻”的方针，主张执行与洋人所订条约以取信各国，同时杜绝外人的进一步要求以保全主权。奕䜣还奏请改变外交、通商制度，设立总理各国事务衙门（简称总理衙门），综理外交日常事务，设英国、法国、俄国、美国、海防五股。以后管理权不断扩大，主办各国外交和通商、各关税务、保护教民、各处招工、陆路通商、边防疆界、设埔保工、南北海防、长江水师、北洋海军、要塞炮台、制造、学校、电线、铁路、矿务等事务，总揽外交及与外国发生干系的财政、军事、教育、矿务、交通等各方面的大权。

与“总理衙门”设置相为表里的，则是西方列强驻华使馆的设立和中国驻外使节的派遣。

前述英国派出的马戛尔尼使团于乾隆年间来华、阿美士德使团于嘉庆年间来华，都向中国政府提出在北京派驻使节的要求，均被清廷断然拒绝。而第二次鸦片战争以后，1861 年至 1862 年间，英、法、俄、美等国终于在北京设立使馆、派驻公使。但直至此时，清廷一帮守旧官员仍然反对派出使节驻外，认为遣使“情类质子，供其驱策，随其嘲笑，徒重辱国而已”①。但洋务派则力主遣使驻外，如李鸿章（1823—1901）建策“遴选熟习洋情，明察边事之三四品京堂大员，请旨赏给崇衔，派往驻扎日本公使”，在西洋诸国“亦当特简大臣轮往兼驻”，以“宣威信，通情款”②。1868 年至 1870 年，清廷向欧、美派出以美国卸任驻华公使蒲安臣（1820—1870）和记名海关道志刚、礼部郎中孙家谷组成的外交使团。虽然以外国人蒲安臣担任中国出使使者，不伦不类，但作为一种过渡形态，毕竟结束了中国历来“彼有使来，我无使往”的状态，打破了自我封闭格局。志刚等人的访外日记、文章，成为中国近世从封闭走向开放的生动记述。1875 年 8 月，总理衙门据李鸿章的建议，奏准朝廷，以候补侍郎郭嵩焘（1818—1891）、候补道许钤身为“出使英国钦差大臣”。1877 年 1 月郭嵩焘等到达伦敦，建立清朝第一个驻外使馆。此后，又陆续在美、日、德、俄等国建立公使馆，还建立领事制度。至清末，共在海外 19 国建立常驻公使馆。

总理衙门的设立及外务活动的拓展，意味着近代意义的开放逐步转化为国策并且日渐制度化。然而，这一过程进三退二，步履维艰。在皇室排行老六的恭亲王奕䜣，因主持总理衙门被指斥为洋鬼子的走卒，背上“鬼子六”的骂名；近代中国最早出使欧洲的郭嵩焘因主张学习西方科技、办铁路、开矿务、行宪政，以立富强之基，遭到顽固派的詈骂攻讦，这都是开放举步维艰的表现。郭嵩焘有感于国人昧于外务，曾将清政府一班守旧者对外洋的态度归纳为“一味怕”“一味诈”“一味蛮”“一味蠢”③，他力主“与洋人周旋，可以理喻，而不可以力诎；可以情遣，而尤不可以坐置不理”④。这正是晚清对外关

① 李慈铭：《越缦堂日记》戊集第 2 集，第 16 页。
② 《筹办夷务始末》同治朝卷九九，第 32、34 页。
③ 见《郭嵩焘日记》咸丰十一年七月二十日。
④ 郭嵩焘：《养知书屋文集》卷一二，第 2 页。

系上觉醒者的说论。

晚清由封闭走向开放，除外交机构、外交政策的近代转化之外，文化的开放也在艰难曲折中渐创实绩。以中国人介绍、学习、消化西学而言，开端于1862年创办的附属于总理衙门的“京师同文馆”，其“习洋”内容主要是外文及科技知识。继起的由洋务大吏创办的各种译西书机构和改制书院、新式学堂，也主要是对西方文化的科技层面开放，西方文化的制度层面和观念层面则被“变器不变道”的樊篱所阻隔。

西方近代文化的精神内核为中国人所了解，严复（1854—1921）的翻译工作有开创之功。严复曾于19世纪70年代留英学习海军，成为近代中国第一个可以娴熟运用两种语言（古汉语和英语），又经受科学洗礼、兼通中西的文化大师。归国以后，他译述赫胥黎的《天演论》，以“物竞天择，适者生存”的进化论观点，唤起国人救亡图存。戊戌政变后，他翻译《原富》《群学肄言》《群己权界论》《穆勒名学》《法意》《名学浅说》等11部书，系统介绍和传播西方近代文化，成为“清季输入欧化之第一人”[①]，又有“近代玄奘”之誉。

另外，西方人在中国兴办的若干文教事业，无论其主观动机如何，也无论其作为强制性的文化移植曾经引起过中国人怎样的反应，但在客观上对中国近世的社会开放所起的推动作用毋庸忽视。以教会学校而论，自1839年马礼逊教育协会在澳门开办第一所教会学校——马礼逊学堂开始，先后在沿海诸省和武汉、长沙、成都等地设立书院，20世纪初叶又纷纷改为大学，另外还办了一批教会中学，成为西学东渐的重要媒介。

① 《严译名著丛刊·严群序》，商务印书馆1981年版。

向西方求真理

中国近现代的对外开放，经历了错综复杂的过程，这里仅就其发展走向略作概括。

近代以降，落后挨打的中国人在领略西方资本主义文明入侵之余，渐生汲纳、采用之念，其间又经过学习西技的洋务时期、借取西政的戊戌变法和辛亥革命时期、推尊西学的“五四”新文化运动时期，其突出代表，一为孙中山（1866—1925），他反对“自封”，力倡“顺乎世界之潮流”，主张“使我们的国家对欧洲文明采取开放态度”[①]，其政治理想是仿照“欧美之法”，“创立合众政府”，建设一个“驾乎欧美之上的真民国”；二为陈独秀（1879—1942）等新文化运动健将，他们主要向法国革命学习，采借其民主、科学精神。孙中山和陈独秀所代表的开放精神，归结起来便是“向西方求真理”，即所谓“美利坚力战八年而独立；法兰西流血数十载而成共和，此皆吾民之师资”[②]。这种学习西方的观念可以称之“以法美为师”。1912 年民国建立时制定的《国歌》，其词曰“揖美追欧，旧邦新造”，正是这一阶段开放精神的宣示。

然而，在近代中国，西方文明呈现两种形象，一是先进者形象，一是侵略者形象。向西方求真理的中国人，在领受西方先进文明的同时，又总是一再受其凌辱。而正当此际，俄国社会主义革命爆发，给中国人提供另一种范例。就在俄国革命发生不久，1918 年 4 月出版的《劳动》杂志第一卷第二号刊发的文章，便表露了中国人对这场革命的认同：“现在我们中国的比邻俄国，已经光明正大地做起贫富一班齐的社会革命来了。社会革命四个字，人人以为可

---

① 《孙中山全集》第 1 卷，中华书局 1981 年版，第 86 页。

② 陈独秀：《抵抗力》，《新青年》第 1 卷，第 3 号。

怕，其实不过是世界的自然趋势。”[①] 以后，中国革命者将眼光转向苏俄，连屡遭挫败的孙中山也于20年代提出“以俄为师”的口号。而通过俄国十月革命接受马克思列宁主义的中国共产党人当然更是以俄为师，毛泽东（1893—1976）在《论人民民主专政》一文中，对一百多年来中国人为着谋求民族解放和社会进步，从“向西方求真理”转进为“以俄为师”的心路历程，作过著名的论述。据此，中华人民共和国建立的初期，其对外政策向苏联“一边倒”也就顺理成章。当然，其间也与以美国为首的西方资本主义国家对社会主义中国实行封锁等特定的国际条件相关。

近代中国人“向西方求真理”，几乎遍历各种模式（俄皇彼得式、日本明治维新式、英国议会式君主立宪、德国君主立宪式、法国及美国的民主共和式），当然都只是浅尝辄止，似在中国水土不服，而20世纪初叶的俄国革命，以暴力夺权、实行“彻底”的社会革命的状貌，给中国的一批变革者指引了一个新的方向，于是文化激进主义汹涌澎湃，政治层面、社会层面的更革赢得组织力量、动员力量。20世纪20年代以降，“国民革命”“共产革命”席卷中国。当然，自30年代以下，对苏俄模式，中国人不断消化、消解、扬弃，探寻符合中国历史传统与社会实际的道路。

① 持平：《俄罗斯社会革命之先锋李宁事略》，《劳动》第一卷第二号，第20页。

独立自主　和平共处五项原则

中华人民共和国的建立，开辟了中国开放史的新阶段。这首先表现在新中国确立并一贯奉行独立自主的对外方针，结束了一百多年来对外关系上受制于人的被动、屈辱局面。这尤其显示在20世纪50年代和60年代中国抗御美国、苏联两个超级大国的压力，坚定不移地维护主权完整。第二次世界大战结束，美国以强大国力为后盾，充当世界霸主，当然也企图控制中国，却遇到新中国的有力抵制，其间最突出的事件便是1950年至1953年的抗美援朝战争，中国人民志愿军与朝鲜军民一起，与美国军队战成平手。这是世界现代史上的一件惊世骇俗的大事。彭德怀（1898—1974）在《关于中国人民志愿军抗美援朝工作的报告》中指出："西方侵略者几百年来只要在东方一个海岸上架起几尊大炮就可霸占一个国家的时代是一去不复返了。"仅从开放史角度而言，这一事件的意义便是十分深远的，因为，一个现代国家只有真正独立自主，它的对外开放才具备健全的主体，否则，即使实行"开放"，也只能是病态的、畸形的。新中国决不屈从于世界头号富国——美国的强权，虽然造成了开放的艰困，却为以后推进主权操之在我的开放政策奠定了基础。

新中国也没有在国际共产主义运动的"老大哥"苏联的霸权面前屈服。早在20世纪30年代和40年代，中国共产党在领导中国革命的过程中，一方面接受共产国际和苏联的帮助，另一方面逐渐发展独立自主精神，曾经多次拒绝外来的不切合实际的指令，显示出独立思考、自主操作的品格。1991年中央文献出版社出版的《在历史巨人身边》师哲的回忆录对此有生动具体的记述，该书"九、重庆谈判前后"披露，抗日战争胜利后，毛泽东拒绝斯大林关于向国民党妥协的建议，坚持武装斗争以应对国内战争全面爆发，这表明中共早有独立自主、不盲从外力的传统。同书最后提及毛泽东1956年在中共八大期间与米高扬谈话，批评苏共“老子党”作风，这已经预示出20世纪50年代末期开始的中苏矛盾和冲突是不可避免的。这场冲突的意识形态分歧不在这里讨论，而中国方面反对苏方大国大党的霸权主义，从开放史角度论之，其积极意义则应予肯定。因为，如果中国屈就成苏联的小兄弟，亦步亦趋于苏联的外交政策需要，哪里谈得上后来健全的对外开放政策的实施。

新中国在抗御美苏霸权主义，维护独立主权的同时，自20世纪50年代初期开始，大力发展和平互利外交。1953年12月，中国同印度两国在中国西藏地方的关系问题的谈判中，首次提出和平共处五项原则：互相尊重主权和领土完整、互不侵犯、互不干涉内政、平等互利、和平共处。1954年6月，周恩来总理应邀访问印度和缅甸，分别与两国总理发表联合声明，一致同意以和平共处五项原则作为指导相互关系的基本原则。应当说，和平共处五项原则不仅是新中国的外交方针，而且是一种健全的开放政策，已经被越来越多的国家引为共识。

全方位自主开放

由于国内“左”的路线的干扰，又加之国际上冷战格局的制约，现代中国的对外开放并非一帆风顺，而是曾经走过弯路，受到严重限制。因为以美国为首的西方国家的敌对态度，中国在20世纪50年代只能向苏联“一边倒”，这无疑造成开放上的重大缺陷。后来，又由于“反修斗争”和“文革”爆发，更导致中国在60年代初期至70年代中期陷入全面封闭的情势，这对中国的建设和发展是极端不利的。70年代初期，毛泽东、周恩来（1898—1976）等中国领导人开始致力于打破这种被动局面。经过充满外交智慧的努力，遂有1972年美国总统尼克松访华，与毛泽东、周恩来会谈，并在上海签订《中美联合公报》，标志着中美两国关系正常化的开始。随后便有中日建交，中国与西欧多国建交，中国同加拿大、澳大利亚、新西兰建交，以及1979年1月中美建交。还有此前于1971年10月25日第26届联合国大会通过决议，恢复中华人民共和国在联合国的合法席位。这一系列举措和成就，是中国下一步大规模对外开放的前驱先路。中苏之间则于1970年代末开始谈判，1980年代后期实现关系正常化。综上各点，中国终于赢得空前良好的对外关系，为建设与发展提供较佳的国际环境。这是一百余年来中国少见的有利境遇。

1978年12月中共中央召开十一届三中全会。这次具有深远转折意义的大会，在就内政作出重大战略改变的同时，正式提出对外开放的方针，宣布要在自力更生的基础上积极发展同世界各国平等互利的经济合作。除全方位发展同西方发达资本主义国家、苏联东欧社会主义国家、第三世界诸发展中国家的友好互利关系之外，在对外开放方面还迈出了两个重大步骤：一是1979年7月，根据广东、福建两省靠近港澳，华侨众多的有利条件，决定对两省的对外经济活动实行特殊政策和优惠措施；二是决定在广东的深圳、珠海、汕头和福建的厦门设置经济特区，采取来料加工装配、补偿贸易、合资经营、合作经营以及外商独资经营等多种形式，以吸收外资，学习国外先进技术和经营管理方法。

1983 年 4 月，中共中央和国务院决定对海南岛实行经济特区的某些政策，给予较多自主权，又于 1988 年 4 月建立海南省，全省作为经济特区。1984 年，进一步开放天津、上海、大连、秦皇岛、烟台、青岛、连云港、南通、宁波、温州、福州、广州、湛江和北海 14 个沿海港口城市。1985 年 2 月，把长江三角洲、珠江三角洲和闽南厦门、泉州、漳州三角地区开辟为沿海经济开放区。而 90 年代初正式开展的上海浦东开发，则形成以上海为龙头、整个长江流域为腹地的对外开放区。这样，“经济特区—沿海开放城市—沿海经济开发区—内地”这样一个多层次、有重点、点面结合的对外开放格局波浪式推进，在沿海形成包括 2 个直辖市、25 个省辖市、67 个县，约 1.5 亿人口的对外开放前沿地带，并带动广大内地的对外开放，全国引进外资、先进技术和设备的步伐加快，出口创汇能力增强。对外开放成为一种巨大的物质存在。

多年来，与经济领域对外开放互为因果，人员出访、留学生派遣的规模之大、抵达国度之多，也是空前的；对外文化交流则方兴未艾，汲纳世界优秀文化以丰富我们的精神资源，把世界先进的文明成就作为我们发展的起点，使“天下之宝，一为我用”（管子语），“以天下之长，补一国之短”（胡耀邦语），已成为国人共识。对外开放正向深度和广度进军。

如同文明的任何一项进展都是利弊交并的“双刃剑”一样，开放在带来巨大助益的同时，也不可避免地会引入某些弊端。这一来是因为外来文明并非无菌蒸馏水，而是美丑、善恶并存的，与之交流当然要择善而从；二来是因为外来文明作为外人的创造，是异域文明系统的有机组成部分，借取其一肢一节，即使精华部分也未必可以搬来即用，而需要有一个消化吸收过程、由外转内过程，生吞活剥、食洋不化，也是要得病的。这便要求我们，在开放过程中发扬健全的主体精神，拓展视野，增进对外来文化的汲纳能力，强化对外来文化选择、再造的智慧，“一方面吸收输入外来之学说，一方面不忘本来民族之地位”（陈寅恪语），只有如此，“开放”方可成为文明进步的强劲助力。

一部纷繁错综、跌宕起伏的开放史向人们昭示——社会进步是一个内外沟通、新陈代谢的过程，任何一个国度要想赢得持续、健康的发展，必须与人类文明大道声息相通。一个民族和国度即使处于先进状态，若认定“足乎己无待于外”（韩愈语），也是迟早会落伍的；处于后进状态，却仍然夜郎自大，则更如“盲人骑瞎马，夜半临深池”，危险万分。对于外来文化“虚心扬榷，拱受其成”才是明智之举，因为“欲求超胜，必先会通”（徐光启语）。同时，一国之文明成就，迟早也要奉献给全人类，中国向世界提供的“四大发明”，曾经充当西方近代转型的杠杆，便是一例；西方率先创造的工业文明广被天下，中国也由被动到主动地领受其益，则是又一例。总之，中国走向世界，世界走向中国，是一个浩荡前行的，“一动而不可止”（王夫之语）的趋势。中国和世界在这一过程中已经获益，还必将继续获益。

西学东渐论略

一、题　记

梁启超的《中国近三百年学术史》论及中外文化交流史，有一个简捷明快的概括：

> 中国智识线和外国智识线相接触，晋唐间的佛学为第一次，明末的历算学便是第二次。

中外学术的第一次接触，产生两大文化成果：一为中国化佛教（天台宗、华岩宗、禅宗），二为吸收了佛学思辨的新儒学——宋明理学。两者构成前近代中国文化的基干内容。

中外学术的第二次接触，始于16、17世纪耶稣会士东来开始的西学东渐，当然也伴随着不可忽视的中学西传（以实用理性为特征的中国文化对欧洲启蒙运动发生影响）。

文化交流是双向互动的，但主要走向是高势位文化向低势位文化播散。在近代，西学处于高势位，因而西学东渐是近代中西文化交流的主潮。至当代，随着中国经济崛起、文化复兴，西学东渐与中学西传的势位差缩小，但在一个可以预期的阶段，西学东渐仍是主潮。

西学东渐，略指近代西方学术向东亚传播的历史过程，约分明末清初、清末民初两个阶段，直至今日，仍在西学东渐进程之中。东亚对西学采借的重点大体经历前后递进的三梯级：

器物文化—制度文化—观念文化

当然，文化具有整体性，任何时期采借的西学，总是兼有器物、制度、观念的成分，不过各时期各有侧重。

应当指出的是，作为后发型近代化的中国所走的这一路径，恰与原发型近代化的西欧北美国家走过的路径（观念文化—制度文化—器物文化）形成反例，这当然是近代中国所处内外环境造成的结果，但必然导致近代化进程文化准备不足、制度条件欠缺，这是国人必须正视并当用力解决的问题。

二、明末清初的西学东渐

明末清初，约为明代万历年间至清代康熙年间（16 世纪末至 18 世纪初），是西学东渐第一波，其间西学的传播者是西方传教士，中国西学派士人为其助手。当时正值西方早期殖民活动初指东亚，天主教耶稣会传教士，如利玛窦、艾儒略、庞迪我、汤若望等人（较晚亦有方济各会、多明我会等教团传教士）带着宗教殖民使命联翩来华，鉴于中国士子的人文倾向，耶稣会士实行“学术传教”方针；又鉴于中国士子伦理及政治上的自负，耶稣会士没有将人文—社会科学作为宣讲重点，而与中国西学派士人结合，着力译介西洋科学技术（译法为“西述中译”，即西人口述，中人笔录），以天文学、数学、火器技术和地理知识吸引中国上层人士，取得相当成效。要例有三：

《几何原本》　　佛郎机火炮　　《万国坤域全图》

这些西学知识，由少数上层士子（徐光启、李之藻、王徵等）研习传译，后来或流衍为宫廷玩好（康熙皇帝喜好西洋数学、音乐，西洋建筑成为圆明园组成部分），未能在社会流传，西书没有打入晚明发达的商业出版界，西学更未进入官学、书院和私塾，游离在中国文化主流之外。因此，不能对明末清初西学东渐作较高评价，其影响力度，前无法与佛学入华相比肩，后难同清末民初西学东渐一较高下，也没有达到日本江户时期兰学—洋学的普及程度。

明末清初中西文化互动的力度不大、影响有限，然而却是平等互动、和平交往（虽发生过礼仪之争，以至交流中断，但并未诉诸暴力），这与近代西学借强力入华的情形大相径庭。

三、清末民初的西学东渐

19 世纪中叶以降，英法等西方国家完成产业革命，以坚船利炮、商品鸦片入侵中国，并带来西方近代文化（从器用层面、制度层面到观念层面），力度远超明末清初。在这一轮西学东渐中，入华西洋人和出洋中国人都发挥了媒介作用。

（一）入华西洋人推动西学东渐

清代雍正年间禁绝天主教，中西文化交流基本中断。以 19 世纪初英国传教士马礼逊（1782—1834）入华为开端，欧美的新教传教士和天主教传教士再度入华，1840 年以后，更借口岸开放之机，较大规模进入中国（著名者有丁韪良、林乐知、李提摩太、傅兰雅、李佳白等），设立教会学校、医院，并开设印书馆、创办期刊，并译著大量西书。

除传教士外，来华官员、探险家等也成为传入西学的媒介，例如主持海关总税务司的赫德推介西方经济及行政管理制度，又译介西书，他还是西方军乐队的引入者。

19 世纪初叶以来，首先出版西学书籍的是西方的教会组织。如 1843 年英国传教士麦都思（1796—1857）在上海创建墨海书馆，是道咸年间译介西学最重要的出版机构，印行了一批西方政治、科学、宗教书籍，如《新约全书》《大美联邦志略》《博物新编》《植物学》《代微积拾级》《代数学》，还出版中文期刊《六合丛谈》。早期重要的西人出版社还有美华书馆等。

1887 年由传教士、外商组成的广学会是另一个重要的西学出版机构，出版翻译的政治、科技、史地、法律等方面的书籍，成为维新派如康有为等人思想的重要来源。

与明末清初类似，西人译西书仰仗中国士人（如李善兰、徐寿、华衡芳等）协助，仍沿用“西述中译”方法。

（二）出洋华人对西学东渐功不可没

1. 旅行家、商人及外交官

明末清初有中国人随传教士到欧洲旅行，但极少留下纪行文字，对西学东传影响不大。最早有记录的是樊守义（1682—1753）在康熙年间随四位传教士出使罗马，写成《身见录》一书，描写欧洲政治制度、建筑、风俗等，对于中国人认识西方有一定影响，清初一些士人对利玛窦等的著作心存疑惑，读《身见录》后，观点始有转变。乾隆年间的广东商人谢清高（1765—1821）游欧后所著《海录》（1820），记述欧洲的贸易、工艺、人民生活及世界地理，有助国人认识西洋。

鸦片战争以后，自行出洋的中国人渐多，1840年代商人林鍼（1824—？）的《西海纪游草》（1867），记述其欧洲及美国的旅游。思想家王韬（1828—1897）在1867年出游欧洲，1870年出版《法国志略》《普法战纪》二书，对中日两国认识西欧颇有影响。商人李圭1876年至美国参与博览会，写下《环游地球新录》一书，成为中国首位环游地球一周的记述者，并对美国的学术科技的发展有所介绍。

而清政府1866年派官员斌椿等人考察欧洲12个国家，著有《乘槎笔记》；1868年至1870由志刚首次正式出使欧洲及美国，著有《初使泰西记》。此外，早年同斌椿考察的同文馆学生张德彝，之后多次出游欧洲，著有《航海述奇》共七部，对欧洲社会学术文化的描写更加深入。

光绪年间始设驻外公使之后，有更多官员和士子出使欧美、日本并撰写游记，且由于公使较一般旅行者停留较久，因此对西方思想文化的了解能更加深入，其中对中国思想文化产生重大影响的郭嵩焘、刘锡鸿、黎庶昌、曾纪泽、徐建寅、薛福成、黄遵宪等人，皆有游记、日记乃至专著面世，介绍外域文化而对国人产生重大影响。

岳麓书社于20世纪80年代出版钟叔河主编的《走向世界丛书》，收入清末中国人访问西方的载记。

2. 留学生

近代中国的留洋学生起自于鸦片战争之后，早期的留学生，多为港、澳地区教会学校的学生，1850年至美国耶鲁大学读书的容闳（1828—1912），1848年至英国爱丁堡大学的黄宽等，即为早期留学生的代表之一。容闳有《西学东渐记》一书述其留学生涯。容闳回国后，奔走于曾国藩、李鸿章、丁日昌等洋务大吏间，力促派遣留学生，1872年清政府选派第一批留美幼童，次年并有第二批，他们在美国的中学毕业后，主要以西方的军事、工业技术等专业为主，虽然在 1881 年被改变政策的清政府召回，但他们对于西学的传入有所贡献，也影响往后的留学生的留洋，他们之中最著名的包括詹天佑、唐绍仪等。

1875 年开始，福建船厂及北洋水师学堂的学生也陆续被派至欧洲各国学习，对于晚清海军建设有所贡献，北洋舰队各军舰指挥官多为留学英国者，而留英的卓异者严复，更以西学译介名世。

甲午战争之后，本着“取法强敌”的宗旨，兴起了留日热潮，官方资助及民间自行前往的留日学生共计数万，以日本为中介，学习西学。费正清编《剑桥晚清史》指出，清末民初的留日潮是人类史上规模空前的留学生运动。此外，1900 年以后，美国归还部分庚子赔款作为留美经费，使留美的留学生人数增加。留学法国则在“一战”结束之际，由李石曾、蔡元培等人发起勤工俭学运动，使许多人得以留法。上述各批留学生直接接触到西方社会及文化，加快了西学传入中国的步伐。

三、清末民初西书译介

1860 年开始，洋务运动勃兴。洋务大吏取“中学为体，西学为用”态度，主要关注的是西方的先进武器以及与之相连的工业技术，当然也旁及制度文化、观念文化。这期间西学译介除西方传教士创办的媒体外，洋务机构也译介西书。1862 年成立的京师同文馆，翻译国际公法、化学、医学方面的西书，美国传教士丁韪良在中国士人何师孟、李大文协助下翻译惠顿的《国际公法》（中译名《万国公法》），在中日两国影响较大。

1865 年成立的上海的江南制造局译书馆，多译科学技术方面书籍（如《汽机问答》《泰西采煤图说》等），伟烈亚力、艾约瑟在李善兰协助下，译出《几何原本》后几卷，汇同明末利玛窦、徐光启翻译的前几卷，成《几何原本》中文全篇。

此外，福州船政局、开平矿务局、天津机器局、上海广方言馆、广州同文馆等机构都设有翻译出版机构。

中国民营的出版社始自于 1897 年成立的商务印书馆，由于商业性的考量，其出版偏重较为通俗的知识介绍，以及配合新式教育而出版的新式教科书，同时由于其出版社分馆及销售点遍布全国，因此对于将西学新知传布于更广大的民众，有很大的贡献。商务印书馆向以译作立社，“系统译介西方学术经典”是商务印书馆创建百余年来一直坚持的出版传统和方向。20世纪初，商务印书馆出版严复翻译的《天演论》（赫胥黎）、《原富》（即亚当·斯密的《国富论》）等书，产生较大的社会影响，由此，翻译出版西方学术及文学著作，成为商务标志性的业务之一。正是商务印书馆“激动潮流，启发思想，奠基学术，建构文化”这一传续百年的出版理念和文化担当，铸就了“汉译世界学术名著丛书”的灵魂。

其后于1912年成立与商务印书馆比肩的中华书局，亦扮演着类似角色。

1905年第一批大型公共图书馆在湖北、湖南成立，收藏并借阅西学书籍。其后各省也渐次成立。至民国时期，公私图书馆事业都更加发达，对于传布新学于民间产生不小作用。

四、日本的中介作用

清道光咸丰年间，直接受到西方入侵威胁的中国，产生一批介绍西方史地的书籍，如林则徐的《四洲志》、魏源的《海国图志》、徐继畬的《瀛环志略》，江户幕府末期、明治初期的日本输入上述诸书，借以了解西方。但随着日本人幕末、明治间形成研习西学热潮，尤其是明治维新的推行，至19世纪70—80年代，其西学水平超越中国，个别中国人已注意于此，时任驻日本参赞的黄遵宪写于1887年的《日本国志》，系统介绍了日本的历史及进步发展的情形，包括日本研习西学的迅猛势头，但没有引起当局的警觉。

甲午战争使更多人注意到日本学习西方的成功，之后俄国侵略中国东北，使清政府决定与日本友好，加上地近、文近，大量留学生到日本学习，日本成为清末民初（尤其在1896—1914年间），中国学习西方文化最重要的中介地。

维新派的康有为，在推行新政时，多引日本学习西方政体制度的例子来作范例。晚清影响思想界最大的人物之一梁启超，其大量介绍西学的文字便有许多得自于在日本期间相关译著的学习。日本对中国西学东渐的影响，更可由日本汉字词的引用可看出，包括如“哲学”“美学”“共产主义”“干部”等重要的新词汇在内，传入中国并广为应用。

1914年以后，由于日本对中国政府提出“二十一条”，引起强烈的反日运动，加上留学欧美的管道逐渐便利，人数增多且更受到重视，直接自欧美译述渐多，日本作为中国学习西学的中介角色作用下降。

五、西学东渐对中国的影响

1. 学术影响

西学东渐将西方近代各种学术成果带入中国，促进各种新学术的生成，许多在传统中国不被重视甚至不存在的学科得到发展，中国固有学术的基本框架“经、史、子、集”被打破，许多传统的学术受到西学的冲击，有的逐渐没落，有的吸收西方学术而得以改进，到民国时期，整个西方式的学术体系架构大致成型。今日中国大学的学科四分（人文、社科、工学、理学）便是对西学体系的移置。以人文学为例，文、史、哲三分，来源于西学分野。而中国传统是文史哲不分家，统合于经学之内，今日的“国学进一级学科”之辩，正是中西学科观论争的反映。

2. 思想影响

西学东渐对中国思想领域的影响巨大。中国人经过西学洗礼，世界观、历史观、人生观及对政治、经济、社会、自然界的看法，都发生变化。中国传统思想则被西方标准重新估定其价值，对此的反拨，也即以中国传统思想评判西学，也渐次展开。一种东西思想彼此涵化的时代正在来临。

3. 政治影响

西方政治思想的传入，议会制、民主制度、新的国家概念、无政府主义、社会主义思想等，对于清末民初的政治发展产生影响，戊戌维新、晚清新政、立宪运动、辛亥革命，乃至民初议会制、“五四”运动、联省自治运动、北伐统一，一直到后来的共产革命等，都与西方思潮的传入相关。

4. 社会影响

西学的传播，尤其是教育制度西化，促成清政府废除八股文和科举制度，使得传统四民社会中最顶层的士阶层，失去学而优则仕的通道，其所掌握的传统知识作用下降，渐被边缘化。士人衰微，加之西方商战思想传入，提高了商人地位，导致传统四民社会秩序的瓦解，社会结构重组。

此外，西方个人主义及社会主义等思想的传入，使得中国传统社会中以家庭、家族、地域社会为中心的社会基层开始变异。

5. 经济及日常生活的影响

工业文明的展现，包括西方经济思想的传入，使得一批知识分子投入实业，而民族主义思想则有助于民族工业的发展成形。而新的科学、管理、金融等技术的传入及应用，逐渐改变了交通运输、生产方式、商业交易等基本经济事项。

在日常生活方面，新的西方科技事物如电力、自来水、电影、广播，等等，逐渐改变城市居民的生活。另一方面，新的思想促成许多传统日常生活习俗更化，包括一些民间信仰、缠足风尚、包办婚姻等都逐渐式微。

西学东渐并非西学取代中学，而是二者互动、彼此涵化。西学的输入是对中学的“补强”与“复壮”。梁启超在20世纪初说：20世纪是泰西文明与泰东文明共存的时代，是“两文明结婚之时代也”，他预言：

> 彼西方美人，必能为我家育宁馨儿以亢我宗也。(《论中国学术思想变迁之大势》)

他又说：

> 但使外学之输入者果昌，则其间接之影响，必使吾国学别添活气，吾敢断言也。(《论中国学术思想变迁之大势》)

谈到西学东传在当代的演进，科技层面、管理学层面从西方引入先进成果，是早有共识的，而在人文、社会科学领域，可从西学选择性汲取营养的所在亦甚多，即以对中国文化研究而言，西方汉学值得我们借鉴处不少。自20世纪80年代以来陆续由江苏人民出版社出版的“海外中国研究丛书”译介西方汉学论著多种，该丛书主编作序曰：

> 我们不仅必须放眼海外去认识世界，还必须放眼海外来重新认识中国；不仅必须向国内读者移译海外的西学，还必须向他们系统地介绍海

外的中学。

我们只要认真读一读西方汉学家的中国研究成果，如阅览法兰西院士谢和耐的《中国社会史》、日本汉学家谷川道雄的《中国中世社会与共同体》、美国汉学家李侃如的《治理中国》，便感到此说并不过分。

2010年4月1—2日草于武昌珞珈山

中日交际

“一衣带水”的近邻中国与日本，同属汉字文化圈，此一文化圈在古代曾是世界诸文化圈中的佼佼者，创造了辉煌的上古、中古文明。由于社会结构、经济方式等方面原因，近古以至近代，汉字文化圈逐渐落伍于率先创发工业文明的西欧、北美文化圈。落后必然挨打，19世纪中叶，中日两国同样遭遇由坚船利炮装备起来的西方列强的入侵，从而大体同期进入近代转型（中国始于洋务运动，日本始于幕末开国和明治维新），且在转型过程中彼此借鉴（拙著《“千岁丸”上海行——日本人1862年的中国观察》商务印书馆2001年版论及19世纪中叶日本关注近代早期中国情形。而19世纪末叶中国改革者又以日本明治维新为榜样）。“船小好掉头”的日本转型迅速，近代化走到转型迟缓的中国前面，并加入侵略中国的列强队伍。日本掠夺中国以自肥，成为加速其近代转型的一大助力。老大的中国，因甲午战争惨败于日本，激发了国民的危机意识和变革诉求，梁启超在《戊戌政变记》中说：“我国四千余年之大梦苏醒，实始于甲午战败、割让台湾、赔偿二百兆之后也。”1896年以降的留日高潮，通过日本学习西方近代文明，推进了中国近代转型。而20世纪三四十年代发生的十四年抗日战争，进一步促成中华民族的觉醒，为以后中国深度转型奠定精神基础。在这诸多层面上，考析近代中日交际，是研讨近代社会及文化转型的题中应有之义。

汉字文化圈内的中国与日本

处于西太平洋沿岸之东亚的中国与日本，自古以来往还频繁，而和平相处、友善交往是古代两国关系的主流（日本多次派出“遣隋使”“遣唐使”，大规模输入中国文化，中国则倾力相助，是标志性事件）。然而至近代，怀着“八纮一宇”侈念的日本，把吞并中国立为国策，屡次发动对华侵略战争（此在日本定计久远，详见拙著《日本对外侵略的文化渊源》，高等教育出版社2017年版），中国人民必以正义的卫国战争应对之。战争给中日两国人民（尤其是被侵略的中国人民）造成惨重损失。痛定思痛，今日总结这段历史提供的教训，必须回到一个前提之下——中日两国同属汉字文化圈，是永久的邻居，必然互动频繁，而历史经验告诉我们：在同一文化圈内，两国间和则双利，战则两伤。尤其在社会转型期，兴兵火併乃两国之祸，携手共进方为两国之福（竞争是好事，但应为和平竞争、君子之争）。

一

“文化圈”指具有相同文化特质的文化群构成的较为稳定的人文地理区域，由核心（文化源地）和边缘（文化受容区）组成。文化圈可从地理、民族、语文、宗教、民俗等多种角度加以划分。东亚地区（包括中国、朝鲜、韩国、越南、日本等）从地理视角，称“东亚文化圈”；因其拥有儒学、华化佛教等文化共相，又有“儒学文化圈”“华化佛教文化圈”之称；而东亚各国曾长期共同使用汉字、汉文，联同儒学、华化佛教、中国式律令制度等，组成以汉字为信息载体的“汉字文化圈”。

汉字起源于先夏，成型于商代，演化传承至今，有长达4000年不曾中断的历史，汉字字形演变，然形、音、义文字的本质传承不辍，这是世界诸古文字中的奇葩。

自成一格的汉字创发于中国，传播于东亚，成为东亚诸国间物质文化、制度文化、精神文化互动的语文载体。在古代，中国长期是朝鲜、越南、日本等东亚国家的文化供给源地，汉字为东亚诸国沿用不辍，当然又各有不同情态的改造；至近代，日本以汉字译介西方文化，成效卓异，日译西书联同日制汉字词拥入中国，构成“西学东渐”的媒介。（详见拙著《新语探源——中西日文化互动与近代汉字术语生成》，中华书局 2004 年版）

汉字在汉字文化圈诸国所起的作用，相当于拉丁文在欧洲诸国的作用。故有学者将汉字称为“东亚的拉丁文”。

汉字是汉字文化圈中影响最深远广大的文化符号。

二

“汉字文化圈”并非中国人命名，而是日本人的创用。

20 世纪初，日本学者内藤湖南（1866—1934）提出“中国文化圈”概念，指以中国为文化源及受中国文化影响的东亚地区，日本是“中国文化圈的一员”。内藤在《中国上古史》中说：“所谓的东洋史，就是中国文化发展的历史”，是以汉字为载体的中国文化在东亚地区传播的历史，在这一过程里，文化中心逐渐转移，这就是内藤所谓“文化移动中心说”。

中国学者在 20 世纪 30 年代即对日本学者提出的东洋文化史观作出回应，傅斯年（1896—1950）1933 年著《夷夏东西说》，概括东亚文化的特别成分：

> 汉字、儒教、教育制度、律令制、佛教、技术。

这是对东亚文化圈要素也即“中华元素”的提取。

20 世纪上半叶中日学人在探讨汉字文化圈的特色时，已在抉发中华元素。承袭内藤说，日本的中国史学家西岛定生（1919—1988）在所著《东亚世界的形成》中指出：“‘东亚世界’是以中国文明的发生及发展为基轴而形成的”。西岛在另篇《东亚世界论（册封体制论）》中说，存在一个以中国为册封中心，周边诸国（日本、琉球、朝鲜、越南）为册封对象的“册封体制”，从而提出东亚地区的一种“文化圈”模型。西岛定生在《东亚世界的形成》中概括“东亚世界”诸要素：

> 一、汉字文化，二、儒教，三、律令制，四、佛教等四项。其中，汉字文化是中国创造的文字，但汉字不只使用于中国，也传到与其语言有别又还不知使用文字的邻近诸民族。……而其他三项，即儒教、律令制、佛教，也都以汉字作为媒介，在这个世界里扩大起来。

西岛定生虽然对包括汉字在内的东亚共有的文化要素作出概括，却并未拟定“汉字文化圈”之名。此一专名是日本的语言学者 20 世纪中叶所创。河野六郎（1912—1998）1963 年撰《日本语的历史》首用此词，语言学家藤堂明保（1914—1985）1971 年系统阐述此词内涵。

20 世纪 80 年代以来，周有光（1906—2017）、陈原（1918—2004）等中国语言学家采借此一概念。现在“汉字文化圈”已成为通用短语。1985 年，法国汉学家汪德迈（Leon Vandermeersch 1928—　）出版《新汉文化圈》一书。该书所说“汉文化圈”，相当于“汉字文化圈”。汪德迈认为，此一文化圈的特点是：

> 它不同于印度教、伊斯兰教各国，内聚力来自宗教的力量；它又不同于拉丁语系或盎格鲁—撒克逊语系各国，由共同的母语派生出各国的民族语言，这一区域的共同文化根基源自萌生于中国而通用于四邻的汉字。

这里着重表述了“中华元素”的重要项目——汉字，指出汉字造就了一种思维方式和表达方式，区别于印度、伊斯兰和欧洲的文化系统。日本语言学家野村雅昭在《汉字的未来》（筑摩书房 1988 年）中给“汉字文化圈”下定义：

> 在东亚位置上，由于中国的政治、文化影响，形成过去使用汉字，或现在仍然使用汉字的地域，总称为“汉字文化圈”。以汉字这一东亚地区各国共有的文化要素的“汉字文化圈”，是一个真实的、有着强劲生命活

力的文化存在，它是世界上具备原创性和强劲传承力的文化圈之一。

三

汉字文化圈的形成，是汉字文化在中国境内及境外传播的结果。栖息于黄河中游的华夏族及后继之广布于东亚大陆的汉族创造了汉字，形成强势的文字源地，在周边诸族诸国尚未制作文字之际，输出汉字及汉字文化，汉字便从汉族文字发展为众族共享、多国采用的文字。

汉字在东亚大陆即今之中国境内的传播，路向有二：向南和西南，诸少数民族先是借用汉字，进而仿效汉字以制造本族文字（如苗文、彝文、壮文等）；向北，传至契丹人建立的辽朝、女真人建立的金朝、党项羌人建立的大夏，这三个政权均借鉴汉字部首偏旁及方块字字形，制作各自的文字——契丹文、女真文、西夏文，以记述本族语言。然以上仿汉字的诸族文字使用两百年左右，因政权湮灭而未能传承袭用下来，今日辨析其字义成为“绝学”。

汉字在中国境外传播，路向有三：南至越南，北至朝鲜半岛，东至日本。在汉字传入之前，这些国度仅有民族语言而无文字，汉字及汉字文化的输入，使其迈入文明门槛，获得历史性跃进。但使用汉字也在这些国家留下一个大问题：文字与语言错位，于是引出长时期以“言文一致”为目标的语文变革。

越南在中古仿汉字创制喃字，19 世纪末，法国殖民当局推行拉丁化文字，废止汉字和喃字，越南退出汉字文化圈。

朝鲜在 15 世纪创制谚文，与汉字并用，二次世界大战后，朝鲜、韩国先后废止汉字，使用音位文字谚文，退出汉字文化圈。

日本经历了从全用汉字到汉字与假名并用的变化，至今仍保留在汉字文化圈内。

东南亚城邦国家新加坡 1965 年独立，实行华文与英文并行的教育制度，是现代加入汉字文化圈的国度。

上述东亚国家，即使已不再使用汉字，但汉字文化的影响巨大（如韩国至今使用的实词，半数来自汉字文化）。两三千年间，汉字文化的境内传播与境外传播，形成覆盖东亚的“汉字文化圈”，这是一个富于弹性的、充满生机的人文地理区域。

四

两千余年来，中日汉字文化不断发生互动，对两国历史的进展有着深远影响。日本通过汉字、汉文大量吸纳中国文化（从稻作、养蚕、冶铁等生产技艺到儒学、华化佛教、中国式律令制度），而且，这种自古代转入日本的汉字文化至今仍在日本社会生活各个层面保留着影响。

构成日语的词汇包括和语词与汉语词，前者多虚词，后者多实词；前者多生活用词，后者多学术用词。这是因为日本长期深受汉文、儒学、华化佛教、中式律令熏陶，精神文化的核心概念多典出汉籍，这种影响延及近现代，在翻译西方学术概念时，多借用中国古典词（如革命、共和、社会等），或按汉字构词法创制新的汉字词（如哲学、美学、宗教等）。今之日本中央政府的一级部门称“省”（文部科学省、通产省等），沿袭中国唐代三省制（中书省、门下省、尚书省）之称。幕末、明治间最时髦的词语“文明开化”亦来自中国古典：“文明”典出《尚书·舜典》“睿哲文明”，“开化”典出顾恺之《定命论》“夫建极开化，树声殆则”。此类用例，不胜枚举。时至“脱亚入欧”说盛行时期，日语中汉字词却大有增长，汉字词所占比例明显上升（由江户时代的二成，增至昭和时代的五成、六成）。这是因为汉字词准确且稳定，宜于表述复杂、深刻的意义。

自1995年始，由日本汉字能力检定协会主持，募集年度汉字（反映当年特征），每年末在京都清水寺（世界文化遗产）由贯主森清范书写，成为惯例。截至2015年，历年的“年度汉字”如下：

1995年　震（阪神大地震）
1996年　食（食物中毒）
1997年　倒（山一证券大倒产）
1998年　毒（多起食品中毒事件）
1999年　末（世纪末）
2000年　金（奥运会日本选手获金牌最多的一次）
2001年　战（美国同时多发战争）

2002 年　归（被绑架者归国）
2003 年　虎（日本自卫队派往伊拉克，被认为“脚踏虎尾”）
2004 年　灾（新潟地震，23 号台风）
2005 年　爱（爱知县举办“爱地球”世界博览会）
2006 年　命（校园自杀、暴力频发，强调珍惜生命）
2007 年　伪（多起知名食品公司作假）
2008 年　变（首相短期换人）
2009 年　新（民主党取代自民党组建新政权）
2010 年　岛（日韩间岛屿争夺）
2011 年　绊（表示人与人之间无法切断的联系）
2012 年　金（金价暴涨，另一含义是日本在伦敦奥运会上获金牌较多）
2013 年　环（取得 2020 年夏季奥运会主办权，日本称奥运会旗为“五环旗”，以“环”指奥运会）
2014 年　税（消费税上涨）
2015 年　安（盼世道平安）

五

世界绝大多数文字都从“象形”走向“表音”，拼音文字为其归宿，唯独汉字未如其他古文字那样被拼音文字取代，而是另立一格，其构造建立在标识原理上，形体由图形变为笔画，象形变为象征，复杂变为简单，成为形、音、义统一的表意形声文字。

汉字单字多，难记、难写，近代曾被视作落后文字，认为应被拼音文字取代。日本江户幕府末期，前岛密 1866 年上书征夷大将军德川庆喜，力主废止汉字。中国清末劳乃宣、王照等也有类似意见，“五四”时期钱玄同有以罗马拼音文字取代汉字的议论。但汉字在中日两国坚持下来，而且随着现代文明的推进，愈益显示出汉字的优长，诸如——

（1）单字造词力强，任何新概念，汉字都可以造出简练、传神的词语，如计算机、激光、多媒体之类。

（2）信息贮存量大，言简意赅，故联合国六种官方语文（阿拉伯文、中文、英文、法文、西班牙文、俄文）文本，以中文即汉字文本最薄。联合国将4月20日（中国农历二十四节气的“谷雨”）定为联合国中文日，以纪念汉字始祖仓颉。传说黄帝的史官仓颉造字，感动上天，降下一场谷子雨，所谓“仓颉作书而天雨粟，鬼夜哭”（《淮南子·本经训》），这便是“谷雨”的由来。

（3）能够超越时间和空间限制，长期、稳定地贮藏信息。其记音能力虽不及拼音文字，但载意能力则在拼音文字之上。

（4）20世纪80年代以前，人们为汉字在打字、排版及计算机输入、储存方面的困难烦恼，而现在已成功创造了汉字信息处理技术。中文信息研究会名誉会长钱伟长1993年10月26日在“汉字文化周”开幕式上宣布：“汉字在计算机上输入的速度，每分钟已达六百至六百五十字，这是拼音文字无法企及的。”现代高科技揭示出汉字潜藏的巨大优势。

（5）现代科学研究证明，汉字在启发人的形象思维及逻辑思维方面颇有独到功力。中国人、日本人在学术领域能力较强，与使用汉字有一定关系。一些西方文化人类学家对世界诸人种作“智商”比较，发现东北亚人（中国人、日本人、韩国人）在标准线以上，这也与使用汉字有一定关系。

总之，今日人们不再如19世纪末、20世纪初那样，把汉字看作历史僵尸，而视其为一种“智能文字”。汉字文化是东亚各国走向现代、走向世界的重要工具。汉字及汉字文化正在走向世界，但还规模有限，以联合国原始档使用语文而论，英文占80%，法文占15%，西班牙文占4%，中文与俄文、阿拉伯文共占1%，可见中文的世界影响力还须大大增强，但随着大中华文化圈力量的崛起，汉字文化的优势逐步彰显。可以预期，作为多元人类文化强劲一支的汉字文化，其发展前景是光明的、不可限量的。

《东亚文化研究书系》* 总序

20 世纪初叶，文化传播学派代表学者德国人格雷布内尔（F.Graebner 1877—1934）与奥地利人施密特（W.Schmidt 1868—1954）提出“文化圈理论”，认为世界上存在若干文化圈，每个文化圈包含一定的物质文化与精神文化共有成分。此说庶几反映世界文化史实际，故近一个世纪以来逐渐被普遍采用。

“文化圈”作为文化传播造成的文化场，指具有相近文化特质、文化结丛的文化群体所构成的人文地理区域，往往由某一先进民族或国度组成“中心文化丛”（或曰“文化核心区”“文化源地”），以其首创的文化播扬于周边地区（或曰“文化边缘区”“文化受容地”），在核心与边缘的互动中逐渐形成相对稳定的文化圈。当然，这种中心—边缘关系并非固定不变，而是在历史进程中有所异动的。时下学界的普遍看法是：希腊—罗马文化、从希伯来到伊斯兰时期的闪族文化、印度文化和中华文化，都曾是具有丰厚积淀与强大扩散力的文化源地，以其为核心形成各自的文化圈。另外还有一种更具全球视野的划分：东地中海文化圈（以后扩展为北大西洋文化圈，俗称西方文化圈）、西亚北非闪族文化圈（今伊斯兰文化圈）、南亚文化圈、东亚文化圈、中南美印地安文化圈。

文化圈可从地理、民族、语言、宗教、民俗等多种角度划分与命名。上述“东亚文化圈”以地理属性得名，其范围约指东亚大陆及周边半岛和岛屿，大略包括今天的中国、朝鲜、韩国、越南、日本。从体质人类学言之，这一文化圈居民同属蒙古人种；从文化人类学言之，这一文化圈共同拥有汉字汉文（故

---

* 本书系武汉大学出版社 2007 年出版。

有“汉字文化圈”之称）、儒学（故有“儒学文化圈”之称）、华化佛教、中国式律令制度，等等。

拥有若干文化共相的“东亚文化圈”，是在悠久的历史进程中形成、发展起来的，在一个相当长的时段，中国是东亚最先进、强大的国家，占据文化高势位，是文化输出国，中国的水稻、粟、麦栽培技术，冶金、养蚕、缫丝技术等传入越南、朝鲜半岛、日本列岛，与之相随，前述汉字文化的诸多门类也播扬周边列国。诚如唐太宗李世民（599—649）诗称：

> 指麾八荒定，怀柔万国夷。（《幸武功庆善宫》）
> 车轨同八表，书文混四方。（《正日临朝》）

越、朝、日等东亚文化圈周边诸国，皆有自己辉煌的文化创造，同时也都接受中国文化多方面的影响，以日本为例，曾一再派出“遣隋使”“遣唐使”，昭显了东亚文化圈边缘带研习核心区文化的热情与执着。日本学者内藤湖南（1866—1934）强调，日本是中国文明圈的一员，他打了一个著名的比喻：

> 日本文化是豆浆，中国文化就是使它凝成豆腐的卤水。（《日本文化史研究》）

时至近代，东亚诸国都面对工业化西方的来袭，西学东渐构成东亚文化圈的新命题，东亚诸国在19世纪中末叶先后进入社会及文化近代转型过程。比较而言，日本较迅速地汲纳西方近代文明，实现近代化，明治维新以后的日本成为东亚文化圈的先进国和新的文化源地，中日文化势位对比发生异动，文化传输的主流方向逆转：古代是中国—日本，近代是日本—中国，19世纪末、20世纪初的中国出现留日热潮，便是中国人以日本为中介学习西方近代文明的一种努力。进入现当代，中、韩等国现代化取得长足进展，渐成迎头赶上之势，在新的文明水平上，东亚诸国发生着空前规模的文化互动，东亚文化焕发出新的光耀，对全球文明的影响力也日益巨大，东亚文化与西方文化成为当下世界最为强劲的两大文化圈，当然，其他文化圈的影响力也不可忽视。

概言之，在漫长的历史进程中，东亚文化圈诸国互为师友，由于文化互动而彼此受益。在近代，因日本军国主义发动侵略战争而与东亚文化圈其他诸国严重对抗，造成东亚文化圈的一大劫难。有人曾把中日两国关系史概括为“两千年玉帛，一百载干戈”。反顾东亚文化生成、发展的历程，我们有充分理由宣称：和则互利，战则两伤。化干戈为玉帛是时人的使命，也正是本书系的基旨所在。

笔者近十余年来多次参加以东亚文化为主题的国际学术会议，并从事相关合作研究，结识东亚列国学者，并研习其论著，亲炙东亚文化丰富的内涵，渐以推介东亚文化为乐事。2004 年夏至 2005 年夏，笔者研习于日本京都的“国际日本文化研究中心”，武汉大学出版社邀约笔者选取一批反映东亚文化的日文书籍，译介给中国读者。受命后笔者即与国际日本文化研究中心刘建辉博士从近二十年出版的相关论著中择得八种，延请译者，经两年劳作，成此“东亚文化研究书系”。

本书系着眼东亚文化圈生成与发展的曲折多致历程，所选择的论著，或总论整个东亚文化圈诸国间的文化互动（如池田温的《东亚文化交流史》、福井文雅的《汉字文化圈的思想与宗教》），或用力于东亚文化圈某一国度的文化史（如铃木贞美的《日本的文化民族主义》、森贞彦的《〈菊与刀〉新探》、上垣外宪一的《日本文化交流小史》），或研讨东亚文化圈内国际间的文化交流史（如古濑奈津子的《遣唐使眼里的中国》、阿部洋的《中国的近代教育与明治日本》、刘岸伟的《小泉八云与近代中国》）。就浩博的东亚文化而言，这些论著所述当然只是冰山一角，却也可以一斑窥豹、以蠡测海。

2007 年 10 月 24 日拟于武昌珞珈山

《内核与外缘：中日文化论》* 序言

中国和日本同属东亚文化圈，两国的社会发展水平在门户被西方资本主义列强打开之前也大体相同；从19世纪60年代开始，受到西方工业文明激荡的中日两国，分别以“洋务运动”和“明治维新”为契机，几乎同时迈开近代化的艰难步伐（中国的“洋务运动”还先于日本的“明治维新”六七年），然而，此后两国在现代化的竞争中实绩颇相悬殊，日本竟然遥遥领先于一向以“天朝上国”自居的中国。这一十分严峻的事实引起觉醒的中国人的思考，百余年来，有识之士就此发表过许多分析文字，至今读来，仍能拨动心弦、启发神智。不过，昔人的分析意见大多失之零散，缺乏总体的、系统的把握。近10年来，随着现代化建设的大规模展开和国人视野的拓宽，对这个问题的思索和研讨，其深度和广度都不可同日而语，这反映了人们希望从中日现代化进程的比较中获得启示的愿望愈趋强烈。令人高兴的是，正当此际，盛邦和同志为我们提供《内核与外缘：中日文化论》一书，运用比较的、系统的方法，从文化视角考察中日两国现代化进程出现巨大差异的复杂原因。

邦和君在自己的著作中提出的中心观点是“内核—外缘”两重构造论。他指出，世界分为多个文化区，每个文化区又由“内核”与“外缘”组成，而“内核”与“外缘”性质殊异——内核文化是古老的、纯种的、发育完善的、自生根的文化，外缘文化是年轻的、非纯种的、发育不完善的、非自生根的文化；内核文化具有强大的遗传递遭力，外缘文化则比较便于嫁接新文化，因而实现文化更新比内核文化轻捷得多。在“中日东亚文化区”内，中国文化属于内核，日本文化属于外缘。由于中日两种文化的这一差异，决定了它们在现代

* 盛邦和：《内核与外缘：中日文化论》，学林出版社1988年版。

化过程中的不同经历和结局。邦和君还论证，在现代和当代，中国文化已从“内核”转移到“外缘”，随着“内核”的至尊地位的失落，而有可能获得文化更新的生机，中华文化复兴的希望正寄托于此。

邦和君谦逊地称自己的上述观点为“假说”。然而，我读罢全书，窃以为“内核—外缘”两重构造论固然还需要进一步深入论证，需要从诸方面加以完善，但它已经具备一个科学理论的良好框架。运用“内核—外缘”两重构造论可以相当有力地解说包括东亚文化区在内的许多历史上曾经存在过的文化区发生、发展、衰落、更新（或灭亡）的历程，可以比较合理地诠释中日现代化进程出现明显差异的原因，因而其理论意义和实践意义都不可低估。

邦和君在其论著中广为吸收哲学、自然科学、社会科学的新成果，并加以熔铸再造，这是本书生机勃勃、使人一新耳目的重要原因。邦和君构筑理论体系的执着努力，得益于他开阔的视野和对新知识的广采博取。

从事一个特定领域的理论构建工作，固须广泛借鉴各相关学科的研究结论和方法，“他山之石，可以攻玉”，但在这样做时，又应十分谨慎，尤其是将自然科学的结论和方法引入社会科学领域，一般应将该自然科学学科的具体研究成果上升到哲学高度（包括方法论高度），只有如此，方具备涵盖社会科学的普遍意义。邦和已经注意到这个问题，相信他今后能够更深刻地解决这个问题，以使其理论体系更完备、更科学。

今年6月上旬我到上海参加“国际王国维学术讨论会”，初次结识邦和君，立即为他的诚挚和好学所感动。邦和嘱我为其论著写序，这对我也是一种策励。近10天来，我兴味盎然地阅读邦和的书籍，每每为其雄辩的论证所折服，为其“破译”某些“历史密码”而击节赞叹。无奈我只有一支不灵便的秃笔，记下以上“卑之无甚高论”的话语，权作序言，以谢邦和并待教于读者诸君。

1987年6月24日

《朱舜水东瀛授业研究》* 序言

明末清初学者、炽烈的爱国志士朱舜水（1600—1682）在南明抗清失败后，于1659年东渡抹桑，初意乞师，未果，遂先后滞留长崎、金泽、水户，以其渊博的学识赢得日本士林敬重，引为宾师，在长达23年间，向日本士人耳提面命，言传身教，创建了实理实学的学术体系，夯实了日本近世文化继往纳新的基础，育成了水户学派的中坚人材，为《大日本史》修纂提供了史体、史识框架，朱氏因此被日本视作“文化恩人”，馨香顶礼不绝。此一中日文化交流史上的盛事，在实行锁国政策、拒斥外国人入境的江户时代日本，确为一大奇迹。

朱舜水学术晚成，他离开故国时已年届六十，却并未留下多少有影响的论著，他的主要学术成果，撰述于东瀛授业的二十余年间，又由其日本弟子结集。因此，无论就研究朱氏本人的学术思想，还是就探讨朱氏对日本文化的贡献而论，都必须深入考察其东瀛授业。清末以降，由梁启超亡命日本期间开启端绪的朱舜水研究，不绝如缕，特别是在各种版本的朱舜水文集行世以后，中日两国学者利用这些文本，进行卓有成效的考辨、论析，不乏佳篇，然而，“朱舜水东瀛授业”这一论题，长期以来尚无人作系统、深入的研究。覃启勋君1996年随我攻读明清文化史博士学位，于切磋间发现并把握住这一切关宏旨而又鲜有人问津的题目，自此，启勋进行长时段、孜孜不倦的研究。他以此一题目作的博士论文，1999年以优秀成绩通过答辩，但启勋并未驻足，此后继续在此一论题下锐意进取，2000年前后他接受日本住友财团资助，从事朱舜水研究；2002年至2003年又到日本创价大学访学一年，收集国内难觅的材

* 覃启勋：《朱舜水东瀛授业研究》，人民出版社2005年版。

料，对博士论文进行了缜密的增删改作，终于成就了我们案头所见的《朱舜水东瀛授业研究》一书。以下，启勋还有“朱舜水与水户学”的研究计划，足见他是以“十年磨一剑”的精神从事朱舜水研究的。

启勋君有较厚实的历史学和文献学知识准备，又较熟练地掌握日文，直接参阅、甄别大量日文资料，并作过多处实地踏访，因此，《朱舜水东瀛授业研究》一书在前辈、时贤研究的基础上有所拓展，这表现在以下几个方面。

其一，对朱舜水的生平（尤其是旅日 20 余年间的履历）作了绵密考证，有新的发现。

其二，将朱舜水东瀛授业纳入明清之际实学思潮与日本德川儒学两大背景之下，进行文化史的综合考察，从而抉发出朱氏之学与日本水户学及近世实学的内在联系脉络。

其三，对朱舜水东瀛授业的内容、方式有详尽展开，对朱氏的日本弟子、再传弟子有清晰勾勒，描绘出朱氏日本讲学的全景。

中日文化交流史有着丰富的内容和深刻的启示意义，其间涌现出一批英俊人物，如古代有日本赴华学习的阿倍仲麻吕、吉备真备、空海、圆仁，中国赴日传经的鉴真等；近代有中国赴日研习的梁启超、王国维、陈独秀、鲁迅、李大钊等。而清初赴日的朱舜水，是其中承古启近的关键人物，以朱氏为中心，值得开掘的资料和深度研讨的问题尚多，《朱舜水东瀛授业研究》当视作阶段性成果。启勋君正当盛年，又多次游学于两国之间，对中日文化交流当有真切感受，相信他在这一园地的辛勤垦殖，今后可以获得更加丰硕的成果。

2004 年 3 月 26 日撰于武汉大学中国传统文化研究中心

《甲午战争前中日西学比较研究》* 序言

中国与日本同属东亚文化圈，两国人民皆为蒙古人种，共具汉字、儒学、华化佛教、律令制等文化事象，以至有以“一个豆荚里的两粒豆瓣”来比拟中日两国相似性的说法。而且，直到19世纪上半叶，两国的经济、社会发展水平大体相当，并都面临欧美资本主义列强的来袭，闭锁的国门分别于19世纪40年代、50年代先后被打开。然而，国门开启后的中国与日本，其发展路径却颇相径庭：大而弱的中国长期遭受列强宰割，于百年间挣扎在半殖民地的泥淖之中，近代化进程一波三折，而日本却成为欧美以外罕见的“近代化优等生”，并在19世纪末、20世纪初成为小而强、极具侵略性的帝国主义国家。人们在追究中日两国近代化历程的巨大差别时，当然不满足于中日文化相似性的认识，而试图从中日文化特质之异里寻求部分解答，其间，围绕中日两国对待西学的态度、采撷范围、汲纳深度的比较研究，是百年来中外人士历久不衰的考析课目。置于我们案头的这部李少军教授所著《甲午战争前中日西学比较研究》（以下简称《比较研究》）便是关于此一论题的新锐之作。

一、《比较研究》将近代中日西学置于学术史的长时段加以考察，正视近代前夜中日西学已形成不同基础，以洞悉其后出现落差的历史渊源

以往人们探究近代中日西学，多着眼“中国洋务运动—日本明治维新”这一对应时段两国西学水平的比较，而忽略此前两国西学的基础区别，而《比较

* 李少军：《甲午战争前中日西学比较研究》，湖北人民出版社2007年版。

研究》有着较宏阔的学术史眼光，用力追究中日两国西学积淀与传承的历史过程，将视线上溯到19世纪前半叶，分别论列嘉庆及道光前期中国与德川幕府末期日本的西学传入情状，对比国门开启之前数十年间中日两国西学诸门类（天文历算、地理学、医学、语言学）的不同积累程度，考察两国学界不同的西学观，揭示一个重要事实：幕末日本已经初步形成研习西学的知识界群体，所谓“兰学家”、所谓“通词”（翻译）已成为日本知识界的职业队伍，而嘉庆、道光间的中国则只有个别接触西学的人士；幕末日本学界已形成肯定西学的趋向，而嘉道间中国士人还普遍蔑视西学，或对西学茫然不知。凡此种种，构成中日两国国门开启之前的西学根基之异。

二、《比较研究》对中国爆发鸦片战争至日本明治维新以前中日西学状况进行比较，揭示此间中日西学的落差已经加大，形成不同格局，直接原因在于两国应接西学东渐新阶段之内在动力强弱不同

鸦片战争间中国产生一批译介西学的书籍（《四洲志》《海国图志》《瀛环志略》等），并很快流传幕末日本，对日本开国思维有所启迪。以往人们据此强调19世纪40—50年代日本西学受中国影响的一面。《比较研究》认为不宜夸大此种影响，尤其不可得出19世纪中叶中国西学水平高于日本的结论。《比较研究》展示的情形是：面对西学东渐，日本的应接比中国积极主动、较富成效，而中国虽有林则徐（1785—1850）、魏源（1794—1857）、徐继畬（1795—1873）等人开眼看世界，但弥漫朝野的漠视外部世界的陋习和强烈的“内华夏，外夷狄”意识，极大地妨碍了中国人了解和吸收西学，以至研习西学的整体进展迂缓，徘徊不前。对于国门初开之际中日西学的这种差异，以往多归之于两国对待外来文化传统的不同，《比较研究》没有止步于此，而用力于论析当时两国政界、学界民族危机感的强弱之别，汲纳西学的内在动力大小之异，研讨、传播西学举措的高下之分，从而为近代中日西学落差提供了较具历史厚度的诠释。

三、《比较研究》认为明治日本汲纳西学的指导思想不宜以“和魂洋才”一言以蔽之，更不宜与清朝洋务运动的“中体西用”论相等同，日本明治维新与中国洋务运动时期对待西学的态度存在重大差异，当时两国政权在西学传入和吸收问题上的作为也大相径庭

以往有一种习见：日本明治维新对待西学的指导思想是“和魂洋才”，并以之与中国洋务运动的“中体西用”论相类比。《比较研究》认为，此说是一种误解。明治政府五条誓文所言“求智识于世界”，以及横井小楠（1809—1869）试图以欧美政治制度为典范，福泽谕吉（1835—1901）提出“以西洋文明为目标”，才是近代日本追求西学的纲领性理念。至于“和魂洋才”说的流行于近代日本，则是日本的文化保守派面对维新运动展开、西学广泛传播、自由民权运动高涨而作出的反弹，并非明治维新的主流文化观。澄清此一关节点，也有利于消除将清朝洋务运动与日本明治维新对待西学指导思想相提并论的认识误区。《比较研究》指出，晚清的“中体西用”论认定中国固有的伦常名教、根本制度优越，而只有器用不及西洋，对于西方“文明的精神”还缺乏起码的认知，更谈不上要借此来推动社会变革、改变国民风气和面貌；而明治日本承认在社会总体发展水平上落后于欧美，将争取达到像欧美那样的“文明”状态作为目标，因而没有将反映西洋近代文明的西学局限于“器用”层面，而主张广泛吸收西学，并与改变日本社会的风气与面貌、进行社会变革联系起来。作者进而对比清政府与明治政府在引进和吸收西学上的不同作为，对比近代中日两国引入西学的实际效果。

《比较研究》在大量实证考察的基础上，揭示出一个基本事实：近代中日西学水平形成明显落差，而在当时，“西学水平”反映着近代文明水平，中日之西学水平的这种落差，正是中国在甲午战争遭到惨败的原因之一。此书在结尾处指出：

从中日比较的视角来审视甲午战争前中国的西学传入与吸收过程，笔者觉得很难有欢欣愉悦之情，而认为必须从中吸取历史教训。

鲁迅有言：真的猛士，敢于直面惨淡的人生，正视淋漓的鲜血。《比较研究》作者的情怀，暗合夫子的名论。从历史中获取教训（尤其是沉重的教训），需要勇气，需要正视事实，需要从令人难堪的事实中引出理性的结论，以指示后面的进路。

2007 年 11 月 19 日撰于武昌珞珈山麓

日本江户时期“国学”对“汉学”的疏离

江户时代日本流行三种学术文化：从中国传来之考据学、儒学（朱子学、阳明学）等学问，称为“汉学”；从荷兰等西方国家传来之自然科学、社会科学的学问，称为“兰学”（后放大为“洋学”）；日本本土学问，称为“国学”。高张国学旗帜的国学派是锻造日本中心主义的最重要学派。

一、与“汉学”并列的“国学”

原义之“国学”，是指对日本的古代典籍（如《古事记》《日本书纪》《万叶集》《古今集》《伊势物语》等）进行文献学研究，以探明日本固有文化的学术，又称和学、皇学，始于镰仓时代，盛于江户时代。引申义之“国学”，是指日本近世兴起的以复古主义（核心是复古神道）为旗帜，旨在发掘“日本精神”的一种学术文化。

契冲（1640—1701）是古典研究之国学的先期代表。这位11岁出家的真言宗僧人，潜心日本最早和歌集《万叶集》的训诂，在水户藩主德川光圀（1628—1701）赞襄下完成《万叶代匠记》的写作。契冲主张发掘日本古语本义，摒弃从儒佛立场诠释和歌，在方法论上开启“国学”先河。

“国学”衍化为学派，则自荷田春满（1669—1736）始。荷田氏力倡隐匿“今人之心”，力求以“古人之心”解读古典，显系承续契冲之治学门径。此后数十年间，逐渐形成复古神道国学。荷田春满、贺茂真渊（1697—1769）、本居宣长（1730—1801）、平田笃胤（1776—1843）为“国学四大家”。他们反对用儒学、佛教等外来思想诠释本土神道，提倡研究日本历史文化元典，以求阐发“日本精神”。

在回归古典、尊崇古典方面，国学与山鹿素行的古学别无二致，差别仅在于，古学以研究中国儒学元典为方向，国学以探索日本本土典籍为旨趣。

在国学内部，契冲与荷田春满又各有路径：

其一，契冲从诠释和歌入手，重点不在神道而在文学。神官身份的荷田（京都稻荷神社祠官）却经神道通达于哲学之境。

其二，契冲坚持和歌融合神、儒、佛三教之路。荷田却执意摒弃儒学、排斥佛学，认为非神道不足以复兴古日本精神。

江户时期，神道流派纷呈，有两部神道、伊势神道、惟一神道、吉田神道、古儒学神道、理学神道、垂加神道，等等。多受外来儒学及佛学影响，在思想风骨上留下儒式、佛式解说印痕。荷田一派国学家认为，日本原有的未受儒佛浸染的纯真神道，隐身于《古事记》《日本书纪》等古典之中，亟待学人钻研，以便从古典文献中提炼出纯粹的“日本精神”。

为了对抗外来儒佛之学，消解其无处不在身影，国学家们以《万叶集》《古今集》等歌学为参照，创出“国学”称谓，决意“复古国学”。荷田春满在《创学校启》中说：

> 《万叶集》者，国风纯粹，学焉则无面墙之讥；《古今集》者，歌咏精造，不知则有无言之诫。
>
> 国家之学废坠，存十一于千百，悲哉先儒之无识，无一人及皇国之学，国学之不讲，实六百年矣。言语之有释，仅三四人耳。[①]

荷田春满的再传弟子本居宣长在《初山踏》中说：“此学问始于近世，契冲法师仅于歌书而开此道。此人应言此学之开山鼻祖。其后有称羽仓大人荷田东麻吕宿祢者，不仅歌书，遍涉古书而立此趣。于是吾师县居大人受羽仓大人之教，下东国于江户盛倡此学，世中遂之广矣。”[②]

可见，“国学”指日本的“国家之学”，是对日本国体的探究，以大和心排斥汉意，即是国学的精神。也有人将近世用文献学方法研究日本古典的学

① 荷田东麻吕（荷田春满）：《荷田全集》（第 1 卷），吉川弘文馆 1932 年版。
② 蒋春红：《日本“国学”的来龙去脉》。

问统称国学。江户时代以国学为名的书籍很多，如荻生徂徕《徂徕先生国学问答书》、藤贞干《国学备忘》、樋原久民《国学弁解》、吉见幸和《国学弁疑》、僧立纲《国学弁翼》、森长见《国学忘见》、中条信礼《国学本义》等。

中国学人章太炎、梁启超等清末民初访学日本，借用“国学”一名，指中国固有学术，与“西学”对应。此专词自清民之际到当下，已广用于中国。

二、荷田春满的“用尽古语”和贺茂真渊的“万叶精神”

第一代国学大家荷田春满认为，国学家身体力行之首要，在于研习古语，在训诂字义、考订版本等文献学方面下一番功夫。“古语不通则古义不明焉，古义不明则古学不复焉。先王之风拂迹，前贤之意近荒，一由不讲语学。是所以臣终身精力，用尽古语也。”

荷田春满曾向江户幕府第八代将军德川吉宗建言，力主创建“倭学”学堂。在《创倭学校启》中，荷田春满写道：“悲哉！先儒之无识，无一及皇国之学；痛矣！后学之卤莽，谁能叹古道之溃？是故异教如彼盛矣，街谈巷议，无所不至；吾道如此衰矣，邪说暴行乘虚入。”他排斥阴阳五行之说，主张恢复国学古风。所谓“今之谈神道者，是皆阴阳五行家之说，世之讲咏歌者，大率圆钝四教仪之解。非唐宋诸儒之糟粕，则胎金两部之余沥。非凿空钻穴之妄说，则无证不稽之私言。曰秘曰诀，古贤之真传何有？或蕴或奥，今人之伪造是多。臣自少无寝无食，以排击异端为念；以学以思，不兴复古道无止”[①]。由此可见，荷田颇有“天降大任于斯人”之文化使命感。

无独有偶，日本“国学”的第二位标志性人物——贺茂真渊（1697—1769）也出身于神官之家。贺茂自幼就跟随属于徂徕学派的渡边蒙庵（1687—1775）学习汉学。渡边的古文辞学及老学造诣颇深，对贺茂有深刻影响，使其在学理致思上具有鲜明的自然主义倾向。区别仅在于：渡边运用古文辞学研究中国古典，力图从六经之中探明“先王之道”；贺茂则从古文辞学入手，专注于日本古典，希望从《万叶集》等典籍之中窥见“古道”。在师承关系上，尤为重要的是：贺茂真渊37岁时拜入荷田春满门下，研习《古事记》《日本

① 朱谦之：《日本哲学史》，人民出版社2002年版。

书纪》等从上古到中世之日本典籍，尤长于《万叶集》《伊势物语》之专门之学，这显系荷田学风之投影。贺茂真渊50岁时，因荷田春满养子荷田在满荐举，出仕于幕府将军德川吉宗次子田安宗武（1715—1771）之府。田安宗武以荷田、贺茂为师，成为著名的国学者、歌人。由于田安宗武之礼遇，贺茂仕途延续到64岁。

关于和歌，田安宗武、荷田在满、贺茂真渊三人有一场论争，堪称日本文化史大事件。宽保二年（1742），田安宗武命荷田在满撰述《国歌八论》。荷田在满主张和歌以辞藻华美为主，理想模式是《新古今和歌集》。田安宗武持有异议，遂撰《国歌八论余言》，认为和歌之高妙在于“诚”，《万叶集》才是和歌样板。其后，贺茂真渊撰写《国歌八论余言拾遗》，批评二人之说。荷田在满又作《国歌八论再论》予以辨正，田安宗武亦以《歌论》回应。贺茂真渊的歌论，虽将《万叶集》作为和歌理想范式，但不同意将“诚”作为和歌本质特征。他认为“诚”的解说，仍未脱伦理（“理”）轨范，遮蔽了和歌抒“情”真义。此“情”非偶发、飘浮之情，而是沉潜于古人生活世界之真情。他进而阐发曰：歌道即古道，《万叶集》所体现者即为古道观。“尊古者必习古歌，习古歌者必先读《万叶》，能通《万叶》而得其解，则知古人之心见于辞者，诚朴无伪，既雄壮又风雅。知此，则古世代之事亦以明矣。”他憧憬古人生活，称其充满着“万叶精神”，当然包括尚武一面。《万叶集》之研究，起自契冲，中经荷田，到贺茂这里达到高峰。应该说，这种钟情于“情”的自然主义哲学取向，有着老庄之学尤其是庄子的深刻印记，构成贺茂真渊复古主义中心思想。这是贺茂真渊“国学”的特异之处。立足于此，贺茂发出对儒佛的批判之声。

贺茂真渊虽然主攻《万叶集》，但他兴趣广泛，对上代的政治、伦理、艺术、生活均有深入的历史研究，著有《歌意考》《语意考》《文意考》《书意考》《国意考》等书，使“国学”呈现开放式的知识架构。他致力于《万叶集》之前的神代研究，认为儒学是歪理邪说，同时排斥佛教，反对根据宋儒著述解释神道经典。他比较《古事记》《日本书纪》，强调《古事记》保留了纯粹的古义，是日本历史文化之所本，《日本书纪》因充满“汉意”而不足取。贺茂真渊强调：自己从日本古典文化（尤其是和歌）中发现古人“直心”（纯真性情、自然心思）；神道乃自然之道，仅需对神崇敬礼拜，摒绝空假之心，是为古真之道。

在贺茂真渊的众多著述中，最能体现他阐发“日本精神”功力者当推《国意考》。所谓“国意”，即根植于皇国史观之中的皇国精神。虽然自幼即师从徂徕学派，但他却不喜徂徕学派将精力投入探寻中国“先王之道”。因此，《国意考》开篇就从批判儒学入手，凸显“日本中心论”。针对有人声称“不迷恋和歌，欲学中国之道”，贺茂强调，儒教不过是“将天地之心”改为“人为之物”而已。他认为，与中国理学主“理”不同，日本歌学主“情”。生命如歌，生机勃勃，根本用不着拿所谓的“道理”去束缚它。日本和歌直抒胸臆、率真多情，是描摹众生、实写万物的艺术。和歌崇尚自然、贴近社会、洞悉人生，通过和歌可以了解政事之治乱、世态之炎凉、人性之善恶。提倡自然主义的歌学，皇道可以发扬光大、人间可以美满和谐。儒佛之教传入日本之前，日本人民过着简朴、平和之生活。后来，输入日本且影响日隆之儒佛二教，却扰乱了日本社会。反省历史，“丢弃我国之道而模仿外国之道”是根由所在[①]。贺茂真渊的复古国学为日后的王政复古准备了一剂强心针，为高唱“皇道”之军国主义夯实了哲学根基。

三、本居宣长和他的《古事记传》

在贺茂真渊的弟子门生之中，在思想史上最有开宗立派气象者当推本居宣长（1730—1801）。从乃师处，本居习得“情”之真义，遂立为学问中心。其《直毗灵》声称，天理即人欲，“直情径行”是日本人道德本色。

本居宣长堪称日本“国学”集大成者。他将日本“国学”发展成为涵摄日本所有古代学问的系统知识。应该说，贺茂真渊打通文、史、哲诸学之门的学风，亦为本居宣长所承袭，并将其推进到崭新境界。

本居宣长出身于从事布业批发的町人之家，但其母感觉他不宜经商，遂派他到京都学医。22 岁的本居在京都学医之际，师从朱子学者堀景山（1688—1757）。堀景山不仅擅长儒学，与古学派荻生徂徕交往甚厚，而且歌学造诣颇深，精通古文辞学。这种横跨学派门槛之做法，对本居宣长影响匪浅。在京

---

① 国学院编辑部：《贺茂真渊全集》，吉川弘文馆 1906 年版，第 3946—3959 页。

都待了6年之后，28岁的本居回到家乡伊势松坂，从事儿科医术。与此同时，继续钻研古典。其间，他读到贺茂真渊著作，为之倾倒。贺茂从文学（《万叶集》）涉足神道（《古事记》《日本书纪》），拓展了日本“国学”的学术空间和思想空间。宝历十三年（1763），34岁的本居在松坂一家旅店，遇见游历到此的67岁的贺茂真渊。年事已高的贺茂真渊将研究《古事记》的宿愿托付本居宣长，这也成为本居终生追求。此后6年间，在贺茂真渊指导下，本居宣长潜心于《古事记》研究。此后数十年，迨至69岁时，他终于完成44卷的巨著《古事记传》。

本居宣长排斥佛教、儒学、道教，追求“神之道的原本之道”。他虽不是神官，却生长于伊势神宫所在地（松坂），年少时一度作为山田之今井田家的养子，得以亲近伊势神道。年轻时游学京都，又受到垂加神道影响，声称“不佞虽不肖，幸生此神州，赖大日孁贵之宠灵，奉自然之神道而依之，则礼、义、智、仁不靳而有焉”。在他看来，儒学传入日本之后，注家蜂起，不仅烦琐杂芜、牵强附会，且均为“汉意”，与日本人内心深处之“情”相隔膜。以故，日本人接受儒学教化是表面的。应该重拾未被儒学污染的日本古典，从中寻找古人之情（“大和心”），将其发扬光大。他是日本创世神话的坚定信奉者，鼓吹《古事记》内容就是神道本质，亦是日本国学根本。本居宣长坚信《古事记》所载是确有其事之历史实态，人生理想须从中找寻依托。

严谨的学者一眼就能看出《古事记》神代记述有大量虚构成分，但本宣却强调对神代卷不容半分质疑。在此，他的非合理主义几乎达到偏执狂的程度。这种偏激的古史立场，是对儒家合理主义以及朱子学崇尚中华之取向的反弹。他强调：所谓神道，是指始于产灵神之御灵而生的诺册二尊（神祖），后由天照大神传承，作为天神后代之历代天皇以神代精神统治天下之道（“神之道”）。人们应该将古典所记视为神之大业，绝对服从天皇，此乃“人之道”。鉴于日本是神创之国（神国），日本天皇是天神之子孙，加上普照天地之太阳神（天照大神）格外垂青日本这一神国，因此，日本是世界万国之本原。在《玉匣》《直毗灵》《玉矛百首》中，神道被奉为世间唯一神圣之道，超越万国之上，“把我大国古代的优良风俗特为区别开来，称为神道。因其和外国种种之道不同，叫作神，并借国的名称，成为我国之道”；“真实之道普遍于天地间，无论何国都是一条路，但这个道只我皇国得其正传，外国皆从古即已失传。因此，在外国便另说种种的道，将各种的道认为正道，不知外国之道皆务末的枝叶之道，非古来真实之道”。他抨击中国的圣人之道。相比之下，“我皇国的神道，从皇祖之神开始所传下的，叫作道，在这意味是和汉籍的道绝不相同的”；儒佛之道“为广义神道之末梢的枝道”。总之，万物自然之道始自日本的天照大神，“与天地同其悠久不变。这个具备神德之道，较之外国所有之道，远为具真正高贵的凭证”。

对比中日伦理，本居宣长认为日本道德比中国优越。他在《古事记传》中多次提及“制斯道而正者，乃原道不正之故也”；“法之所以无上之严，乃犯法者多之故也”；“如彼中国人者，其心本恶，事乱本多，故事无巨细，皆详悉规定，以防之也”①。大意是说，中国人深具劣根性，必须辅之以严格的道德戒律，而日本人则不需要。出于维护绝对的天皇制，本居宣长声称：天皇之至尊源于神授，其所言所行实非善恶道德之律令所能臧否。他进而主张征讨中国，“自今以后，如彼果有罪，而我加以征伐”。对此，日本史家信夫清三郎指出：“已经准备要在中国犯罪时‘加以征伐’的本居宣长的日本神国主义，不仅表明其想把日本与华夷秩序区别开来，以形成日本独立的世界，而且还隐秘着向国外扩张的冲动。日本主义不久便包含了这样一种概念，即从华夷秩序的保护伞下独立出来的日本，将建立自己传统的以日本为中心的华夷秩序。本居宣长所著《驭戎慨言》即是为“‘探讨外国诸种朝贡事由之始’而写的”②。

本居宣长充满大和民族的优越感，竭力排斥“唐心”（儒学）、“佛心”（佛教），对外扩张、征服世界之梦想溢于言表。本居宣长的代表作《玉矛百首》称：“此世界国家众多，但由天神创生者，唯我日本”；“天照大神意即普照世界之太阳”；“天照大神者乃宇宙间无与伦比之神，与天地共长久，万国均受其光泽”。日本是“天照大神创生之本国，故而是万国之本原”。反复强调“日本乃天神之本国，万国之最优秀者，是国中之国”；“万国之最优秀者，唯天皇统驭之日本”③。他鼓吹世界万国均应置于天照大神的掌驭之下：

---

① 鲁思·本尼迪克特：《菊与刀——日本文化的类型》，商务印书馆 1990 年版。

② 信夫清三郎：《日本政治史》，上海译文出版社 1982 年版。

③ 本居宣长：《玉矛百首》，神祇研究会 . 神祇奉仕者の顾问，矶部甲阳堂 1926 年版。

盖天与地原为一物，其间并无间隔，故高天原者，万国所同戴之高天原；天照大神者，因为治天之神，宇宙间无与伦比，只要天地长久，则四海万国无不蒙其德光所照。无论何国，亦不能不得大神蔽荫而可自存者。

由上可见，弥漫于本居宣长字里行间者，是近乎偏执的神国至上、天皇至上、日本至上的历史情结。

四、平田笃胤之“神典说”

出身秋田藩武士之家的平田笃胤（1776—1843），早年师承朱子学山崎暗斋派，后为备中松山藩士平田家养子，专心于学问之道。26 岁时，因服膺本居宣长之学而入其门。不及两月，本居去世，颇以为憾。虽则如此，虽则同门多达数百、遍布数十国，但是平田笃胤始终自视为本居宣长传人。本居宣长离世 3 年之后，29 岁的平田笃胤开坛收徒、自立门派。著有《呵妄书》《鬼神新论》《古道大意》《古史成文》等。

平田笃胤在日本“国学”上的主要贡献，是大力倡导复古神道。跟本居不同的是，他将《古事记》《日本书纪》一同视为“神典”，尤重《日本书纪》。同本居一样的是，他批儒排佛，鄙夷日本学者崇敬中华文化，批判“唐虞禅让”“汤武放伐”之说，强调日本超越万国之上的“古道”就是敬神忠君之情、尽享天伦之情。平田发挥本居宣长的国学论，提出“帝道唯一”思想，强调：体现天神之道的皇道是唯一之正道，作为天神后裔的天皇统治众生是理所当然；日本神道是世界宗教之源，是所有学问之首，神道之神是世界之神；尊崇神道是日本国体根本原则，亦是日本人的历史精神。本居宣长的日本至上主义，在他这里得以伸张，“我国是万国的本国、祖国”；“皇国即天地之根源，所有事物均较万国为优”。中国古史传说中的盘古氏、燧人氏、女娲氏，乃至三皇五帝之天皇、地皇、人皇，均是日本之神。其中隐含逻辑在于：因为中国的创世者均系日本之天神，所以日本吞并中国实属合情合理。此言荒诞不经，暴露出江户时代日本“国学”对外扩张的本相。

五、水户学的“尊王攘夷”

日本之复古神道思想旨在强调日本国之神性、天皇之神性。天皇统治日本就是天神统治日本，此种神统、皇统的神圣性无可比拟，且是宇宙间唯一。以故，天皇不仅应该统治日本，而且应该统治世界。复古神道国学深刻影响了继起的水户学，成为水户学神皇一体的国体论主干。

在日本，“国体”一词早已使用。在镰仓时代的承安二年（1172），宋朝人致日本人书信中，称日本为夷狄，遭到清原赖业的反驳。后白河法皇感叹：“若非如此，则勿能对内外昭示国体。”这里的“国体”尚无国家体制含义。据本居宣长记述：“最近栗山氏为此事极为愤慨，国家之光据说没有被那样表述，实际也是那个意思啊。”可见，直至江户初年，国体乃被视为“国家之光”。[①]

“国体”作为具有国家体制含义的词汇，始于水户学派栗山潜锋的《保建大记》（1688）。水户学，是指江户时代发端于水户藩的一个学术流派，因编纂《大日本史》凝聚而成，以朱子学为中心，发扬日本“国学”和神道，提倡尊皇思想和大义名分。代表人物有藤田幽谷（1774—1826）、藤田东湖（1806—1855）、会泽正志斋（1782—1863）等。激荡230余年的水户学成为幕末“尊王攘夷”运动的思想武器，但水户学派没有讨幕主张，因为该学派得到水户藩主德川光圀一系的扶持。

藤田父子是水户学之中坚。藤田幽谷撰写《正名论》，创发水户学之先声。藤田东湖的《弘道馆记述义》和会泽正志斋的《新论》，则代表着水户学之形成。

藤田幽谷的《正名论》鼓吹尊皇：“赫赫之日本，自皇祖开国以降，尊天为父，奉地为母，圣子神孙世继明德，神光照临四海。四海之中，尊之曰天皇。八州之广、兆民之众，虽有绝伦之力、高世之智，自古而今，未尝一日有庶姓篡夺天位者也。君臣之名，上下之分，端正且严明，犹天地之不可易也。以故，皇统之悠远、国祚之长久，舟车所至，人力所通，殊庭绝域，未有若我

① 王琪：《日本国体论源史考》，《哈尔滨工业大学学报》2007年第6期。

邦者也，岂不伟哉！”[①]

较之纯粹儒学家的藤田幽谷，其子藤田东湖在“尊皇”上更为激越。身为水户藩士的藤田东湖继承水户学创始者德川光圀的武士精神，从“士道”立场阐发学问大义，摒绝空疏，经世致用。或许这是水户学不独有内敛功力、更具实践品格的原因之一。水户学不囿俗套、杂糅诸学、开放进取、锋芒毕现，高扬“尊王攘夷”旗帜，深度介入现实政治。水户学“文武不岐”（藤田东湖语，即文武兼备）的取向，促成此学派从前期到后期发生由史纂向政论、由尊皇向攘夷转型。就外在环境而论，水户学对武力之注重，与西方列强叩响国门的警讯直接相关。

在《弘道馆记述义》中，藤田东湖进一步阐发神道所渲染的万世一系的神统皇统：“堂堂神州，天日之嗣，世奉神器，君临万方，上下内外之分，犹天地之不可易焉。然则尊王攘夷者，实志士仁人尽忠报国之大义也。”[②] 倡导“明伦正名，以藩屏于国家”；“集群思、宣群力，以报国家无穷之恩”。此与水户藩主德川齐昭（1800—1860）创建弘道馆（藩学）之宗旨完全吻合。这位雄才大略、开创水户学新格局的藩主，在《弘道馆记》中声称：“弘道者何？人能弘道也。道者何？天地之大经，而生民不可须臾离者也。弘道之馆何为而设也？恭惟上古神圣，立极垂统，天地位焉，万物育焉。其所以照临六合，统御宇内者，未尝不由斯道也。宝祚以之无穷，国体以之尊严，苍生以之安宁，蛮夷戎狄以之率服。”

“国体以之尊严”是《弘道馆记述义》之要目。其中，藤田东湖将“日本”这一国名尊称为“日本之大号”，纵笔写道：

> 日本之大号起于中世，而其所由来，盖亦尚矣。何以知之？维昔天孙降临下土也，相朝暾夕晖之所照耀，以为此地甚佳，乃始营皇居。景行帝幸子汤县也，以为是国直向日所出，因命之曰日向。成务帝定国郡也，东西为日纵，南北为日横。神皇爱纯阳光明之域，既已如此。且夫以天日经纬国郡，而我处其根本，凡四夷百蛮皆仰我末光，则日本之大

① 云川政藏：《皇道读本》，友吕岐村教育会 1941 年版，第 64 页。

② 盐谷温：《皇国汉文选》，目黑书店 1936 年版。

号实胚胎于此矣。

因其为日出之国，所以日本国体至尊至贵、人民皆怀忠君爱国之心，“夫日出之乡，阳气所发，地灵人杰，食饶兵足。上之人，以好生爱民为德；下之人，以一意奉上为心。至于其勇武，则皆根诸天性。此国体之所以尊严也”。在赞颂“国体”时，他特别提到“勇武”之民性民气实乃神授，是神国本质使然。此种贲张之尚武精神，恰与其武士身份相合——

> 抑所谓勇武者，非惟劲悍猛烈以逞其威，盖亦必发于忠爱之诚。请论其略。素戈鸣尊斩剑获剑，以为是神剑也，不可敢私。大己贵神献其平国之矛，曰：天孙若以此治国，必当平安。方是时，素戈鸣尊获罪于天祖，大己贵命将避国于天孙，而不啻不怨，朝廷乃献其宝器，以输奉上之诚。其忠爱之厚，何如也！若夫五濑命临薨，慷慨抚剑，以逆虏未灭为憾。日本武尊疾笃，寓怀于雄刀，发情于歌词，其感愤悲壮、从容娴雅，又复何如也！及至后世，士犹重廉耻、卑怯懦，以污名辱先为戒，忠义孝烈不乏其人。丹心血诚誓，天日贯金石，而其迹不迫、流风如馨、余情可掬者，皆上世遗俗所使然。要之，自有一种蔼然气象，非海外异邦所企及者。盖国体不得独尊严，必有资于天地正大之气；天地之气不得独正大，亦必有参于仁厚义勇之风。然则风俗之淳漓，国体之汙隆系焉。在上君子，岂可弗留心哉！

会泽正志斋是藤田幽谷门生，曾担纲弘道馆总教之职。其思想奇崛之处，在于将“攘夷”论推向极致，此不赘。会泽正志斋勤于著述，代表作当推吉田松阴力荐之《新论》。

在《新论》中，会泽正志斋强调首重“国体”，“以论神圣以忠孝建国，而遂及其尚武重民之说”。在追溯“教化之渊源”时，他指出：“昔者天祖肇建鸿基，位即天位，德即天德，以经纶天业。细大之事，无一非天者。比德于玉，比明于镜，比威于剑。体天之仁，则天之明；奋天之威，以照临万邦。迨以天下传于皇孙，而手授三器，以为天位之信，以象天德，而代天工、治天职，然后传之千万世。天胤之尊严乎，其不可犯。君臣之分定，而大义以明矣。”神统即皇统，神皇一体的尊皇论（国体论）凸显天皇中心主义，进而日本中心主义顺势而出——

> 神州者，太阳之所出，元气之所始。天日之嗣世御宸极，终古不易。固大地之元首，而万国之纲纪也。诚宜照临宇内，皇化所暨无有远迩矣。

在会泽正志斋看来，日本能够成为世界“中心”，实因“国体”卓绝（“祭政一致”“政教一元”），举世无双。按照会泽正志斋的诠释，天人合一、忠孝合一、祭政合一，均为日本国体之特性，亦为日本国体之精粹。

会泽正志斋在捍卫天皇中心主义、日本中心主义的同时，提出“国体在民心”之说，具有民本倾向，从而在思想的力度上超越仅存“尊皇”念想的所有“国体论”者。有人将《新论》与法国启蒙思想家卢梭的《民约论》相提并论。

六、结　语

日本江户时期的国学流派众多，其发展对之后的日本政治和文化思想产生深刻影响。从“国学”到“水户学”，促成一个重要的思想——日本中心主义的形成，其核心框架，如日本乃日出之神国，日本万世一系统治者乃天神后裔，日本地位超越万国之上，日本应该统驭世界，等等，对于之后的幕府末年外拓谋略的形成、明治维新的改革目标以及后世军国主义的嚣张，提供了历史基因，深刻地影响了后世日本的发展方向。

中日间关于对方国情的“信息不对称”*

一、日本详于“知中”，中国略于“知日”

处于汉字文化圈外缘的日本，自古即以研习中国文化为基本功课，而与此同时，中国对日本这个东瀛岛国则颇不经意。

时至近代，日本以中国为主要拓殖对象，搜集中国情报更成要务，遂有长期运行的禹域考察与研究。中国却继续陶醉于天朝上国迷梦，视日本为“蕞尔小国”，不屑一顾。

于是，从古代到近代，日本的中国认知走向广博精深，颇得孙子兵法“知己知彼、百战不殆”之精髓。反观中国，却轻慢日本，对其了解满足于大而化之，以致形成中日间关于对方国情严重的“信息不对称”。

清末洋务思想家、外交家薛福成（1838—1894）较早指出应当重视日本。他于中日甲午战争爆发前夕说：

> 东方诸国足以自立、足以有为者，惟中国与日本而已。①

这种判断远超当时忽视日本的习俗之见，可谓卓识。薛氏进而回顾中日关系起伏跌宕的历史，尤其言及近代日本“百务并修，气象一新，慕效西法，罔遗余

---

* 本文笔者撰，刊于冯天瑜、任放著《日本对外侵略的文化渊源》，高等教育出版社 2017 年版。

① 薛福成：《〈日本国志〉序》，黄遵宪著，吴振清、徐勇、王家祥点校整理：《日本国志》，天津人民出版社 2005 年版，上卷卷首第 1 页。

力”，而中国对此却“懵然罔省”。深怀危机感的薛氏吁请“究心时务”者用力关注日本。[①]

较早发现中日关于对方信息严重不对称的先觉者，是清末出使日本的诗人外交官黄遵宪（1848—1905，字公度）。他撰于19世纪80年代的巨著《日本国志》，真切揭示了日本处心积虑考析中国、中国对日本却茫然少知的情形。黄氏在《〈日本国志〉叙》中坦陈中国人“不知日”：

> 昔契丹主有言：我于宋国之事纤悉皆知，而宋人视我国事如隔十重云雾。以余观日本士夫，类能读中国之书，考中国之事。而中国士夫好谈古义，足己自封，于外事不屑措意，无论泰西，即日本与我仅隔一衣带水，击柝相闻，朝发可以夕即，亦视之若海外三神山，可望而不可即。若邹衍之谈九州，一似六合之外，荒诞不足论议也者，可不谓狭隘欤！虽然，士大夫足迹不至其地，历世纪载又不详其事，安所凭借以为考证之资，其狭隘也亦无足怪也。[②]

薛福成赞同黄氏看法。他在《〈日本国志〉序》中指出：

> 近世作者如松龛徐氏（《瀛环志略》作者徐继畬——引者）、默深魏氏（《海国图志》作者魏源——引者），于西洋绝远之国尚能志其崖略，独于日本考证阙如。或稍述之而惝恍疏阔，竟不能稽其世系疆域，犹似古之所谓三神山者之可望不可至也。[③]

这篇撰于光绪二十年（1894）春三月的文章，今天读来格外具有历史寓意。该文写就仅数月之后，中日甲午战争爆发，日本大胜清国。中国之败，原因是多重的，而轻视日本、知日本甚少，是不可忽略的一条。

---

①③ 薛福成：《〈日本国志〉序》，黄遵宪著，吴振清、徐勇、王家祥点校整理：《日本国志》，天津人民出版社2005年版，上卷卷首第1—2、2页。

② 黄遵宪著，吴振清、徐勇、王家祥点校整理：《日本国志》，天津人民出版社2005年版，上卷卷首第4页。

二、《日本国志》成书十年，久不流通意味着什么

自古以来，中国对日本的认识远少于日本的对华认识，梁启超说："中国人寡知日本者也。"①

中国近代开始有少数学人用心于日本研究，清朝驻日参赞黄遵宪为其中翘楚。黄遵宪在日本做了大量调查，1879 年开始撰写，于 1887 年完成 50 余万字的典制体巨著《日本国志》。该书全方位记述日本历史流变，重点放在明治维新以来的各项规制，此为中国人撰写的第一部详尽的日本史（重点在明治维新史）著作。但黄氏作品并未受到清廷重视。黄遵宪曾将《日本国志》抄本先后递呈主持外交的北洋大臣李鸿章（1888）、两广总督张之洞（1889）、驻英公使薛福成（1894），并请李、张备咨径送总理各国事务衙门。②

李鸿章 1888 年的"禀批"称："该道所著《日本国志》四十卷，本大臣详加披览，叙述具有条理，如《职官》《食货》《兵》《刑》《学术》《工艺》诸志，博稽深考，于彼国改法从西，原委订正，尤为赅备，意在于酌古之中为匡时之具，故自抒心得，议论恢奇，深协觇国采风之旨。虽日本模仿泰西仅得形似，未必志一国而能赅五部洲之形势，然于东瀛政教图经言之凿凿，如在目中，亦有志之士矣。……明隆庆间黄少詹洪宪奉使朝鲜，睹其先世实纪，归作《朝鲜国记》。今此书详瞻过之，洵足与前贤颉颃也。"李鸿章对《日本国志》似乎评估不低，却并未意识到其重要性。"禀批"流露出小视日本威胁严重性的大国心态（"日本模仿泰西仅得形似"），连带着贬低《日本国志》的价值（"未必志一国而能赅五部洲之形势"③），遂将黄著束之高阁达六年之久，而这六年正是日本积极备战攻击中国的关键时段。

张之洞 1889 年"咨文"称："查该道籍隶广东嘉应州，随使日本最久，于该国情形向称熟悉，又能留心时事，搜访纂辑，遂有成书。详阅所呈《日本国志》，条例精详，纲目备举，寄意深远，致功甚勤。且于外洋各国风俗政事，

①③ 黄遵宪著，吴振清、徐勇、王家祥点校整理：《日本国志》，天津人民出版社 2005 年版，下卷第 1008、1006 页。

② 黄遵宪《日本国志》被忽视十年有关情节，参见冯天瑜：《中国文化生成史》上册之导论，武汉大学出版社 2013 年版，第 23—25 页。

俱能会通参考，具见究心时务。……查光绪甲申年贵衙门所刊姚文栋《日本地理兵要》，所载兵籍于陆军但存兵数，海军存舰名而已。视黄《志》通叙兵制，详略相去奚啻什伯。……二书皆有用之作，惟详备精核则姚不如黄。”[①] 张之洞对黄著评价甚高，但他时任两广总督，非中枢要员，不便推介《日本国志》，实际上仍是将黄著束之高阁。

出使英伦的薛福成 1894 年获黄遵宪寄送之《日本国志》，一读之下，高度肯认，慨然应允为之作序。序文赞曰：

> 此奇作也！数百年来鲜有为之者。自古史才难，而作志尤难。盖贯穿始末，鉴别去取，非可率尔为也。而况中东睽隔已久，纂辑于通使方始之际乎？公度可谓闳览劬学之士矣。速竣剞劂，以饷同志，不亦盛乎？他日者家置一编，验日本之兴衰，以卜公度之言之当否可也。[②]

薛福成读《日本国志》并作序，已在中日甲午战争爆发前夕。他自英国返回中国后不久病逝，亦不可能促成《日本国志》出版。

如此，著于 19 世纪七八十年代的《日本国志》因总理衙门敷衍塞责，被搁置十年。直至甲午战败，“国人始知日本之可畏，与其谋我之亟，而我门户大开，弱点尽露”，这才想起《日本国志》之存在。总理衙门唯一认识《日本国志》价值的袁昶（1846—1900）叹曰：“此书稿本送在总署，久束高阁，除余外无人翻阅。”时任章京的袁氏指出，若其书早早流布于世，国人知晓日本，预作准备，不致惨败，可省赔款二万万白银。[③]

甲午战后之 1896 年，梁启超亦有同感：

> 中国人寡知日本者也，黄子公度撰《日本国志》，梁启超读之，欣怿咏叹黄子，乃今知日本，乃今知日本之所以强，赖黄子也。又懑愤责黄

① 黄遵宪著，吴振清、徐勇、王家祥点校整理：《日本国志》，天津人民出版社 2005 年版，下卷第 1007 页。

② 薛福成：《〈日本国志〉序》，黄遵宪著，吴振清、徐勇、王家祥点校整理：《日本国志》，天津人民出版社 2005 年版，卷首第 2 页。

③ 参见黄遵宪著，吴振清、徐勇、王家祥点校整理：《日本国志》，天津人民出版社 2005 年版，上卷“前言”第 6—7 页。

> 子曰：乃今知中国，知中国之所以弱，在黄子成书十年，久谦让不流通，令中国人寡知中国，不鉴不备，不患不怵，以至今日也！……日本立国二千年无正史，私家纪述秽杂不可理，彼中学子能究澈本末、言之成物者已鲜，矧乃异域绝俗，殊文别语，正朔服色、器物名号、度律量衡靡有同者，其孰从而通之？且夫日本古之弹丸，而今之雄国也，三十年间以祸为福，以弱为强，一举而夺琉球，再举而割台湾。此土学子鼾睡未起，睹此异状挢口纤舌，莫知其由，故政府宿昔靡得而戒焉。以吾所读《日本国志》者，其于日本之政事、人民、土地及维新变政之由，若入其闺闼而数米盐，别白黑而诵昭穆也。其言，十年以前之言也，其于今日之事若烛照而数计也。又宁惟今日之事而已，后之视今，犹今之视昔，顾犬补牢，未为迟矣。……敢告读是书者：论其遇，审其志，知所戒备，因以为治，无使后世咨嗟而累欷也。①

当然，如前所述，黄子成书十年未为人知，并非由于黄遵宪“久谦让不流通”，而是朝廷麻木，将其束之高阁，以致贻误国人了解强敌日本的时机。

不独《日本国志》，半个世纪前之《海国图志》亦遭遇同样命运：在中国，冷遇之；在日本，热习之，因此对中日两国近代命运产生殊然不同的影响。②

由甲午战败刺激而奋起的戊戌变法诸君子，对《日本国志》青睐有加。康有为的变法条议及所撰《日本变政考》多采自该书，光绪帝向翁同龢索要该书，变法期间之改革诏令基本承袭该书所载日本维新之举措，更遑论黄遵宪在湖南亲自策划新政，开风气之先。此为后话。

三、疏于“知日”的状况现代未获根本扭转

经过甲午惨败，中国觉醒者开始考析日本，旅日学者和留日学生撰写一批介绍日本的文字，然详尽而有深度者甚少。知日颇深的戴季陶（1891—1949）

---

① 梁启超:《日本国志后序》,《饮冰室合集》第1册“文集”（二），中华书局1989年版，第50—51页。

② 参见张晓刚、国宇:《〈海国图志〉与日本世界观念的重构》,《北华大学学报（社会科学版）》2010年第5期。

1928年说：“中国到日本去留学的人也就不少了，准确的数目虽然不晓得，大概至少总应该有十万人。这十万留学生，他们对于‘日本’这个题目有怎么样的研究，除了三十年前黄公度先生著了一部《日本国志》而外，我没有看见有甚么专论日本的书籍。”①

就总体而言，中日间信息不平衡的格局现代仍未改变。戴季陶在研究日本问题时曾大发感叹：

> 我们试跑到日本书坊店里去看，日本所做关于中国的书籍有多少？哲学、文学、艺术、政治、经济、社会、地理、历史，各种方面，分门别类的，有几千种。每一个月杂志上所登载讲“中国问题”的文章有几百篇。参谋部、陆军省、海军军令部、海军省、农商务省、外务省、各团体、各公司，派来中国长住调查或是旅行视察的人员，每年有几千个。单是近年出版的丛书，每册在五百页以上、每部在十册以上的，总有好几种。一千页以上的大著，也有百余卷。“中国”这个题目，日本人也不晓得放在解剖台上解剖了几千百次，装在试验管里化验了几千百次。我们中国人却只是一味地排斥反对，再不肯做研究工夫，几乎连日本字都不愿意看，日本话都不愿意听，日本人都不愿意见。这真叫做“思想上闭关自守”“智识上的义和团”了。②

戴氏揭示了国人的一种偏执情绪：将抵抗日本侵略混同于“排日”。日本侵略中国，国人自应“抗日”，但有效的抗日必须“知日”，必须向强敌学习，那种非理性地拒绝了解日本的一切，只会因失于“知彼”而陷入被动挨打。再从发展中日友好关系而论，更应当详悉日本的历史与现状，像日本人熟知中国文化一样，研习日本文化。

有论者将昧于“知日”、盲目“排日”的看法称为“高调的日本观”，这样的日本观有相当市场，其根源在于中日之间的信息不对称。“中日近代最终摊牌之前（中日甲午战争前），中日关系处于信息不对称状态长达两千年之久。

①② 戴季陶：《日本论》，海南出版社1994年版，第14—15、15—16页。

这种信息不对称导致中国对日本的忽视，进而是漠视和不信任。”①

从历史的时序看，汉唐以来，在信息不对称状态下，中日关系早就埋下最终爆发全面冲突的基因。信息不对称下的中日关系表现为中国对日本的忽视和无知：“徐福东渡”传说埋下高调处理对日关系的种子；汉魏时期的朝贡造就了中日关系的单向性；隋炀帝时期日本开始追求平等身份被中国忽视；唐初中日角逐朝鲜半岛，“白川江之役”日本战败，转而学习大唐，中国产生对日本的优越感，再次忽视日本的雄心；……明朝初年日本已经不为中国信任，倭寇乱华加深了这一情结，又阻止了中国真实地了解日本；丰臣秀吉侵略朝鲜是其侵略中国、挑战东亚朝贡体制的战略尝试，中国开始关注日本但并未作为假想敌；明末日本暗中迫使琉球称臣朝贡，中方不知；清初日本武士道精神勃发，伴随着对大陆的侵略野心宣传，中国仍不知；明治维新后至中日甲午战争前，日本做好侵略中国的政治、军事和文化心理准备，中国于此仍知之甚少。中国对日本的长期漠视，对日本的自尊进而演变为对大陆的野心并未有足够的认识，及至清末才开始扭转朝贡体系意识、建立与日本的对等民族国家关系，然从军事上准备和日本决战，已是很晚、很被动的了。

近代日本出于推行“大陆政策”的需要，全方位开展中国调查，对中国历史、现状了解细致，在中国国情的掌握上追求“反客为主”，其中也形成若干扭曲的映像。反观中国，对日本历史、现状了解比较粗率，对本国的国情、地情认识也往往大而化之，由此带来的后果，已清清楚楚地记录在近代史上。

改变中日间关于对方认知度的不平衡现象，是今之国人的一项无可推卸的职责。仅从学术层面而言，在调查研究的基础上，拿出深具历史感和现实洞察力的考析日本、探讨中日关系的论著，已经时不我待。有了这样的成果，方可与日本长期以来考析中国的论著在切磋、辩难中，彼此理解、相互补充，这是形成健全的中国观、日本观、中日关系观的认知基础。筑牢这一认知基础，有助于消弭中日之间对于对方认识的非理性误区，这对中日双方都将有所裨益。

① 李扬帆:《中国近代之败，实为意识之败——两千年中日交往史的反思》,《同舟共进》2009年第7期。

日本的历史教科书问题 *

战后日本右翼膨胀，在对待日本发动侵略战争问题上，除了守住“天皇无罪论”这条底线外，主要体现在两个层面：在官方，不断有政府首脑、阁僚及高级官员、国会议员发表否认侵略战争罪责的言论，参拜供奉着甲级战犯的靖国神社；在民间，存在着各类美化侵略战争的团体，具有右翼倾向的学者刊发相关论著，并致力于修订、编纂历史教科书，旨在向年轻一代灌输错误的历史观。[①] 自20世纪八九十年代开始，这官民两股右翼势力相互配合，力量骤增，咄咄逼人，几可左右日本国之时论，乃至挑起国际争端。

一、历史教科书问题由来

论者多将战后日本篡改史实的教科书问题的焦点定格为1982年。是年，日本教科书将“侵略华北”“全面侵略中国”改为“进出”中国，把“南京大屠杀”改为“占领南京”，引起世界哗然。

其实，教科书问题由来已久。早在1955年，民主党（自民党前身）的某些右翼分子发表《可忧虑的教科书》一文，建议将中小学教科书中的日本“战败日”改为“休战日”；1958年，文部省在审定教科书时，将日本军队入侵中国改写为“进入中国大陆”；1969年，文部省删掉教科书中有关反省战争责任的文字，等等。

20世纪八九十年代以降，随着右翼势力的膨胀，教科书问题亦随之成为

---

* 笔者于世纪之交的数年在日本讲学，关注日本的历史教科书的战争观问题，其思考记于本文。本文为笔者与任放合撰《日本对外侵略的文化渊源》（高等教育出版社2017年版）之章节。

① 参见［日］藤原彰著，步平译：《日本人的战争认识》，《抗日战争研究》1999年第4期。

时论的中心议题之一。2001 年 4 月 3 日，日本文部省公布审查通过的翌年中学历史教科书名单。在 8 家出版社中，就有右翼组织“新历史教科书编纂会”编纂、扶桑社出版的《新历史教科书》。该教科书出炉，堪称日本右翼篡改历史教科书之典型案例。战前日本的历史教科书由官方编定，战后改为审定制，即每家出版社都可以编写，每 4 年由文部省审定 1 次。大体上，战后日本篡改历史教科书的行为（旨在掩盖、否定或美化日本的侵略史实）主要有 3 次，即 1955 年、1982 年、2001 年。2001 年日本官方（文部省）审定的右翼教科书具有典型性。这次审定的 8 种中学历史教科书，除了《新历史教科书》，另外 7 种均删减了南京大屠杀、慰安妇等暴露日军罪恶的内容。

二、《新历史教科书》篡改历史举证

综览 21 世纪初日本诸种中学历史教科书，皆不同程度有淡化侵略的做法，尤以扶桑社出版的《新历史教科书》最为系统。以下对该书最有争议的部分（第 4 章“近代日本的建立”、第 5 章“世界大战与日本”），择其要者予以指证，以见其歪曲历史之实：

（1）关于近代日本军国主义的“圣典”《教育敕语》。该教科书给予正面评价：“1890 年，在国会召开之前，天皇发布了《关于教育的敕语》（教育敕语）。这是训敕日本国民应具备近代国家国民应有的知识，主张孝顺父母、效忠国家等。在 1945 年（昭和二十年）大战结束前一直为各级学校所采用，塑造了近代日本人的人格基础。”

（2）关于 1874 年日本入侵台湾。该教科书称之为“台湾出兵”，声称“琉球不论在人种或语言都与日本同一源流，不过向来是半独立国，同时臣服于日本与中国”。“这次冲突反映出尚未具有近代国民国家观念的清政府，与业已具备国境概念之近代国民国家日本意识的差距，这是最早的代表性事件。”

（3）关于日本由觊觎、干涉到吞并朝鲜半岛。该教科书将朝鲜半岛称为“日本的安全保障”，指出“请看看东亚的地图，日本是稍微偏离欧亚大陆，漂浮于海上的岛国，面向日本的朝鲜半岛则像是一只从大陆伸出来的手腕。当时，朝鲜半岛若落入与日本敌对大国之手的话，就会变成攻击日本的绝佳基地，对没有腹地的岛国日本而言，要防卫是很困难的”。拥有朝鲜宗主权的是清朝，但“更可怕的大国，即为了寻找不冻港，开始将目光转移到东亚来的俄国”。因此，“日本政府认为在俄国势力达到朝鲜之前，亟须促使朝鲜与各国签订中立国条约，且为了保障朝鲜的中立，日本更必须加强军备”；“朝鲜能不受外国支配，成为拥有自卫能力的近代国家，有助于日本的安全”。问题在于，“清朝以另类的眼光看待东亚的局势……开始以日本为假想敌”，企图“削弱日本的影响力”；北洋舰队到访长崎，是为了“展现军事实力，向日本施压”，最终导致两国交战（中日甲午战争）。日俄战争后，“日本政府认为为了日本的安全以及防卫满洲权益，有合并朝鲜的必要”；“韩国国内也有部分愿意合并的声音”。这不啻说，将朝鲜半岛变成日本的殖民地，是正义行为，而且是朝鲜人自己的想法！

（4）关于中日甲午战争胜败及其性质。该教科书称“战场除了在朝鲜外，还扩及南满洲，日本不论海战或陆战都获得压倒性的胜利。究其胜利的原因，包括军队的训练、纪律、新武器的装备较为优越等，但最根本原因是日本人已经培养成懂得为国家献身的‘国民’之缘故”。对于俄、德、法“三国干涉还辽”，作者视为日本之耻，将其比喻为“卧薪尝胆”，“自此日本全国上下努力充实国力，以求与俄国一战，以便雪耻”。至于这场战争的性质，该书总结道：“甲午战争是以仿效欧美锐转为近代立宪国家的日本与中华帝国之间的对决”，这完全是福泽谕吉关于中日甲午战争是“文野之战”论点的照搬。

（5）关于日俄战争。该教科书将日本的胜利称为“改变世界的日本胜利”，指出“日俄战争是关乎日本存亡的重大战争。日本因战胜，才确保了本国的安全。才跻身近代国家行列不久的有色人种国日本，打败了当时世界上最大的白人陆军帝国俄国，此一事实也带给世界上其他还被压迫、渴慕独立的民族无穷的希望”；“因日本胜利而勇气倍增的亚洲国家，兴起民族主义（爱自己的国家，强调国家利益的思想和立场）的思潮。像土耳其和印度这些遥远的国家，他们单纯地怀着对日本的敬意和共鸣”。在这里，人种优劣论（尤其是日本民族优越论）开始浮出水面。这与希特勒法西斯主义的人种论并无区别。1907 年日俄协定签订。该教科书写道：“根据此协定，日本承认俄国的外蒙支配权及其在北满的势力范围；俄国则承认日本的韩国支配权以及在南满的势力范围。”两个帝国主义国家瓜分中国之嘴脸于斯毕现。作者不仅没有进行丝毫的批判，而且站在日本“安全”的角度予以肯定，“俄国南下的威胁，至此告一段落”。

（6）关于八国联军时期的日本。该教科书提及日本驻华公使小村寿太郎（1855—1911），强调“他在义和团事件的处理上确保了日本与列强同等的地位”。如前所述，日本是八国联军中获取最大利益的侵略者。

（7）关于20世纪30年代法西斯军部的崛起。该教科书以“得到人民的拥护”为名，替军部掌控国家进行政治辩解，称“军人介入政治是违反明治宪法，也是《军人敕谕》（1882年，明治天皇对军人的训示）中所告诫的。但在经济不景气、社会不安的情形下，由于无法处理中国的排日运动以及满洲权益所受到的威胁，军中便有一些中坚将校团体对政党政治极度不满，想要在政府之外独断独行。因此当军方出面干预政治，人民也逐渐对军方寄予厚望……国民对政党政治也日渐不满”。

（8）关于中国东北的所谓日本权益。该教科书写道：“由于日俄战争的胜利，日本租借满洲南部的关东洲，并从俄国继承南满铁路（满铁）的经营权”；“昭和初期，已有20万以上的日本人住在满洲。为了保护他们的安全以及关东洲和满铁的治安，有1万名的陆军部队（关东军）驻扎在此”。

（9）关于南京大屠杀，仅记述为“12月占领南京时，由于日军进攻，民众也出现了很多伤亡者，这就是南京事件”，并称“东京远东国际军事法庭的审判认定，日军在1937年（昭和十二年）南京攻克战中，杀害了20多万名中国民众。但是，根据当时的资料，南京那时人口只有20万，在日军攻克南京一个月后，人口增加到25万人。除此之外，这个事件的疑点多，其争论持续至今，因为在战争中即使杀了一些人也不算是大屠杀”。

（10）关于日本多次发动侵略战争。该教科书写道：“战争是悲剧。然而，战争难分善恶。不能说哪方是正义的，哪方是非正义的。它只是国与国之间利益摩擦的结果，当政治上解决不了的时候，作为最终手段只能发动战争。”

（11）关于“九一八事变”、日本在华北驻军和伪“满洲国”。该教科书称：“九一八事变与日本政府的政策无关，是日本陆军先遣部队关东军所发动的战争。……一些对政党政治强烈不信任，对政府弱势外交方针不满的国民却热烈地支持关东军的行动，并捐献220万元给陆军。”它将卢沟桥事变前后日本在华北的驻军称为“合法”，“日本还在北京周围部署4000人的驻屯军。这是根据义和团事件后，列强与中国所缔结条约上的权利”。至于伪“满洲国”，“满洲国以五族共和、建设王道乐土为口号，再加上日本重工业的进驻，经济逐渐成长，大量吸引包括来自中国等地人口的移入”。

（12）关于日本偷袭珍珠港和太平洋战争。该教科书将日本挑起太平洋战争，称赞为“提振国民精神”之举：“日本的海军机动部队空袭美国停泊于夏威夷珍珠港的太平洋舰队，舰艇一一沉没，飞机也完全烧毁，战果辉煌。当此消息报导出来时，日本国民的精神为之一振，中日战争长期笼罩的阴霾也一扫而空。第一次世界大战以来，一直积极培养实力的日本终于与美国对决了。”在描述日军在“大东亚战争”开始后仅 100 天左右，到处击败美、荷、英军之后，作者纵笔写道：“这是与数百年来受制于白人殖民统治之当地人的合作下所获得的胜利。日本这一连串的胜利，带给东南亚和印度人追求独立的梦想和勇气”；“战争初期，日军击败同盟国的军队，使长久受到欧美殖民统治的亚洲人勇气倍增”。日军成了亚洲国家谋求独立的“救世主”，“这些地区战前就有独立运动，不过日军的进驻，无疑是亚洲各国能够提早独立的关键因素之一”。又说：

> 日本政府把这场战争称为大东亚战争（战后由于美国禁用这个名称，所以改称太平洋战争）。日本宣称战争的目的是求日本的自卫，以及建设“大东亚共荣圈”，打破欧美国家对亚洲的控制。[①]

对于“玉碎”的日军，作者给予高度的褒扬，“大阿留申群岛的硫磺岛上，仅有 2000 名日军守备队与 2 万美军相对抗，尽管弹尽粮绝，仍继续抵抗，牺牲到底。尔后日军从南太平洋经新几内亚，到中部太平洋的马里亚纳群岛等战役中，都未曾投降，一个接一个壮烈牺牲”；1944 年 10 月，“日军展开震惊全世界的作战方式，在莱特湾海战中，‘神风特攻队’对美国海军船舰进行有组织的冲撞攻击。走投无路的日军以必死之决心，不断用飞机和潜水艇去冲撞敌舰。光是飞机，数目就超过 2500 架”；1945 年 4 月，“在琉球战役中，铁血勤皇队的少年和姬百合部队的少女们都勇敢参与作战，有九万四千名普通百姓丧命，将近 10 万名士兵战死”。

（13）关于 1943 年 11 月日本召集的企图建立所谓“大东亚共荣圈”的大东亚会议。该教科书给予肯定的评价：“为了寻求亚洲这些地区的协助，并表

① 黄自进：《日本中学新版历史教科书摘译》，《亚太研究论坛》第 25 期（2004 年 9 月）。

示团结，1943 年 11 月，召集这些地区的代表群聚东京，举行大东亚会议。会议上发表大东亚共同宣言，主张各国独立自主、合作发展经济、废止种族差别等，阐明日本的战争理念。这些都是为了与同盟国的大西洋宪章相对抗。”

（14）关于“战争的悲剧”。在“战争与现代的关系”专栏，作者论及“战争的悲剧”，认为“以往历史上没有一国不对没有武装的百姓加以杀害的，日本也不例外。日军在战争中所进攻的地区，对所俘虏的敌国士兵和百姓进行不当的虐待与杀害。另一方面，也有许多日本士兵和百姓牺牲。例如第二次世界大战末期，苏联入侵满洲，抢劫及杀害日本一般的市民，而且还俘虏了约 60 万的日本人到西伯利亚去，令彼等从事苛刻的劳动，为此约有 1 成的人因而死亡。此外，美军还对日本进行无差别的轰炸，甚至投下原子弹，造成大量的死伤”；“美军自 1944 年（昭和十九年）秋天开始空袭日本。1945 年 3 月，美军的 B29 轰炸机成群地空袭东京的江东地区，造成约 10 万人死亡（东京大空袭）。美军尔后更依人口的多寡，逐一轰炸全国的都市。孩童为躲避危险，都与父母分开，疏散到地方的寺庙”。不难看出，作者所强调的，不是日本作为“加害者”的罪行，而是渲染日本作为“被害者”的悲惨遭遇。至于日本军国主义所犯下的滔天罪行（慰安妇、731 细菌部队、“三光政策”等），则不着一笔。

问题的关键是，该教科书否认历史的真实性，否认“信史”的存在。西尾干二在“序言”中称，“或许很多人以为学习历史是要知道过去的事实。但是未必如此。学习历史乃是重返历史现场，了解以前的人是怎样思索人生”；“说学习历史未必是了解过去的史实，这也是因为要充分、正确地了解过去的史实是不可能的。某年某月某日发生某种事件，或某人死亡，这样的史实是可以明确掌握的，这也是在地球上任何一个角落都可以取得共识的客观事实。然而，即使一一正确地了解这些史实，也只能说是掌握了史实记录，还不是历史。究竟为什么发生这些事件？某人的死对历史有什么样的影响呢？唯有这样的思考才可以说掌握了历史的精髓。但是如此一来，因人、因民族、因时代，而有不同的思考方式和感受，因此要明确勾勒出一个历史史实是很困难的”；“历史因民族而异是当然的。世上有多少个国家就有多少份不同历史，这是事理之常，不必大惊小怪。再者，历史因人、因时代而异，并非是恒一不变的”。言下之意，历史事实（史实）难以复原，而且复原并不重要，关键是后人的“思考方式和感受”；因为写史者所属之民族、写史者所处之时代千差万别，所以历史可以不断改写，无所谓“信史”。西尾干二又说，“所谓学习历史并不等于以今天时代的标准断定或控诉过去的不公正、不公平。过去各个时代都有它特定的善恶标准、特定的幸福观”；“请不要认为历史是有固定标准的，请不要以善恶衡量历史，也不要以今天的道德标准来审判历史。请以自由、不带成见的眼光来观察历史，从各样的观点慢慢培养对历史的认知。如此一来，你自然就能领会历史的趣味了”。[①] 这番议论公然否定善恶是非的价值判断，无疑是对人类良知的践踏，是对人性原则的背叛。任凭主观意志书写历史，这样的“历史趣味”除了错谬和低劣，没有其他。

三、挑战“东京审判史观”，变日本加害者身份为受害者身份

该教科书的最后部分，再次攻击“东京审判史观”，声称“日本的领土从未遭受外国军队的蹂躏，当以外国为学习目标时，却是一个不会丧失独立自尊心的幸福国家。但自从大东亚战争（太平洋战争）失败以来，已丧失这些特色。由于无差别的轰炸以及原子弹的袭击，全国约有 70 万平民被杀。战后日本人虽然致力于经济的恢复，建立世界屈指可数的地位，但却无法恢复自信”[②]。这种煽动日本是战争“被害者”的做法，旨在鼓动反常的民族主义情绪，逼迫政府“向右转”。[③] 如果说，日本人无法恢复自信是因为侵略战争的失败，那么，应该谴责的正是发动对外扩张战争的日本军国主义者，而不是战胜日本侵略者的世界反法西斯力量，更不应该将仇恨的对象对准“东京审判”。

教科书作者还高举狂傲的“大日本主义”旗帜，声称“今天已经没有可资学习和模仿的对象，日本人必须一切仰仗自己，但很可惜地，战争失败的创伤迄今还未痊愈”；日本今后“不得盲目地学习外国，盲目地把外国当作榜样，否则将会培养出一些丧失独立自尊心、成为无所适从的国民”。因此，“最重要的就是要有自我认知”。[④] 试问：否定过去的侵略历史，能够获得正确的“自我认知”吗？

在论及远东国际军事法庭“为期 3 年半对战时负责指挥的军人和政治家以

---

①②④ 黄自进：《日本中学新版历史教科书摘译》，《亚太研究论坛》第 25 期（2004 年 9 月）。

③ 日本人习惯于站在“被害”的立场去认识战争，缺乏对侵略战争性质的意识，即“加害”责任意识。参见［日］藤原彰著，步平译：《日本人的战争认识》，《抗日战争研究》1999 年第 4 期。

'侵犯和平罪'的罪名进行审判"时，教科书刻意写下"按语"，称"这次审判以日本违反九国公约及非战公约为由，然而这些条约并未规定对违约的国家及其领导人要予以审判"。紧接着，作者举出了否定"东京审判"的理由：

> 所谓"侵犯和平罪"是指发动自卫战以外的战争。但以这样的罪名处罚国家的领导人，是史无前例的。再者，审判官全都是由战胜国所选出，而在进行审理时，对检察官所列举之证据多半是照单全收。相对地，对辩护律师所申请的证据调查却多半驳回。东京审判法庭中唯一的国际法专家，印度的拉塔·比诺得·帕尔法官就认为，这次审判欠缺国际法上的根据，主张被告全部无罪。但是GHQ不许公布这位帕尔法官的意见书，不许众人对审判有所批评。
>
> 今天仍有人怀疑这个审判在国际法上的正当性。不过也有人认为这显示了国际法朝向世界和平的新发展，而持肯定的意见。①

在这段话的下面，作者专就"南京大屠杀"写了这样的"按语"："这次东京审判认定日军在1937年（昭和十二年）占领南京时，杀害了许多中国人民（南京事件）。但有关这件事的真实状况在资料上仍存有疑点，有各种不同的见解，今天仍是争论所在。"② 这是假借所谓"资料有疑点"来否定"南京大屠杀"的存在，是右翼惯用的伎俩。"南京大屠杀"是日本右翼的"痛点"，是中日之间关于历史认识展开激烈交锋的核心议题。否定了"南京大屠杀"，也就否定了日本侵略之本质，否定了中国人民浴血奋战之正义性。

在日本右翼眼里，认定"南京大屠杀"的远东国际军事法庭是非法的（缺

---

① 黄自进:《日本中学新版历史教科书摘译》,《亚太研究论坛》第25期（2004年9月）。按，该教科书并非"满纸荒唐言"，在若干地方也有确当表述。例如，关于"九一八事变"的导火索"柳条湖事件"（满铁铁轨被人炸坏），作者坦陈这是日本方面"捏造的"，"关东军指称是中国方面所为，立刻占领满铁沿线的都市。但实际上是关东军自己破坏的"；关于"大东亚共荣圈"，作者写道"在大东亚共荣圈下，因强制执行日语教育与参拜神社，引起当地人民强烈的反感。此外，当战局恶化时，日军也常常要当地人从事严苛的劳动"；关于"战争的灾难"，作者指出"沦为战场的亚洲地区，人们也遭受极大的损害和痛苦。尤其是中国的士兵和民众，由于日军进攻而牺牲惨重。此外，菲律宾和新加坡等地也为了抵抗日军，有许多抗日游击队和民众死亡"。虽然这类轻描淡写不能改变整本教科书的严重右倾色彩，但也说明某些右翼分子并未完全丧失理性，面对历史只能道出一二分真实情形。另参见王春良:《论日本"历史教科书"事件》,《山东教育学院学报》2004年第6期。

② 黄自进:《日本中学新版历史教科书摘译》,《亚太研究论坛》第25期（2004年9月）。

乏国际法的支撑），该法庭进行的“东京审判”是战胜国（以美国为首）对战败国（日本）类似“群狼进攻”型的污辱性审判，是“成王败寇”式的毫无客观立场、亦无公正可言的强迫性审判。东京审判让日本罩上了“我有罪”“我是战争罪犯”的紧箍咒，其影响是灾难性的。驻日盟军总司令部（GHQ）“透过报纸、杂志、广播、电影，宣传日本发动战争的不当。这些宣传及东京审判，使日本人对日本发动战争之行为有强烈罪恶意识，这些皆影响了战后日本人对历史的看法”。因此，必须全盘推翻东京审判的结论，必须从法理上否定东京审判的正当性，必须颠覆基于东京审判的强调日本是侵略者的“东京审判史观”。总之，“东京审判史观”对日本人来讲就是“自虐史观”。与之对应，应该大力宣扬“大东亚战争肯定论”“自卫战争史观”“亚洲解放论”（又称“解放战争史观”），“侵略有理史观”“靖国史观”等。[①] 因此，必须重新编写历史教科书，必须站在日本人的立场重新言说那段历史。

2005 年 4 月，文部省宣称：经指示修改后，《新历史教科书》审定“合格”。虽然编纂者对书中百余处进行了修改，但是美化侵略之主旨依然我故。[②]

---

① 参见沈予:《论战后日本存在的“皇国史观”变种——侵略有理史观》,《抗日战争研究》1995 年第 3 期；王少普:《冷战后日本右翼对侵略历史的否认及其原因》,《日本研究》2000 年第 2 期；荣维木:《谁在制造谎言——评日本右翼的军国主义史观》,《求是》2000 年第 6 期；孙立祥:《日本右翼势力的“自卫战争史观”辨正》,《东北师大学报（哲学社会科学版）》2004 年第 6 期；孙立祥:《日本右翼势力的“解放战争史观”辨正》,《东北师大学报（哲学社会科学版）》2005 年第 4 期；孙立祥:《驳中村粲的九一八事变“中国责任说”》,《世界历史》2005 年第 4 期；刘岳兵:《值得注意的一种“靖国史观”》,《南方周末》2007 年 8 月 23 日；周骥:《日本军国主义“战争史观”的价值观省思》,《南京政治学院学报》2008 年第 5 期；王希亮:《解析“东京审判史观”及其实质》,《世界历史》2008 年第 5 期；等等。

② 参见徐勇:《日本教科书问题综述》,《光明日报》2001 年 5 月 8 日；王智新、刘琪:《揭开日本教科书问题的黑幕》，世界知识出版社 2001 年版；钟严:《日本教科书问题的由来与实质》,《日本学刊》2001 年第 4 期；赵仲明、彭曦:《一本为军国主义招魂的教科书——日本〈新历史教科书〉问题的分析及其批判》,《上海大学学报（社会科学版）》2002 年第 2 期；李秀石:《日本历史教科书问题剖析（1947—2002）》,《历史研究》2002 年第 5 期；张海鹏、步平主编:《日本教科书问题评析》，社会科学文献出版社 2002 年版；吴广义:《日本中学历史教科书中的侵华战争记述评析》,《日本学刊》2003 年第 3 期；何德功:《日本新历史教科书六大谎言》,《新华每日电讯》2005 年 4 月 3 日；本报评论员:《日本右翼教科书是反面教材》,《人民日报》2005 年 4 月 6 日；臧佩红:《战后日本的历史教科书问题》,《日本学刊》2005 年第 5 期；步平:《评扶桑社〈新历史教科书〉的历史观》,《当代韩国》2005 年夏季号；苏智良:《日本历史教科书问题的由来与现状》,《全球教育展望》2005 年第 10 期；李秀石:《日本教科书问题剖析（1868—2012）》，上海人民出版社 2013 年版；等等。

四、日本有识之士抵制篡改历史·家永三郎壮举

这种缺乏理性、逻辑混乱的教科书，遭到日本有良知的知识分子的声讨。

2001 年 3 月 15 日，一桥大学饭正夫等 889 名历史学者联名致书《日本与中国报》，强调“不能用这种教科书进行历史教育”。他们指出：从 1890 年到 1945 年日本战败，日本的历史教育就是制造向天皇尽忠之“臣民”。在此过程中，历史教科书发挥了把孩子们装入“臣民”模子的作用。文部省公然审定这种教材，是走战前独断的历史教育老路。这种行径不仅违背了日本对国际社会所做的承诺，而且是对希望和平与民主的世界、尤其是亚洲舆论的挑战，是使日本在国际舞台上陷于孤立的极其危险的阴谋。“作为历史学者，我们对这种教科书的出笼表示深切的忧虑。”① 山口伊藏等 64 名日本老兵也对篡改侵略战争史表示不满。他们在一份“声明”中强调：

> 我们是在学校被灌输“教育敕语”，受到将神话当作史实的教育、又被驱赶到战场上的旧军人。然而，今天的“新历史教科书编撰会”与扶桑社提供的教科书，却无视日本于 1910 年吞并韩国以及对以中国为主的亚洲各国的侵略行为，或美化之，肯定“教育敕语”，甚至宣扬战争没有善恶之分等。这种所谓的教科书究竟要传播给孩子们什么东西呢？我们所共同忧虑的是那场战争是如何的悲惨！绝不允许这种教科书进入实际教育领域。②

正直的日本学者为了维护历史尊严而与右翼抗争，最著名者是东京教育大学（今筑波大学）教授家永三郎（1913—2002）。他为了实录历史真相，反对篡改历史，与日本政府打了 35 年官司。

1952 年家永三郎编写高中历史教科书《新日本史》。出乎他的意料，文部省在 10 余年间对这本教材多次进行“伤筋动骨”式的删改，给出的理由是把

---

① 王春良：《论日本“国旗国歌法”和“历史教科书”问题》，《临沂师范学院学报》2002 年第 2 期。

② 车霁虹：《从教科书问题看日本国民历史教育的缺憾》，《北方文物》2007 年第 3 期。

战争描绘得太阴暗、缺乏足够的爱国热忱，甚至直言不讳地要求将“侵略”置换为“进出”。家永忍无可忍，状告政府“审定违反了保障学术和表现自由的宪法”，要求赔偿损失。自1962年至1997年的35年间，家永三郎先后3次以日本政府为被告提出教科书诉讼。这场官司后来发展为抗议政府干涉学术自由的重大文化事件。1974年，家永把书稿刊行于世，书名为《审定不合格日本史》。①

在日本政府的操纵下，家永的诉讼均以败诉而告终。其间，家永三郎本人也多次受到来自日本右翼势力的人身威胁和右翼史学家的言论攻击，声称“战后的历史教育被否定日本的马克思主义史观和东京审判史观所控制，必须克服这种自虐史观”②。但是，家永三郎立场坚定，从不动摇。自从第一次诉讼以来，家永三郎几乎从不缺席开庭。他不畏强势、坚持正义的举动赢得日本许多民众的支持。每当他出庭作证时，都会有大量声援他的民众来到法庭门前，鼓励他走进法庭申辩。③

日本新兴出版社启林馆的俵义文，在1965—1998年间一直致力于“家永教科书裁判支援活动”。2000年，俵义文提前退休，以便一心一意投身于纠正日本修改教科书问题。他担任日本市民团体“21世纪儿童和教科书全国网络”事务局长。在首届“历史认知与东亚和平论坛”（2002年，南京）上，他和荒井信一教授呼吁中日韩三国学者共同编写历史教科书，立即得到响应。④经过数年的研讨和努力，2005年《东亚三国的近现代史》终于以三种语言同时面世。该书以令人信服的史料，揭露了日本侵略中、韩的历史实态，同时展现了东亚史的积极方面，有助于帮助东亚青年树立正确的历史观。

日本学界不乏有良知和忏悔意识的历史著作。例如，小森阳一追究昭和天

---

① 参见［日］家永三郎：《検定不合格日本史》，三一書房1974年版。

② 冯玮：《日本教科书的“逆反路线”》，《东西南北》2014年第9期。

③ 参见［日］家永三郎：《なせ教科書裁判なたたかったのか》，岩波書店1994年版；《裁判批判：教科書検定論》，岩波書店1998年版；《歴史教育：教科書裁判》，岩波書店1998年版；《戦争責任》，岩波書店2002年版；［日］家永三郎著，石晓军、刘燕、田园译：《家永三郎自传：日本历史学者的思想轨迹》，新星出版社2005年版。

④ 参见步平：《家永三郎和日本教科书诉讼案》，《社会科学战线》1995年第5期；陈一鸣：《从共同的历史到共同的历史书》，《南方周末》2004年9月23日。

皇裕仁战争责任的《天皇的玉音放送》[①]、高桥哲哉批判靖国神社的《靖国问题》[②]、山田朗批判历史修正主义的《日本如何面对历史》[③]、笠原十九司为“南京大屠杀”辩正的《南京事件争论史》[④]，等等。《南京事件争论史》强调：日本首相应该访问南京，前往南京大屠杀遇难同胞纪念馆，向遇难者表示哀悼，以此为突破口，在政治上妥善解决因南京大屠杀事件为代表的中日之间历史认识问题，以及由此引发的争端和对立，展开对话，达成和解。至于中国学界耳熟能详的历史学家井上清，无疑是一位数十年如一日反对日本军国主义的斗士，堪称日本学界直面侵略历史、坚守正义之道的代表性人物之一。[⑤]

---

① 参见［日］小森阳一著，陈多友译：《天皇的玉音放送》，生活·读书·新知三联书店2004年版。关于教科书问题，并参见小森阳一、坂本义和、安丸良夫编：《歴史教科書何か問題か：徹底検証Q&A》，岩波書店2001年版。

② ［日］高桥哲哉著，黄东兰译：《靖国问题》，生活·读书·新知三联书店2007年版。

③ ［日］山田朗著，李海译：《日本如何面对历史》，人民出版社2014年版。

④ 参见［日］笠原十九司著，罗萃萃、陈庆发、张连红译：《南京事件争论史：日本人是怎样认知史实的》，社会科学文献出版社2011年版。他另有多部批判日本右翼歪曲历史的著作，如《アジアの中の日本軍：戦争責任と歴史学·歴史教育》，大月書店1994年版；《南京難民区の百日：虐殺を見た外国人》，岩波書店1995年版；《日本軍の治安戦：日中戦争の実相》，岩波書店2010年版；等等。

⑤ 参见［日］井上清著，尚水清译：《日本的军国主义》第1、2册，商务印书馆1958年版；［日］井上清、铃木正四著，杨辉译：《日本近代史》，商务印书馆1972年版；［日］井上清著，辽宁大学哲学系研究所译：《天皇制》，商务印书馆1975年版；［日］井上清著，吉林大学日本研究所译：《天皇的战争责任》，商务印书馆1983年版；［日］井上清著，宿久高、林少华、刘小冷译：《日本帝国主义的形成》，人民出版社1984年版；［日］井上清、衛藤瀋吉编著：《日中戦争と日中関係：盧溝橋事件50周年日中学術討論会記録》，原書房1988年版；［日］井上清著，贾俊琪、于伟译：《钓鱼岛的历史与主权》，新星出版社2013年版；等等。

日本对侵略战争史缺乏深刻反省的因由 *

“二战”以后，日本取得和平发展的巨大成就，令人敬重，但是在特定的内外条件培植下，经 70 年来的政治博弈，日本保有并滋长了一种相当强大的因袭军国传统的力量，以至在策动“二战”的几个法西斯国家中，唯有日本不愿作深刻反省，此种取向渗透到日本的内政外交。

一、日本德国对侵略战争反省大相径庭

现代一些主导日本政坛的人士对侵略战争不愿反省，对早有定论的“二战”史持历史修正主义态度，这既是战后 70 年的一个怪异现象，也几乎成为一种司空见惯的状态。如果运用比较史学方法，将同为昔日法西斯国家的日本与德国进行对照，日本表现之荒谬、不可理喻，便昭著天下。

日本前首相村山富市感叹：“日本从未像德国那样自发追究战争责任。”①

诚哉斯言！

下面我们以大事记方式列举战后德国对当年侵略战争的表态——

1949 年 12 月，联邦德国首任总统特奥多尔·豪斯（1884—1963）在一次集会上，承认纳粹屠杀犹太人的罪行，声称“这段历史现在和将来都是我们全体德国人的耻辱”。

1951 年，首任联邦德国总理阿登纳（1876—1967）在联邦议院发表演讲，指出纳粹“以德国人民的名义犯下难以形容的罪行”，表示德国对发动侵略战争的后果“全面承担责任”。1956 年议会通过《联邦德国对纳粹受害者赔偿

---

* 本文为笔者与任放合撰《日本对外侵略的文化渊源》（高等教育出版社 2017 年版）之章节。

① 村山富市：《日本从未像德国那样自发追究战争责任》。

法》。1963年阿登纳与戴高乐签署《德法友好条约》，道歉与接受都出于真诚，德法两个历史宿敌结成朋友，构建了欧盟核心。

1966年就任总理的库尔特·基辛格因曾为纳粹党员而屡受诟病，终于在1969年因此而辞职。这与日本多名战犯在战后顺利出任高官直至首相，并被推尊为“名相”的情况形成鲜明对比。

1970年12月，联邦德国总理勃兰特（1913—1992）访问波兰，在华沙犹太人殉难者纪念碑前双膝下跪，表示谢罪。此举轰动世界，成为联邦德国与纳粹德国决裂的标志性事件。1985年5月8日，联邦德国总统魏茨泽克（1920—2015）在纪念“二战”结束40周年大会上，要求德国人民永远不要忘记纳粹发动侵略战争罪行，并建议把纳粹“战败日”改为“解放日”。

1994年12月，德国总理赫尔佐克（1934—2017）参观耶路撒冷大屠杀纪念馆时，声称“人们不会忘记纳粹德国屠杀600万犹太人的惨剧”；“德国决不允许右翼恢复第三帝国”。同年，他在波兰纪念反法西斯“华沙起义”50周年大会上，庄重地向波兰人民认罪，声称“对于德国这个名字永远和数万波兰人的苦难联系在一起，德国人心中充满了愧疚。我为以德国人民的名义给你们造成的痛苦，请求你们宽恕”。

1995年5月5日，德国总理科尔（1930—2017）在莫斯科参加“二战”结束50周年纪念活动。他发表讲话，表示“我向死难者低头，请求宽恕。我们在莫斯科缅怀遭受过希特勒造成的种种灾难的俄罗斯人和苏联其他民族的人”。

1998年11月，转任德国总统的赫尔佐克在纪念1938年11月“水晶之夜”犹太人惨遭纳粹迫害的大会上，指出“60年前对犹太人的屠杀，是德国历史上最恶劣、最无耻的时刻，国家本身成了有组织犯罪的凶手”。

2005年1月，德国总理施罗德（1944—　）在柏林纪念奥斯维辛集中营解放60周年大会上，强调“半个世纪前纳粹犯下的暴行，至今仍是德国人的耻辱。但德国绝对不能把纳粹反人类的罪行仅仅归咎于希特勒个人。相反，每一个德国人都应该进行反思”。4月，施罗德在纪念布痕瓦尔德集中营解放60周年大会上又说“在受害者和他们的家属面前，我向你们鞠躬”；“对于纳粹暴行，德国负有道义的和政治的责任铭记这段历史，永不遗忘”；“过去的历史我们已无法挽回，但我们能够从那段历史中，从我们国家刻骨铭心的那段耻辱中吸取教训”；“德国决不能向试图忘却或不承认那段历史的任何企图让步”。5 月 7 日，施罗德在俄罗斯《共青团真理报》刊文，“我们对通过德国人之手和以德国人之名，给俄罗斯以及其他各国人民造成的伤害表示道歉，请求宽恕”。他还表示，50 年前的 5 月 8 日，是德国获得解放的日子。

2015 年 3 月，德国现任总理默克尔（1954—　）访问日本时，外界十分关注德国对“二战”侵略历史的态度及其同邻国和解的经验。默克尔讲了三层意思：“正视历史是和解的前提”；“战后德国能幸运地被国际社会再度接受，是因为德国彻底与过去决裂”；如果没有邻国的“大度姿态”，和解是不可能的，“但更重要的是德国有着实事求是地面对历史的意愿”。

德国之所以能成功地与过去决裂，还在于“二战”后盟国的“严格监督”，使德国走上了正确的道路。

“二战”结束之初，日本国内曾有“一亿总忏悔”之说，当时“战败国日本作为加害者谢罪乃理所当然”的舆论颇为强烈。然而，由于日本的军国主义老根未获清除，冷战所提供的条件又使之发出新枝，日本不少战后执政者走上与德国政界领袖大相歧异的路径，一再发表掩饰日本战争罪行甚或直接为之翻案的言论。

我们也应当看到日本政界人物对战争反省呈现的复杂状态，如前首相中曾根康弘 20 世纪 80 年代在首相任上挑战东京审判，并以首相身份参拜靖国神社，但他下野后多次表示反省战争。笔者 2004—2005 年在地区京都的“国际日本文化研究中心”作合作研究，曾于 2005 年初亲聆中曾根康弘在“日文研”发表演说，对日本发动侵略战争表示忏悔。中曾根康弘在 2015 年 8 月 7 日发售的《文艺春秋》上，以政坛元老身份撰文称，日本在过去那场大战中的行为是“明白无误的侵略”，规劝安倍首相“应该带着勇气与谦虚的态度正视自身历史中负面的部分”。前首相小泉纯一郎一方面发表过不少美化日本外战的言论，并多次参拜靖国神社，但他在 2005 年纪念“二战”结束 60 周年时，继村山富市首相 50 周年时以首相身份发表谈话之后，承认日本对外“侵略”，表示“道歉”。

然而，日本政坛和舆论始终存在着美化侵略战争的倾向，迫于内外压力，这种倾向可能暂时收敛，但换一时间地点又会再度呈现，这在战后 70 年间屡见不鲜，说明日本并未从社会结构和文化机制中解决根本问题。

二、原因推究

德日反省战争的态度截然不同，可从多方面究其缘由，而要者略有三端。

其一，盟国对德日两国的战后处置不同

德国在战后初期由反法西斯阵线的美苏英法4国军事占领，从人事、政治机构到思想体系上较为彻底地肃清了纳粹印痕。

日本由美国一国占领。因美国的“冷战”战略需要，对日本战犯惩治不力。稍加比较纽伦堡审判（美、苏、英、法4国主导）与东京审判（美国主持）即可见端倪。

纽伦堡审判对战犯处罚严厉，而且德国政府对藏匿于国内乃至南欧、拉美等地的大小战犯穷追不舍，那些漏网纳粹形同过街老鼠，几无藏身之所。1994年9月，德国通过《反纳粹和反刑事犯罪法》，从法律上根绝纳粹死灰复燃。各种为纳粹辩护的言行皆视为犯法。追踪纳粹余党的工作始终未停，直至2015年7月，德国法庭还在审讯并判处年迈的纳粹分子。

美国主持的“东京审判”对日本战争罪犯有所清算，日本右翼污蔑为自虐式的“东京审判史观”，这类狂言没有得到制止。而且，“东京审判”本身并不彻底，大批甲级、乙级、丙级战犯关押不久，纷纷释放，立即进入政界、财界、文界，给日本右翼重振旗鼓创造了制度空间。日本始终没有一部类似德国《反纳粹和反刑事犯罪法》那样的法律，以防止军国主义借尸还魂。各种否认战争罪行乃至歌颂对外侵略的言行，在日本畅通无阻，甚至赢得喝彩，一些政客还以此作秀，争取选票。

在占领政策上，战败后的德国被美、苏、英、法4国分区占领，国家分裂，成为“冷战”前哨，纳粹的统治体制和思想体制均被瓦解；日本却是美国一家独占，缺乏对美国政策的制衡，保留了天皇制、神道（尤其是靖国神社）这些军国主义的基础，天皇的战争罪责不予追究，战犯能够进入政府（甚至成为首相）。

战后联邦德国第一任总理阿登纳是反纳粹斗士，战时曾两次被捕入狱；而战后初期的日本内阁，基本上是军国旧人的大本营，20世纪50年代，前甲级

战犯岸信介竟然当上首相。

总之，美国对日本的占领政策，充分体现了美国一贯奉行的实用主义路线，在价值判断、是非关系、历史认识上采取“模糊策略”或“美国式立场”，一切以美国的实际国家利益得失为考量。以故，在日本右翼篡改历史教科书、日本政要参拜靖国神社等“敏感”的历史问题（也是政治问题）上，人们几乎听不到来自美国官方的抗议。因为美日同盟关系是维持美国在亚太地区秩序的基石，这是超越靖国神社、历史教材这些问题之上的。

其二，德日两国历史文化传统有别

德意志民族是一个哲学思辨水平很高的民族，“反思”几成德国人的天性。德国挑起两次世界大战，均以惨败告终，给他国和本国人民带来无穷灾难。德意志民族对战争灾难、对造成灾难的纳粹的危害性作了深刻反省，进而对纳粹猖獗的历史原因、纳粹与德意志文化传统的关系、整个德意志民族的战争责任，都进行深度反省，从而达成全民族的历史共识。

反观日本，其文化很少有“反躬自责”诉求，而坚持传统中的病态部分、执着于本民族的历史“荣耀”，故“二战”终结前后日本朝野并不悔恨发动战争，却亟亟于保留天皇制“国体”，使战后日本拥有“皇国史观”丰厚的“制度土壤”和广泛的“思想市场”。日本右翼坚持狭隘的民族主义立场，继续将武士道视作“大和魂”，致使战争史观陷入混乱，无法形成理性的全民族历史共识。

此外，德、日两国的基本信仰是有差异的。德国人的基督教“原罪”意识与日本人将认罪视为“羞耻”的民族心理，基督教文化强调自由、民主的普世伦理与神道强调种族优越的“神国”情结（大日本主义）、“万世一系”的尊皇传统，也是造成两国对待战争态度迥异的文化原因之一。

其三，德日两国的地理政治环境不同

在地理环境上，德国是欧洲的大陆型国家、地处欧洲中心。希特勒的侵略战火遍及欧洲大陆，东欧、西欧邻国均遭其蹂躏，以故战后的德国身处受害国的包围之中（尤其是西邻法国、荷兰、比利时，东邻波兰、捷克及稍远的俄罗斯）。在这些受害国强烈的舆论压力和国际政治压力的制约之下，德国必须认

真反省战争罪行，否则势必陷入孤立。伴随欧洲一体化进程的展开，德国也需要树立正确的历史观，方能融入“欧洲大家庭”。德国这样做了，取得成功。

日本是一个孤悬西太平洋的岛国，与亚欧大陆隔海相望。尽管它的外拓战略称之“大陆政策”，又屡次侵犯亚洲大陆国家（中朝首当其冲），但与这些受害国并不接壤，战败后的日本没有如德国那样的近邻压迫感（正是这种压迫感，促使德国走向理性的历史观和国际观）。“二战”后，对岛国日本有较强大制约力的只有美国。

按照《波茨坦公告》规定，由中、美、英3国军队占领日本，但中、英因故未能派出占领军，另一战胜国苏联也未在日本驻军，以致仅有美国一国驻军日本，与美、苏、英、法4国占领德国大不相同。不受制衡的美国一旦出于自己的国际战略考虑，需要放松对日本的羁勒，便很难再有强劲的国际压力使日本军国走势得以驯服，这使得日本右翼肆无忌惮，将历史修正主义推到极致。时下对日本军国走势有一些制衡力的主要是中国、韩国、俄国，但压力实现度有限。

从国际文化氛围观之，德日也大有差异。欧洲国家有很强的同一性和向心力，文化认同（尤其是宗教认同）加之战后国际政治格局，使德国不可能倒行逆施，否认战争罪责。而反观亚洲各国，其文化“多源发生”，文化理念及宗教信仰异彩纷呈（佛教、儒教、道教、伊斯兰教、基督教、神道教，以及纷繁莫辨的民间宗教），加之社会制度、意识形态的分野，使亚洲各国很难形成遏制日本军国主义复苏的国际阵线和思想合力，当日本曲解“二战”史，并迈向用兵海外之际，除了中、韩等国的外交抗议之外，很少从亚洲各国发出促使日本反省历史的共同声音。反而是日本仰仗美国之力，在亚洲诸国间拉拢某、打击某，纵横捭阖，呼风唤雨。

或曰：日本不认真反省历史，是因为“日本缺乏亚洲认同，很少听到日本政治家与舆论强调日本是亚洲国家”，这显然是“脱亚入欧论”带来的后遗症。[①] 此议不无道理。日本发动战争的受害国正是亚洲国家，日本自明治以来即不愿与亚洲为伍，至今也大体如此，当然就不愿向亚洲各国真切谢罪，甚至“道歉”一词，时下日本当政者都难以启齿。真是荒诞之至！

① 庞中英：《日本为何不认真反省历史》，《人民日报》2001年8月16日。

对日本的不认罪立场，德国前总理施密特（1918—2015）在2004年9月出版的《未来列强》一书中，有如下评述文字——

> 日本在世界上朋友甚寡。部分归因于日本在德川幕府统治时期长达数百年之久的自我孤立，更多是因为日本后来奉行帝国主义政策，给所有邻国带来了灾难，邻国对此铭心刻骨。但关键还是日本人对过去的征服行径和犯下的罪行不愿意承认和表示道歉。……日本政治阶层的多数仍还在示威性地崇拜昔日的战争英雄及一些军事领导人，而对战争受害者只字不提，更不提及遭到日本侵略的那些国家的死难者。……所以，日本的所有邻国都确信，日本人不愿意进行道歉。韩国在这方面反应最强烈。中国也一样。反日情绪在东亚和东南亚普遍存在。[①]

不知当下日本政坛健将们对此议作何感想？

三、“和平宪法”之争、《日美安保条约》之争

时下，围绕日本“和平宪法”的坚持还是修改，日本政坛内外的较量进入关键时刻。

“二战”后在美国督导下制定的《日本国宪法》（俗称“和平宪法”）第二章第九条说：

> 日本国民衷心谋求基于正义与秩序的国际和平，永远放弃以国权发动的战争、武力威胁或武力行使作为解决国际争端的手段；
>
> 为达到前项目的，不保持陆海空军及其他战争力量，不承认国家的交战权。

在宪法第九条护荫下，战后日本赢得了繁荣与安定，日本人民受益于“和平宪法”，因而拥护“和平宪法”，反对修改“和平宪法”。然而，念念不忘昔

① 引见梅兆荣：《德、日对“二战”侵略历史的态度比较》，《德国研究》2005年第3期。

之“强国盛况”的日本保守势力一直认为，“和平宪法”使日本成为“非正常国家”，因为正常国家应当拥有军队、享有战争权，尤其当日本经济强大以后，一些政治家更用力谋求日本成为政治大国、军事大国，而实现此一图谋的突破口，便是“修宪”（即修改宪法第九条）。

修改和平宪法的努力，始于鸠山内阁（鸠山一郎1954年11月至1956年12月连续3次组阁）。第3次鸠山内阁成立后，由于自由、民主两党合并成为自由民主党，政府势力加强，鸠山一郎加快改宪步伐，力促议会通过《宪法调查会法案》，为修改宪法做准备。此一企图未果。鸠山提出修改宪法，以便日本向海外派兵，是这位屡次失言的首相“最大的失言错误”。[①]

自20世纪50年代中期以降，护宪与修宪之辩一直未曾止歇，这是日本和平民主力量与保守政治势力抗争的一个集结点。

笔者20世纪末、本世纪初讲学日本数年间（1998—2001，2004—2005），在东京、名古屋、京都等地多次旁听此类研讨会和群众集会，对此辩有近距离观察，感到论题的尖锐性与复杂性，并对护宪者深怀敬意。

近年来，日本国内“修宪论战”日炽。时下正进入决战阶段，有待观察。

与“修宪之争”紧密相关的是围绕《日美安保条约》的抗争。

签署于1952年的《日美安保条约》是“二战”后日美关系体系的基石之一。这份军事文件，强调美国可以长期使用设在日本的军事基地，以“维护远东的国际和平与安全”。此处的“远东”包括朝鲜半岛、中国台湾等日本周边地区。1960年修订后的《日美安保条约》，进一步明确了美国防卫日本的义务。30多年后的1996年，美国总统克林顿与日本首相桥本龙太郎联合发表《美日安保共同宣言》，宣称“一旦日本周边发生武力争端，美日即有共同防御之责任”。总之，日美不断扩大安保条约涉及范围，使日本拥有更多的军事自由，其危险性显而易见。多年来，爱好和平的日本人民为制止这种趋势，展开顽强、持久的抗争。

在战后一个时期，《日美安保条约》使日本躲在美国大兵背后，可以专心致力于经济建设，而不必担心国防安全，也不必对国防投入巨额资金。这是日本迅速从战争废墟上一跃而为世界经济大国的原因之一。但是，《日美安保

① 参见日本现代评论社编，孙雷门、申泽福译：《昭和宰相列传》，天津人民出版社1985年版，第228—229页。

条约》并未明确与《联合国宪章》（*The Charter of the United Nations*）的关系，从而造成日本拓宽国际政治空间的障碍，也是近些年日本争取加入联合国安全理事会常任理事国（简称“入常”）遇阻的原因之一。

业已成为经济大国的日本梦想成为政治大国乃至军事大国，但它与美国的特殊关系及其往昔的侵略者形象，在相当程度上不利于亚洲国家将其视为“友邦”。日本右翼坐大，促使政客们扮演民族主义者，在参拜靖国神社等问题上伤害邻国感情，不惜使外交关系降至冰点。冷战结束后，日本部分政治家渲染美日同盟可以应对所谓“中国威胁”；又在包括历史认识等诸多问题上对中国等亚洲邻国摆出一副强硬姿态，军事动作日益频繁：向海外派兵、增加军费预算、大幅度添置先进武器，等等，显露出日本恢复昔日军事强国的诉求。

近些年来，美国高调宣示“重返亚洲”战略，利用钓鱼岛、南海等问题的争端，联合诸国，采取“群狼战术”围堵中国，阻碍中国和平崛起的步伐，维护“二战”（尤其是冷战结束）之后由美国领导的国际秩序、由美国制定的游戏规则。虽然美国声称希望看到一个繁荣、稳定、负责任的中国和平崛起，但是，美国从其国家利益及全球战略出发，将“制衡中国”作为政策重心。为此，美国必须拉拢亚太“亲美”盟友，炒作“中国威胁论”，布署、强化针对中国、遏制中国的所谓“第一岛链”“第二岛链”。而这一切战略布置，日本都是美国棋局中最重要的棋子。

在此种大情势之下，日本的军国走向，连同其历史修正主义，都得到美国的容忍，乃至受到鼓励（不排除在个别具体问题上敲打日本）。这是人们必须看清的近期、中期形势。而正如识者所云，美国扶植日本重整军国，存在“搬起石头砸自己脚”的可能性。

四、陈言务去：略议“东亚共同体”构想和“高调日本观”

唐人韩愈《与李翊书》云：“惟陈言之务去，戛戛乎其难哉！”这是讲的作文之道，就我们讨论的战争史认识、中日关系一题而言，也应当去除陈言。陈言者，无视时代变迁，坚执旧套之言也。去除陈言是艰难的事情，因为陈言代表着传统惯性，虽不合时宜，其影响力却不易摆脱。

自20世纪90年代初以来，随着日本保守派政坛得势，对侵略战争的认识倒退，中日关系逐渐恶化，进入所谓“政冷经热”阶段，继而更“政冷经凉”，显然于两国皆非幸事。两国友好人士都在寻求化解之途。我们在谋划之际，应当对两种似是而非的论调加以辨析，以免落入“陈言”套路，误人误己。

甲、本世纪初，日本学界有人提出“东亚共同体”构想，前首相鸠山由纪夫（1947— ）也提倡“友爱外交”，使价值观不同的亚洲国家实现共存共荣、自立共生，与“东亚共同体”构想相近。这些论者改善日中关系的美意毋庸置疑，但所议是否可行，值得三思。

关于“东亚共同体”的构建，有中国学者评议道：

> 众所周知，对于近年来日本人提出的所谓“东亚共同体”说法，中国知识界一直报以冷淡。日本学者对东亚诸国关系所做的温情脉脉的家族式描绘固然令人神往，但中国学者的反应似乎更实在些：一、家族关系往往比社会关系更难相处；二、既称家族，那么谁是家长？（沈志华语）这种近乎调侃的轻松表述，所涉及的问题却一点也不轻松。因为它连着东亚诸国沉重的历史记忆——前一半是“朝贡体系”，后一半则是“大东亚共荣圈”。可以肯定地说，中国学者在讨论时不会再发“忆昔开元全盛日”的感慨或怀念中华帝国时代的“四方来朝”，但日本学者过于热情的主张，却容易造成令人侧目的误解——因为灭绝人性的那个“共荣圈”，它的崩解毕竟才过去六十年！①

“东亚共同体”方案要旨在以“先进”的日本引领亚洲、共创亚洲繁荣。这很容易使人联想起“大东亚共荣圈”，即使此论决无军事侵占意图，但主张由日本引领亚洲诸国，也难以有人响应，特别是经济强大起来的中国与韩国会

---

① 韩东育:《东亚的病理》,《读书》2005年第9期。并参见与安宣邦著、赵京华译《两个六十年与日中关系》,《读书》2005年第10期；白永瑞《东亚地域秩序：超越帝国，走向东亚共同体》,《开放时代》2008年第3期；王威廉《死去的历史遗留下的东西——言说的中日与缠绕的东亚》,《书城》2009年第6期；杨念群《何谓“东亚”？——近代以来中日韩对“亚洲”想象的差异及其后果》,《清华大学学报》2012年第1期；孙歌、唐小兵《东亚论述与东亚意识》,《开放时代》2012年第9期；苏翊豪、石之瑜《日本东亚共同体思想的当代沿革：文献观点评述》,《国外理论动态》2014年第3期。

对其嗤之以鼻。至于构筑平等互利的“东亚共同体”，现阶段条件尚不成熟。只有当中日韩诸方像法德之间那样，拥有大致相同的历史认识，并在此基础上建立起互相依赖的政治伙伴关系，同时与美国保持友好、对等的利益均衡关系，实质性的“东亚共同体”才可能超越古代“朝贡体系”、近代“亚洲主义”“大东亚共荣圈”等历史故辙的羁绊，光明磊落地登上世界舞台。

乙、与日本学人设计以日本率领的“东亚共同体”可以比拟的，是某些中国学者“高调的日本观”，即希望中日之间复归到盛唐时代，以中国为老师、日本做学生，形成和谐共处的新中华文化圈。这好像唱的是“前朝曲”。有论者指出：

> 我们是否还在继续汉唐以来的对日基本态度——一种高调的日本观，即认为日本和中国同源同种，一衣带水，理应从属于一种以中华文明为基础的世界秩序。这种观念会导致虚构的亲近感而忽视日本国家利益和国家尊严的内在需求。高调日本观中的中华文明优越感会导致日本反弹这一后果，长期不被中国统治阶层适当认知。这是引人深思的另一个话题，因为近代以后至今，由于日本对中国的侵略，可能导致另外一种高调：即以形象化的（小日本）、脸谱化的（军国主义）观念看待日本。某种意义上而言，中国近代之败，实为意识之败，而非力量之败。[1]

“高调的日本观”隐含中华中心主义旧影，是一厢情愿、离谱失真的日本观；日本率领诸国的“东亚共同体观”，是日本中心论的柔性表现，也是一厢情愿、离谱失真的亚洲观。二者皆失之迂腐，不宜采取。

五、制止“30年周期”重演：中日关系前瞻一议

预测中日关系的未来走势，不能脱离对中国、日本乃至整个东亚近代化进程的历史把握，只有从此出发，方可烛照未来走势，正所谓“前事不忘，后事之师”。这种考量当然是一个硕大的议题，这里只能提出一个历史现象并试作

---

① 李扬帆：《中国近代之败，实为意识之败——两千年中日交往史的反思》，《同舟共进》2009年第7期。

评估，借以猜想前路。

19世纪中叶，在西力东渐背景下，中日两国大体同时迈开近代化步伐，由于复杂的内外原因，日本进展迅速，中国蹒跚缓踱，以至到了19世纪末叶，日本在历史上第一次超迈中国。（中国人迟迟不知这种被超迈，直至甲午惨败，方大梦初醒——康、梁等如是说）初登先进的日本，对昔日的文化母国毫不留情，连续发动战争，最严重的是1894—1895年甲午战争、1931—1945年十四年侵华战争。

反顾大半个世纪的日中战争史，可以发现一种“30年周期”现象。略言之，中国近代化进程艰难启动（要者如1860—1894年的“洋务运动”、1901—1911年的“清末新政”、1927—1937年的民国“黄金十年”），每当行进到30余年，略见成效之际，日本便挑起军事冲突，大举进犯，给中国以重击，旨在打断中国近代化步伐，以确保日本作为亚洲近代化“唯一优等生”的强势地位。

我们当然也谨记，日本不少有良知的杰士为推动中国近代化进程做出贡献，远者如戊戌变法、清末新政、辛亥革命前后，支持中国政治变革、协助近代经济文化建设的日本友人不在少数；近者如当下一轮中国改革开放过程中，日本朝野多有赞助之举，日本的现代化经验示范、财经及技术帮助所起作用不小。

但是，从国家整体战略言之，日本并不愿意庞大的近邻中国复兴，尤其担心中国强盛到超过日本。明治时代第4任首相山县有朋在辛亥革命时期说：“日本所希望的是一个软弱无能的中国，一个受日本影响的弱皇帝统治下的弱中国”，透露了近代日本当国者的战略意图。此种机心，远源于神国“八纮一宇”念想，中承丰臣秀吉吞并亚洲的构思，近取社会达尔文主义“生存空间争夺论”。日本把中国视作竞争对手，为了打压对手，不惜凌辱之、掠占之、宰割之，这便是清末民国间日本给中国造成的一连串历史痛剧，人们岂能忘却这“30年周期”现象。

当代东亚展现一幅新的图景：中国自1978年启动改革开放，恰恰又历30余年。这期间，世界经济地理的图谱发生显著变化：中国国内生产总值1978年排名世界第15位，在一千万人口的荷兰之后，于2005年超过英国和法国而为世界第4位，2008年超过德国而为世界第3位，2010年超过日本，名列全球第二，结束了长达数十年的日本国民经济总产值世界亚军的历史，2014年中国的国内生产总值已为日本的两倍。这种演变趋势是日本某些人极不乐于见到的。于是，干扰、打断中国的发展进程，再度成为日本某些当政者处心积虑之所在，而“中国威胁论”是他们压制中国的最佳口实，“中国崩溃论”则是其内心期待的一种表达。重演“30年周期”故伎，牵制中国现代化进程，是日本右翼的隐然图谋，这是在考察当下及未来中日关系时应当清醒认识的一种态势。

然而，21世纪的中日关系决不可能重现19世纪末叶至20世纪初中叶那种不堪回首的情形，因为时代变了，力量对比变了——

昔时积贫积弱的中国已然强大，任人宰割的时代一去不复返。

以笔者之见，中国进一步强大，愈加可能建立健全的、稳定的中日关系。因为，中国再强大也不会侵略日本，此为中国文化的和平自卫传统所决定，中国人决不会违背这一传统；又因为，钦敬强者是日本文化的传统，一个真正强大、令其拜伏的中国，理当成为日本乐于结交的友邦，一如古之隋唐、今之美国。

我们对中日关系前景并不悲观，另一重要依据是，日本人民不再是20世纪前半叶那样被皇国史观束缚、被黩武主义激发得无以自拔的群氓。民主与和平已然成为今之日本人的主流意识，在“和平宪法”下成长的两三代日本人普遍反战。笔者在日本有各个年龄层次、各种职业的朋友，多为“和平宪法”拥趸，他们都珍惜和平、繁荣的现代生活，不愿打仗几乎是一致的情绪。笔者曾就“如果日本对外开战，你们怎么办”一题采访几位我教过的日本大学生、研究生，连带还有他们的朋友，居然，这些青年的答复不约而同，大体皆为——“如果是日本对外侵略，那我就出国，决不参战”；“如果是别国入侵日本，我立即从军，抵抗至死”。这较之人们记忆中的战时日本青年已别有天地。

日本人民文明素质甚高，对各种政治极端主义普遍反感，政坛上有人倒行逆施，常会受到民众抵制。但当下政坛左右失衡，政治生态不良，和平民主力量处于散漫状态（这是后冷战时期国际国内环境的产物和政治博弈的结果），大不如“二战”结束初期，我所认识的日本朋友对此往往表示遗憾，也有敢为之士起而抗争，近期如中央大学吉见义明教授对日本加害国身份的认定，对“慰安妇”问题开展调查，揭示军国主义时代“国家支持下的性奴隶体系的本质特征”。吉见先生等人的言行昭显了日本人民的正义精神。

综上所述，我们对未来的中日关系决不悲观，而守持一种谨慎乐观的态度。

改善并优化中日关系，自然是当政者职责所在，应当对他们提出要求并加以监督。但我们又不能只寄望于少数当政者，而必须着眼人民，着眼养育人民的文化的提升。故此——

中国文化的检讨，日本文化的检讨，中日文化交流史的检讨，任重而道远！

《新编中国抗日战争大辞典》* 序言

14 年抗日战争，中国以 3500 万人的鲜血染红的叙事，写下悲壮而又扬眉吐气的篇章，荡涤百年耻辱，第一次取得反对帝国主义侵略的完全胜利，显示了中华民族有同侵略者血战到底的气概，有自立于世界民族之林的能力。

在长达 5080 天（1931 年 9 月 18 日至 1945 年 8 月 15 日）的漫长岁月，中国各民族、各党派、各阶层，地不分南北，人不分老幼，与凶焰万丈的日寇展开浴血奋战。中国国民党指挥的国军坚持正面战场，守土御敌，组织进行了淞沪、太原、徐州、武汉、长沙、滇缅等 22 次会战，重要战役 200 多次，380 多万将士血洒疆场。中国共产党领导的八路军、新四军、东北抗日联军、华南纵队深入敌后，取得平型关大捷、百团大战等胜利，开辟敌后战场。正面战场与敌后战场相互策应，陷敌于全民抗战的汪洋大海。世界各地的华侨华人和港澳台同胞，或奔驰回国，投身抗战；或用各种方式，支援抗战。亿万中华儿女在白山黑水、长城内外、大江南北、珠江两岸和滇西缅北，构筑成一道道新的长城，谱写了抗击侵略的壮丽诗篇。

抗日战争是世界反法西斯战争的重要部分，是“二战”中开始时间最早、战场地域最广、持续时间最久、牺牲人数最多、消耗损失最惨重的一场旷世大战。中国的抗战大量摧毁、耗费和牵制了日本的军力、财力和物力。战争伊始，日本便陷入持久战的泥沼之中不能自拔。中国战场使日本蓄谋已久的“北进”图谋遭到扼制，从而支持了苏联的卫国战争；又迫使德、日中东会师的“南进”计划受阻延迟，为美英等国赢得反攻时间；中国远征军入缅参战，有力配合远东盟军，延缓和干扰了日军南下太平洋、建立“大东亚共荣圈”的战

* 章绍嗣、田子渝、陈金安主编，武汉出版社 2015 年版。

略预谋。中国战场牵制了日本陆军总兵力的60%以上，共毙伤日军150余万人，占日军在“二战”中军队伤亡人数的75%，成为世界反法西斯的东方主战场，有力地配合和援助了世界人民反法西斯斗争，在打败日本法西斯的斗争中起到了决定性作用。中国还参与制定和签署《开罗宣言》《波茨坦公告》等文件，以四大国之一的身份参与筹划、创建联合国等工作，做出了举世皆知的国际贡献。

抗日战争蕴藏着广泛而深刻的社会内容，在团结御侮的爱国大旗之下，举凡政治、军事、经济、文化、教育、党派、社团活动中所激发出来的高昂炽烈、同仇敌忾的爱国主义精神，万众一心的民族团结，前仆后继、浴血奋战的英雄气概，渴望中华复兴、世界和平的强烈愿望，都是极其宝贵的精神财富。抗日战争积累的经验和教训，亦对现实和未来提供了宝贵的启示。抗日战争是史学家、政治家、军事家和文学家从事研究和创作的不竭源泉，也是对群众进行爱国主义教育的宝贵资源。

抗日战争结束已然70年，但这段血与火的进程定格在历史记忆之中。我们不能忘记中国人民及国际友人（包括日本反战人士）的抗战义举和抗战精神；不能忘记日本侵略给中国人民带来的深创巨痛，南京大屠杀、重庆大轰炸、日军“731”细菌战和化学战、对抗日根据地烧光、杀光、抢光的“三光”政策……我们反对日本右翼抹杀战争罪行的历史修正主义。重温历史，就是要警钟长鸣，不让历史悲剧重演。

武汉出版社推出的《新编中国抗日战争大辞典》，是研究抗战史的学人长期努力的集结，它以二百八十多万字篇幅、六千多个词条，多侧面记述这段悲壮而辉煌的历史。有此一册，抗战史的宏观把握、微观辨析皆有路径可循。

以史为鉴，“缅怀先烈、珍视和平、警示未来，坚定不移走和平发展道路，坚定不移维护世界和平”，正是这部辞书的主旨所在。作序者愿随读者诸君从中受益。

2015年7月19日拟于武昌珞珈山

《近代汉字术语的生成演变与中西日文化互动研究》* 导论

术语研究在本质上是一种语义研究。人类被称为“语言动物”。语言是在人类历史中形成的文化现象，故语言从来与历史及文化脱不开干系。而在构成语言的语音、语法、语义三要素中，语义的历史性和文化性又最为深厚。“语义学”是研究词语意义的学问，中国传统称“训诂学”。用通俗的话解释词义谓之“训”，用今语解释古词语谓之“诂”，清儒将这门解释古书中词语意义的学问发挥到极致。清儒多走从字义明经义的理路，如戴震（1723—1777）所说：

> 经之至者道也，所以明道者其词也，所以成词者字也。由字以通其词，由词以通其道。（《与是仲明论学书》）

本课题循“由词通道”之理路，以术语为窗口考析近代中西日文化的互动，“辨章学术，考镜源流”，由字词分析进入概念分析，再进入历史情境和形上之理的求索，使语义辨析更多地赋予现代语用性与思辨性，较之偏重古典语义的训诂学，其探讨领域更广，包括字音、字形与意义的关系，语言与思维的关系，语义构成的因素，语义演变的法则等都在研讨范围。

我们的研究既然与“意义”发生关系，也就必然与历史及文化相交织，因为“意义”深藏在历史与文化之中。本项研究从个案考察入手，进而在综合论

* 《近代汉字术语的生成演变与中西日文化互动研究》，冯天瑜等著，经济科学出版社 2016 年版。

析上用力，试图从历史的纵深度和文化的广延度来考析词语及其包蕴的概念生成与演化的规律。陈寅恪有“凡解释一字，即是作一部文化史”的名论，探讨时下通用的关键词的演绎历程，其意趣并不止于语言文字的考辨，透过运动着的语言文字这扇窗口，我们看到的是历史文化的壮阔场景，故这种考辨展开的将是婀娜多姿的文化史。

近代中国文化的古今转换与中西对接，标志之一是西方学术分科观念的引入，及其与中国传统学术相结合，形成新的现代学术分科体系。[①] 晚清以降，随着西力东渐的扩展，“格致学”（自然科学）诸科自输入后迅速生长，成为重要的学科门类；另一方面，中国固有的经学、史学等分化、重组，形成文学、历史、哲学等科，实现了由传统学术向近代学术的转换。清末外交家薛福成（1838—1894）是较早对学术分科加以介绍并作出肯定性评价的中国士人。他 1890 年任“出使英、法、义（意大利）、比四国大臣”，对欧洲各国学术分科发展印象深刻，他发现，与中国官员“若谓工其艺者即无所不能，究其极乃一无所能”大相径庭，欧洲各国担任外交、军事等官职者，“数十年不改其用焉”，“数十年不变其术焉”。薛氏进而评论说：

> 他如或娴工程，或精会计，或谙法律，或究牧矿，皆倚厥专长，尽其用不相掺也。士之所研，则有算学、化学、电学、光学、天学、地学，及一切格致之学，而一学之中，又往往分为数十百种，至累世莫殚其业。工之所习，则有攻金攻木攻石攻皮攻骨角攻羽毛及设色搏填，而一艺之

---

① 对此，顾颉刚（1893—1980）认为，“中国的学问是向来只有一尊观念而没有分科观念的”，“旧时士大夫之学，动称经史词章。此其所谓统系乃经籍之统系，非科学之统系也”。（参见顾颉刚《古史辨》第 1 册《自序》，上海古籍出版社 1982 年版，第 29、31 页）黄远庸（1884—1915）作《晚周汉魏文钞序》，将“分科”作为区别中西学术的主要因素：“古无分业之说，其思想论辨不由名学，故常以一科之学，包举万类。欧洲古代学者，举一切物理、心理、政治、道德之理论，悉归之于哲学。吾闻自古亦以一切学问，纳之于文。其分合异同之迹，盖难言之。”（黄远庸《远生遗著》卷四，沈云龙编《袁世凯史料汇刊续编》本，文海出版社 1966 年版，第 182 页。该文曾发表于《国民公报》，为梁漱溟编《晚周汉魏文钞》所作序文，梁书编于 1915 年 9 月）唐君毅从另一个角度揭示中西学术的不同：“然在中土，则所谓文化之各领域素未截然划分，此于中国图书分类之不能按照西方分类法即已得其证。中国传统之书籍分类，如《七略》四部之分，均以书籍体例分，而不以学术之对象属于何类文化领域分。而此中尤以哲学文学中之分划为难。集部之非同文学，如子部之非同为哲学。而经史二部正治哲学文学者所同读。”（唐君毅《中国哲学与中国文学之关系》，《中西哲学思想之比较研究集》，《民国丛书》第 1 编第 5 册，影正中书局 1947 年版，第 195 页）

中，又往往分为数十百种。[1]

正所谓“各有专家，而不相侵焉”。与这种分科之学充分发展相为表里，义位明确、具有特指性的各学科的术语层出不穷。反之，由于中国传统学术尚处在综合状态，学科分野不明晰，故术语不发达。章太炎（1869—1936）将汉语、汉文视作“国粹”之首，所以对外来词颇有保留，但他在比较中西语文之短长后，发现“汉土所阙者在术语”，“欧洲所完者在术语”，故认为有必要创制汉字新术语。鉴于汉字造词能力强，章氏又指出：“汉文既有孳乳渐多之用，术语虽阙，得并集数字以成名，无所为病。”对于用汉字组创新术语充满信心。章士钊（1881—1973）也强调“翻译名义”（译名问题）的重要性，他认为：

> 国于今日，非使其民具有世界之常识，诚不足以图存；而今世界之学术，什九非前代所有，其表示思想之术语，则并此思想亦为前代人所未尝梦见者，比比然也。

这就将新术语的创译提到救亡图存的高度。

随着学科的分途发展，义位明确、具有特指性的相关术语如雨后春笋般涌现。在现代英、法、德、俄等语种的全部词汇中，术语的数量早已超过半数，而且还在与日俱增。16世纪以降，随着欧洲的殖民扩张和世界统一市场的建立，欧洲近代文化，连同其术语也传播到世界各地，其他地域的民族与国家，或被动或主动地接受来自欧洲的近代术语系统，并结合自身语文特征，逐渐有所创发，其语文天地呈现古与今、内与外既相冲突又相融会的纷繁多姿状貌。这在以中国为主体的汉字文化圈演绎得尤为精彩。

近代新术语的流行，在某种程度上得力于借词在近现代的广泛展开。“借词”是英语 Loanword 的直译，又称“外来语”“外来词”“外来概念词”。陈望道在《文法革新问题答客问》中指出，语言分“内发语”和“外来语”，前者是“本地自造的”，后者是“从外路输入的。引线是外路的知识，新事

① 薛福成：《庸庵海外文编》卷三，《续修四库全书》第1562册，影光绪刻《庸庵全集》本，第23—24页。

物、新势力的输入。……外来语也是新文化之一”[①]。狭义的外来语仅指音译词[②]，本文所论近代中西日文化互动过程中生成的术语，既包括音译词，又包含意译词和音意合璧译词。借词以新词语的形式进入借方语言中，增加借方语言数量，丰富借方语言表现力，是语言作跨文化渗透的典型表现。借词通过翻译得以实现，而翻译的实质是以两种不同的语言表达同一思想，其任务主要是再现原文的思想，而不一定重演原文的语音。从此意义言之，“借词”理应包括意译词和音意合璧词。而且，从汉语借词实际看，虽然也有音译，但更多采用意译和音意合璧译词，这是由汉字的表意性所决定的。每一个汉字不仅是一个音符，同时还具有特定的义位。意译词能发挥汉字特有的表意性，昭示其文化内蕴；连音译也往往择取音意兼顾的汉字组合成词，在表音的同时，提供某种意义的暗示，如“逻辑”“奔驰”“黑客”“迷你裙”“托福”之类。严复在音译 Utopia 时，取“乌托邦”三字，在谐音之外，又可从这三个汉字中产生“乌有寄托之乡”的联想，以引出“空想主义”意蕴。

通过借词以创制新语，是一种普遍的社会语言现象。王国维在《论新学语之输入》中指出，随着社会生活中新事物、新思想的层出不穷，各个时代都有语不足用、需要借取外来词的情形：

> 周秦之语言，至翻译佛典之时代而苦其不足；近世之言语，至翻译西籍时而又苦其不足。……处今日而讲学，已有不能不增新语之势；而人既造之，我沿用之，其势无便于此者矣。[③]

当代语言学家陈原也论及借词的必然性：

> 任何一种有生命力的语言，它不怕同别的语言接触，它向别的语言借用一些它本来没有，而社会生活的发展要求它非有不可的语汇，与此同时，不可避免的是别的语言也向它借用某些同样需要的语汇。一方面

① 《学术杂志》1940 年 3 月第 2 辑。

② 参见高名凯、刘正埮相关论述，见《现代汉语外来词研究》，文字改革出版社 1958 年版，第 3 页。

③ 《教育世界》第 96 期，1905 年 4 月。

是借入，一方面是出借……①

在社会转型时代，随着外来事物及思想的大规模入华，词语的“借入”尤为频繁。

甲午战争以后，日译汉字新术语开始大量涌入中国。清民之际入华日源汉字新语，有音译词（瓦斯、俱乐部等），日本训读词（入口、手续等），日本国字（腺、膣等），日本语译语（基于、对于等）。更重要的是下列两类：一为将中国古典词原义放大、缩小、改造，以对译西洋概念，如悲观、标本、博士、参观、大气、代表、单位、发明、反对、范畴、现象、革命、共和、左翼、右翼、讲师、教授等。以“现象”为例，本为汉译佛语，义为佛、菩萨现出化身，日本哲学家西周（1829—1897）的《人生三宝说》（1875）在“现象”词形中注入新义，成为与“本质”对应的哲学术语。二为运用汉字造字法创制新词，以对译西洋术语，如暗示、霸权、饱和、悲剧、宠儿、低调、公仆、哲学、美学、战线等。其中“哲学”也是西周创制，对译英语 Philosophy（爱智之学），准确而且简练，此译名一出，逐渐取代以前诸译名，如理学、形上学、玄学，等等。

需要指出的是，清民之际从日本入华的汉字新语，有些本是此前从中国出口到日本的汉译西书拟订的，如权利、立法、公法、选举、植物学、物理学、热带、温带、冷带、寒流、暖流、细胞等，由于西学在幕末—明治时期的日本远比在同期中国受重视，这些在中国未获流布的术语，在日本被广泛使用，清末民初留日学生及“亡命客”便把它们当作“日制汉字词”输入中国。其实，这并非“日词来华”，而是“侨词来归”；并非“新语翩至”，而是“旧词复兴”。直至 20 世纪晚期，中国出版的多种外来语词典仍把它们视作“日源外来词”。从语源学角度来说，应当恢复这类词语“回归侨词”的身份，并辨析回归前后的因革情形。

概念、范畴的演变，是人类思想更革的表征，反映了知识总量的扩大和认识过程的迁衍、深化。然而，由于概念古今转换、中外对接牵涉文化的时代性迁衍与民族性交织，情形错综复杂，概念与指称之间的误植也时有发生。古典

① 陈原：《社会语言学》，学林出版社 1983 年版，第 287 页。

汉字词在转变为新术语之后，既与古汉语义毫不搭界，也不切合对译词的西义，又无法从汉字词的词形推导出新的词义来，即新词义不仅与旧词义完全脱钩，也与词形毫无关涉，其新义全然是外在强加的，便是一种“误植词”。陶履恭（1887—1960）指出：

> 世人用语，率皆转相仿效，而于用语之真义反漫然不察。物质界之名词，每有实物可稽寻，世人用之，或能无悖词旨，鲜支离妄诞之弊。独进至于抽象之名词，无形体之可依托，而又非仅依吾人官觉所能理会。设转相沿袭，不假思索，非全失原语之真义，即被以新旨，而非原语之所诂，此必然之势也。①

鉴于此，有学者指出，20世纪以来中国对西方哲学研究虽有成就，但在理解中也出现一系列文化错位，即用本民族传统理念去扭曲和附会西哲的理论和概念，诸如“理性”概念的误读，“科学”的实用化，“辩证法”的降级诠释，“实践”概念的变形，“自由”概念的附会，等等。② 其他学科也有类似情况发生。

概念意译过程中旧名衍为新名导致某种程度的文化错位，还可列举一些典型例证：一如“经济”，旧名本义“经世济民”“经邦济国”意近政治，而在对译economy时形成的新名“经济”，含义转为国民生产、消费、分配、交换之总和，兼指节约、俭省，与本义脱钩，新义又无法从“经济”词形推衍出来。③ 再如新名“形而上学”，是借《周易》“形而上者谓之道”一语对译metaphysics时形成的，此新名之一义“超验哲理”，与旧名本义方向相切合；但后来衍生的反辩证法的“静止论”“机械论”“外因论”诸义，则全然背离旧名本义指示的方向，也超出了旧名“形而上”词形提供的意义空间。④ 至于我们早已“日用而不辨”的史学术语“封建”，在新旧名更替之际，其概念误

---

① 陶履恭：《社会》，《新青年》第3卷第2号，1917年4月1日。

② 参见邓晓芒：《中国百年西方哲学研究中的十大文化错位》，《世界哲学》2002年增刊。

③ 参见冯天瑜：《中日西语文互动与“经济”概念的变迁》（日文），载［日］国际日本文化研究中心编《日本研究》第31期，2005年。

④ 参见冯天瑜：《汉字术语近代转换过程中误植现象辨析——以“经济”、“封建”、“形而上学”为例》，载《中日学者中国学论文集》，复旦大学出版社2006年版。

植尤显突出，造成的后果也较为严重。[1]

术语概念误植带来的不良后果，常会超越语言学范围而直达思想文化层面。美国汉学家费正清所编《剑桥中华民国史》指出，某些西方概念汉译后，往往发生变异，如 individualism 是欧洲启蒙运动后表述人权和尊重个性的褒义词，译成汉语“个人主义”，则演化为“利己”“自私”的同义语，基本上成了贬义词。此外，如“自由主义”“权利”等译词，也有从英语原来的褒义转变为汉语词贬义的情形。这表明，异文化的通约殊非易事。而如果术语不能通约，异文化的互动则会陷入困境。正因如此，更有必要指明术语概念误植的问题所在，揭示其在古今中外语文坐标系上于何处发生偏差，在哪里出现脱轨，以引起相关学科疗救的注意。

本书将探析的重点时段设定于明末清初、清末民初，尤以后者为重。视域涵盖中—西—日，尤以近代西学术语之汉译及其在中日间之流转、互馈为要。全书分上、下两编，凡十三章。前设导论，后附结语。

汉字术语生成与流播的状貌呈现于诸著译文本：“早期汉文西书”、“早期英汉词典”、清末教科书、清末民初期刊、“晚期汉文西书”。本书上编（第一至第五章）考析五类文本，是为汉字术语生成与流播的载体研究。

建立完备的学术分科是近代文化的一大特点；而与其相表里的则是学科术语群的创制。本书下编（第六至第十三章）在中—西—日时空坐标上展现哲学、论理学（即逻辑学）、伦理学、美学及审美学、文学、语言学、国际法、公法、私法、政治、经济、教育（包括“三育”）、心理学、报学与新闻学、采访及采访学、杂志、新闻自由、民俗及民俗学、算学与数学、化学及元素等学科术语的生成、演变、传播、确立的过程，涉及十一个学科之术语群研究。

近代术语在从原产地（欧美）、中介地（中国或日本）到受容地（日本或中国）的漫长周游中，也经历着类似赛义德所说的“思想及语言旅行”的几个阶段，在中介地和受容地遭遇接受条件或抵抗条件，获得“新的重要性”和“新的用法”，成为汉字文化圈词汇的新成员，故被称之“新学语”（简称“新语”）。王国维 1905 年曾将“新语之输入”称之近代最显著的文化现象，认为

① 参见冯天瑜：《“封建”考论》，武汉大学出版社 2006 年 1 版，2007 年 2 版，中国社会科学出版社 2011 年修订版。

"新思想之输入，即新言语输入之意味"。百年过去，王先生肯认的"新语之输入"有增无已，而诸如"科学、民主、自由、经济、文学、艺术、封建、资本、教育、新闻、物理、化学、心理、社会、革命、共和、政党、阶级、权利、生产力、世界观、社会主义、知识分子"等许多关键词的确立，都是在古今演绎、中外对接的语用过程中实现的。这些充当诸学科关键词的汉字新语，词形和词意大都受到中国因素和西方因素的双重影响，日本因素也参与其间。故追溯汉字新语的源流，考察作为现代人思维纽结的新概念的生成机制、发展规律，将展开中—西—日文化三边互动的复杂图景，彰显近现代思想文化的网络状（并非单线直进）历程。

古典开新

“古典”，作为一个文化学概念（并非严格的历史分期概念），略指过往的文明成就，代表着昔日文明特色的正统与典范，如古代的典章制度，传世的典籍，流播广远的典故，延传下来的被视为正宗、典范的事物，超越时代局限的物质文明和精神文明作品。

“古典”与“传统”在内涵上有共通之处（均指过往的创作得以流传者），却又各有特指——“传统”包括大众性的内容，“古典”主要指权威的、精英的文明成果。故可以说：古典是精英化的传统文明，人们常称的古典建筑、古典哲学、古典文学、古典艺术、古典风格，皆是在这一意义上言说的。

“古典”是过往的文明成就，但并非明日黄花，它们在德性及知性层面的壮丽与优雅，深刻与博大，成为永久的文明记忆，在历史进程中往往被人们反复吟咏，又一再重新刻勒，尤其在社会及文化转型期，人们总要通过召回并重铸古典以创建新文明，欧洲近代早期的文艺复兴对古典希腊、罗马的复归是典型史例；中国唐宋古文运动对先秦两汉古典的复归与发挥是又一史例。而近代中国在实现文化近代转型之际，并非仅仅借鉴西学，也愈益深广地重温中华古典，并不断从事古典开新工作。拙著《中华元典精神》以专章阐述古典新变：从忧患意识到近代救亡思潮，从“穷变通久”到更法自强，从“汤武革命”到近代革命论，从“华夷之辨”到民族主义，从原始民主和民本思想到民权主义，从“养民—厚生”到民生主义，从“均富—大同”到社会主义。本目所收篇什，通过若干个案进一步论说古典承袭及新变。

传统智慧的现代转化

——20 世纪末札记

一、凡尔纳预言与 20 世纪现实

时代的步履已悄然逼近 21 世纪门槛。

值此世纪转换的临界点，人们难免百感交集地反顾既往、眺望未来。而有“历史癖”的笔者，此刻不禁记起法国科学幻想小说家凡尔纳（Jules Vernt，1828—1905）在 20 世纪之交的神来之思。

凡尔纳的《格兰特船长的女儿》《神秘岛》等探险求宝小说，曾令数代少年读者心驰神往；他的《海底两万里》《地心游记》《从地球到月球》《环游地球八十天》将人类求索未知领域的想象力发挥得淋漓尽致。凡尔纳还留下一部未刊手稿，内容是预言 20 世纪的种种科技进展，诸如电报、电气火车、飞机、电视、水下呼吸器、飞月火箭以及太空旅行，等等。当人们于 20 世纪下半叶发现并展读这部撰写于蒸汽机时代的手稿时，都感慨系之——既钦佩凡尔纳对电气、电子时代明见万里的预言，更对行将与我们拱手揖别的 20 世纪发出由衷的赞叹。

在人类文明史的漫漫长河中，20 世纪可以称得上一个异彩纷呈、事变频仍的百年；一个成就空前，面临挑战的尖锐程度亦为空前的百年！

首先，就工具理性张大、物质文明繁荣而言，20 世纪是此前诸世纪所不可比拟的，这得益于新科技革命的迅猛拓展。

19 世纪自然科学的三大发现——能量转化与能量守恒定律、生物进化论、细胞学说的发现，使这一百年被人们称为“科学的世纪”，然而，与之相较，

20 世纪更是一个科技昌明的世纪。

20 世纪自然科学的四大成就——改变传统时空观念的狭义相对论和广义相对论，勾勒微观物理实在的原子结构与基本粒子发现和量子力学建立，电子计算机发明和揭示信息本质的信息论及控制论、系统论创立，揭示生命起源及演化本质的分子生物学建立、遗传物质核酸的分子结构与遗传密码发现，标志着超越牛顿力学体系的新科技革命正在向纵深发展。其中电子计算机的发明及日益广泛的使用，将人造工具从过去只是人手的延长与扩展，演化为人脑的模拟、加速与放大。人机系统成为新的认识主体，从而大大提高了人的认识能力，使认识的效率和水平达到空前高度，其影响已经超越科技层面，渗入社会生活各个领域，诸如经营管理、设计实验、信息检索、教学、科研、家政管理、新闻资讯等都大量使用电脑，特别是信息高速公路技术的出现，展示以人工智能为代表的新兴科技无比恢宏的发展前景。

人类社会生产力的发展经历了四个阶段——第一阶段，是生产力发展主要靠自然资源的采集、渔猎时代，可称之“前发展”（Predevelopment）时代；第二阶段，是生产力发展主要靠劳动力的农耕文明时代，可称之“低发展”（Underdevelopment）时代；第三阶段，是生产力发展主要靠以机器为核心劳动工具的工业化时代，可称之“高发展”（Upperdevelopment）时代；第四阶段，是生产力发展主要靠科学技术的信息时代。20 世纪，尤其是 20 世纪下半叶开始进入第四阶段，科学技术上升为第一生产力，并正在寻觅克服“高发展”时代呈现的弊端，谋求人类文明的长治久安之道，故可称之“可持续发展”（Sustain abledevelopment）时代。[①] 科学技术作为最富革命性格的生产力，迅速改变着今日世界的面貌，创造着在昔时看来如同神话般的境界。经受了新科技革命洗礼的今日人类，不仅衣、食、住、行与以往世代大相径庭，而且包括凡尔纳在内的东西方先辈幻想的飞天、登月、遁地、潜海，乃至顺风耳、千里眼、一跟斗十万八千里，都被今日人类掌握的工具理性一一变为可操作的现实。

其次，20 世纪将全球化的规模和深度向前大大推进。

以 15、16 世纪之交的哥伦布（1451—1506）、达·伽马（1460—1525）、

① 将人类历史分为“前发展”“低发展”“高发展”“可持续发展”四阶段，参考牛文元 1993 年的论说。

麦哲伦（1480—1521）的世界性远航为开端，人类历史逐步从分散走向整体，而工业革命为这一进程赢得了加速度。如果说，工业文明于18世纪肇端于西欧一隅的英伦三岛和尼德兰低地，19世纪展开于整个欧洲和北美洲，并兼及东亚岛国日本，那么，20世纪则是工业文明普被全球的百年，商品交换、资本互渗、信息传递，造成国度间、洲际间日益深刻、广泛的经济、文化、社会联系。20世纪中叶以来，由于系统科学、电子技术、航天和海洋工程崛起，持续地加强着世界一体化过程；80年代以降，这一全球化势头更加强劲；乌拉圭回合谈判达成的贸易自由化为大规模商品流动创造了条件；通信手段的发展和各国金融市场的开放使世界资本跨洲、跨国流动加速，传统的社会结构和传统的决策方式受到有力冲击，仅仅在单个民族国家范围内已经无法应付这种全球化带来的新问题，人们愈益增多地转向地区组织（诸如欧洲共同体、东南亚国家联盟、北美贸易自由区，等等）和世界组织（联合国为最大代表）以谋求解决方略，国际组织在经济、政治、军事、文化诸事务中的仲裁作用进一步加强。

第三，与全球化趋向相反而又相成的另一态势是，在工业文明普被全球的过程中，由于各文化圈历史条件和文化传统的差异，导致现代化多样发展模式形成。

西欧与北美率先实现现代化。其市场原理、自由经济、民主政治、个人主义等基本特色，一度被世人看作是现代化的必由之径，故在19、20世纪之交，“现代化”与“西化”（或曰“欧美化”）曾被当作同义词使用。然而，西方的自由市场经济在导致生产力长足进步的同时，又带来负面效应——残酷剥削、经济垄断、失业率居高不下、严重两极分化、劳动者没有社会保障、周期性经济危机，等等。社会主义思潮及其实践便是对西方现代化模式的一种反拨。这一方面表现为发达资本主义国家在其经济、社会结构中引入若干社会主义因子，另一方面则表现为第一次世界大战后及第二次世界大战后，一系列社会主义国家在东欧、亚洲、拉丁美洲相继建立，一些第三世界国家（如印度、埃及、加纳、印尼、缅甸等）也曾一度仿效此种模式。时至20世纪60年代以降，社会主义国家的计划经济模式的弊端日益彰著，普遍出现效率低下和官僚主义严重的病态，政治及社会领域也暴露出诸多问题，遂有引入市场法则和民主政治的改革在苏联、东欧各国、中国的渐次实施。以中国为例，近半个世纪走过“市场恐惧—市场辅助—市场本位”的曲折历程。

正当欧美与苏东两种现代化模式彼此竞争、相互消长之际，第二次世界大战以后，尤其是20世纪60年代以降，日本及东亚“四小龙”（韩国、中国台湾、中国香港、新加坡），以经济高速发展、通货膨胀率低、社会相对安定的实绩，创造东亚现代化奇迹，被称之与欧美、苏东相区别的第三种工业文明体系。因上述东亚诸国家及地区，大体在儒教文化圈内，故与欧美的“基督教资本主义”相对应，有“儒家资本主义”之称，其特色是以东亚文化中的现世主义、国家主义、机会均等主义，以及注重家族观念和个人修身与西方工业文明的市场原则、科学管理、追求效率有机结合起来，互为补充，并抓住世界经济一体化和科技革命这两大契机，创造出耸动世人视听的局面。至20世纪末叶，随着中国大陆、马来西亚、泰国、印度尼西亚加入现代化长足进展的行列，东亚的经济实力已大体与北美或西欧相当，又保持着较高的增长率，其势头令人瞩目。美国未来学家约翰·奈斯比特推测，由于亚洲崛起，“21世纪将回归到龙的世纪”。[①] 笔者认为，东亚的崛起并不意味欧美的衰落，欧美自有深厚而强劲的调整功力与前进动能，亚太地区的繁荣与北大西洋地区的现代化深度发展，将在21世纪双峰并峙。其他地区的发展也将异军突起。

总之，20世纪形成全球现代化这个大趋势，其间又显露出纷繁错综的多元走向，90年代以来，随着社会主义阵营解体、冷战结束，世界多极化格局更加清晰地呈现在世人面前。这种文化的多元走向，决非诸极间自我封闭、彼此不相往来，而是互为依存、息息相关的，呈现多元互补、百川赴海的态势，这正是中国先哲所谓“天下同归而殊途，一致而百虑”[②] 的“一”与“多”矛盾统一的状态。

二、“居安思危”

在探讨人类前景问题时，东亚智慧可以提供超越上述悲观的和乐观的两极

---

① 约翰·奈斯比特：《亚洲大趋势》，外文出版社、经济日报出版社、上海远东出版社1996年版。

② 《周易·系辞下》。

论说的精神资源，这便是中华元典精神[①]的一个重要侧面——忧患意识。

有人把西方基督教文化称之为“罪感文化”，把中国文化称之为“忧患文化”。基督教从“原罪说”引申出“赎罪—救世说”，构成西方文化的心理传统；而中国自3000年前的殷周交替之际即已形成，此后又一以贯之的忧患意识，是一种富于远见的理性思维，十分有益于当下人类。

经历殷灭周兴的大事变，作为胜利者的周人（特别是其杰出代表周公、召公）并没有骄傲与狂妄，他们不为眼前的成功和安定所陶醉，而是从泱泱大国殷朝的灭亡中洞察到天命的无常、政权的可变，从而忧虑周朝有可能重蹈覆辙，担心继承者的荒怠，告诫他们兢兢业业地尽责尽职，发挥主观能动性，防微杜渐，以避免危难的到来。这便是《易传》所说：

> 君子安而不忘危，存而不忘亡，治而不忘乱；是以身安而国家可保也。[②]

这段话后来简化成中国著名的成语——“居安思危”。

春秋末期的孔子（前551—前479）把周初哲人的“居安思危”从“忧位”（担忧丧失统治地位）推广到对学说、真理的忧患，即所谓“君子谋道不谋食。……君子忧道不忧贫”[③]。战国中期的孟子（约前372—前289）从民本思想出发，又将忧患意识拓展为“忧民”和“忧天下”，并有“生于忧患而死于安乐”[④]的名言。

作为时代使命感的产物，忧患意识是中国文化史的贯穿性理念，各种流派、各个时代的哲人都有类似警句——

墨子（约前468—前376）忧叹“华民多有勤苦冻馁，转死沟壑中者”[⑤]。庄子（约前369—前286）“蒿目而忧世之患”[⑥]。屈原（约前340—约前278）

---

① 有关“中华元典”“中华元典精神”的界说，参见冯天瑜著《中华元典精神》，上海人民出版社1994年版。

② 《易·系辞下》。

③ 《论语·卫灵公》。

④ 《孟子·告子下》。

⑤ 《墨子·兼爱下》。

⑥ 《庄子·骈拇》。

“长太息以掩涕兮，哀民生之多艰”①。杜甫（712—770）“穷年忧黎元，叹息肠内热”②。范仲淹（989—1052）“先天下之忧而忧，后天下之乐而乐”③。凡此种种，莫不是“乐以天下，忧以天下”的崇高而博大的忧患，是超越眼前利益、为子孙万代着想的忧患，所谓“人生不满百，常怀千岁忧”，包含着持续发展的意蕴。

忧患意识当然与盲目乐观恰成反照，但也不是对前途的悲观绝望，而是从历史责任感出发，对潜在危机加以洞察和预防，也即《诗经》所言“未雨绸缪”④（天未下雨，预先把房屋修好），《易经》所言“见险而能止，知矣哉”⑤。“思患而豫防之”⑥。

忧患意识是中国古代社会的产物，它的“忧位”“忧君”“忧道”“忧国”“忧民”当然都有特定的历史内涵和时代局限性，与现代社会面对的问题大相径庭，然而，作为东亚智慧的忧患意识又有着超越时代和地域的普遍意义，它所提供的是一种沉毅清醒的理念，可以帮助人们从一片升平气象中觉察隐患，这正是现代人所特别需要的富于穿透性的理念和清明如镜的心态，它可以使现代人从科技成就的背后，从车水马龙、灯红酒绿的繁华背后洞见人类面临的危机，从而预作谋划。中国汉代经学家郑玄（127—200）说：

> 君子居安如危，小人居危如安。⑦

现代人应从此类东亚智慧里获得启示，争取成为“居安如危”的“君子”，切勿堕落为“居危如安”的“小人”。

20世纪70年代初，联合国专门小组发表的著名报告——《只有一个地球》；1992年在里约热内卢召开的联合国环境及发展大会，向世界各国发出严峻警告：如果人类不改变自己的生产方式、生活方式和价值观念的话，前

---

① 《屈原·离骚》。

② 《自京赴奉先县咏怀五百字》。“黎元”指老百姓。

③ 《岳阳楼记》。

④ 《诗·豳风·鸱枭》：“迨天之未阴雨，彻披桑土，绸缪牖户。”绸缪，紧相缠搏，引申为修补。

⑤ 《易·蹇挂·彖传》。“知”通“智”。

⑥ 《易·既济卦·象传》。“豫”通“预”。

⑦ 郑玄：《〈礼记·礼运〉注》。

景就是毁灭。在此前后，各国政府和国际组织纷纷制定“环境保护法”“森林法”“野生动植物保护法”，限制CO_2及硫化物排放量，等等。70年代以降，各国的科研机构和大学还竞相建立生态、环保研究所、系、学院，联合国专门成立关于人口、资源、生态、环保的国际性组织，定期开会，提出一系列规范和建议。当下人类已取得共识——环境问题是发展带来的，所以要解决环境问题就必须转变现有的发展方式，由不可持续的发展方式转向可持续的发展方式。这些都几近“居安思危”之论，然而却尚待认识上加深、实践上落实。在1992年里约会议之后五年，1997年6月23日于纽约再次召开特别首脑会议，讨论气候变暖问题、沙漠化问题，保护淡水资源及生物多样性。人们发现，里约环境发展会议的协议未能得到很好实施，全球CO_2排放量继续增长，美国超标13%，欧洲、日本超标6%；自1993年生物多样性协定生效以来，全球又有10万种动植物灭绝……这表明，谋求可持续发展，任重而道远，人类丝毫懈怠不得！此诚所谓“人无远虑，必有近忧”①。

三、现代化：善恶、苦乐“俱分进化”

今日世界，其文明的器用层面、制度层面、行为层面和观念层面都发生着愈益深刻的现代转型。人类的生活在剧变，人类栖息的星体——地球也出现超乎以往任何世纪的大改观。

18世纪欧洲的启蒙思想家和19世纪的进化论者对人类实践的积极成果满怀信心，并据此构想一幅美妙的前景，认为未来社会将在“理性”指引下，得到健全的、有秩序的发展，人类社会同有机体一样，遵循“普遍进化规律”，进步是必然的，不可逆转的。然而，两三个世纪的实践证明，作为自然、社会系统调控者的人类，其实践既有积极的正面效应，也有消极的负面效应，使人类改造自然与社会的能力大大增强的“现代化”运动给人类带来的并不是单一式的进步，而是善恶并举、苦乐同行、创生与毁灭双至的矛盾过程，正所谓“省忧喜之共门兮，察吉凶之同域”②。也即中国现代思想家章太炎（1869—1936）所谓的“俱分进化”——

① 《论语·卫灵公》。

② 扬雄：《太玄赋》。

进化之所以为进化者，非由一方直进，而必由双方并进，专举一方，惟言知识进化可尔。若以道德言，则善亦进化，恶亦进化；若以生计言，则乐亦进化，苦亦进化。双方并进，如影之随形，如罔两之逐影，非有他也。①

中外哲人所臆想的那种“乌托邦”②“太阳城”③“君子国”④式的“无差别境界”并没有因现代化的推进从天而降。展现在世人面前的，是一个错综复杂的、利弊共存的世界。一方面，由于现代人类对自然、社会和人生的规律性有了更自觉的认识，又具备较之以往强大得多的改造世界的能力和手段，因而创造出空前巨大的物质财富，人类赢得超越往昔的自由，其生活质量也随之大为改善；另一方面，工业文明又大大加剧了不利于人自身的异己力量的产生，文明的负面效应随着现代化的纵深发展而愈益昭彰，人类的生态环境（包括自然环境和社会环境）退化，地球为人类的生存和发展提供的支持系统发生故障的严重程度不可同日而语。这正如德国哲学家尼采（1844—1900）所慨叹的：

凡人类所能享有的尽善尽美之物，必通过一种亵渎而后才能到手，并且从此一再要自食其果，受冒犯的上天必降下苦难和忧患的洪水，侵袭高贵地努力向上的人类世代。⑤

这段哲理诗当然是针对整个人类文明史而言的，但尤其是针对现代文明而发的，因为在现代，随着工业化的高歌猛进，“文明悖论”渐次展开——

---

① 《俱分进化论》,《章太炎全集》(四)，上海人民出版社 1985 年版，第 386 页。

② 英国空想社会主义者托马斯·莫尔（1478—1534）1516 年著《乌托邦》一书，描写一个美好的社会——乌托邦（意即“乌有之乡”），其中没有贫穷，一切财产公有，人民安居乐业，各取所需，“乌托邦”遂成为空想社会主义的代名词。

③ 意大利文艺复兴后期思想家托马斯·康帕内拉（1568—1639）于 1623 年著《太阳城》一书，描写一个理想的社会——太阳城，这是一个庞大的公社，其中一切财产公有，人们过着绝对平均的生活，各尽所能。

④ “君子国”是清代作家李汝珍（约 1763—1830）所著小说《镜花缘》中描写的一个理想国度，那里礼仪有度，谦让成习，人人为君子风。

⑤ 尼采：《悲剧的诞生》，周国平译，三联书店 1986 年版，第 39 页。

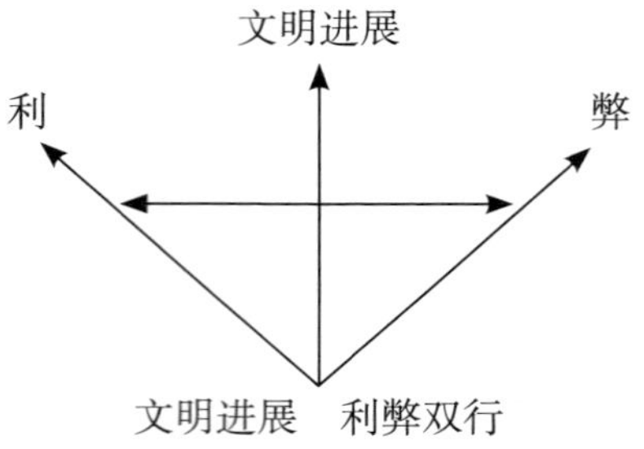

时至今日，文明进展的负面效应已经达到威胁人类生存的程度，人类文明是否可以健康、持续地得到发展，成为一个严峻的现实问题提到世人面前。20 世纪中后叶，东西方思想家对现代文明的负面效应深怀忧患。如德国思想家哈贝马斯（Jurgen Habe—mas，1929—　）指出，生态平衡的破坏、人类平衡的破坏、国际平衡的破坏，是当代国际社会共同存在的危机。唐君毅（1909—1978）等华人思想家对当下人类的生态危机和良知危机也有深刻的揭示。

四、“现代病”之一：人与自然关系紧张

就人与自然的交互关系而言，工业文明降临的两三个世纪间，尤其是在 20 世纪，发生了根本变化。

此前，无论是在延续百万年之久的采集、渔猎经济时代，还是在长达数千年的农耕文明时代，人类与自然的关系大体协调，当然，由于人类的短视与盲目性，其实践活动已缓慢地破坏着生态环境，也曾导致中国黄河流域从先秦至明清三千余年间生态环境渐趋恶化，西亚两河流域文明、南亚哈拉巴文明、中美洲玛雅文明消亡等严重事态，但就总体而言，这时的人类尚没有摆脱对自然的依附与敬畏，对生态环境的干扰、破坏的力度有限，加之自然界具有较强的自我修复与再生能力，人类与其生存的环境间保持着“一体不二”的关系，维持着生活方式、生产方式的“原始可持续性”，中国古代哲人“天人合一”[1]“民

① “天人合一”是中国古代强调“天道”与“人道”，或“自然”与“人为”合一的思想，战国时思孟学派提出这种理论，西汉董仲舒“天人之际，合而为一”（《春秋繁露·深察名号》）之说，成为“天人合一”的正式表述。

胞物与”[①]的思想，印度佛学“依正不二”[②]的信念，正是对于人类与环境保有天然和谐状态的一种观念升华。

主要由西方智慧引发出的现代工业文明，中断了农业文明生活方式、生产方式的“原始可持续性”。工业文明的信条是“征服自然”“向自然索取”，将自然对象化，强调人的自觉活动对自然的干预与塑造，使人与自然走向对立。这种理念首先导源于犹太教和基督教的上帝创世论。《旧约·创世纪》：

> 上帝说：我要照我的形象，按着我的样式造人，叫他们管理海里的鱼、空中的鸟和地上的爬虫畜牲。

依据此论，人类作为最近似上帝的存在，有理由支配自然，令其为自己服务。古代中国也出现过类似思想。如成于南北朝，流行于唐代的《阴符经》认为，人类为了生存，必须窃取自然，“天地，万物之盗也；万物，人之盗也；人，万物之盗也。三盗既宜，三才既安”。揭示了人与自然互相掠夺的关系。但这类思想在传统中国不居主流。而且，从世界范围而言，在古代与中世纪，人类因为不具备征服自然的强有力的手段，这种人与自然相分离、相对立的思想尚未获得强大的实践能力。时至近代，人与自然的关系开始发生变化。近代初期，英国哲学家培根（1561—1626）提出“知识就是力量”，认为掌握知识的目的是认识自然，以便征服自然，他还致力于从思想体系上锻造征服自然的“新工具”——归纳、分析、比较、观察和实验的理性方法。笛卡儿（1596—1650）进而将主体与客体截然两分，认定作为主体的人类有权将作为客体的自然视作一堆无生命的资源，可以任意掠取。牛顿（1642—1727）则使这种理性方式升华为近代科学体系。此后半个世纪，在产业革命行将到来之际，英国人瓦特（1736—1819）于1769年首创燃煤的带冷凝器的蒸汽机，实现热能向机械能的转化。以此为开端，人类拥有越来越强劲的征服自然的能力，与此同时，在“笛卡儿式观念”指引下的现代人与自然的关系日趋紧张，这首先表现

① 宋代理学家张载提出“民吾同胞，物吾与也”（《西铭》），主张爱一切人如爱同胞手足一样，视天下万物为自己的盟友、党与。

② 佛教哲学中的“依”即“依报”，指一切环境；“正”即“正报”，指生命主体。“依正不二”意谓人与自然相互依存，是不可分的统一体。

在人类对自然资源的掠夺式采掘上。

如果以人均耗费能量作为人类征服自然能力的标志，下列数据是富于典型意义的——

《大英科技百科全书》载，人类发展的各个历史阶段每人每天的能量消费（以千卡计）分别为：

原始人时期：2000；
渔猎社会：5000；
原始农业社会：12000；
高度农业社会：26000；
工业社会：77000；
后期工业社会：230000。

这就是说，现代人的人均能源消费为原始人的115倍。如果将自原始人时期到现代世界人口成千倍的增长计算进来，那么现代世界每天的能量消费则为原始人时期的数十万倍，其中绝大多数消费来自不可再生能源。

按照“天人合一”“依正不二”原理生活的东方人未能自发地走出农业与手工业结合的自然经济轨范，停留在“前发展”的原始农业社会或“低发展”的高度农业社会；而以犹太教—基督教及希腊—罗马文化为源头的西方文化，从主体和客体两分的思路出发，将人与自然离析开来，对立起来，从而走向征服自然、向自然索取的路径，率先跨入“高发展”的工业社会。被理性这一“思想新工具”和机器这一“物质新工具”武装起来的现代人，开辟了文明史的新纪元。

以“征服自然”“向自然索取”为行动指针的工业文明在造就巨大物质财富的同时，又因为人以自然为征服和索取的对象，很少注意自然资源的养护与再生，牺牲环境求得发展，并使经济活动规模超过环境和寓于环境中的自然资源的承受程度，已经带来始料未及的严重后果，诸如环境污染、温室效应[①]加剧、资源系统崩溃，等等。其情形是触目惊心的——

① 温室效应，指地球大气吸收太阳能的一种效应，这时大气起着温室一样的作用。由于工业化的发展，大气中二氧化碳浓度逐渐增加，是造成温室效应的重要原因。

1. 人口爆炸，人均资源占有量锐减。人既是生产者，又是消费者。而无论生产还是消费，都须仰赖自然资源作支撑。因此，人口数量与自然资源的合理配比，直接关系着文明的健康、持续发展。全球人口从百万年前旧石器时代的数万人，增长到今日的数十亿，其间有三个激增期，目前正处在第三个激增期之中。工业文明提供的医疗系统，如 18 世纪末牛痘免疫技术的发明与推广，20 世纪前半叶磺胺类药物、抗菌素药物相继发明和推广，大大降低死亡率，却未能成比例地降低出生率，导致人口急剧上升，给粮食、住房、交通、教育、就业、资源、医疗、保健、生态平衡等方面造成巨大压力。现在全世界每天有 25 万个婴儿诞生。世界人口在近 30 年间增加 1 倍，现已超过 70 亿，21 世纪中叶将突破 100 亿，逼近地球的人口承载极限。尤其值得担忧的是，发达国家人口已得到控制（德、法等国人口增长率为零，甚至出现负增长），又伴之以人口高龄化趋势，而第三世界各国人口却在高速增长（发达国家一位妇女生育子女的平均数为 1.5，非洲国家则高达 6 或 7），人口数量激增，人口质量下降，并导致整个世界（尤其是第三世界）耕地、森林、淡水等各种资源的人均占有量迅速下降，生存条件趋于恶化。

2. 城市膨胀和畸形发展。现代文明的重要后果之一是城市化，其突出表现是超级城市迅猛发展。这一方面造成经济及社会功能的剧增，正如恩格斯描述的 19 世纪中期的伦敦："250 万人这样聚集在一个地方，使这 250 万人的力量增加了 100 倍"①，同时也带来了一系列严重问题，如地价暴涨、绿地不足、水电供应困难、交通拥塞、"三废"剧增等，均包含着某种丑恶的违反人性的东西"②。世界上人口超过 800 万的超级城市，1950 年仅有 2 个，即美国的纽约（1230 万人）和英国的伦敦（870 万人），1995 年则增至 22 个，其中大多数在第三世界国家，诸如墨西哥城、孟买、加尔各答、上海、北京、圣保罗、里约热内卢、拉各斯、卡拉奇、开罗，人口都在一千多万至二千多万，其生存环境恶劣。仅以这些超级城市蓄水层水位下降而论，便触目惊心：墨西哥城蓄水层水位下降 11 英尺，北京地下水位下降 6.5 英尺，均逼近危险临界线。

3. 森林破坏，沙漠化蔓延，生物多样性急剧损失。据专家测算，几万年前地球曾有 76 亿公顷原始森林，覆盖着陆地面积的四分之三以上，这一数字在

---

①② 《英国工人阶级状况》，《马克思恩格斯全集》第 2 卷，第 303、304 页。

农业文明近万年间因农田垦殖而缓慢递减，到 1863 年，全球森林面积为 55 亿公顷，此后则大大加快了递减速率：1969 年下降到 38 亿公顷，1981 年仅剩 25 亿公顷，1995 年则不足 20 亿公顷，以中美洲为例，1950—1990 年间失去的森林比以前 500 年还多。中美洲面积最大国家危地马拉森林覆盖率 1960 年为 75%，1990 年降至 39%；同期哥斯达黎加从 49% 降至 27%。亚洲的泰国、菲律宾等国的森林覆盖率也从 20 世纪 50 年代的 70% 降至 90 年代的 30% 以下。同森林缩小相共生的是沙漠的扩张，如世界上最大的撒哈拉沙漠不仅在南沿向非洲草原、森林带发展，向北已进入西班牙和意大利。东欧的高加索地区也首次出现沙漠。中国的西北、华北、东北，土地沙化趋势日益加剧，不断吞噬耕地和草场。如果说，温带森林在 19 世纪及 20 世纪上半叶已经遭到破坏，那么，热带雨林（如南美亚马逊河流域、非洲刚果河流域、东南亚地区）在 20 世纪下半叶也正在迅速消失。

森林作为“地球之肺”发生严重损伤，后果不堪设想，仅以造成水土流失而言，便很难弥补，因富含有机物的表土需历数十万年方能形成，而印度因滥伐森林导致每年丧失 60 亿吨表土，中国的情况更为严重。[①] 与此相伴的是物种发生非自然消减，现在全世界每天约有 45 至 270 个物种灭绝，物种消亡率比一个世纪前增加上千倍。人类若不采取积极措施，在今后几十年间，现有的 3000 万个动植物物种有四分之一将永远从地球上消失，这意味着生物界的生态平衡被打破。大自然生物链的人为断裂，将带来难以预料的后果。

更有甚者，人类已经掌握足以毁灭包括自身在内的一切生命的力量。这不仅指核武器的毁灭性杀伤力，还包括生物技术带来的可能后果：任意改变动植物基因，导致疯牛症、生物病毒人为扩散等，还会导致人的性别比例的严重失衡。这就迫切需要通过以国际公法方式制定“技术伦理”。

4. 耕地缩小。农业耕地是迄今基本的粮食等农产品供应地，是人类生存与发展的命脉所系。然而，现代文明的种种设施（道路、住房、厂房、机场等）不断蚕食耕地，导致耕地锐减。世界耕地面积 1981 年达到 7.32 亿公顷的最高纪录，此后逐年减少，1996 年仅存 6.96 亿公顷。加之人口增长，人均耕地面

① 1998 年夏季长江流域及嫩江、松花江流域发生的大面积持续洪水灾害，有力地暴露出山林破坏导致的严重恶果。中国政府已决定在长江中上游实行“禁采”“禁伐”措施，并将大规模造林，此为“亡羊补牢”的正确举措。——笔者 1998 年 9 月 1 日补记。

积收缩显著。以人均粮食作物耕种面积计：1950 年 0.23 公顷，1980 年 0.16 公顷，1996 年 0.12 公顷，预计 2030 年仅为 0.08 公顷，届时粮食问题将更加尖锐。与此同时，人类盲目占用耕地的趋势还在加剧，如韩国已有高尔夫球场 86 个，近期将再建 200 个，还有 200 个的修建计划有待批准。日本现有高尔夫球场 2016 个，占去土地面积相当于整个东京。类似滥建高尔夫球场的浪费耕地行为，是一种现代文明使地球无力承受的“奢侈”。

5. 不可再生资源巨量消耗。如果说，森林、草地是可再生资源，人类应注意养护，不得破坏生物链的有机关系，使这类资源不断循环、再生，那么，对于大自然的不可再生资源则尤须珍惜。金属矿藏不可再生，石油、煤炭则是数千万年累积的古生物化石，是不可再生的燃料。在“低发展”的农耕文明时期，对这些不可再生资源的消耗有限，而进入“高发展”的工业文明，两三个世纪间不可再生资源疾速开采，消费量剧增。第二次世界大战后中东地区陆续发现超级油田，其开采成本大大低于美国、墨西哥、印尼等地的老油田，从而为战后经济提供空前廉价的能源，1970 年前后，一桶原油的国际市场价格为 1.3 美元，仅为 20 世纪 20 年代实际价值的六分之一。价廉而又便于运输的石油的使用，是战后经济繁荣的重要动力之一，它也助长了工业革命以来无节制耗费自然资源的趋势。“经济增长”与“人均资源消耗增长”成为同义词。其直接后果是不可再生资源的迅疾耗费，以石油为例，根据各种不同的统计，现已探明的全球石油贮藏量，以目前的开采量仅能维持 30~40 年，天然气的情况大体相似，煤炭约可供开采 800 年。

当然，也有一些较为乐观的估计，认为地下矿物资源可供开采的时间更长一些，但对于漫长的人类史而言，几十年、几百年都是短暂的时段。

6. 人类的生存依据——空气与水被大规模污染。现代文明不仅在急速地消耗地球上的不可再生资源，干扰可再生资源的循环、再生系统，而且产生巨量有害废弃物。工业化造成煤炭、石油等含硫的碳氢化合物每年数十亿吨被燃烧，排放出含有 SO_2 和 CO_2 的滚滚烟尘，酸雨区扩展，呼吸清新空气成为现代人的一种奢侈；工业废水及溢油大面积毒化着江、河、湖、海，食用洁净饮水已是现代人的渴望。总之，当下的地球，充溢着纯洁的空气与水的“净土”已属难能。塑料的发明与使用，给人类带来许多便利，但无法自然消解转化的塑料废物，已经成为地球上严重的“白色污染”，若不及时寻求解救之方，人类将会被这一人类制造物所淹没。工业经济的排放物还会导致意料之外的严重后果。如制冷所用含氯氟化物质（如氟利昂）进入大气层，可以耗损臭氧层。据世界气象组织的长期观测证实，近 25 年来，全球臭氧层总量与 20 世纪 50 年代和 60 年代相比减少了 6%～7%。科学家 1995 年 10 月发现，南极上空臭氧层破洞的面积已达南极大陆的 1.5 倍；1997 年 8 月，南极上空臭氧层含量减少 15%～25%。臭氧层遭破坏的情形，除热带地区以外几乎遍及全球。臭氧层具有隔离有害紫外线的功能，它的被破坏，人因紫外线过度照射而增大皮肤癌、白内障的患病率，其危害是普世性的。

> 今日人类必须考虑：我们为子孙留下什么？难道是一个环境恶化，令后代无法生存的世界？

概而言之，现代人类正在榨取、掠夺自然，为了眼前利益，人们正在愈益迅速地“透支”子孙后代享用的资源份额，并破坏着唯一可居住星球的环境，这无异于剥夺子孙后代的生存权利。

1992 年 11 月，世界 1571 名科学家（内有 99 位诺贝尔奖获得者，包括 1992 年诺贝尔物理学奖得主法国人乔治·夏尔帕克）联名公布一份长达 4 页的《世界科学家对人类的警告》，此文件开宗明义指出：

> 人类和自然界正走着一条相互抵触的道路。

这份文件将臭氧层变薄、空气污染、水资源浪费、海洋毒化、农田破坏、滥伐森林、动植物物种减少以及人口增长列为最严重的危险。时至今日，这些问题都已超越区域性和战术性，而具有全球性、战略性。

严峻的现实告诉我们：在现代化过程中，必须自觉防范人与自然协调关系的崩解。当下人类高能耗、高物耗、高污染的生产方式和生活方式使大自然因超负荷掠取而失去固有的生态平衡，而失衡本身已经给予人类以有力的回敬。如果人类不能改弦更张，善待自然，那么自然的铁腕必将给予人类更猛烈无情的报复，人类在以往若干世纪取得的文化成就将化为乌有。地球本是人类唯一共有的家园，但现代科技把大地变成征服对象、原料索取处、废料排放处，一切自然事物都被纳入以人为中心的技术生产系统。如果听任科技巨大能力对自然无限度的掠夺、榨取，人类必将在不久的未来耗尽地球的资源，破坏其生态系统。地球有可能变成如同火星那样不适宜高级生物生存的死寂的星球！

五、"现代病"之二：人的异化与社会的失衡

就人与社会的关系及人与自身的关系这一侧面而论，现代文明取得社会契约化、法治化、民主化及人的个性解放等重要进展，却又带来社会的失衡和人的异化，金钱与权力拜物教的极度膨胀导致的物欲主义泛滥和道德沉沦，两种文化（科技文化与人文文化）的分离割裂等令人困扰的问题层出不穷，造成人变为单向度的片面的人；精神价值的失落，人性萎缩与畸变，显示着个人失调以致社会失调的危险趋向。早在19世纪中叶，古典的工业文明蒸蒸日上之际，就已经显露出工业文明的进展带来的社会问题：

> 大工业通过普遍的竞争迫使所有人的全部精力极度紧张起来。只要可能，它就消灭意识形态、宗教、道德等等，而当它不能做到这一点时，它就把它们变成赤裸裸的谎言。……它把自然形成的关系一概消灭掉（只要这一点在劳动范围内可能做到的话）；它把这些关系变成金钱的关系。①

20世纪以降，随着工业文明的长足进展，享受着现代化成果的人类越益深切地感受到——

1. 财富与幸福不一定成正比，甚至成反比。由市场经济所启动的现代化进程，给人类生活带来的效应是双重的。一方面，以市场经济为基础的价值系统，有自由、平等、效率、创新、开放等特性，这较中古社会的权力本位、停滞、封闭、守旧是一种时代性跃进；另一方面，市场经济在"看不见的手"——利益的推动下运作，其思想动力不是善良、公正和奉献精神，而是利己心和对财富的贪欲，是"恶"这一杠杆左右着社会的演进。这既诱发了现代社会的活力，同时又使人产生强烈的疏离感、无力感，泯灭宝贵的灵性。因此，现

① 《德意志意识形态》，《马克思恩格斯全集》第3卷，人民出版社1960年版，第68页。

代化的发展并不一定带来人们幸福感的全面增长，正如美国政治心理学家罗伯特·E. 雷恩（Robert E.Lane）一篇文章的题目所表示的——《市场经济的乐趣缺失》。这篇文章用社会学统计方法揭示1972—1994年间，美国人幸福感和满足感日趋下降，有非常快乐感受的人的百分比，由1972年的34.9%降至1994年的29.5%；婚姻幸福感由1973年的67.8%降至1994年的60%；工作满意度由1972年的50.8%降至1994年的44%。总之，“在经济发达国家中，越来越多的人感到沮丧”[①]。诚如阿尔·戈尔所说：“我们似乎日益沉溺于文化、社会、技术、媒体和生产消费仪典的形式中，但付出的代价是丧失了自己的精神生活。”[②]这种物质文明增进与人们精神愉悦不成正比的情形，在现代化方兴未艾的发展中国家也同样存在。例如，1992年中国首次举行的全国性社会人际关系现状抽样调查表明，大多数被调查者对人际关系状况深感忧虑：72.8%的人认为“人都变得自私了”；71.9%的人为“人心难测”须谨慎提防而苦恼；78.2%的人为“不送礼办不成事”的现象而操心……这一社会统计资料从一个侧面显示，发展中国家一旦步入现代社会轨道，人与人相互关系领域“恶”的因素便疾速衍生和膨胀。

2. 财富增长与道德提升的矛盾。进化史观曾经描绘过一幅图景——随着社会物质财富的增长，人的道德水准也随之提高。然而，现代化的进程却表明，实际情况并非如此简单。美国《读者文摘》曾在亚洲3个超级都会、5个大城市和6个普通市镇共14个单位做一试验：将140个皮夹每地放10个，每个皮夹里都有人名、当地住址、电话号码、优惠券、约折合10~50美元的当地货币现款。归还率最高的是新加坡（9个），其次是韩国仁川（8个）、印度特里凡得琅（8个），归还率最低的是香港（3个）。调查者的结论是，亚洲的穷国比起生活程度较高的地方并不逊色；诚实与否，与财富或社会地位无关。财富增长与道德提升之所以不成正比，甚至有时出现反比，乃是因为工业文明赖以发展的价值法则、利益原则并不能自发地提供道德升华的土壤，而且往往会消解善良、诚实、仁爱等道德信条，18世纪启蒙思想家卢梭早就对此有所揭示。因此，经济生活领域屡试不爽的价值法则、利益原则不能简单移用于人的精神

① ［美］罗伯特·E. 雷恩著，王列译：《市场经济的乐趣缺失》，《战略与管理》1996年第4期。
② 阿尔·戈尔：《濒临失衡的地球》，中央编译出版社1997年版，第191页。

领域，更不应覆盖人的道德世界。精神领域和道德世界应当另有宗旨。

3. 兽性张扬，退回“丛林规则”。工业文明唤醒了“欲望”这一巨无霸，它既调动人的多方面能力，去创造财富，征服未知领域，又煽起了人的动物性本能，导致享乐主义、消费主义的盲目发展与空前膨胀。更有甚者，吸毒、卖淫、性混乱等违逆人性的丑恶现象在现代社会蔓延。毒品交易额仅次于石油和武器，成为世界第三位“货品”，从南美安第斯山脉、东南亚“金三角”，到纽约、巴黎等大都市，从富裕社会到穷乡僻壤，都有被大麻、迷幻药所左右的无法自拔的瘾君子。卖淫这一古老的行业，竟在现代得到大发展；性自由、群婚杂居，则显示着一些现代人向早已被文明人扬弃了的“丛林规则”倒退。影视节目中充斥的暴力与性，以生动直观的形象向人们（尤其是青少年）展览着人的兽性一面的狰狞，加剧了这一倒退现象。即使在以“现代礼仪之邦”著称的新加坡，当下也面临道德危机，一是犯罪、吸毒、色情、嬉皮、离婚等社会问题日趋严重；二是追求西方生活方式和个人主义价值观，怕苦怕累、工作精神退化、不赡养老人、年轻夫妇不愿生孩子等现象有增无减。现代社会在信仰领域发生的危机触目惊心，其极端表现是邪教迭出，美国 20 世纪 80 年代的“人民对殿教”诱使数百人到亚马逊丛林自杀“升天”，90 年代的邪教“天堂之门”又有类似大规模诱人自杀“升天超度”的恶行发生；日本 90 年代的奥姆真理教则研制沙林毒气，在东京地铁站投放，并已制订更大规模的投毒计划。加入这类邪教的，往往并非无知文盲，不少人受过高等教育，博士、硕士不乏其人，但他们精神迷茫，走火入魔，从一个侧面展示了现代人类面临的信仰危机的深刻性。

4. 战争频繁，破坏力空前加剧。工业文明造成的“二律背反”，在 20 世纪最为突出的表现，是国家及国家集团之间为着争夺市场与原料基地试图重新划分势力范围，从而一再引发战争。1914 年至 1918 年发生的第一次世界大战，参战国 33 个，卷入战祸的人口在 15 亿以上，死伤 3000 余万人，经济损失约 2700 亿美元。1937 年至 1945 年由德、意、日法西斯国家发动的第二次世界大战，先后有 60 多个国家及地区、20 亿以上人口卷入战争，其破坏程度更大大超过第一次世界大战。第二次世界大战结束以后的半个世纪，局部战争此伏彼起，军备竞赛每年消耗数以千亿计美元。战争虽然古来即有，但现代人因工具理性的空间强大，战争的规模和破坏性不可同日而语。20 世纪末叶，随着两大阵营对垒格局的终结，世界大战威胁缓解，和平与发展成为时代的主题，但局部战争仍未消弭①，种族及宗教派别间的无谓冲突与相互残杀，仍然在各地发生，亟待加强各文明、各宗教间的相互了解、相互尊重，鼓励以“和而不同”精神达成相互妥协。而且，自20世纪40年代中期发明核武器以来，核威胁如同悬在全人类头顶上的达摩克利斯剑。自此，人类已经成为地球上出现过的数以千万计的物种中唯一具有毁灭地球能力的物种。人类必须时刻以此自警。

如果说，20世纪80年代末期以降世界大战的威胁已经减轻，但主权国家从狭隘立场出发所带来的各种冲突和对环境的破坏却有增无减，核废料和生活垃圾由发达国家运往穷国，核试验在远离本国的公海、靠近其他国家的地区进行。人类急需在一些领域突破主权国家的偏狭观念，打破双重人权标准，建立地球是平等生命的共同家园意识，并使之付诸行动。

5. 不公正现象滋长。按照理性主义的预言，现代化必将增进社会公正，逐步消除贫富差别，使各类人都过上丰裕的生活。然而，近两三个世纪的实践证明，现代化并未消除不公正现象，贫富悬殊继续增长，这既体现在一国之内穷人与富人财富占有量差距的扩张，还体现在穷国与富国间人均收入悬殊的加大，即“南北问题”日益尖锐化——发达国家步入“后现代”，一些发展中国家却在“前现代”徘徊，“极度富裕”与“食不果腹”并存于我们这个星球的不同角落，国家间、个人间贫富悬殊和发展阶段的不平衡性造成的隔阂与冲突，是横亘在人类之间的鸿沟，富国、富人、领袖们承担更多的责任，主动缩小差距，为社会提供更多的公正与机会，已经成为时代性要求。

在协调国与国相互关系方面，现代人类正在竭智尽力，各国度、各民族都为此采取种种措施，国际社会也作出努力，其中联合国便是现代人通过处理国际事务，协调人与人、人与社会、人与自然相互关系的一个重要机构。联合国的宗旨是：维护国际和平与安全；发展各国之间以各国人民拥有平等权利及自决权这一原则为根据的友好关系；促成国际合作，以解决国际间经济、社会、文化和人道主义性质的问题；作为协调各国行动的中心，以达到上述共同目的。这一宗旨显然是针对当今世界存在的种种危机而提出来的。联合国当然不

① 北约对南斯拉夫的大规模持续空袭是最新的例子。——作者1999年4月补记。

能包治百病，但这个组织的建立和运作，显示了人类在寻求公正、和平与协调发展方面所作的共同尝试。

6. 信息爆炸与生活虚拟化。以电报为开端，人类把知识信息传播同一般物体传递区别开来，电子传媒更使信息迅疾传播，加快了社会生活运行的节奏。资讯日趋发达，本是一大文明成就，但当日趋强大的新闻媒体屈从于金钱或权力时，又有误导、欺骗公众的更大危险。计算机的普及化是人类的福音还是潘多拉盒子，似乎也是两种可能并存，它带来的巨量信息使人的认识能力和实践能力剧增，但在信息时代，“信息的生产开始大大超过我们运用信息的能力”[①]，“我们现在面对一个完全是自作自受的危机：我们淹没在信息之海中。我们已生产了过多的数据、统计、词语、公式、形象、文件、宣言，以致我们不能消化它们”[②]。电子设施的无所不在，还使人们（尤其是青少年）生活虚拟化、符号化，诚如切特罗姆所说：“广播（可以广义地理解为各种现代的大众传媒——引者）就像《旧约全书》，能听到圣人教诲，却看不到他。”[③] 以致传播媒介不仅是人与自然之间的桥梁，而且竟然充当起“自然”本身。在这样的环境生活的人们，尤其是青少年，容易与自然、社会疏离。使青年一代更多地亲近自然与社会，接触更多的真实生活，培养健全的“人”的情感，建立与万物亲和关系，已成为当务之急。因为信息不是知识的替代物，更不是智慧的替代物。智慧有赖人对生活、自然、社会的直接体悟。随着信息时代的来临，人类在认识上及实践上正确处理“人—信息—实际生活”三者的相互关系至关紧要。

总之，现代化的推进使人类掌握愈益强大的工具理性，然而，价值理性层面却未能得到均衡发展，这种失衡使人变得畸形，因文化错位而引起心理异化，呈现无奈（无力监督事态）、茫然（觉得个人对社会事物不可理解）、离经叛道（用社会不赞同的手段达到自己的目的）、文化隔离（否认社会公认价值）、自我隔离和社会孤立（觉得自己被周围人所拒绝和排斥），某些领域甚至回返人相夺、人相食，极而言之是“人的退化”。

---

①② 阿尔·戈尔：《濒临失衡的地球》，中央编译出版社 1997 年版，第 171 页。

③ 丹尼尔·杰切特罗姆：《传播媒介和美国人的思想》，中国广播电视出版社，第 204 页。

六、疗治“现代病”：东西方智慧联合会诊

现代文明作为一柄利弊并存的“双刃剑”，在赢得巨大正面效应的同时，也引发种种负面效应，前文所列诸项不过挂一漏万，却已经可见严重性，将其称作“现代病”，并非危言耸听。

现代病林林总总，归结起来便是——工业文明诞生以来日益滋长起人类自大症和急功近利、及时行乐的短视症，加之现代人掌握了空前强大的工具理性，对于由自然、社会、人文三重因素组合的生态环境造成渐趋加重的毁损，人类文明发展的可持续性面临挑战。

在历史的“前发展”和“低发展”阶段，人类也曾留下破坏生态环境的记录，但大体言之，那时的生活方式和生产方式基本维持着原始的可持续性，而“高发展”的工业文明则打破了这种原始平衡，人类由屈从自然变为征服自然，以空前规模开采不可再生资源（如各种矿藏），恣意干扰可再生资源（如森林、草场）天然循环的生物链，在创造巨量财富的同时，又危及地球给人类提供的生存与发展的支持系统；此外，在人群内部（如国家间、民族间、利益集团间）盛行以邻为壑，漠视他人及后人利益，置整体于不顾，置未来于不顾。这是一种背逆天道与人道的不可持续的进路，若不改弦更张，最终必将使人类走入穷途末路。

现代人面临的危机，在一定意义上是一种文化的危机，也即自工业革命以来，由机械论世界观和方法论导致的人与自然、人与社会、人与自我等三重互动关系失调造成的危机。因此，疗治现代病是一项综合调整的工程，它需要运用整体的、生态的观念思考并指导实践，协调人与自然、人与社会、人与自身的双向互动关系，实现人类在能力、情感、道德等方面的全方位成长，使发展学观念，从“经济增长理论”向“经济、社会、文化综合协调发展理论”转化，进而促成经济及社会走上可持续发展（Sustainable development）的轨道，既保障当代人之间的公平性，兼顾国家主权与国际公正，又保障世代间的公平性，在满足人类当前需要的同时，又不削弱子孙后代发展的可能，并使环保与发展并行不悖、人的工具理性与价值理性得到全面进步。归根结底，可持续发展的进路，是尊重规律，也即顺道而行的进路；是与道合体，可久可大的进

路。它既是发达国家的当务之急，也是发展中国家在实现现代化过程中必须预为筹划的。

为了谋求这一关系人类前途的战略问题的解决方略，必须调动人类的全部精神资源——从时间向度而言，应当利用古往今来的智慧，克服传统与现代紧张的二元对立状态，使传统与现代在对话中共同谋求克服现代病的出路；从空间向度而言，应当利用东西方各国度、各民族的智慧，走出东西方之间相互排斥、彼此对立的误区，求得异质文化间的互补与共荣。诚如李约瑟（Joseph Needham，1900—1994）所说：

> 人类在向更高级的组织和联合形式进展的过程中，在当前我们所面临的许多统一的任务之中，我想最重要的任务就莫过于欧美文化和中国文化之汇合了。[①]

只有在对古今东西智慧全面整合的基础上，经由现代人类的创造性实践，方有可能寻求世界文明的较佳出路。正是在这一背景下，东亚智慧的现代意义逐渐被世人关注与思考。

东方民族没有自发走出自然经济的故道，未能直接引导出经济理性主义，现代化是在“两希”（希腊、希伯来）文明传统基础上，由西欧首先启动的。英国思想家罗素（Bertrand Russell 1872—1970）指出，西方文明来源于三个方面：一是古希腊文化，二是希伯来人的犹太教及其伦理观，三是近代工业化，它本身又是近代科学发展的结果。这三方面分别可举柏拉图、《旧约》和伽利略为代表。从古希腊文化中引导出文学、艺术、哲学和纯粹数学，还有社会观中的优雅部分。从犹太教那里引出妄信、原罪观念、道德的激情和宗教的偏执，还有民族主义的某些部分。从应用于工业化的科学中引导出强力和强权感，同时也引出经验的方法，以获得真正的知识。[②] 这三方面的要素决定了西方的精神，也可称之“西方智慧”。罗素本人以《西方的智慧》为题留下一部名著。曾经于 20 世纪 20 年代游历中国，并对中国及其文化怀抱友好的罗素在

① 李约瑟：《四海之内》，三联书店 1987 年版，第 94 页。

② 伯兰特·罗素：《西方的智慧》，世界知识出版社 1992 年第 1 版，《译后记》。

与西方智慧相比较中，又对由中国所代表的东亚智慧作过这样的概括：中国人的特性主要是在孔子的教导下结合老庄和佛教思想长期陶冶的结果，表现为幽默、克制、谦逊和平等的尊严，其显著优点是对人生目标的公正概念、宽容和深思的和平精神。

19 世纪中叶以前，东亚智慧与西方智慧虽然偶有交流，但基本上各自独立发展，19 世纪中叶以降，随着中国、日本等东亚国家门户被西方的炮舰和商品所打破，东西方两种长期平行运作的智慧开始交锋，被坚船利炮武装起来的西方智慧是获胜一方。“东亚智慧”在败落之余，曾经被视作落伍、过时的历史陈迹，关爱者也只能从中引发“思古之幽情”。然而，随着现代化向纵深发展，西方智慧逐步显露出弊端，而古老的东亚智慧经过西方智慧的磨砺和现代诠释，在现代生活的地基上日渐展现生命活力。例如，“以人为中心”“社团意识”和“面向发展”，作为现代化“优等生”的日本及东亚四小龙现代企业家经营管理的三大特点，正在显示积极效应，而它们正是通过对东亚智慧的创造性诠释方得以形成的，其精义在于把企业、公司视为一个“人”的社团，是富于人情味的组织，而不仅仅是完成某种经济职能的操作工具。“和谐高于一切”的人际关系准则，“高产乃是为善”的劳动道德，都是从东亚智慧引申出来的行之有效的现代企业精神。此外，道家的“自然无为”，“有所不为方能有所为”的观念，也被一些现代企业家活用。佛学中的慈悲心、依托感和淡泊观，对于疗治现代病也有显著功用：慈悲心体现的社会良知和人际关怀，是对工业文明强调利益原则的一种救正；依托感可以转化为社会、企业的归属感，弥补现代社会的人际疏离；淡泊观则能抑制非分私欲的膨胀，令人得到内心的宁静，成为现代社会推许的竞争机制、激励机制、惩罚机制的一种补充。

20 世纪下半叶工业东亚的崛起，使人们以异样的眼光审度东亚智慧，而东亚智慧在当下被人们再度发现其价值，又决非偶然，就人类思维的长时段历程的发展规律而言，有着内在的必然性。

对“东亚智慧”的历史作用和现实功能加以探讨，是当下人类的一项必要功课。因为，只有对“东亚智慧”的真实价值作深入开掘，东亚智慧与西方智慧“真正逐渐结合起来”方有可能；而东西方智慧的结合，正是人类未来文明的健康走向。

现代人求教于东亚智慧，当然不是要放弃现代文明，回归农耕时代，去过

“小国寡民”“刀耕火种”生活，像厌弃现代文明的托尔斯泰那样，脱离喧嚣的城市，到俄罗斯农村公社去用木犁耕田，而是在“退却与重回”中获得原创性动力，在充分肯认现代科学技术、发挥现代生产力的前提下，赢得解救“现代文明病”的“精神处方”，求得天人之际的和谐原则与中道精神。

笔者以东亚智慧观照现代文明，探索其出路，也决非抹杀西方智慧的价值，而是试图在东西方智慧间寻求“同中之异”和“异中之同”。就其相通、相同之处而言，东西方智慧可以相互映照、彼此参酌，诚如中国南宋哲人陆九渊（1139—1193）所谓：“东海有圣人出焉，此心同也，此理同也。西海有圣人出焉，此心同也，此理同也。”[①]就其相违、相异之处而言，东西方智慧之间正可彼此辩难、推引。如西方智慧强调“征服自然”，东亚智慧主张“善待自然”；东亚智慧崇尚伦理秩序，西方智慧张扬个性发展；东亚智慧遵循共同体原理、西方智慧遵循市场原理。这两种文化走向曾经被认为水火不相容。然而，现代社会的实践，尤其是工业东亚的新鲜经验证明，貌似格格不入的东西方智慧有可能找到结合点，而这二者的辩证融会、综合创新，也许正是人类未来文明的出路。（见下图[②]）

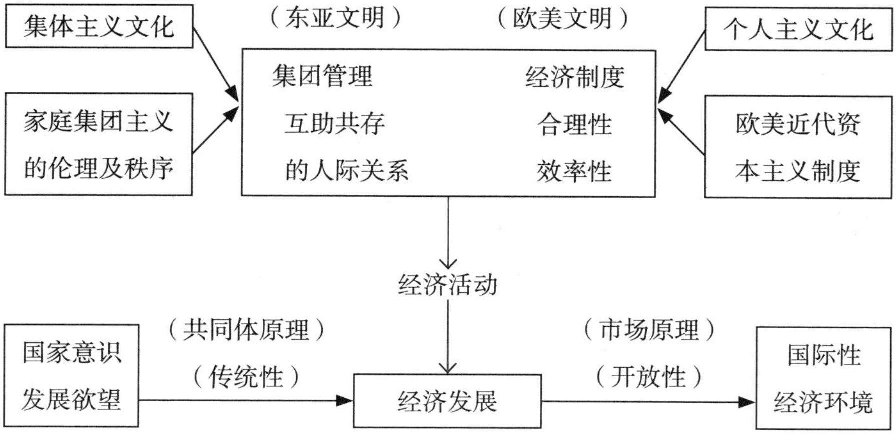

① 《象山全集》卷三三。

② 此图采自［韩国］全日坤：《东亚的经济发展与儒教文化——儒教伦理与欧美文明的融合》，《中国社会科学季刊》1993年8月第4卷。本文略有修订。

中国明清之际思想家黄宗羲（1610—1695）在论及他所著的《明儒学案》时说："此编所列，有一偏之见，有相反之论，学者于其不同处，正宜著眼理会，所谓一本而万殊也。以水济水，岂是学问！"[①] 本文也意在提供若干"一偏之见""相反之论"，供海内外诸君子"著眼理会"，相与切磋，以求达到东西方智慧的交融互摄，获得某些有益世道的启示。

就现代文明的诞生和拓展而论，西方智慧做出过卓越贡献。而且，西方近世思想家和史学家，如黑格尔（1770—1831）、孔德（1798—1857）、兰克（1795—1885），曾经运用西方智慧构建历史哲学，并用以描述世界历史，人类首次拥有了世界史学。当然，西方史学其视角难免有"西欧中心主义"的偏颇。20 世纪以降，斯宾格勒（1880—1936）、汤因比（1889—1975）、斯塔夫里阿诺斯（1913—2004）等西方史学家，试图以"世界主义"纠正"西欧中心义"，用多元文明观念描述世界历史，这是一种进步。然而，迄今所见的世界历史著作，仍然远未达到东西方平衡，这不仅体现在那些历史著作描述西方以外的世界过于简略，而且表现在未能充分运用渊深的东方智慧观照世界历史。其影响所及，今日西方人，尤其是他们的政治领袖，往往自觉不自觉地继续奉行西方中心主义。现在到了认真救正这种偏颇的时刻。

德国史学家斯宾格勒说，每一个不同的大文化单位，皆有其对世界史的特殊描绘。东亚人对世界史的特殊描绘，决不意味着继"西方中心主义"之后，去构建一个"东亚中心主义"与之抗衡。我们所要做的工作是，运用经受现代文明洗礼、筛选和磨砺的东亚智慧，考察世界历史进程，提供一种观察世界历史的视角，从而对既往的文明史作出富于创意的诠释。这种视角非但不排斥西方，而且给予西方智慧以充分的同情理解，并与之相互补充，相互发明，从而使我们的历史观因此获得东西方智慧的双重滋补，成为一种平衡发展的、完整意义上的世界历史观。这种努力或许可以较为深刻地剖析人类文明，为已经赢得巨大进展而又患着"现代病"的今日世界提供精神疗治的灵感之源。这样做，不惟有益于东方人，而且有益于西方人，归根到底是对全世界的一种贡献，因为，世界文明本来就是一种多元互动的过程，东方文明、西方文明将因这一过程而相得益彰。

---

① 《明儒学案发凡》。

在这一意义上，本文是一份邀请书：邀请世界诸文明为着疗治现代病，谋求人类社会的可持续发展之道而相互赞画、彼此砥砺。

七、东方智慧的历史命运

人类自获得初级理性之始，便从太阳升起与降落的对应处所，引发了方位意识。作于3000多年前的中国甲骨卜辞即有先民向东方举行“日出之祭”，向西方举行“日入之祭”的记载；以后，《史记·历书》更有“日归于西，起明于东”的说法；中国先秦诗人屈原（约前340—前278）还因太阳从东方升起而把太阳神称作“东君”，歌咏其“暾将出兮东方，照吾槛兮扶桑”[①]。古希腊人也把太阳升起处称东方，名曰亚细亚；太阳隐没处称西方，名曰欧罗巴。就地理方位而言，东方与西方又是一个相对概念，对欧洲来说，中国是东方，而且是“远东”；但对日本（中国古代称其为“倭国”）来说，中国却是“日没处”的西方，《隋书·东夷传》载，隋大业三年（607），“倭国王多利思比孤遣使朝贡”，倭国使者呈递给隋炀帝的国书，开头语便是“日出处天子致日没处天子，无恙”。

“东方”与“西方”不仅具有地理方位意蕴，而且，在人类文明进程中，由于各区域在地理环境、经济生活、社会结构诸方面存在差异，各自形成独特的、传承不辍的文化传统，因而，“东方”与“西方”又演为特定的文化概念。今日所谓的“西方文明”，约指从希腊、罗马开端的西欧—北美文明系统，“东方文明”则包括以中国为主体，日本、朝鲜、越南及部分东南亚地区为外缘的东亚文明系统，以印度为主体的南亚文明系统，阿拉伯伊斯兰文明系统。笔者论及的“东亚智慧”指东亚文明系统提供的智慧，它涵蕴着儒、道、墨、法诸家及中国化佛教的思维成果，还包含东亚民众的种种民间智慧。

孕育出东亚智慧的东亚世界，曾经创造过灿烂的古代文明。以中国为例，精耕细作的农业、技艺高超的手工业，使其经济在16世纪以前处于世界前列，直至18世纪中叶，即西欧发生工业革命前夕，中国的经济总产值占世界三分之一，是公认的富庶国家；至于中国宗法伦理的完备、大一统专制帝国的较早

① 《楚辞·九歌·东君》。

确立和强大、儒释道三教共弘的盛大格局，都使封建主林立、精神被神学垄断的中世纪欧洲相形见绌。13 世纪来华的意大利人马可 · 波罗（1254—1324）返国后由人代为撰写的游记，处处流露出亲历东方的西方人对中国文明的敬服之情。总之，就中古世界而言，“先进的东方，落后的西方”，是一个大致不错的判断。

历史发展是不平衡的，先进与落后往往互相换位。由于地理环境、经济生活、社会结构等方面因素造成的合力的显著差异，世界诸文明中，唯有南欧—西欧文明在中古晚期自发地产生出资本主义，率先实现从中世纪向近代社会的转型。西方文化中的理性主义和个人主义两大传统，构成资本主义精神的基本要素。反之，包括中国在内的所有其他文明都在前近代社会徘徊，以“一天人，合知行，同真善，兼内外”为特征的东亚智慧在一个时期似乎与现代文明无缘，以致被尊为“日本伏尔泰”的福泽谕吉（1835—1901）曾在 19 世纪大声疾呼：“脱亚”“入欧”方是东方的出路。中国“五四”时代的陈独秀（1879—1942）、胡适（1891—1962）也认为，东方文明已陷入停滞，其现代转型仰赖西方文明的输入与移植。

作为东亚文化圈核心部分的中国，固有的文明体制在近代前夜和近代初期对于时代的大转折反应迟钝，如 18 世纪末期乾隆皇帝（1711—1799）接见英国使臣马戛尔尼（1737—1806）时所显示的固步自封、唯我独尊及对外部世界的无知；又如 19 世纪中后期，中国正统学术的两大派别——宋学和汉学都未能对社会转型作出积极反应：坚守“纲常名教”“夷夏大防”的宋学家倭仁（1804—1871）等人抗拒变革；而以“名物训诂”为务的清末汉学家，面对严重的社会危机，却坚守逃世主义。只有批判宋学空疏迂腐、汉学支离破碎的经世实学（代表人物如魏源等），作为中国传统文化的积极面去应对“万国盟聘，事变日多”的新时代，充当中国“古学”通往“新学”的桥梁，展示了东亚智慧的生机。

众所周知，欧洲宗教改革的产物——新教伦理为西方现代化提供了启动性的精神资源，而尚未完成时代转换的东亚智慧的主流，特别是居于文化核心地位的官方化、礼教化的儒学未能在 18—19 世纪为东方提供同类资源，这一反差已被世界近代史所证明。

然而，历史的辩证法是那样富于奇趣，正当世人在 18 世纪末叶以降纷纷皈依以实证精神和分析精神为特征的近世西方智慧之际，以这种智慧为精神支柱的现代文明却于高歌猛进间，在人与自然、人与社会、人与自身的相互关系方面产生愈益加剧的病症。这一方面导致西方文明内部一再产生对现代性的反思，如18世纪以法国启蒙思想家卢梭（1712—1778）为代表的浪漫主义对早期近代文明的批判，19世纪勃发的社会主义思潮与批判现实主义文学对工业文明价值层面病灶的深刻揭示，西方思想界20世纪中叶以降对理性和科技负面效应的警惕与抨击，都是其显在表现；另一方面，曾经被视作落伍同义语的东亚文明，20世纪中后期首先在东亚的边缘地带（我国台湾、香港和日本、朝鲜半岛南部、新加坡）出现持续的经济起飞，继之东亚核心地带的中国大陆和东南亚广大地区，也开始进入经济起飞阶段。这一重要事实使东亚智慧被纳入新的评价及诠释系统，其若干因素逐渐被世人认识到其价值——不仅是“过去时”的美感与魅力，而且是“现在时”乃至“未来时”的启示意义。

基于上述两个侧面，欧洲中心主义的历史观在现代不仅遭到东方人的批评，西方人自己也一再起来加以修正，德国人斯宾格勒（1880—1936）“不承认古典文化或西方文化比印度文化、巴比伦文化、中国文化、埃及文化、阿拉伯文化、墨西哥文化等占有任何优越地位”①。他的《西方的没落》一书将中国文化、西方文化等8种文化并列，认为它们都如有机体，具有生命的周期，历经青春、生长、成熟、衰败等阶段；英国人汤因比（Arnold J.Toynbee 1889—1975）的《历史研究》进一步突破欧洲中心论，批判“泛埃及主义”（一种认为世界一切文明都由埃及、希腊这一母体生发而成的历史观），指出古代埃及、苏末、米诺斯、古代中国、玛雅和安第斯6个“社会”，都分别直接从原始社会产生出来，又由这6个社会发展出21个社会，它们各有自己的生长、发育、盛极而衰的历程。这种以多元文明史观描述世界历史的努力，打破历史的托勒密体系，完成历史领域的“哥白尼发现”。至此，一度十分骄傲的西方人重新虚心地看待东方，其先觉者，如称作“世纪智者”的英国思想家罗素不仅看到东方文明的历史价值，而且认识到东方文明现实的及未来的存在价值，他指出：

① 《西方的没落》上册，商务印书馆1963年1月第1版，第34页。

> 我们西方文明的显著优点是科学的方法；中国人的显著优点是对生活的目标持一种正确的观念。人们必将期望这两种因素能真正逐渐结合起来。①

罗素所赞扬的“中国人的显著优点”，大约相当于我们所论及的“东亚智慧”。与重智求真，穷究本体（直至上帝、理性或物质），强调主体与客体两分对立的西方智慧大相径庭，东亚智慧讲究仁智会通、德业双修，追求天道与人文相统一的圆融和谐境界。经历现代文明洗礼的东亚智慧，逐步扬弃愚昧成分，日渐显露出特有的魅力。20世纪初叶以来，走在自然科学、社会科学和人文学科前沿的一些西方思想家，如爱因斯坦（1879—1955）、玻尔（1885—1962）、普利高津（1917—2003）等人，都以浓厚的求知欲望研习东方的《易经》《老子》《佛经》，从中发现疗治现代病的精神启示。诺贝尔物理学奖获得者、哥本哈根学派代表人物玻尔，在访问中国后发现，他自以为最得意的科学创见——互补思想，早已由中国的太极图所昭示；中国的阴阳相生相胜、相反相成思想对解决当代物理难题是如此重要。玻尔为自己设计了一枚纹章，在椭圆形图案中心绘着醒目的太极图，以之作为“族徽”。一些现代东亚哲人在对东亚智慧作现代诠释及会通东西方智慧方面，也做出贡献，推动东亚智慧实现类似“宗教改革”的转化，促成世人对东亚智慧刮目相看。

东亚智慧的现代意义，东西方文明交融互摄造成的杂交优势，不仅由哲人们的思辨所论证，更因20世纪下半叶东亚经济的崛起而获得生动有力的证明。日本在“二战”废墟上迅速发展，60年代超过英、法、德，成为仅次于美国的第二位资本主义经济大国，现在仍保有世界第二经济强国地位。又如在50年代末、60年代初还被视作“亚洲孤儿”的新加坡，在1965年立国后的30余年间，迅速发展成一个“伟大的小国”，人均国民收入1996年达31140美元，超过德国（28780美元）和美国（28540美元），名列世界第6位；新加坡还成为世界第一大商港（吞吐量超过鹿特丹、纽约、横滨等名港），世界第三大炼油中心（仅次于鹿特丹、休斯敦），与伦敦、纽约、香港齐名的世界第四大金融中心，世界最大的电脑驱动器制造国。英国前首相威尔逊访问新加坡时

① 《罗素文集》，改革出版社1996年版，第36页。

说："我们首创了工业革命，但我们的工业革命经历了150年，而你们进行这种非凡的革命只用了15年时间。"这既是对新加坡的评论，也可以说是对整个工业东亚的评论。新加坡这个人口不足300万、面积640平方公里、基本没有矿藏资源的微型国家，何以能在不到半个世纪间创造这样的奇迹？原因当然是多方面：作为英国殖民地时期奠定的现代化设施及人力基础，充分利用"二战"后科技革命和世界市场提供的机遇，都是至关紧要的因素，但经过现代转换的东亚文化传统，无疑发挥了重要作用。仅以半个世纪以来新加坡崛起的华人企业家为例，他们的自制与节俭、敬业与勤奋、信用与信誉、重教与善贤等东亚智慧与西方的科学管理、生产组织相结合，显示了卓异的效果。新加坡前驻日本大使、实业家黄望青（1913—？）为新加坡现代企业精神列出如下公式：

> 西方电脑式的计划＋东方勤俭的美德

新加坡已故总统薛尔思（1907—1981）将新加坡现代化成功经验概括为如下公式：

> 新加坡现代化＝西方的先进技术和工艺＋日本的效率和高度的组织纪律性＋东方的价值观念和人生哲学

需要补充的是，"东方的价值观念和人生哲学"并非东亚传统的全盘移植，而是经过选择的和进行了现代转换的。

"二战"后东亚的现代化实绩已经引起世人的关注，美国未来学家约翰·奈斯比特（1925— ）指出：

> 从1945年到1995年，半个世纪的时间里，亚洲从贫穷走向了富足，这期间其人口总数增长了4亿，而贫困人口却由4亿减少到1.8亿。世界银行已宣布，在人类历史上任何时期和任何区域，都未像当今的亚洲这样取得如此惊人的经济增长……
>
> 亚洲正以其特有的"亚洲模式"运行，使经济步入一个鼎盛时期。90年代是"亚洲时代"。当进入2000年时，在经济、政治和文化上，亚

洲将跃居世界领先地位。[①]

继中世纪末叶的马可·波罗时代之后，世界再次把惊异的、渴求的目光投向仁智会通、德业双修、天道与人文统一的圆融和谐的东亚智慧，试图从东亚智慧与西方智慧的比较与综合中，寻觅人类较为健全的发展路向。东亚人在开辟现代化路径时，也不再单单关切西方文化的引入与应用，不再把西方模式视作普遍性典范，不再把现代化等同于西方化，而致力于从自己的传统与西方传统的参校比勘中创造新的范式。总之，东亚智慧日益为现代人提供反省、补正西方智慧的精神资源。

如果说，18 世纪和 19 世纪是西方智慧独领风骚的两百年，20 世纪（尤其是下半叶）则是东西方智慧互补共荣的世纪，未来的 21 世纪将继续深化这种东西方智慧互补共荣的进程。

八、整体观与螺旋演进论

人类在跨入文明门槛以前，有过原始思维和野蛮思维，此不具论；跨入文明门槛以后，其思维史大体经历了古典的整体思维，近代的分析、实证思维，进入现代，则在古典与近代的思维奠定的基础上，产生分析与综合统一的新的整体思维，从而完成一个否定之否定的“正—反—合”螺旋全过程。

古典整体思维、近代分析实证思维、现代整体思维的三段划分，是大略而言，各民族又各有自身的特点。例如希腊人在古典时代，与整体思维相比配，分析思维也相当发达，“分析”成为希腊人的格言，古希腊文化中处处显示出分析的力量。推动工业文明诞生的欧洲近代分析、实证思维得以发展，与古希腊的分析思维传统有着内在联系。而东亚智慧古典整体思维发达，分析、实证思维未能得到独立的充分发育，这正是东亚智慧未能导引出工业文明的原因之一。总之，东亚智慧与西方智慧在思维方式上，大体形成整体思维与分析思维之间的对应关系。

古典的整体思维，其特征是概览森林，却并未详考树木，着眼于事物的统

① 约翰·奈斯比特:《亚洲大趋势》，外文出版社、经济日报出版社、上海远东出版社 1996 年版，第 2 页。

一性，从整体上进行直观考察，并且常用类推逻辑。

近代的分析、实证思维，其特征是详考树木，未对森林作整体把握；或把森林简单看作树木的拼合，着眼于专科研究，竖切一条，割断联系，纵向深入。

现代整体思维则既详考树木，又概览森林，而且不是把森林看成树木的拼合，却认作是树木的生态系统整合，整体大于部分相加。这是一种整体有序、动态相关的思维方式，是定性分析与定量分析相结合的系统思维。

现代整体思维作为文明人类思维史的第三阶段，是对近代分析、实证思维的突破与扬弃，这一进程伴随着对古典的整体思维的创造性“复归”。这就是说，思维史上的第三阶段区别于第二阶段，却与第一阶段有着某种类似之处，不过处于不同的层次上。这正如中国清代思想家龚自珍（1792—1841）指出的：

> 万物之数括于三：初异中，中异终，终不异初。①

概言之，东亚的“整体观”同现代整体思维之间存在着否定之否定的逻辑相关性，可以为现代整体思维提供启示源泉。当代中国学者季羡林（1911—2009）则从思维方式角度指出现代文明的弊端及其出路：

> 目前西方的分析已经走得够远了。虽然还不能说已经到了尽头，但是已经露出了强弩之末的端倪。……东方的综合可以济西方分析的之穷……至于济之之方究竟如何，有待于事物（其中包含自然科学）的发展来提供了。②

东亚整体思维在《周易》中发挥得尤为充分和完备。《周易》有“观其会通”的命题，反对强为割裂事物，力主有机地、整体地看待万事万物，描绘一幅世界生成的整体图式，这便是由阳（—）、阴（——）两爻排列合成的64

---

① 龚自珍：《壬癸之际胎观》第五。

② 季羡林：《从宏观上看中国》，《中华文化的过去、现在和未来》。

卦系统。代表天地的乾（☰）、坤（☷）二卦是万物的起点，“有天地，然后万物生焉。盈天地之间者唯万物”[①]。这是整体观的一种精彩概括，它强调主体与客体的统一，从而奠定“天人合一”宇宙观的基础。这种整体观念与追求新的综合的现代科学思维颇有相通之处。耗散理论创始人、比利时物理学家、诺贝尔化学奖获得者普里高津说：

> 我相信我们已经走向一个新的综合，一个新的归纳，它将把强调实验及定量表述的西方传统和“自发的自组织世界”这一观点为中心的中国传统结合起来。[②]

这种古与今、东与西的结合，也许正是现代思维发展的方向。

与东方“整体观”密切相连的是“融通、和合观”。“和”，指异质因素的共处；“合”，指异质因素的贯通。中华古典讲“和合”的不可胜数，如《国语·郑语》有“商契能和合五教”之说，《太平经》讲“和合万物”，惠施（约前370—前310）力主“天地一体”，庄周（约前369—前286）讲究“死生存亡一体”[③]，《易传》倡导“天地交而万物通”，佛经讲“因缘和合”，中国化佛教宗派——华严宗以“圆融无碍”为主旨。

求融通、致中和的思想，强调事物差异性与同一性的统一，主张以缓和的、调谐的方法解决世间诸问题，意在防范事物走向极端而出现系统平衡的破坏，认为诸事要留有余地，莫走极端，这便是老子所谓：

> 大成若缺，其用不弊；大盈若冲，其用无穷。[④]

《易传》也避“亢”（过分）而主适度：

> “亢”之为言也，知进而不知退，知存而不知亡，知得而不知丧。其

---

① 《易·序卦》。

② 转引自颜泽贤：《耗散结构与系统演化》，福建人民出版社1987年版，第107页。

③ 《庄子·大宗师》。

④ 《老子》第45章。

惟圣人乎？知进退存亡，而不失其正者，其为圣人乎！[①]

这种知进且知退、知存且知亡的“圣人之思”，是“融通、和合观”的真髓所在，它与整体观共同构成东方思维方式的主旨。这种整体、和谐观念和艺术式的综合思维方式的现实意义，可以普里高津的一段话概括：

中国传统的学术思想是首重于研究整体性和自然性，研究协调与协和。现代新科学的发展，近十年物理和数学的研究，如托姆的突变理论，重正化群，分支点理论等，都更符合中国的哲学思想……中国思想对于西方科学家来说始终是个启迪的源泉。[②]

九、文明悖论

文明的进展将带来利弊并存的双向效应，这一真理较为充分地得以昭现，归功于东亚哲人。东亚智慧关于文明双重效应的认识，以及关于克服文明悖论的设计，对现代人认识并疗治“现代文明病”具有参酌价值。

东亚哲人在对文明进展的正面效应给予肯认的同时，敏锐洞察到文明进展还将带来负面效应。关于后一侧面，《老子》五千言中多有犀利的揭示：

大道废，有仁义，智慧出，有大伪。[③]

天下多忌讳，而民弥贫；人多利器，国家滋昏；人多伎巧，奇物滋起；法令滋章，盗贼多有。[④]

老子这类思想曾经被作为“反文化”观念而遭到批评。其实，老子是通过对文明进展导致的二律背反的披露，向陶醉于文明进步的人们提出警告。这种警告是中肯的，而且，历时愈久愈益显示出深刻性和预见性。

---

① 《易·乾卦·文言》。

② 转引自颜泽贤：《耗散结构与系统演化》，福建人民出版社 1987 年版，第 107—108 页。

③ 《老子》第 18 章。

④ 《老子》第 57 章。

即使是盛赞历史进步的韩非（约前280—前233），在对于由“上古”到“当今之世”的演化加以肯定的同时，也清醒地看到文明发达以后出现的问题。例如，韩非谈到文明进步后人口骤增带来的难题：

> 古者丈夫不耕，草木之实足食也；妇人不织，禽兽之皮足衣也。不事力而养足，人民少而财有余，故民不争。是以厚赏不行，重罚不用而民自治。今人有五子不为多，子又有五子，大父未死而有二十五孙，是以人民众而货财寡，事力劳而供养薄，故民争，虽倍赏累罚而不免于乱。[①]

诸如此类的问题随着文明的进展而层出不穷。可见，古代哲人已经洞察到，文明的进步其实是一柄“双刃剑”，有其利必有其害。

东亚先哲不仅提出文明进步导致的双重后果问题，而且力图设计克服文明悖论的方案，大略言之，有老庄的“回归自然论”和《易传》的“人与天地合德论”。

老子看透了文明将带来的恶果，因而他主张人类应当放弃智慧与伦常，返回自然人状态，所谓“绝圣弃智，民利百倍；绝仁弃义，民复孝慈”[②]。他号召人们“复归于婴儿”，“复归于朴”[③]。庄子则主张因任自然，“不以人助天”[④]，“不以人灭天”[⑤]。老庄关于防范文明恶果的建议，在人与自然相互关系层面，主张回归自然，不干预万物的自然发展，“以辅万物之自然而弗敢为”[⑥]；就人生个体发展史而言，主张回归童年的“赤子之心”，以杜绝伪善、欺诈，明人李贽（1527—1602）力主的“童心说”即脱胎于此；就人类群体发展史而言，主张回归上古原始社会，“使人复结绳而用之”，回归“邻国相望，鸡犬之声相闻，民至老死，不相往来”[⑦]的农村公社，甚至幻想过那种“不食

---

① 《韩非子·五蠹》。
② 《老子》第19章。
③ 《老子》第28章。
④ 《庄子·大宗师》。
⑤ 《庄子·秋水》。
⑥ 《老子》第64章。
⑦ 《老子》第80章。

五谷，吸风饮露”，“乘云气，御飞龙，而游乎四海之外”①的融化于大自然的神仙生活。

通过回归自然来防范文明弊端的思想，在西方近代也出现过，如俄国文学家托尔斯泰（1828—1910）企图用自由平等的俄国农村公社来防范资本主义的弊病，便是突出的一例。这种思想，其顺应自然规律的方面是富于哲理的，但其否定人的能动性、否定文明的积极成果的方面则是消极无为的，其悲观、倒退的主张则不可取。相比之下，《易传》的思想既主张顺应自然法则，又肯定人为的积极效应，并力主自然与人为的统一。《易传》提出的理想境界是：

> 夫大人者与天地合其德，与日月合其明，与四时合其序，与鬼神合其吉凶。先天而天弗违，后天而奉天时。②

这里既提出“天不违人”，又提出“人不违天”，以天人相协调为基准，所谓“易与天地准，故能弥纶天地之道”③。

《易传》崇尚“天道”，认为人应遵循天道，不能背逆天道；但《易传》又赞扬“人道”，并主张人应当积极有为地去效法天道——“天行健，君子以自强不息”。如此论述天人之际，是深刻而周到的。荀子（约前313—前218）与这一思想相通，而又更强调人的主观能动性，他的“天生人成”④和“制天命而用之”⑤两个命题，在肯认自然规律的前提下，高度称颂人类创造文明的伟大业绩，这种积极而又完备的认识值得今人借鉴。

十、超越人类中心主义

东亚智慧的现代启示性还在于，包蕴着克服人类中心主义的宝贵资源。而这种资源在西方智慧中是难以寻觅的。

---

① 《庄子·逍遥游》。
② 《易·乾卦·文言》。
③ 《易·系辞上》。
④ 《荀子·富国》。
⑤ 《荀子·天论》。

今日已经昭彰于世的“现代病”（或曰“文明病”），其根本症结在于偏颇的宇宙观和人生观，它们来自主要由西方智慧导引出的人类中心主义。时至当代，人类随着工具理性的张大，愈益认定自己是“万物之灵”，是“宇宙的中心”。这种人类自视“中心”，不一定是指空间上的“中心”，它主要是指一种价值判断上的“中心”，即认为宇宙万物理应为人类所役、为人类所用。正是在这种理念支配下，人类便恣意宰制自然、掠夺自然，并且不会因此而受法律制裁和道义谴责，这便构成“生态唯意志论”和“人类沙文主义”。

要克服“现代病”（或曰“文明病”），理论上归根结底必须克服人类中心主义，超越认识主体及价值评判主体，以第三者身份评价人与宇宙的关系，将人类定位于自然之子、宇宙万物的一员，而不是凌驾于自然及宇宙之上的神明。在执于自我、以主释客的西方智慧系统内，做到这一点是十分困难的。如德国哲学家迦达默尔（1900—2002）断然指出，认识主体无法跳出自身处境进行评判，认识主体出于自身利益是一种无可回避的事实。美国哲学家B.C.诺顿则区分两种人类中心主义：强的人类中心主义和弱的人类中心主义。前者以人的感性意愿为参照物，主张人类任意宰制自然；后者基于理性意愿，在调解人与自然的关系时，不但承认自然具有人类所需要的价值，还认为自然有自身存在系统，从而注意到经济价值与生态价值的协调关系。这种“弱的人类中心主义”把人上升为地球生命系统的代言人，是对人类中心主义的反思和调解后的妥协物，当下开始形成的一种观念：生产尽可能最小限度消耗资源，最低程度损害环境，便是“弱的人类中心主义”的产物。对于肆无忌惮地耗费资源、破坏环境的古典工业文明理念（即“强的人类中心主义”）而言，这无疑是一项重大进步，但从哲理层面看，它仍然未能走出人类中心主义的窠臼，只能缓和人与自然关系的紧张程度，却并不能从根本上克服人类宰制自然带来的负面效应。

总之，在西方智慧系统中，人自从受造于上帝之后，便成为万物的主宰——可能是凶暴的主宰（表现为“强的人类中心主义”），也可能是仁慈的主宰（表现为“弱的人类中心主义”），但归根结底是万物的主宰。然而，在东亚智慧系统中，尤其是在道家学说和中国化的佛学中，人却作为自然之子而存在，不过是体现自然法则的一分子。所谓“道生一，一生二，二生三，三生万物”[①]。人的诞生包蕴在“三生万物”之内，是作为自然法则的“道”的衍生物之一。人的地位也并非至高无上，而是与道、天、地并列，并恭陪末座的“小老四”——

> 故道大，天大，地大，人亦大，域中有四大，而人居其一焉。[②]

东亚智慧将人与自然看成一个系统，就经济生产而言，财富并非单独由人创造，而是人与天地协作的结果，“夫稼，为之者人也，生之者地也，养之者天也”[③]。人既由天地自然所生育，又给天地自然带来理智与灵性，正如南北朝思想家何承天（370—447）所说：“人非天地不生，天地非人不灵”[④]，这种自然与人并重的价值观，以及古典的“人—天—地”协作的有机论后来被近代机械论所取代，人类在征服自然的战斗中节节胜利，愈来愈自任自然主宰。现在已经到了在新的层面上向有机论复归，向人是自然之子的观念复归的时候。今日的人类应当听一听老庄佛陀的教言——人没有资格狂妄自大，而应效法不自私自利的天地自然，才能可久可大。诚如老子所示：“天长地久。天地所以能长且久者，以其不自生（自生，意为自利——引者），故能长生。”可持续发展之道的真谛正深蕴于此。

道家谦逊地，同时也符合实际地把人定位为自然之子，以修成遵循自然法则的“真人”为目标。这种思想对于患了自大症的今日人类，无疑是一剂良药。德国哲学家海德格尔（1889—1976）研读《老子》《庄子》之后，深有感悟，他在《关于人类中心论的信札》中指出——

> 人不是存在的主宰，人是存在的看护者。

这种理念显然吸收了东亚智慧的精义，在某种程度上突破人类中心主义框架，英国历史学家汤因比十分赞赏庄子关于人是天地万物之一，因而“无以人灭

---

① 《老子》第 42 章。

② 《老子》第 25 章。

③ 《吕氏春秋 · 审时》。

④ 何承天：《达性论》，《弘明集》卷四。

天”[①] 的观点，他在《历史研究》中指出，“这是道教带来的最宝贵的直感”。而此类理念正是今日人类克服现代文明病所需要的。

东亚智慧所贯穿的一天人、合知行、同真善、兼内外的融通精神，行健不息、生生不已的好勤乐生主义，人道亲亲的人文传统，以及德业双修观念、变化日新观念、社会改革意识、厚德载物的文化包容意识、不走极端的时中精神等，经过现代社会实践的过滤式选择和创造性转换，可以成为现代人克服撕裂主体与客体有机联系的“现代病”的一剂良药，对于今日解决人与自然、人与社会、人与自我诸问题提供有益的借鉴。即使是老庄揭露文化悖论的犀利语言，我们也不应因其带有“反文化”倾向而加以简单否定。这类观点因深刻剖析文化进展带来的负面效应而富于哲理。这种哲理在文明高度发达，文明的弊端随之日益彰著的今天，尤其显示出锋利的针对性。

十一、“和谐”与“中道”——可持续发展哲理之源（一）

人类生产方式的发展史，大略经历了采集—渔猎时代、农耕—畜牧时代、工业化时代三个阶段，当下正在向信息智能时代转化。就前两个阶段而言，都走过了“创生—繁荣—衰败”的全过程，第三阶段在20世纪70年代达到极盛，其衰象在此后年代愈益显现。这三个阶段文明盛极而衰的原因当然是多方面的，但其中共通的一条原因便是，该生产方式已日益严重地破坏生态环境，又伴之以社会问题的积淀，使人群陷入自我毁灭的盲目性之中，人们只得寻求新的生存方式，向新的文明形态过渡。

工业化时代对生态环境的破坏，其严重性更成倍张大，能源危机的来临已经在用50年或80年作预测时段，而环境问题则日益全球化，现在任何国度、任何民族都无法躲避全球变暖、空气及水质污染的威胁。如果臭氧层继续变薄，大气空洞扩大，那么全人类便会普遍遭受紫外线的杀伤性照射，任何人都难以逃遁天地间。而造成全球性生态问题的症结，便在于文明发展的无节制性，也即中国先哲所指出的——“过犹不及”。

20世纪80年代中后期以降，人类的发展理论出现革命性转折——从对资

① 《庄子·秋水》。

源、能源的高消耗，对环境的掠夺性开采以求得发展，转变为不仅谋求经济增长，而且注重环境、人口、文化的综合发展；不仅造福当代，而且惠及后代的长远发展，也即顾及“世代间平等”问题：现代人行动时要考虑到此行动对后人产生的影响。追求经济增长、人的全面发展和社会进步三者协调共进的“可持续发展”，日渐成为世人的共识，但这种共识还有待从哲理层面加深，从实践层面落实。总之，“可持续发展”在知行两方面都处于初始阶段，尚需要朝深度与广度进军。

就“知”的层面而言，东亚智慧的“和谐”观与“中道”观，为可持续发展提供丰富而深邃的哲理之源。

“和”是中国哲学的一个重要范畴，指两种或两种以上事物间的和谐关系，指事物多样性的统一，“和”是形成事物的法则。老子说：

> 万物负阴而抱阳，冲气以为和。①

意谓万物背阴而向阳，阴阳两气互相激荡而成新的和谐体。周末太史史伯说：

> 夫和实生物，同则不继。以他平他谓之和，故能丰长而物归之。若以同裨同，尽乃弃矣。②

认为两种以上不同事物形成多样性统一的和谐关系，确实能产生出新事物来，而相同事物加在一起并不能产生新事物。因而史伯反对“去和而取同”③。孔子发挥这一思想，提出“君子和而不同，小人同而不和”④的著名命题，肯定差异性事物间的和谐关系。荀子（约前313—前238）则进而把“和”的观念引申到万物生成的高度：

> 万物各得其和以生，各得其养以成。⑤

---

①《老子》第42章。

②③《国语·郑语》。

④《论语·子路》。

⑤《荀子·天论》。

与“和谐”观念相联系的是不走极端的“中道”观念，认为“过”和“不及”两种偏颇皆不可取，提倡“中行”[①]“执中”[②]“时中”[③]“执其两端，用其中于民”[④]，将“中和”视作根本法则，遵循此法则，天地万物便获得秩序、顺利长育——

> 中也者，天下之大本也；和也者，天下之达道也。致中和，天地位焉，万物育焉。[⑤]

“和谐”观念与“中道”观念，是认定人生的最高境界为“与天地合其德，与日月合其明，与四时合其序，与鬼神合其吉凶”。[⑥]达到天人间的协调统一。这种理念虽然不是正面论述人与自然的协调关系，但在借喻之间，流露出尊重、顺应自然规律，维持生态平衡的卓越理念。成书于战国时期的《国语》有“里革断罟匡君”的故事：春秋时鲁宣公在泗水张网捕鱼，其臣里革把“罟（渔网）割断，扔在水里，并对宣公说，春夏是鸟兽鱼孵卵怀孕之际，不应捕杀；是树木发芽生长之际，不宜砍伐。而动植物得到繁衍，人类才能取之不尽，用之不竭。[⑦]孟子在论证“仁政”“王道”时，也有类似的“观物比德”之喻——

> 数罟不入洿池，鱼鳖不可胜食也；斧斤以时入山林，林木不可胜用也。[⑧]

《逸周书》记载着封山育林的思想：

> 禹之禁，春三月，山林不登斧。[⑨]

---

① 《论语·子路》。
② 《论语·尧曰》。
③④⑤ 《中庸》。
⑥ 《易·乾·文言》。
⑦ 见《国语·鲁语上》。
⑧ 《孟子·梁惠王上》。
⑨ 《逸周书·大聚解》。

荀子更从哲理高度论述尊重自然规律的必要性：

> 天有其时，地有其财，人有其治，夫是之谓能参。舍其所以参，而愿其所参，则惑矣！①

认为人的功能是与天地配合，如果人放弃与天地配合的本分，却去与天地争职责，便是犯糊涂了！《管子》也有类似见解，认为人不能“上逆天道，下绝地理”，否则“天不予时，地不生财”。②

十二、“绿色意识”——可持续发展哲理之源（二）

农耕文明时代留下的思想遗产，具有深远价值的一种，是上遵天道、下循地理的观念。如果说，先秦哲人谈及此点，多半是论证伦理、政治问题的借喻，那么，古代农学家则是正面探讨这一问题。北魏农学家贾思勰指出：

> 顺天时，量地利，则用力少而成功多。任情返道，劳而无获。③

贾思勰在总结中国传统农业经验时，概括出农畜产业的循环生产模式，可图示如下：

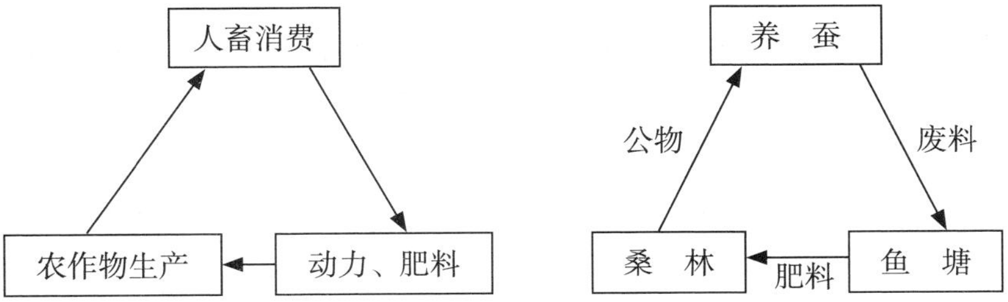

这种“人事”不违天地规律的“因势利导”思想，顺应自然发挥人力的

① 《荀子·天论》。
② 《管子·形势解》。
③ 《齐民要术·种谷第三》。

思想，耕作、养殖、消费三者有机循环、生生不已的思想，是中华文化关于“天—人”关系、“人—地”关系的卓识远见。因当时的生产力水平不高，此类经验概括还是浅层次的，但所包蕴的意义却十分深长，与当下正在觉醒的“绿色意识”、正在兴起的“绿色营销”在理念上相通。“绿色意识”指人类应仿效绿色植物，取之自然，又回报自然，有利于大自然的生态平衡，实现经济、环境和生活质量之间的相互促进与协调；“绿色营销”指生产者及企业在满足顾客需要和保护生态环境的前提下获得利润。

从“绿色意识”中还可引申出“绿色消费”的观念，即适度消费意识。当下的发达国家的高消费已经造成资源的巨量损耗；而发达国家高消费的情境通过现代资讯手段，生动地展示在世人面前，导致发展中国家消费观念更新的速度，大大快于科技与经济发展速度，形成一种浮躁、超前的消费取向。值此之际，东方固有的“节俭”意识，“量入为出”的治家治国理念，具有修复性疗效，其精义也正与绿色植物生产（光合作用）与消耗统一，生产量大于消耗量（方有有机物积累）的示范相合。这种天人协调的绿色意识及其表现——绿色营销、绿色经济、绿色消费，指示着可持续发展的前景：以高效、低耗、少污染以至无污染的生物方法、绿色技术取代高能耗、高物耗、高污染的生产方式和生活方式，以达到人与自然、主体与客体的协调互济。

人类对自身和外在自然界相互关系的认识，经历了“主客浑然一体阶段”“主客体两分对立阶段”“主客体辩证统一阶段”。如果说，以古希腊为源头的西方文化较典型地经历了从第一阶段向第二阶段的转化，这便是工业革命和科学革命所完成的任务，现在已步入后工业时代的西方正处在由第二阶段（主客体两分对立）向第三阶段（主客体辩证统一）转化的过程之中。东亚的思维方式未能充分展开主体与客体（或曰人与天）的分离，以中国为例，虽然有春秋时期子产倡言“天道远，人道迩”，战国荀况、唐代刘禹锡（772—842）论证“天人相分”，但就总体而言，“天人合一”观念始终占优势，天人相分观念没有获得充分发育。这一倾向与中国走向现代化的历程特别艰难曲折互为因果。但中国传统的主客一体、天人合一的理念，对于当下正在形成之中的“主客体辩证统一”思维方式显然富于启迪。这正是具有现代意识的东西方哲人注目于东亚智慧的原因所在。

东亚智慧没有也不可能树立一种人与自然和谐发展的可资仿效的完备样

板，它所提供的只是闪耀着真理之光的某些启示。由于东亚智慧没有完成“主客体浑然一体”向“主客体两分对立”的转化，立足现代文明来观察，这本是东亚智慧的一种时代性缺陷，但东亚智慧充分阐扬的人与自然的一体观——从自然规律经过人的自觉而发展出伦理观以达成人与自然、人与人的和谐统一的观念，如孟子所说“仁民爱物”，主张施仁政于民众，更把爱推及万物；又如宋代思想家张载（1020—1077）的名论“民吾同胞，物吾与也”[①]，视万民为我的同胞，万物都是我的同伴朋友，整个宇宙是一个大家庭，这种绿色理念对于救正工业革命以来人与自然二元对立导致的种种弊病，无疑具有精神疗治作用。

东方智慧的另一渊源——印度思想也有此类资源，诗人泰戈尔说：

> 印度人……把世界和人一起包括在一个伟大的真理里。印度人强调在人和宇宙之间的和谐……[②]

这种思想与中国先秦哲人的“赞天地之化育”“人与天调”一类理念是相通的，它们对现代人克服主体与客体截然两分对立造成的生态危机富于启示性。当然，这种“克服”决不是否定现代文明，重新回复古代的“主客不分”“主客混沌”，而是充分肯认工业化的成就，利用现代科技的威力，将现代生产力引导到实现人与自然的和谐统一的绿色运作轨道上。

现代西方的一些思想家，开始超越人与自然两分对立观念，追求人与自然的和谐统一。如美国新环境理论的创始者奥尔多·利奥波德所著《沙乡的沉思》一书，描述作者在一个废弃的沙乡农场，运用现代科技恢复生态完整性的探索过程及其思索。该书的一节，名为《土地道德》，首次从道德角度提出人与自然关系的标准，把土地看成一个由相互依赖的各个部分组成的共同体，而人只是共同体中的一个普通成员。该节论述维持生物链完整性的重要性，指出人如果过分垦殖、开采，强行打破这种生物链，是不道德的，而且，“征服者最终都将祸及自身”。利奥波德还指出：“一个事物，只有在它有助于保持生

---

① 张载：《正蒙·乾称篇》。

② 泰戈尔：《没有墙的文明》。

物共同体的双向互助式和谐、稳定和美丽的时候，才是正确的，否则，它就是错误的。”这种认识与中国一千年前的哲学家张载提出的“民胞物与”的命题一脉相通，不过这是在新的科技、新的生产力水平上的哲学及伦理学概括，生动展现了人类理智的古今贯穿性和中西相应性。

十三、太极图启示

东亚智慧中蕴含着丰富的关于“和谐”的、可持续发展的思想内容，而“和谐”精义最简明、直观的体现便是太极图（阴阳鱼及阴阳鱼与伏羲八卦的合图）——

这一图式形象地揭示了宇宙构成的奥秘：阴阳对立而又统一，相应而又合抱。太极图中的S曲线，是一分为二的阴阳双方彼此依存、制约、消长、转化的动态展现。由此曲线判分的阴阳双方，互补共生，相反而又相成，象征着宇宙万象遵循对立统一法则实现的和谐。在阴阳鱼周围绘出伏羲八卦图，合称“伏羲太极图”，展示“易有太极，是生两仪，两仪生四象，四象生八卦”[①]图像，将易道的“流行”与“对待”两大精义生动揭示出来。太极图形象而集中地体现了东亚智慧的多元综合性、互补和谐性、动态演化性及模糊意向性。这种特性表现于人世间，便是“琴瑟调和”“政通人和”“协和万邦”；体现于天人之际，便是人类与自然相亲和，“赞天地之化育”“与天地参”[②]，达到与生态环境的和谐共生。

阴阳互补共生、相反而又相成的观念，是克服主客两分对立的现代病的启

---

① 《易·系辞上》。

② 《礼记·中庸》。

示之源。美国当代物理学家弗里乔夫·卡普拉·（Fritjof Capra，1938— ）对此有论说。他批评笛卡儿、牛顿代表的工业文明的机械论潮流，主张从中国关于“道”的观念和阴阳互补思想汲取营养，建立有机的生态智慧。他认为，文化观念中包含阴、阳两种因素，女性、收缩、保守、响应、合作、直觉、综合可归于“阴”；男性，扩张、要求、进攻、竞争、理性、分析可归于“阳”。西方智慧主导的现代工业文明的失衡，主要表现为阳盛阴衰，“过分强调了阳——理性知识、分析、扩张；忽视了阴——直觉知识、综合和生态意识”①。西方文化是一种“阳性文化”“崇阳文化”，并已发展到“至阳”。根据“阳至而阴，阴至而阳”的原则，它正面临“阳至而阴”的转折。在这一转化过程中，东亚智慧的启迪至关紧要，因为东亚智慧包含着丰富的阴性因素，并在一定程度体现着阴阳平衡。卡普拉以西医代表西方智慧，以中医代表东亚智慧，比较二者的差异：

> 在西方医学中，具有最高名望的医生是对身体的某个具体部位有详细知识的专家。而中医理想的医生是哲人。他们懂得所有的宇宙模式是如何在一起共同运行；他们以个体为基础来治疗每一个病人；他们的诊断不是把病人分类为患某种特殊的疾病而是尽可能详细地记录下每一个病人总的精神和身体状态及其与自然和社会环境的关系。②

卡普拉对于东西方智慧的这种概括，大体是确切的，与本文的题旨亦有相通之处——疗治现代文明病，使现代社会走向健全发展的道路，不能一味依靠西医式的分体疗法，而需要借鉴中医式的辨证综合施治。

东亚智慧是东亚民族的庶众与精英共同创造的精神产品，在数千年间，经历了“下学上达”与“上学下移”的双向发展过程。东亚智慧既凝聚在《周易》《老子》等典籍文本之中，发挥于文化大师的宣讲、阐释之间，同时也活跃于老百姓的日用实践里，形成诸如勤俭敬业、信用信实、重教尊师、注重积累等习俗、规范，不仅在历史上发挥过作用，而且在工业东亚的现代化进程中显示活力。因此，东亚智慧的未来走向，不仅取决于东亚智慧与西方智慧的相

①② 卡普拉:《转折点——科学、社会和正在兴起的文化》，四川科学技术出版社 1988 年版，第 24、308 页。

互汲纳融合，而且取决于在现代生活的新高度上，实现精英文化与大众文化的健康互动——以精英文化提升大众文化，由大众文化滋养精英文化，这是东亚智慧获得源头活水、生生不息的机制所在；也是精英文化防止枯涩、顿滞，大众文化克服物欲化的沉沦倾向的希望所在。

曾经创造过昔日辉煌的东亚智慧，将在现代文明大潮中，与西方智慧相与切磋，彼此为对方提供补强剂、复壮剂，达到互动共进，以创建多元一体的人类新文明。

为了明天更加明媚的阳光和灿烂的星空，为了人与人既合理竞争又相亲相爱，为了每个人身心得到健全平衡发展，让我们上下一心，现在就开始行动！

十四、古典智慧提供历史借喻，而非现成方案

论及"东亚智慧疗治现代病"这一题旨时，有一要义不可忽略——东亚智慧作为古典整体思维的产物，所潜藏的只是克服现代病的某种启示（正因为是"潜藏"，故有待今人去"开掘""阐扬"），而不可能提供现成的解决方案和操作手段，因为在东亚智慧的发展历史上，并未创建过人与自然、人与人全面和谐共处的黄金时代。以人与自然的关系这一层面为例，东亚智慧的"天人合一""民胞物与""依正不二"等观念，对于现代人克服人与自然两分对立观念，是富于启迪意味的，然而，"天人合一""民胞物与""依正不二"等观念其原始义是讲人处天地间的超越态度，并不是正面探讨人如何在操作层面上实现与自然的和谐；同时，"天人合一""民胞物与""依正不二"固然洋溢着综合的、生机主义的智慧，但在这类理念诞生并流传的东亚世界，因理念本身的弱点和工具理性不发达，并没有普遍保持人与自然的和谐，未能在实践上解决发展生产力与保护自然生态的矛盾问题，实际情况却是生态环境的逐步恶化。其基本原因，是人们未能摆脱对自然的盲目性，人们谋求自身的生存与发展，一直有意无意地损伤自然、破坏环境。农耕文明持续几千年，并且长期处在对自然的盲目开发状态中，因而农耕文明给自然生态造成的破坏，其程度是不应低估的。以中国的黄河流域为例，其在三四千年前曾经是森林繁茂、麋鹿成群、气候温润的地带，正如《诗经》所描绘的黄河支流渭水流域一带"周原膴膴，堇荼如饴"，但经过数千年破坏性的农业垦殖，使黄河流域变得童山兀

兀，沟壑纵横，水土流失严重，整个黄河中下段已成河床高于两岸地平面的“悬河”，夏季常常出现长达数十天，甚至百余天的断流。又如中美洲曾经在 8 世纪前后几百年间繁荣一时的玛雅文明，后来戛然中绝，其原因之一，便是玛雅人的无限制垦殖，造成生态环境恶化，加之玛雅人好战嗜杀，终于致使这一文明在 13 世纪前后灭亡，“只在大雨连年的尤卡坦森林里留下了它的伟大古城的遗迹来纪念它的存在”①。至于权势者出于穷奢极欲，广修宫室、坟墓，不断巨额耗费自然资源（森林首当其冲），其危害性更为迅疾。唐代诗人杜牧（803—852）抨击秦始皇暴政的名篇《阿房宫赋》所云：“阿房出，蜀山兀”，决非一朝一代的特例。此外，战乱焚林毁堤的惨况，在古代中国也层出不穷。较为经常起作用而又少为人所谴责的，则是人口增加导致土地过度垦殖，使中国的生态在秦汉、唐宋、明清三个阶段恶化速度渐增，森林在黄河流域、长江流域大面积消失，曾经林木草场茂盛的黄河河套地区的沙漠化，是突出表现。

中国的自然生态严重破坏，特别值得一提的是秦汉以降农耕人在河西走廊、天山南北两路开垦农田，造成森林、草场的毁坏，终致这些原本是“芳草碧连天”的地带盐碱化和沙漠化。日本作家井上靖曾创作一系列古代西域系列题材小说（名篇有《楼兰》《敦煌》等）。20 世纪 70 年代后期、80 年代初期，井上靖得以两次到河西走廊观瞻，三次去塔克拉玛干周围地区游览，他后来在西域小说集的序文中说：

> 有许多人询问我，到这些地区去旅游，有何感慨。我目睹了作品舞台已经全部湮没在流沙之下，沧海桑田，确实令人感慨万千。②

中国西北地区一系列绿洲终于被漫漫黄沙所掩埋，并非始于工业文明时代。早在农业文明时期，主要是高度农业文明时期，生态的恶化已经愈益加快步伐。这提示我们：不要把产生“天人合一”“依正不二”理念的农业文明加以美化，那并不是一个“桃花源”式的黄金时代。那时的人类由于生产力落

---

① 汤因比：《历史研究》，上海人民出版社 1996 年第 2 版，第 42 页。

② 《井上靖西域小说选》，新疆人民出版社 1984 年第 1 版，第 3 页。

后和认识的局限，不可能克服对自然的盲目性，在愚昧和贫困两大病端的逼迫下，自然生态的被破坏，已经频频发生，不过规模和力度不如现代而已。因此，某些“回归主义者”主张的退回前工业时代，绝非人类文明的正途。

就现代世界而言，也并非工业愈发达的地区环境问题愈严重，反之，第三世界地区由于人口压力和初级工业化滥用资源等因素的作用，生态环境正在急剧恶化，如拉丁美洲的墨西哥城、非洲的拉各斯、亚洲的加尔各达、北京、兰州等城市都存在着尖锐的污染问题，已引起全世界的关注。而发达国家在经历了工业化初期的生态恶化之后，时下的生态环境则进入良性转换阶段，如流经伦敦的泰晤士河，19 世纪末和 20 世纪初曾因工业污染而成为没有鱼类的河道，20 世纪中叶以来，经过治理，泰晤士河变得洁净，两岸垂钓者每每能获得肥硕的鲑鱼。美国的老工业城市匹兹堡曾以空气污浊闻名，现在已是世界上生存条件最好的城市之一。这都说明，当现代人在理念上实行调整之后，便有可能将科学技术的伟力应用于构建良好的生态环境，使古代“天人合一”“依正不二”的美好理想，逐步转化为可操作的现实。

就人与人、人与社会层面而言，东亚智慧重视人伦，肯认道德自觉，形成一种对人生目标的公正概念、宽容和深思的精神和平，具有很高的德性价值和美学价值。这也是东亚智慧吸引一些西方哲人之所在。中国固有的仁学传统承认人的独立意志，所谓“三军可夺帅也，匹夫不可夺志也”[①]，所谓“富贵不能淫，贫贱不能移，威武不能屈”的“大丈夫”精神[②]，以及在社会规范中主张的“民为贵，社稷次之，君为轻”[③]，都闪烁着人本精神的光耀。然而，东亚智慧并没有寻觅到普遍维护民众人格独立、社会公正的制度保障，社会长期运作的却是“轻视人类，使其不成其为人”的君主专制制度，在“君为臣纲，父为子纲，夫为妻纲”的“三纲”束缚下，广大民众的自由被剥夺，一些起码的生存权利也被禁绝。同时“尊尊”“亲亲”的宗法积习又妨碍法制的推行，“官本位”“任人唯亲”更成为沿习至今的痼疾。这些问题的克服，当然有赖东亚智慧内部健康因素的发展，但尤其需要现代文明的强劲冲击，其间西方智慧的补助，也是必不可少的。就伦理层面而言，东亚智慧中发扬道德义务及社

---

① 《论语·微子》。

②③ 《孟子·滕文公下》。

会责任心，与西方强调个人权利、公平竞争原则，应当互补共存；东亚伦理“成圣成贤”的修养论，需要西方文化注重权利与义务的公民意识的补正。

总之，那种无视东亚智慧现实意义的认识自然有害，那种以为东亚智慧可以提供克服现代病的现成灵丹妙药的认识也无益于世，而东亚智慧与西方智慧的互补相济，古典文明与现代文明的友好对话，促成人类价值理性与工具理性的全面发展，方有可能创建一个较为美好的未来。中国当代哲学家张岱年（1909—2004）“综合中西文化之长以创造新文化”，“主动吸取外来文化的成果，取精用宏，使民族文化更加壮大”的主张，是可取的方略。

“国学”讲习当健康展开

当下，社会倡导国学，若干大学成立国学院，各种国学讲习班进入社会教育、家庭教育乃至学校教育。称现在形成“国学热”，似乎过分了（因热度有限，深度尚浅），但发展势头可观。于是，何谓“国学”，应当如何研习国学方有利于现代文明发展？此类问题提上日程，也时有朋友相与讨论。现概述浅见，以就教于大方之家。

一、“国学”名目的流变

作为汉字古典词，“国学”本谓周朝设于王城及诸侯国都的贵族学校，如《周礼·春官·乐师》说：“乐师掌国学之政，以教国子小舞。”此处的“国学”，指中央之学、朝廷之学，与地域性“乡学”对应。隋唐以降科举制确立，设立于京师的掌管国家教育的机构（同时也是最高学府）称“国子监”，又谓“国子学”，简称“国学”。总之，在古代，“国学”略谓国家设立的学校。

时至近代，随着西学东渐的展开，为着与来自西洋的“西学”相区分，在汉字文化圈又有特指本国固有学术文化的“国学”一名出现。如江户幕府时期（1601—1868）的日本人，自 18 世纪起，把流行的学问归为三类：汉学（从中国传入）、兰学（从欧美传入，19 世纪扩称洋学）、国学（从《古事记》《日本书纪》发展而来的日本固有学术）。19 世纪末、20 世纪初，中国留日学生与入日政治流亡者，以及活动于上海等地的学人，采借日本已经沿用百余年的“国学”一名，用指中国固有的学术文化。1902 年梁启超（1873—1929）撰文，以“国学”与“外学”对应，强调二者的互动共济，梁氏曰：“今日欲使外学之真精神普及于祖国，则当转输之任者，必邃于国学，然后能收其效。”（《论中国学术思想变迁之大势》）1905 年，国粹派邓实、刘师培等创刊于上海的《国粹学报》，公示“发明国学，保存国粹”的宗旨，这里的“国学”意为“国粹之学”。该刊发表章太炎（1869—1936）、刘师培（1884—1920）、陈去病（1874—1933）等人的经学、史学、诸子学、文字训诂方面文章，宣传“爱国、保种、存学”，以资激励汉人的民族精神。自此，中国人开始在“中国固有学术文化”意义上使用“国学”一词，为“国故之学”的简称。所谓“国故”，指中国传统的学术文化之故实，此前清人多有用例，如魏源（1794—1857）认为，学者不应迷恋词章，学问要从“讨朝章、讨国故始”[①]，这探讨国故的学问，也就是后来所谓之国学。

经清末民初诸学者（章太炎、梁启超、罗振玉、王国维、刘师培、黄侃、陈寅恪等）阐发和研究，国学所涉领域为：小学、经学、史学、诸子、文学，约与现代人文学的文、史、哲相当，但凸显了中国固有学术的内容，自有其存在与发展的根据。

二、“国学”讲习的双重目标

20 世纪初流亡日本的章太炎，于 1906 年在东京成立“国学振起社”，以“振起国学，发扬国光”为宗旨；同期又成立“国学讲习会”，以“昌明国学”，讲授“中国语言文字制作之原”，“典章制度所以设施之旨趣”，“古来人物事迹之可为法式者”。章氏著《国故论衡》，分上卷（小学十篇），中卷（文学七篇），下卷（诸子学九篇），具体展现作为“国故之学”的国学的基本内容。章太炎在一封书信中讲到提倡国学的缘由：

> 仆以为民族主义，如稼穑然，要以史籍所载人物制度、地理风俗之类，为之灌溉，则蔚然以兴矣。[②]

认为民族精神的勃兴，就像种庄稼，需要灌溉，而“史籍所载人物制度、地理风俗之类”的国学，便是灌溉之源泉。章太炎两度倡言国故之学：一次在清

---

① 《圣武记》，卷 11。

② 《答铁铮》。

末排满革命之际，一次在20世纪30年代抵抗日本侵略之际，都是试图以国文（语言文字）、国史（历史地理）、国伦（伦理道德）等国学内容激发大众的爱国主义和民族本位精神。

如果说章太炎等“有学问的革命家”倡导国学是着眼于激发民族精神、弘扬爱国主义，那么，20世纪20年代开始倡导“整理国故”的胡适（1891—1962），则更多的是从学术上树立与“西学”彼此对应、相互启发的“国学”。1923年胡适在《〈国学季刊〉发刊宣言》中给“国学”下定义：

> “国学”在我们的心眼里，只是“国故学”的缩写。中国的一切过去的文化历史，都是我们的“国故”；研究这一切过去的历史文化的学问，就是“国故学”，省称为“国学”。“国故”这个名词，最为妥当，因为它是一个中立的名词，不含褒贬的意义。“国故”包含“国粹”，但它又包含“国渣”。我们若不了解“国渣”，如何懂得“国粹”？

胡适反对将“国学”与域外学术对立起来、孤立开来，而力倡与域外学术作“比较的研究”，主张扩大国学研究的范围，注意系统的整理，从古今中外博采参考比较的资料。这是一种着眼于学院式研究的国学观，同时也是一种对西学开放的国学观。

自20世纪初叶以来，“国学”之名在中国已经流行百年，其内涵大约包容章太炎、胡适倡导的那两层含义，是一个在学术界、教育界使用渐广的概念：某人研习中国传统学术有成，便被称为“国学家”；博学精研，成就斐然者则尊之“国学大师”，章太炎、梁启超、王国维（1877—1927）、陈寅恪（1890—1969）等人荣膺这一称号。20世纪20年代清华大学成立“国学研究院”，所传习之“国学”即如上义。而清华国学研究院原拟聘请的导师有章太炎，章因故未应聘，清华国学研究院的“四大导师”为：梁启超、王国维、陈寅恪、赵元任（1892—1982）。梁的博大，王、陈的精深，皆一时之选，堪称“国学大师”。

中国素有“文、史、哲不分家”的传统，而现行高等教育仿效近代西方学科体制，高度分科化，此法有利有弊。为克服破碎大道之弊，有人主张打通文、史、哲壁垒，于是便有综汇传统学术的“国学课”的设置，武汉大学依此旨开办"人文试验班""国学班"，前后已历十载，现又成立武大国学院。近年中国人民大学还专设"国学研究院"，效仿者不少。这些做法都是试图在综合式的"国学"名目之下，开展对中国传统学术的整理、研讨和创发。

三、"国学"的基本文献

我不赞成将国学限定于儒学，国学包括中国传统学术的方方面面，儒、释、道及其他诸学均在其内。唐代开始形成"三教共弘"格局，儒、释、道分别发挥自身功能，所谓——

以佛治心
以道治身
以儒治世

三教达成互动共济的文化系统。而"三教共弘"正是国学的基旨。

儒、释、道三教都有丰厚的内涵，仅就儒家而论，所涉便十分繁富。儒家最基本的经典是成之先秦的《诗》《书》《礼》《易》《春秋》，它们均有漫长的产生、演变、定型的复杂过程，至汉武帝（前156—前87）时有"五经"之称，武帝采纳公孙弘（前200—前121）议，设"五经博士"，博士专掌经书的训解、阐述和传授，"经学"成为汉以下诸王朝的正统学术，"五经"则为历代的"圣经"。"五经"中的《礼》又分为"三礼"：《周礼》（约成书东周），《仪礼》（成书东周末年），《礼记》（成书周秦之际）。《春秋》有三种传（《春秋穀梁传》《春秋公羊传》《春秋左氏传》）。

以"五经"为基点，汉唐以下又演出"七经""九经""十经""十二经""十三经"。

汉代推崇孔子，《论语》入经；推崇孝道，《孝经》入经，二者连同"五经"，并称"七经"。唐代科举取士，明经科加入"三礼"及"春秋三传"，连同《诗》《书》《易》，并称"九经"。南朝宋，合《论语》与《孝经》为一经，连同"九经"并称"十经"。唐文宗（809—840）刻石经，将《论语》《孝经》《尔雅》单列为经，连同"九经"，并称"十二经"。宋代崇奉思孟学派，将

《孟子》入经，连同“十二经”并称“十三经”。

至于道家的经典《老子》《庄子》等，佛家的经典《佛经》，还有墨家的《墨子》、兵家的《孙子》，等等，都是国学经典，共为国学的渊薮。

以上所言之“国学”，大体是在胡适的“国故学”意义上，把“国学”作为与“西学”相对应、相比照的一门学术加以研究，在考察的对象、范围上，与欧、美、日的“汉学”“中国学”有近似处，在研究方法上也彼此互动，不过，“国学”是中国人对所研讨的本国学术的称呼，“汉学”“中国学”则是外国人对所研讨的中国学术的称呼。

四、国学讲习当健康展开

近年来，有的社会教育机构高张“国学”旗帜，提倡少年诵读经典，一些学人则利用大众传媒讲论古典，意在突破传统学术讲习的学院式门墙，以“国文”“国史”“国伦”对国人实施人文知识普及与伦理教化，竟然一时洛阳纸贵，颇受欢迎，当然，也不可避免地遭遇专业研究者从学术规范角度提出的批评。平心而论，讲习国学受到欢迎，显示了国学的感召力，反映了社会对它的渴求；遭遇批评，则有益于讲者和听者学术水平的提升，推动人文素养的上扬，故两者皆为好兆头。这样一种对国学的倡导，与胡适式的书斋国学有差异，而在一定意义上是对章太炎式的国学运作模式的复归，即试图以国学滋养国人的智性与德性，特别是激发国人的爱国心、道德感，以因应现时代渐次发生的信仰危机、道德沉沦等社会问题。国学讲习由此汇入现实的人文教育规范，不再仅仅是“象牙塔”中事。

对于“国学”在大众教化意义上的展开，宜持谨慎的肯定态度。

之所以应予“肯定”，是因为在中国渊富的学术文化中，包蕴着多层面的精神资源，诸如：

生生不已的变易之道
居安思危的忧患意识
富贵不淫、贫贱不移的大丈夫气概
民为邦本、民贵君轻的政治哲学

和而不同、互动共济的和谐理念

正德、利用、厚生相统一，精神与物质兼顾的文明观

好学、善学的重教传统

诸如此类的中华元典精义，历千百年仍光耀万丈，经过现代诠释，可以转化为救治“现代病”的良药、滋养今人心田的营养。故我们有理由期待国学在人文教化方面取得实绩，并在国学普及进程中，实现古今推助、雅俗共进，开辟国故之学发展的新局面，以有益于众生。

然而，我们又必须“谨慎”。昌明国学，切勿抱残守缺、视“国渣”为“国粹”，任沉渣泛起。即使是“国粹”，也有一个古今推衍、现代诠释的过程，不可生吞活剥、食古不化。昌明国学，不能夜郎自大、唯我独尊，排斥异域学术。健康的国学，应当古今贯通，后浪逐前浪，切忌以古蔽今，开历史“倒车”；健康的国学，应当开放胸襟，吸纳外域英华，在学术本体与方法诸层面，都要与异域学术既相辩难，又相吸取，在互相比较、互相观摩、互相取舍、互相融会中，达成新的综合与创造性转换。

宋人张载（1020—1077）在《正蒙·大心》中把国故之学分为“见闻之知”与“德性之知”，前者指通过感官接触外物获得的知识，约为智性知识；后者指通过内心修养参悟出来的知识，约指德性知识，唐人韩愈（768—824）谓：“教诲于国学也，严以有礼，扶善遏过。”[①] 强调国学在养成“德性之知”方面的功能。此种分类自有道理，却又不必截然分作两橛。国学讲习应注意于二者的兼顾与互动，一方面介绍基本的国学知识（语言文字、典籍、历史、地理、自然常识、典章制度等）；另一方面又彰显国故之学蕴含的大义，把“小学”功夫与“大学”授受结合起来，达成“见闻之知”与“德性之知”的水乳交融。德性之知当然有赖智性之知的浇灌，但二者不能替代，有些学识广博者德性并不高，而有些文化水准较低者蕴含着丰厚的德性。故德性之知的获得，并非单凭知识传授，还自有生成机制。

对于曲解国学、张扬糟粕的“伪国学”，理当拒斥；对于健全的国学讲习，我们乐观其成。

① 《窦公墓志铭》。

《中国文化近代转型的内因与外力》* 弁言

自明代中叶开始，中国社会及文化即呈现走出中世纪的指向，如经济领域的从“农本”向“重商”转化、思想文化领域的“破块启蒙”等，因此，中国文化的近代转型有其自身发展的逻辑。同时，中国文化近代转型的过程又深受世界历史发展的影响。发端于西欧并向全球扩张的资本主义所促成的近代化浪潮，早在晚明已然“轻涛拍岸”。19 世纪中叶，西方殖民者以炮舰、鸦片、商品打破清王朝紧闭的国门，可谓“惊涛击岸”，中国被强行纳入资本主义的世界市场，中国文化进入剧烈的转型阶段。中国文化的近代转型，不仅要完成文化的时代性转进，还要处理文化的民族性保持与变异这一矛盾，古今中西缠结在一起。曾经颇有影响的“中国文化本位论”与“全盘西化论”，或固守内因一隅，或偏执外力一端，都不能全面、深刻地诠释这一复杂的历史过程。有鉴于此，本书试图将晚明至晚清文化的近代转型置于古今中西的历史坐标系中，从内因与外力相互作用的视角，对中国文化的近代转型进行专题研讨。其各章作者分工如下：

弁言、第一章、结语（冯天瑜）
第二章（谢贵安）
第三章（许苏民）
第四章（张建民、周　荣）
第五章（王雪华）
第六章（张　岩）

---

* 冯天瑜、黄长义主编：《中国文化近代转型的内因与外力》，中国社会科学出版社 2017 年版。

第七章（段　超）
第八章、第十一章（黄长义）
第九章、第十章（李少军）
第十二章（孙秋云、陈宁英）
第十三章（钟　年、方秋梅、柳素平）

苏东坡《题西林壁》诗云：

横看成岭侧成峰，远近高低各不同。不识庐山真面目，只缘身在此山中。

东坡居士不满足于“横看”“侧看”的片面性，期望“旷观”“综览”庐山真面目，此与法国年鉴学派的“总体史观”古今呼应。年鉴学派代表学者马克·布洛赫（1886—1944）在《历史学家的技艺》中说：“唯一真正的历史就是总体的历史。”各种专门研究只有归结于总体把握，才能认识历史全貌。本书各章虽为“横看”“侧看”式的专题研究，但全书力求趋近总体思维，以探视中国文化近代转型的“真面目”。

2009年3月于武汉大学

文化的保守与更革*

一、文化的自我保持与自我更新

文化并非诸成分的机械拼接，而是各要素有机组合的生命整体，是不断进行物质交换、能量转化、信息传递的动态开放系统。文化除有共时态的综合特征外，还有历时态的积淀特征，兼具延续性和变异性双重品格。

一个民族或国度的文化系统只有在其生命运动中不断实现自我保持与自我更新，求得延续与变异，稳定与动态的对立统一，方能生生不已，昌盛繁荣；反之，则有可能衰落甚至灭亡。

文化的自我保持是文化生存的必要条件。它不同于酒精瓶内生物标本式的“保持”，而是一种生命机体的“保持”。这种自我保持不可能在封闭的、非生命的方式中完成，而只有通过与范围不断扩大的自然—经济—社会环境进行新陈代谢，达到必要的文化补偿点，才能得以实现。

文化的自我更新是文化生命运动的表现。它不意味着邯郸学步式的抛弃自我，以致无所措手足，而是在生命运动中不断通过自调节和被调节，完善自我、发展自我，取人之长，补己之短，以大化流行的勃勃生机，开创文化的新生面。

中国人在漫长的历史岁月中，曾经成功地实现文化自我保持与自我更新的统一，赢得自强不息的生命机制，应对一个又一个来自内部或外部的挑战，创造出高峰迭起的发展序列。如在先秦，融合儒道、综汇百家，通过《易传》

---

* 采自笔者所撰《中华文化史》结语，该书由上海人民出版社 1990 年出版。

《中庸》，会通人文与自然，达到中华文化的第一个高潮；从魏晋到隋唐，易、老、庄三玄及佛学彼此交融，会通儒释道，综合入世与出世两种走向，中华文化又赢得旺盛的生命机制，形成恢宏博大的格局；宋元明清，佛学思辨融入儒学体系，分别强调内圣与外王的理学和经世实学应运而兴，相激相荡，中华文化走向精微深邃。至于贯穿古代全过程的农耕文明与游牧文明的冲突与互补，彼此相反而又相成，迭起波澜，增添异彩。中华文化在这一曲折进程中，既多有变通，又保持着自我，于跌宕起伏中一以贯之，正所谓“统之有宗，会之有元”。在截至 15 世纪的千余年间，中国人的物质生产和精神生产的若干领域，大体雄踞世界前列，“走在那些创造出著名的‘希腊奇迹’的传奇式人物的前面，和拥有古代西方世界全部文化财富的阿拉伯人并驾齐驱，并在公元 3 世纪到 13 世纪之间保持一个西方所望尘莫及的科学知识水平”[①]。

16 世纪以降，经历文艺复兴洗礼的欧洲，社会发展获得渐趋强劲的加速度，18 世纪的启蒙运动与产业革命更促使其实现文明转型。然而，此间中华文化却继续在农业—宗法社会的固有轨道内运行，直至 19 世纪初叶，中国人对于已经形成的颓势并无自知。1840 年以后，当西方资本主义殖民者挟坚船利炮、商品鸦片，打破中华帝国闭锁的大门，中国人（首先是其先进分子）才逐步体察出自身的落伍，进而认识到必须面对一种全新的世界环境，重建中华文化自我保持与自我更新的统一，否则便有被淘汰出局的危险。中国人的这种努力，贯穿于整个近现代。

除“救亡图存”这一社会功利要求，驱使现代中国人必须重新实现文化的自我保持与自我更新外，从文化心理上分析，人们感情和理智之间的意向差异，也要求实现这种统一。一般而言，人的感情向着过去，向着文化的自我保持；而理智则向着未来，向着文化的自我更新。只有当一个民族的文化达到“保持”与“更新”的相对统一，该民族才能实现精神平衡，确立较为健全的社会心态，否则便可能或者陷入精神沉郁，或者抛向精神浮躁。而这两种心态都是不利于文化进步的。当然，我们所追求的文化的自我保持与自我更新，“不是结果的统一性而是活动的统一性；不是产品的统一性而是创造过程的统一性”[②]。

---

① 李约瑟：《中国科学技术史》第 1 卷，总论序言，科学出版社 1975 年版。

② 恩斯特·卡西尔：《人论》，上海译文出版社 1985 年版，第 90 页。

二、“古今之辨”与“中外之辨”

在前所未遇的新的世界环境中重建文化自我保持与自我更新统一的近世中国人，面临“古与今”“中与外”这两组矛盾运动形成的张力之中。

文化的“古今之辨”也即文化的时代性转化，中国历史上曾多次进行，其中尤以“古今一大变革之会”的战国年间最为突出。那一时期，从王侯到士人，都卷入“法先王”与“法后王”、“师古”与“师今”的论争，这种论争直接与列国的变法实践相关联。在这一过程中，一些学派更对因与革、常与变关系作过深沉的学术思考，儒家“法古”而又兼顾因革的思想，法家“变古”以“趋时”的历史进化观，便是“古今之辨”中的代表性流派，它们分别阐扬了文化的继承性与变异性这两个侧面，留下精神遗产。直到中古与近古，每当触及“古今之辨”，人们几乎都要援引先秦，难出故辙，如北宋王安石变法、明代张居正改革，都重新开展“变古”与“法古”之争，其思维模式、语言文字，都同先秦的古今论战别无二致。可见，自先秦到清中叶，中华文化古今之辨的基本格局并未发生质的变更。

近世中国则情形大异。再度发生的“古今之争”已具有新的、更为深广的内容。因为，这时的中国社会经历着古代文明向现代文明的转型，从物质生产到精神生产，从生产方式到生活方式以至思维方式，都发生着剧烈的调整甚至根本性的变化，与包括战国在内的往昔任何社会变革都不可同日而语，无怪近世士人每每发出“千古之奇变”“世变之亟”一类惊叹，诗人黄遵宪（1848—1905）则称其为“七万里戎来集此，五千年史未闻诸”[①]。“笔端常带感情”的梁启超（1873—1929）更有一段生动文字：

> 中国自数千年以来，皆停顿时代也，而今则过渡时代也。……中国自数千年来，常立于一定不易之域，寸地不进，跬步不移，未尝知过渡之为何状也。虽然为五大洋惊涛骇浪之所冲击，为19世纪狂飙飞沙之所驱突，于是穷古以来，祖宗遗传深顽厚锢之根据地遂渐渐摧落失陷，而

① 《人境庐诗草笺注》卷二，第169页。

全国民族亦遂不得不经营惨淡跋涉苦辛相率而就于过渡之道。①

敏感的梁启超真切地描述出近世中国古今转换的空前剧烈，而戊戌维新、辛亥革命、“五四”新文化运动等一系列社会变革，则活生生地展现着近世中国古今转换愈趋深化的发展路径。

文化的“中外之辨”，也即文化的民族性比较与交会，也是一个贯穿古今的议题。“中外之辨”与古中国久已进行的“华夷之辨”有某种近似性，却又大异其趣。“华夷之辨”所包蕴的内容，是处于“高势位”的华夏—汉族的农耕文明与处于“低势位”的周边诸族的游牧或半农半牧文明之间的比较、冲突与融合。在这一过程中，华夏—汉人可能在军事上受到“夷狄”的威胁，然而文化上的优胜地位却从未动摇过，即使在军事上被“夷狄”所征服，结果却迟早会发生文化上的“征服者被征服”。在这一意义上，古中国的“华夷之辨”并没有给华夏—汉人造成真正的文化危机，因而其“内夏外夷”“以尊临卑”的心态一以贯之。

在近代，整个中华民族面对的却是一种截然不同的世界形势：

资产阶级，由于开拓了世界市场，使一切国家的生产和消费都成为世界性的了。……过去那种地方的和民族的自给自足的闭关自守状态，被各民族的各方面的互相往来和各方面的互相依赖所代替了。物质的生产是如此，精神的生产也是如此。各民族的精神产品成了公共的财产。民族的片面性和局限性日益成为不可能，于是由许多民族的和地方的文学形成了一种世界的文学。②

如果说，古代中华文化是在东亚大陆内部发生、发展的，即或有来自西亚、南亚文化的影响，其强度也较为有限；那么，进入近代，中华文化则日渐纳入世界文化体系，直接承受着“高势位”的外来工业文明的挑战，历来的优

---

① 梁启超：《过渡时代论》，《清议报》第82期（1901年）。

② 马克思、恩格斯：《共产党宣言》，《马克思恩格斯全集》第4卷，人民出版社1962年版，第470页。这段话中的“文学”一词是指科学、艺术、哲学等方面，大略相当于观念形态整体的“文化”一词。

胜地位发生动摇。这种情态在固守“文化本位”的论者看来似乎是灭顶之灾，而对于一个有着雄健的包容精神和消化能力的民族来说，实则是文化奋进的契机，诚如王国维所指出的，“外界之势力之影响于学术”，是刺激、促进学术革新的有力因素，历史上“佛教之东适”对我国文化曾产生启迪作用，现在的“西学东渐”也是打破我国学术沉滞局面的一大转机，因而他把西学称为“第二佛教”[①]。

中华文化在近世经历的“古今之争”与“中外之争”彼此间有相贯通之处，“近代玄奘”严复（1854—1921）较早悟出个中机关。作为亲历西方的中国士子，他发现西方文化已完成由“古学”向“新学”的转化，而中国仍然停留在古学阶段。元明以前，西方“新学未出”，人们论及物理人事，都崇奉“雅里氏”（即亚里士多德），与中国尊信孔子无异，这时西学与中学没有多大差距。明中叶后，“柏庚（即培根）起于英，特嘉尔（即笛卡儿）起于法”，奈端（即牛顿）、嘉里列倭（即伽利略）继起，新学方兴，“而古学之失日著”[②]，因此，中国人在近代接触到的“西学”实为西方的“新学”，中西之辨，也就是新旧之辨、古今之辨。“中之人好古而忽今，西之人力今以胜古”[③]，便成为近世中西差异的关节点。严复洞察到文化上的中西之争，是处于不同发展阶段的两种文化间的冲突。王国维（1877—1927）更确认，“学问之事本无中西”，“学术之所争只有是非真伪之别”，而不应“以国家、人种、宗教之见杂之”[④]；陈独秀（1879—1942）则高倡“学术为吾人类公有之利器”。这些精辟之论，其意都在突破文化的民族狭隘性和独断性，而正视文化的客观真理性和时代性，由此也肯定了学习来自外部世界的先进文化的合理性，从而与“深闭固拒”的文化保守主义划清界限。以后，冯友兰（1895—1990）等人进一步强调，中西文化的差异，主要是时代的差异或发展阶段的差异，“一般人心目所有中西之分大部分都是古今之异”[⑤]。

然而，文化的“中外之辨”又不等同于“古今之辨”。因为，中外之间毕

---

① 王国维：《论近年之学术界》，《静安文集》。

② 《天演论》卷下，第 80 页。

③ 《论世变之亟》，《严复集》第 1 册，中华书局 1986 年版，第 1 页。

④ 王国维：《奏定经学科大学文学科大学章程书后》。

⑤ 冯友兰：《新事论》，第 14 页。

竟还包含着民族性差异。中华文化在数千年间形成的传统，早已渗透入中华民族的生活方式与思维方式，成为其安身立命的基地和接纳外来文化的母本或接受屏幕。陈寅恪（1890—1969）曾揭示文化史上一个“虽似相反，而实足以相成”的通则——中华民族对外来文化“无不尽量吸收，然仍不忘其本来民族之地位”[①]。中国自两汉、六朝至唐宋，对于从印度传入的佛教文化便是吸收中有改造，论争中有融合，结果形成富于生命力的文化复合体：吸纳《中庸》的天台宗、吸纳《周易》的华严宗、吸纳《孟子》的禅宗等中国化佛教创立，采纳佛学内容的新儒学——理学产生并昌大。这些立足中华文化土壤，又兼采外域英华的流派，在中国传之久远，影响深广，而强调外来文化“原版性”的流派却难以繁荣生发，如唐玄奘（602—664）及其弟子窥基（630—682）创立的刻意追逐“天竺化”（即印度化）的法相唯识宗，成为中国佛教宗派中短命的一支。在近代，先进的中国人向西方寻求真理，进而构筑思想体系时，也没有忘却自己的民族文化之“根”。康有为（1858—1927）申明，他的学说是参合中西哲理，穷究天人之变的产物；孙中山（1866—1925）说：“余之谋中国革命，其所持主义，有因袭吾国固有之思想者，有规抚欧洲之学说事迹者，有吾所独见而创获者。”[②] 凡是对中国近代史发生过较深影响的思想流派，莫不植根于传统，而又接纳外域。反之，那些一味充当外人传声筒的流派则没有生命力。“五四”以后，中国人学习并运用马克思主义，也经历着一个与中国社会实际、文化传统相结合的过程，教条主义者生搬硬套外国模式，遭到历史的淘汰。

在20世纪30年代中期，学术界曾对中外古今之辨作过一次总结性讨论，其间产生两种极端之论。陈序经（1903—1967）、胡适（1891—1962）提出“全盘西化”及“充分世界化”口号，认为全盘西化或充分世界化是中国文化的唯一出路[③]；而萨孟武（1897—1984）、何炳松（1890—1946）、陶希圣（1899—1988）等十教授发表的《中国本位文化建设宣言》，则驳斥全盘西化论，力倡中国本位文化。这两派在古与今、中与外问题上各执一端，而坚持辩

① 《冯友兰中国哲学史下册审查报告》，《金明馆丛稿二编》，上海古籍出版社1980年版，第252页。

② 《孙中山全集》第7卷，中华书局1986年版，第60页。

③ 见《大公报》1935年6月21日。陈序经：《中国文化的出路》，商务印书馆1934年版；胡适：《充分世界化和全盘西化》。

证观念的鲁迅在1934年发表的《拿来主义》一文，显示了一个健全的现代中国人对于外域文化和古代文化既大胆吸收，又有所抉择的主体意识："我们要运用脑髓，放出眼光，自己来拿！""总之，我们要拿来。我们要或使用，或存放，或毁灭。……没有拿来的，不能自成为新人，没有拿来的，文艺不能自成为新文艺。"[①]20世纪40年代，熊十力（1885—1968）对"西化派"和"国粹派"分别加以批判，指出前者造成的结果是："西方之真无从移植得来，而固有之长早已舍弃无余。"[②]后者"情钟国粹，未知何者为粹"[③]。他认为："中西之学，当互济而不可偏废。"[④]"中西文化，宜互相融和"，"中西学术，合之两美，离之两伤"[⑤]。显示出一种综览中西古今的宏大气度。

拒绝外来养料滋补、固步自封的文化，必然沉沦衰亡；同时，不能在本地土壤扎根的外来文化，也不可能垂之久远，必然萎黄凋零。只有在当代亿万民众实践的基础上兼采中外、贯通古今的文化，才根深叶茂，苍劲挺拔，"异日发明光大我国之学术者，必在兼通世界学术之人，而不在一孔之陋儒，固可决也"[⑥]。同时，现代中国文化不仅要"拿来"西方文化，还要向外部世界提供自己的文化创造，以实现文化的"互动"。而异文化间健康的"互动"，正是文化发展"一"与"多"辩证统一的道路。

中华文化的现代化既不是全盘西化，也不是中国传统文化的整体沿袭，而是传统文化的再造和新生，是西学与中学在体与用、内与外诸层面相互渗透，既相冲突又相融汇的再生历程。这一历程伴随着自然经济解体，大生产兴起，封闭状态逐渐打破，社会革命和变革此起彼伏这样一种时代的际会风云而渐次展开。

三、中华文化前瞻

中国史家素有"述往思来"的传统，"通古今之变""神以知来"为学人所勉力追求。以笔者之愚钝，实难企及这种境界。然治文化史者深知，描述往

---

① 鲁迅：《且介亭杂文·拿来主义》。

②③④ 熊十力：《读经示要》卷一。

⑤ 《十力语要初续》，乐天出版社1971年版。

⑥ 王国维：《奏定经学科大学文学科大学章程书后》。

昔，仅完成任务之半，遵循历史运行轨迹所指示的方向瞻视前景，虽是一种探险，但不能回避。这种努力或许难得要领，却是人类追求未知领域的渴望。

中华文化的漫长历程，尤其是近现代走过的道路，似乎报告着如下消息——

（一）未来的中华文化将是“世界的”与“民族的”的对立统一

未来的世界将是发展到更高层次的工业化社会。以技术长足进步、信息迅速传递为推进器，世界市场将进一步扩大与深化，文化的世界性将向纵深发展，各国、各族人民物质生活及精神生活的联系性将日益增强。中华民族当然不能自外于世界文明大道，而必须投身其中，广采博纳外域英华，以谋求文化的兴盛昌大。文化开放，将是中华文化未来的生机所系。然而，文化的世界性又决不意味着排斥、取消文化的民族性。文化的普遍化（世界化）与特殊化（本土化）二者间的张力，是未来文化成长的动能所在。民族、国家，都是历史的范畴，它们既非永恒的事物，也不会凭着人的主观意志而消亡。民族和国家虽在日益摆脱封闭性，但还将长期保有生命力，民族国家时代还远未过去。在一个可预见的历史阶段，人类的总体性进步，依赖于各民族的进步，而不是各民族的衰落；世界文化的多样性，要靠各民族文化特色的发扬去丰富它，“将来世界大同，犹赖各种文化系统，各自发挥其长处，以便互相比较，互相观摩，互相取舍，互相融合”[①]。因此，中华民族文化的繁荣，不仅是中华民族的希望，也是世界各平等待我之民族的希望。中华文化健康有益的民族特征的发展，正是对全人类文化做出的一份宝贵贡献。在这一意义上，文化愈是民族的，便愈是全人类的。我们应当从历史单线进化的错觉中摆脱出来，确立多元化与一体化对立统一的文化进步观。而未来的中华文化，既不可能是本民族文化的原型推进，或外来文化的整体移植，也不可能是中外文化的简单拼凑，而只能是两者的“化合”，是两者在更高层次上的综汇性再创造。未来的中华文化的各个不同层面，如技术层面、制度层面、风俗层面、观念层面，走向世界一体化的步伐有异，保持民族特性的程度不一，它们分别遵循自身的规律，在世界化与民族化纵横两坐标间画出各自的运行轨迹，然而，中华文化作为一

① 熊十力：《论六经》，大众书店 1951 年版。

个有机整体，将在世界性与民族性的对立统一中阔步前进，描绘出新的华章异彩，则是毋庸置疑的。

（二）未来的中华文化将是“现代的”与“传统的”的对立统一

毫无疑问，未来的中华文化将沿着现代化方向奔进，不断改变落后、愚昧状态。这种现代化将是全方位的，是物质文明与精神文明相为表里的共同进步过程；在精神文明内部，又是知识系统与社会心理系统，也即雅文化与俗文化的共同进步过程。然而，现代化的文化大厦又是在传统的地基上矗立起来的，历史昭示人们：“我们在现世界所具有的自觉的理性，并不是一下子得来的，也不只是从现在的基础上生长起来的，而是本质上原来就具有的一种遗产，确切点说，乃是一种工作的成果——人类所有过去各时代工作的成果。”[①] 现实的及未来的文化离不开传统，也不能拘泥于传统，而是依托传统又超越传统，“能用古人而不为古人所惑，能役古人而不为古人所奴”[②]。为达到现代与传统在新层次上的统一，正如有的学者所指出的，应当“以传统批判现代化，以现代化批判传统”[③]，即借鉴“原型文化”，改善、净化现代文化，治疗今日文化所患的若干“现代病”；又以现代意识扬弃传统，发展“原型文化”中富于生命活力的部分，创造传统所缺乏而又为现代生活所必需的新成分。

（三）未来的中华文化将在迎接生态环境尖锐挑战中前进

“天地为炉兮，造化为工。”[④] 人工造化，也即文化的锻造，离不开天地（也即环境）提供的洪炉。本文讨论了生态环境这座洪炉对中华文化铸造过程曾经产生的影响，现在论及这座洪炉将给未来的中华文化提供怎样的铸造条件时，我们面对的是一个颇不轻松的问题。中国是一个人口已逾 13 亿，其增长势头又尚未得到根本性控制的国度，按人口计算的耕地面积仅及世界平均值的三分之一，而且耕地减少趋势还没有刹住；至于按人口计算的森林面积、淡水拥有量、主要矿物蕴藏量，都低于或大大低于世界平均值；经济及文化教育水

---

① 黑格尔：《哲学史讲演录》第 1 卷，三联书店 1956 年版，第 8 页。

② 《孙中山全集》第 6 卷，中华书局 1986 年版，第 180 页。

③ 参见张灏：《传统与现代化》，周阳山：《文化传统的重逢》，时报出版公司。

④ 贾谊：《鹏鸟赋》。

平，也与世界中等发达国家有相当距离。而今后中国生态环境的严峻程度将有增无减：二三十年后，人口将突破中国自然资源综合考察委员会报告的中国土地最高承载量15亿到16亿人口的极限①，各种自然资源的人口平均占有量将进一步下降，人均耕地面积将低达一亩，淡水和能源供应将更趋紧张，而环境污染和生态破坏将与经济进展一竞雄长。因此，历史的进步总是伴随着新矛盾的产生，可谓善恶并进、苦乐同行，盲目的乐观主义与悲观主义一样是不足取的。任何思想家、科学家、政治家在规划中华文化的未来蓝图时，都必须正视生态环境造成的巨大制约和中国发展前景的严峻性。在人类找到新的能源和食物生产方式以前，中华民族只能追求有限度的、稳步的进展，任何企求生活质量发生戏剧化飞跃的设想，都是不切国情实际的，很可能还是适得其反的。中华民族必须像爱惜眼珠一样十分小心谨慎、兢兢业业地处理人与生态之间相当脆弱的平衡关系，持之以恒地用力保护并整治自然—社会环境，以改善文化发展的生态条件。这就需要尽可能减少决策失误和改善全民族的文化素质，其前提又在于提高决策的科学化和民主化程度。于是，物态文化、制度文化、行为文化、心态文化全方位进步的任务，又从生态学角度向未来中国人提出。

（四）未来的中华文化包含现代性转换的多重内容

社会制度既是文化的基本构造部分，又是决定文化性质的重要因素。以生产资料所有制为基础的社会制度，把社会中各个阶级、各种职业的人们组合成具有一定功能的整体。整体不等于部分相加之和，优化整体大于部分相加之和，不协调整体小于部分相加之和。某种社会制度的优越与否，在一定意义上取决于该制度能否产生优化组合，以发挥尽可能众多的人的潜能，使社会整体表现出强有力的功能，促进物质文化和精神文化的生产，并使文化成果的分配与消费趋于合理。

中华文化现实世界背景的显著特征之一，是社会主义与资本主义两种社会制度的并立、两种文化体系的相反而又相成。在可以预见的未来，这一格局将保持下去，在两种制度中发展的两种文化，将进一步产生错综复杂的互动关系。这构成中华文化现代转换多重内涵的基础。

---

① 参见彭近新：《挑战与决策——论人、环境和发展》，《中国环境报》1989年7月25日。

资本主义文化已有几个世纪的历史。在20世纪，特别是第二次世界大战以后，经过对资本占有者数量的扩大、劳资分配关系的调整、政府对宏观经济的调控、新技术革命的深化和普及，资本主义文化又获得明显进展，并保持着经济、市场和技术上的优势。但与此同时，资本主义文化也面临着难以解脱的困境。生产社会化与生产资料私人占有这组基本矛盾继续困扰整个社会。这一制度下的人们，包括最杰出的文化大师，都愈益感受到高度发达的物质文明与精神领域的贫困之间的强烈反差造成的严重危机。量子力学创始人、德国物理学家玻恩（1882—1970）指出，现代文化所面临的严峻问题是“伦理原则的崩溃”，现代“大多数工人在生产过程中的一个特殊部门里，只熟悉自己很小范围内的专门操作，而且几乎从来也没有看到过完整的产品，自然他们就不会感到要对这个产品或对使用这产品负责，这种使用是好是坏，是无害还是有害，完全在他们的视野之外”①。

人类社会进程，通常有一个社会形态从低级向高级的递变过程；与此同时，在经济形态上则有一个由自然经济经由商品经济向产品经济递变的过程。世界诸民族，并不是都要完整地经历社会形态诸过程，如东西方若干游牧部族在先进的农耕文明圈的刺激下，直接由原始社会的氏族制阶段跃向文明社会；中国等东方国家则由宗法专制社会跃向社会主义社会。马克思晚年曾致函《祖国纪事》杂志，指出不要把他“关于西欧资本主义起源的历史概述彻底变成一般发展道路的历史哲学理论，一切民族，不管他们所处的历史环境如何，都注定要走这条道路”②。中国避免了资本主义社会，直接进入社会主义社会，昭显了社会发展路径的多样性。然而，世界诸民族却无法在经济形态上超越商品经济阶段，直接从自然经济跃向产品经济。中国不能越过商品经济充分发展阶段。而商品经济固然产生久远，但直到资本主义社会才得到充分发育，并构成近代文化的经济土壤。中国作为一个长期滞留在自然经济阶段的国度，发展商品经济有一个艰苦而漫长的过程。这一过程当然不能关起国门完成，而必须广为汲取外域的、其中主要又是资本主义发达国家的先进生产技术、管理经验、社会法治，以及其他优秀文化。另一方面，资本主义社会及其文化的种种弊

---

① 玻恩：《我的一生和我的观点》，商务印书馆1979年版。

② 《马克思恩格斯全集》第19卷，人民出版社1972年版，第130页。

端，又是应当加以防范的。但作为主观社会主义者的孙中山，20 世纪初便提出过“节制资本”的设想，并不恰当。

时至 20 世纪 70 年代末以来，在新的国内、国际条件下，中国文化现代转换获得了更为广泛而深刻的进展，其内容的丰富和新颖，都是空前的，不仅提出经济的、社会的课题，也在深层次上提出文化的、精神的课题，要求我们综合古今中外的智慧，加以创造性转换，促成可持续发展。一些站在科学及哲学前沿的西方学者，已揭示了中国古典文化的当下意义，如科学史家萨顿（1884—1956）1930 年在题为《东方和西方》的演讲中说：“新的启示可能会，并且一定会来自东方。”科学史家李约瑟（1900—1995），诺贝尔奖获得者玻尔（1885—1962）、普利高津（1917—2003）、汤川秀树（1907—1981）等都有类似见解，他们分别从自己的前沿性研究中，阐发了《老子》《周易》等中华元典包蕴的智慧的现代价值。这种对古典的抉发，绝非复古倒退，而是一种否定之否定式的螺旋式上升。[①]

中华民族在以往数千年的历史中贡献过震惊全人类的文化，又没有在近代的挫折中甘于沉沦，而是顽强地摸索重新崛起的路径。可以确信，有着如此雄健的生命活力与悠久灿烂的文化传统的中华民族，在新的世界条件下，垦殖新生产力的丰厚土壤，汲取科学世界观的阳光雨露，一定可以重新赢得文化的原创性动力，创造出无愧于古人、无愧于现代世界的新文化。

诗云：“周虽旧邦，其命维新。”[②] 古老的中华文化的维新之命，寄寓在全体中华儿女的努力之中。

---

① 参见冯天瑜：《中华元典精神》，上海人民出版社 1994 年版。

② 《诗·大雅·文王之什》。

王葆心——从传统士子到近世国学大师

自儿时起，笔者即从先父母处得闻“王葆心”英名（父母多以其字“季芗”先生称之），获悉这位博学鸿儒，抗日战争期间避居故里罗田，与同期返回鄂东山区的先父母交谊甚笃，其女公子王琪、王醇，在先父母任教的湖北省立第二高中就读（二高所在地，也即吾之出生地罗田三解元，与季芗先生居地仅数十里之遥）。先生挥毫为先父冯永轩珍藏之唐人写经题跋，又鸿雁往还数十通，研讨文史，并合议后辈教育问题。今存七通以“永轩先生左右”抬头、“葆心拜启”结尾的书信，是吾辈青少年时代学习函札的范本。

一

王葆心（1868—1944）6 岁入私塾紫云庵，即显异禀。攻读黄州经古书院后，26 岁入张文襄创办的“存书院之名、有新学堂之实”的两湖书院深造，得兼通中外的名师指教，广览新旧典册，领悟传统学术和新式教育英华，服膺民主、共和、科学理念，古今中西之学熔铸一炉，守先待后，终由底蕴深厚的传统士子演进为近世国学大师，颇与章太炎相类。

先生英年博学，清末以经学第 1 名录取秀才，中乡试第 3 名举人，举贡考名列第一，任罗田义川书院院长、汉阳府学堂教习，39 岁入北京，先后任京师大学堂教习、学部总务司行走、学部主事，被聘礼学馆纂修，编《大清通礼》，“得遍观学部聚藏之方志”。辛亥武昌首义，先生闻讯，欢欣鼓舞，与友人在天津成立革命团体“天命社”，1912 年辞京师之职，南下返鄂，受聘湖北革命实录馆总纂，突破旧史轨范，力主“民权代君权”“民人全体为本纪之主体”“革命史应为生人立传”，编修《湖北革命实录》，纂集辛亥革命（尤其是武昌首义）大批第一手材料，奠定国内外辛亥革命史研究之资料初基。

民初历任湖南省官书报局总纂、京师图书馆总纂、武昌高师教授、湖北国学馆馆长、武汉大学教授、湖北通志馆总纂。抗战军兴，王葆心于 1938 年武汉沦陷前夕，辞职回故乡罗田，在艰困条件下主持重修罗田县志，以古稀高龄，实地踏访山川胜迹，对旧志纠谬补漏。为考订宋元之际、明清之际楚东义民筑寨保乡御敌故事，以激励正在艰苦抗战的军民，1943 年秋，抱病踏察罗田天堂寨，劳累过度，次年春溘然长逝，享寿 77 岁。讣告传至重庆，各届祭奠，董必武亲往吊唁，赠挽联云："楚国以为宝，今人失所师。"此联书于罗田王葆心墓门。笔者曾与王先生族后裔阎志专程拜谒。

王先生晚岁撰成新修罗田县志三百万言，其篇什曾为识者阅览，赞其"考据之力"，盛称"诚为奇作"。然战乱、政乱纷扰，志稿多已散佚。此前王先生任湖北通志馆总纂期间奔走南北、广搜博采，费尽心力重修《湖北通志》，也因国难频仍而未能成书。少时常闻先父念及此类事而叹息不已，这也成为笔者多年呼吁搜集、整理前哲遗篇的动因。

二

王葆心学识渊雅，著述宏富，主张"学不可偏废，义理、词章、考订三者缺一不可"，为学"始于条理，终于贯通；始于剖析门户，终于不分门户"，呼吸三千年学术精华，在经学、史学、教育学、方志学、文学、民俗学、目录学诸领域皆有建树。所撰《历朝经学变迁史》（即《经学通诉》）《经学研究前后编》（前篇为读经总法，后篇为读经各法），可作研习经学座右。《古文辞通义》（原名《高等文学讲义》）兼为国文典和文学史，时人惊为"巨著"（梁节庵语）、"百年无此作"（林琴南语），1906 年出版，次年被学部审定为中等以上各种学堂参考书。所撰《中国教育史》钩玄提要，将三千年中国教育历程勒成系统。《晦堂文钞》《晦堂文稿》为 500 篇短论汇集。

先生有深挚的乡邦情结，终生究心方志修纂及地方史研究。所著《虞初支志》《蕲黄四十八砦纪事》《明季江淮七十二寨纪事》《罗田靖难记》《续汉口丛谈》《再续汉口丛谈》《三续汉口丛谈》《天完志略》《天完本纪》，依据罕见乃至首见史料（包括采访口述记录），"无一字无来历"，成地方史杰构系列。

所编《江汉献征录》《湖北诗征长编》《鸠兹文在》《鸠兹诗在》及合编《湖北文征》(收元明清三朝文献八千余篇、洋洋六百万言),乃卷帙浩繁的鄂省文献集成,将长久沾溉后人。其手撰《重修黄鹤楼募捐启》,大气磅薄,典丽博雅,传诵经年。

三

方志学研究是王葆心先生的一项突出贡献,在此一领域,可谓古今无出其右者。

中国地方志修纂历史悠久,篇什之繁富,世罕其匹,但作为对方志现象的运行规律作系统研究,以成方志编纂理论,则少有问津。明清之际顾炎武,清人顾祖禹、戴震、章学诚等留下若干方志学说论(如章氏有"方志乃一方之全史"说),然皆属片断散议。梁启超 1924 年首先提出"方志学"概念,亦语焉未详。而总结古来丰富而驳杂的修志经验,勒成周详系统之方志学论著,实始于王葆心。王氏倾 15 载心力,撰"集方志学之大成"的《方志学发微》,1936 年书毕,全篇 25 卷,约 50 万言,分取材篇、纂校篇、导源篇、派别篇、反变篇、赓续篇、义例篇七部分,构筑完备的方志学理论与方法,被称之"旧时代方志遗产的总结,新时代方志革新的萌芽""方志学界一次革命性的创新"。王氏又有《增补修志通则》《采访志书条例》《重修湖北通志条仪》《清代方志撰著派与纂辑派争持论评》等专论,指明兼领"撰著"与"纂辑"的方志学理路。

笔者等躬逢其盛的 20 世纪 80 年代兴起的新修地方志工作,在一定程度上是在王氏方志学理论与方法导引下展开的。

四

王葆心秉持"表彰微隐,而发扬民族之幽光"的宏愿,终生编著不辍,既述且作,留下数百万字文稿,包括:(1)独撰经学、方志学等领域专论,(2)编校、点评昔贤遗篇,(3)纂集规模浩大的湖北文献。1937 年王氏七十寿诞,学界友人及门生集资,拟刊印文集,因抗日战争爆发而未果。此前后,王著出版有《古文辞通义》《方志学发微》(部分)《虞初支志》《蕲黄四十八砦纪事》《明季江淮七十二寨纪事》《续汉口丛谈》《再续汉口丛谈》《天完徐氏国史》《罗田靖难记》《罗田团练始末记》等，大量未刊文稿散存数处。值得庆幸的是，时至新世纪，湖北省博物馆集合王著文本，聘请武汉大学、华中师范大学、湖北大学、湖北省社会科学院、湖北省图书馆等学术单位相关专家协作，数年勉力，编纂整理卷帙浩繁的《王葆心文集》，其存史、资治、教化之效，展开在望。

今次整理之王氏文集，对《古文辞通义》《蕲黄四十八砦纪事》《续汉口丛谈》等先期出版物，再作校订；对诸如《方志学发微》一类过去仅印行节本者，辑成全本；至于大量初稿、草稿，则尽力汇集、补正，有些只能以片断呈现。总之，吾省倾力蒐集、编次、修订、编辑之《王葆心文集》，乃目前所见王著的总汇本。

“睹乔木而思故家，考文献而爱旧邦”，季芗先生论著激起吾辈家国天下渊渊情思及对先哲之缅怀景仰。

谨以此集呈献先生在天之灵，并供今人后人研习利用，不亦幸乎！

2019 年 5 月 4 日时在季芗先生一百五十一冥寿
敬撰于武汉大学中国传统文化研究中心

《唐人重译〈妙法莲华经〉》收藏记

睹乔木而思故家，考文献而爱旧邦。

——张元济《印行四部丛刊启》

先父冯永轩先生1935—1936年远赴新疆，作西北史地研究，获高昌（吐鲁番）出土之唐人抄经及佛经藏文、粟特文写本片段多种，黄安冯氏两代悉心珍藏之。《妙法莲华经》（简称《法华经》）乃佛教大乘派重要经典，阐“三乘归于一乘”之圆教理境，天台宗奉之为“宗经”，地位崇高，故四众佛子抄写以为修行功德。魏晋南北朝隋唐，自庶民、士大夫以至帝王，竞相抄经、译经，誊录用纸多为产自甘肃新疆的能长期保存的硬黄纸。

敦煌、高昌石窑是千余年来集藏抄经之所在。至近代，西方人从两地掠取抄本多种（现藏欧美日各博物馆图书馆，推为极品）。吾邦学人奋起竞争，努力蒐集、探究，以续中华文化之血脉。先父乃此行列中人，虽身历战乱、政乱袭扰，仍呕心沥血，致力于唐人写经的保存与考析，先后约请国学大家王葆心、唐醉石等为之题跋；近年笔者邀中国社会科学院荣誉学部委员、佛教史家杨曾文先生，唐史研究会前会长胡戟教授评点抄经。诸唐物与贤达题跋组成集藏系列。罗田阎志君承父母积善之意，怀圆融无碍之念，重修唐代显化寺，迎冯氏所藏唐人写经系列于此庄严国土，珍品得其所哉。

己亥荷月

冯天瑜敬撰于武昌珞珈山

全书撰于武汉大学中国传统文化研究中心